O GRÃO DE AREIA NO
CENTRO DA PÉROLA

CONSELHO EDITORIAL
André Costa e Silva
Cecilia Consolo
Dijon de Moraes
Jarbas Vargas Nascimento
Luis Barbosa Cortez
Marco Aurélio Cremasco
Rogerio Lerner

Blucher

O GRÃO DE AREIA NO CENTRO DA PÉROLA

SOBRE AS NEUROSES ATUAIS

Paulo Ritter

Flávio Ferraz

Organizadores

O grão de areia no centro da pérola: sobre as neuroses atuais
© 2022 Organizadores Paulo Ritter e Flávio Ferraz
Editora Edgard Blücher Ltda.

Publisher Edgard Blücher
Editor Eduardo Blücher
Coordenação editorial Jonatas Eliakim
Preparação de texto Diego Rodrigues da Silva
Diagramação Guilherme Henrique
Revisão de texto Bruna Marques
Capa Leandro Cunha
Imagem da capa iStockphotos

Blucher

Rua Pedroso Alvarenga, 1245, 4º andar
04531-934 – São Paulo – SP – Brasil
Tel.: 55 11 3078-5366
contato@blucher.com.br
www.blucher.com.br

Segundo o Novo Acordo Ortográfico, conforme
5. ed. do *Vocabulário Ortográfico da Língua
Portuguesa*, Academia Brasileira de Letras, março
de 2009.

É proibida a reprodução total ou parcial por
quaisquer meios sem autorização escrita da
editora.

Todos os direitos reservados pela Editora Edgard
Blucher Ltda.

Dados Internacionais de Catalogação
na Publicação (CIP)
Angélica Ilacqua CRB-8/7057

O grão de areia no centro da pérola : sobre as neuroses atuais / organizado por Paulo Ritter, Flávio
Ferraz. – São Paulo : Blucher, 2022.

464 p. (Coleção Psicanálise Contemporânea)

Bibliografia
ISBN 978-65-5506-506-0 (impresso)
ISBN 978-65-5506-507-7 (eletrônico)

1. Psicanálise 2. Neuroses I. Ritter, Paulo II.
Ferraz, Flávio III. Série

22-2777   CDD 616.852

Índice para catálogo sistemático:
1. Psicanálise – Neuroses

Conteúdo

Apresentação	9
Parte I – As neuroses atuais e os primórdios	**13**
1. Corações inquietos: Freud, Fliess e as neuroses atuais	15
Rubens M. Volich	
2. As neuroses mistas e o umbigo da neurose	75
Paulo Ritter	
3. Do "fator atual" das neuroses atuais à pulsão de morte como dispositivo antirrepresentacional	93
Flávio Ferraz	
Parte II – Deprimidos, fatigados e desatentos	**109**
4. Atualidade dos estados depressivos: a temporalidade do "atual"	111
Ana Luiza Tomazetti Scholz	
Marta Rezende Cardoso	

5. Neuroses atuais e fadiga na psicanálise contemporânea   141

   Isabel Fortes

6. Sobre a psicodinâmica da atenção   159

   Paulo Jeronymo Pessoa de Carvalho

Parte III – Angustiados e panicados   **179**

7. Neuroses atuais e angústia na contemporaneidade   181

   Sonia Leite

8. Pânico, pane... um divã para a queda   205

   Luciana Cartocci

Parte IV – Somatizadores e hipocondríacos   **229**

9. Corpo estranho   231

   Sidnei José Casetto

   Marina Gonçalves Gonzaga dos Santos

   Letícia Fanti Pedreira da Silva

10. Simbolização na clínica psicossomática   255

   Cristiane Curi Abud

11. As neuroses atuais e a somatização na clínica
    da adolescência   267

   Maria Helena Fernandes

12. Dor: trincheira contra o insustentável   303

   Susan Masijah Sendyk

13. Hipocondria na pandemia: atualização do desamparo?   321

   Patrícia Paraboni

Parte V – Adictos e toxicômanos   **345**

14. Neuroses atuais e adicções: psicossoma, hábito
    e neo-pulsões   347

    Decio Gurfinkel

15. Patologias atuais e o fenômeno das toxicomanias   415

    Clara Inem

Parte VI – Para finalizar...   **427**

16. Algumas considerações sobre trauma e despertar
    em psicanálise   429

    Sérgio Neves

Sobre os autores   451

Série Psicanálise Contemporânea   457

Apresentação

O estudo das neuroses atuais – tematizadas por Freud nos anos 1890 – não é novidade na psicanálise, como atestam vários estudos produzidos nos últimos anos no Brasil. A partir dos trabalhos pioneiros da década de 1990, uma produção considerável sobre o tema começou a ganhar corpo, evidenciando a riqueza das concepções freudianas desenvolvidas no início de seu percurso teórico, bem como o potencial heurístico dessas construções. Dessa forma, já é lugar comum articular as neuroses atuais – neurastenia, neurose de angústia e hipocondria –, nas quais haveria dificuldades na esfera das representações psíquicas, com o que se passa no campo da clínica na atualidade, já que o mal-estar contemporâneo se apresentaria, sobretudo, em organizações subjetivas resistentes à simbolização. No entanto, nem sempre foi assim.

Obscurecidas pela partilha traçada pelo próprio Freud na constituição da psicanálise, as neuroses atuais ocuparam logo na largada um lugar à sombra no campo psicanalítico. Foram importantes no início para evidenciar a articulação íntima entre sexualidade e adoecimento neurótico, mas não levaram a maiores desdobramentos teóricos dentro do percurso freudiano. A outra categoria gestada à época – as psiconeuroses de defesa –, pelo contrário, ocuparam uma zona nobre e fértil, que deu origem posteriormente, com os devidos remanejamentos teóricos, às clássicas neuroses de transferência – histeria, neurose obsessiva e fobia –, consideradas muitas vezes o ouro puro da psicanálise.

Então, se a divisão inicial entre neuroses atuais e psiconeuroses de defesa foi fundamental para a invenção do campo psicanalítico, impediu também que aquelas fossem reavaliadas à luz dos novos rearranjos conceituais mobilizados por Freud no desenvolvimento da metapsicologia. Ele até pontuou em escritos posteriores que sua concepção das neuroses atuais mereceria ser revista, pois teria sido uma primeira aproximação tosca do tema, contudo, não levou a cabo tal revisão. Assim, sua intuição de que as neuroses atuais conteriam mais complexidade do que ele de início supunha restou como indicação preciosa de uma pista a ser investigada. Várias décadas depois, a abundante produção teórica brasileira sobre o tema apenas veio confirmar o que Freud já intuía.

Chegamos, portanto, à primeira razão que nos levou à organização deste livro: afirmar a *atualidade* das neuroses atuais. Afinal, os impasses clínicos com os quais Freud se defrontou no fim do século XIX parecem ter se avolumado nas últimas décadas. Segundo a teoria freudiana, os neurastênicos, angustiados e hipocondríacos seriam sujeitos com uma prática sexual inadequada, que os levaria a descarregar no corpo a excitação sexual não elaborada psiquicamente, seja via sintomas corporais propriamente ditos seja pela via da angústia. Evidentemente, hoje em dia é impossível sustentar tal hipótese etiológica, mas é inegável que se multiplicam as subjetividades marcadas por uma espécie de excesso pulsional resistente à elaboração psíquica, de forma que o corpo permanece, como nas neuroses atuais, um lugar privilegiado de escoamento desse excesso, assim como a angústia é um sintoma frequente. Portanto, lá como cá, a questão fundamental se mantém em pé: em que medida e em que condições essa máquina que chamamos *aparelho psíquico* é capaz de ligar as intensidades provenientes do corpo, criando redes de sentido que possibilitem a tramitação das excitações pulsionais?

Sob essa perspectiva, no entanto, se tudo isso já é uma espécie de consenso, pelo menos dentro de parte da comunidade psicanalítica, não haveria grande mérito em organizar um livro sobre essa temática, pois seria apenas uma repetição. Há, com efeito, uma segunda razão que nos motivou: não obstante o reconhecimento das neuroses atuais como concepções que lançam luz sobre o mal-estar contemporâneo, não havia até o momento uma coletânea que reunisse o trabalho dos diversos autores que já se debruçaram sobre o assunto. Assim, este livro vem preencher tal lacuna.

No entanto, há uma terceira razão – mais forte e mais *atual* –, que só vem confirmar a primeira. Desde o início de 2020, o mundo foi lançado no redemoinho da pandemia da Covid-19, com consequências planetárias em vários níveis. Além das sociais e econômicas, as consequências psíquicas foram intensas, elevando o significante *saúde mental* a um patamar nunca visto até então. Esquematicamente, podemos dizer que o afeto predominante experimentado pelos sujeitos no início impactante dessa catástrofe foi, de forma geral, a angústia, que levou ao incremento dos quadros conhecidos pela psiquiatria e pelo senso comum como síndrome do pânico e ao crescimento dos sintomas hipocondríacos – muitas vezes em decorrência do medo da contaminação. Em seguida, com o desenrolar trágico dos acontecimentos e com o aumento vertiginoso das mortes provocadas pela disseminação do vírus, vieram os estados depressivos. Por último, no fim do ano passado, com o prolongamento imprevisível da situação, começaram a surgir as queixas de fadiga e cansaço.

Ora, não precisamos fazer muita ginástica para articular essas modulações do mal-estar, potencializadas pela pandemia, com a neurose de angústia (ansiedade e pânico), a neurastenia (cansaço e desânimo) e a hipocondria (sintomas corporais imaginários). Tal articulação revela como o sofrimento psíquico representado pelas configurações das neuroses atuais foi intensificado pela situação limite que vivenciamos, afinal, se elas nomeiam um tipo de padecimento marcado por dificuldades na esfera da simbolização, é natural que ganhem corpo sobretudo em eventos e períodos traumáticos.

Desse modo, o acontecimento inédito e dramático que varreu o mundo a partir do início de 2020 – uma pandemia experimentada por todos em tempo real – infelizmente confirmou nosso argumento central: a *atualidade* das neuroses atuais. Foi para dar mostras da vitalidade teórica e clínica dessa noção que convidamos vários estudiosos para escrever os artigos que compõem este livro, compondo um amplo painel que mostra a fecundidade das noções criadas por Freud no fim do século XIX.

Num esforço conjunto para lançar luz sobre os desafios enfrentados pela clínica contemporânea, os artigos exploram, a partir de enfoques teóricos múltiplos, as várias faces do mal-estar em nossos dias, como estados traumáticos, depressões, toxicomanias, vivências de dor, hipocondria, quadros de angústia, dificuldades de simbolização, doenças autoimunes, somatizações, cansaço etc. Justificam com folga, portanto, a célebre metáfora do grão de areia no centro da pérola utilizada por Freud em duas ocasiões para se referir às neuroses atuais.

Para encerrar, não poderíamos deixar de agradecer, de modo efusivo, aos autores que corajosamente aceitaram nosso convite e contribuíram com seus trabalhos para a concretização deste projeto. Por certo, escrever em tempos de pandemia não foi tarefa fácil, mas os artigos aqui reunidos mostram como, diante do impacto do trauma, uma das saídas possíveis é a tentativa de simbolizá-lo. Esse, enfim, talvez seja o mesmo desafio relançado hoje pelas figuras das neuroses atuais.

Paulo Ritter e Flávio Ferraz

Parte I
As neuroses atuais e os primórdios

1. Corações inquietos: Freud, Fliess e as neuroses atuais

Rubens M. Volich

> *Por mais bem mentalizado que seja, ninguém está imune a um movimento de desorganização somática, em um momento ou outro de sua existência. Isso é verdadeiro para os bebês, as crianças e os adolescentes, mas também para os adultos, tornando-se novamente uma evidência para os idosos*
>
> (Rosine Debray, 2002, p. 27)

Naquela terça-feira, 10 de outubro de 1893, depois de terminar as sessões da manhã, pontualmente às 13h, Freud almoçou com toda a família e, em seguida, como fazia todos os dias, saiu para passear a pé e comprar charutos.

Ao sair da Berggasse 19, imóvel onde morava e trabalhava há dois anos, dirigiu-se para a Shottengasse, passando pela Votivkirche. Sob um céu claro e ensolarado, Freud desfrutava prazerosamente de seu passeio pela região do Ring, área renovada em torno do traçado das antigas muralhas de Viena, refletindo sobre os relatos de seus pacientes daquela manhã.

Em sua prática, há muito sentia-se desafiado por algumas manifestações incompreensíveis que muitos deles apresentavam. Elas pareciam não corresponder às teorias médicas que tanto estudara e que pautavam os diferentes serviços em que já clinicara. Sentia-se só e indeciso em compartilhar suas dúvidas com os colegas que frequentava. A maioria parecia ouvi-lo com respeito, mas pressentia que em seu íntimo discordavam de suas opiniões. Brucke, Notnaguel e Meynert, eminentes professores, chefes de clínicas e de laboratórios onde Freud trabalhara reconheciam suas qualidades como neurologista, clínico geral e pesquisador, porém se mostravam reticentes e, algumas vezes, claramente céticos ao ouvir as hipóteses que levantava sobre seus pacientes.

Apenas Breuer parecia acompanhá-lo em suas ideias, porém, há algum tempo, sentia-se pouco à vontade para compartilhá-las com ele. Eram próximos, conviviam em família e socialmente, costumavam discutir os casos de cada um, preparavam uma publicação conjunta sobre a histeria considerando fatores da vida sexual na etiologia dessa manifestação.[1] Porém, algumas vezes se decepcionara ao esperar dele um apoio maior para incrementar sua clientela e, ultimamente, sentia-se mais incomodado pelo apoio financeiro que muitas vezes ele lhe propiciou.[2]

Tomado por essas reflexões, prosseguiu seu passeio, dirigindo-se a sua tabacaria preferida, onde adquiriu sua provisão de 20 charutos, suficientes para um ou dois dias. Retornou pelo mesmo caminho para dedicar-se a seus atendimentos da tarde.

Após atravessar os jardins da Rathausplatz, próximo ao novo edifício da Prefeitura, sentiu um tremor no braço e, ao aproximar-se

---

1 Clínico geral e fisiologista, Josef Breuer (1842-1925) e Freud se conheceram no final dos anos 1870 no laboratório de Brucke. Ao longo da década seguinte, suas relações profissionais, pessoais e familiares se intensificaram.

2 Nota de Masson a carta de Freud a Fliess de 18/10/1893 (Masson, 1986, p. 60).

da Universidade de Viena, estancou. Estava ofegante e seu coração acelerara. Suava. Não era a primeira vez que fora surpreendido por essas sensações. Há algum tempo, e mais frequentemente nas últimas semanas, algumas vezes vinha sendo tomado por um mal-estar parecido, que se somava às suas já conhecidas "crises de enxaqueca" (como se referia às dores de cabeça) e a outros desconfortos corporais.[3]

Sentou-se em um banco para recuperar-se e imediatamente lembrou de um paciente: um homem de quarenta e dois anos, que até um ano antes da consulta era bem-disposto e sem maiores problemas. Porém, após à morte do pai, subitamente foi tomado por um "ataque de angústia com palpitações e medo de ter um câncer de língua".

Ficara perturbado com a história do paciente. Com trinta e sete anos, Freud também fumava bastante e reconhecia naquela descrição alguns sintomas que há cerca de dois anos, às vezes, ele próprio sentia. Ao mesmo tempo, ficara satisfeito por atendê-lo, pois poderia incluí-lo na série de observações clínicas que vinha reunindo, com pacientes que apresentavam sintomas orgânicos, quadros próximos à neurastenia e manifestações hipocondríacas, buscando compreender suas relações com as manifestações histéricas.

Freud descrevera esse caso em sua última carta a seu colega berlinense Wilhelm Fliess.[4] Identificou-o como uma "neurose de angústia pura com sintomas cardíacos subsequentes a uma perturbação emocional". Investigou a vida sexual do paciente constatando que era "um homem potente" que tolerou "com facilidade" por mais de dez anos o "coito interrompido".

---

3 A construção ficcional que permeia este artigo é baseada em fatos reais relatados por alguns dos biógrafos de Freud (Jones, 1953; Schur, 1975; Anzieu, 1988; Gay, 1991) e pelo próprio Freud em sua correspondência com Wilhelm Fliess (Masson, 1986).

4 Carta a Fliess de 6/10/1893 (Masson, 1986, p. 57 e 58). O caso daquele paciente é relatado por Freud em seu artigo sobre a neurose de angústia (Freud, 1895c/1996).

Ainda ofegante, ao lembrar de Fliess, tranquilizou-se. Há alguns anos, a relação entre eles vinha se estreitando no plano pessoal e profissional. Haviam se conhecido em 1887, em uma série de aulas de neuropatologia ministradas por Freud, na Universidade de Viena. Fliess, clínico geral e otorrinolaringologista berlinense, as assistiu por recomendação de Breuer e, desde então, passaram a se corresponder e se encontrar de forma cada vez mais frequente. O interesse científico e profissional das trocas iniciais foi sendo ampliado para outros temas, familiares, sociais e culturais, ganhando um tom mais íntimo e profundo. Tornaram-se amigos.

Freud sentia que Fliess era uma pessoa agradável e carismática. Considerava-o um excelente médico, aberto, como ele próprio, a temas pouco discutidos pela medicina de sua época, receptivo a hipóteses e reflexões clínicas originais, nem sempre bem-vistas pelos colegas. Compartilhava com ele muitas de suas dúvidas, especialmente aquelas relativas às neurastenias, questão que vinham discutindo desde primeira carta que lhe enviara, em novembro de 1887.[5]

Ainda incomodado pelas palpitações, Freud se percebeu apavorado. Em alguns momentos, quando surgiam, pensava no pior. Tinha muitos amigos e colegas médicos, porém sempre teve dificuldade em encontrar um em quem realmente confiasse.[6] Comentou com alguns deles essas crises, mas não ficara satisfeito com nenhuma de suas hipóteses e recomendações. Os conhecimentos e a experiência de Breuer acabaram por fazer com que, já há alguns anos, ele o consultasse também como seu médico. Segundo ele, esses sintomas seriam o resultado de uma miocardite. Essa hipótese assustava Freud por implicar em um prognóstico mais sombrio, acentuando

---

5   Comentando o caso da Sra. A., Freud confessa a Fliess sua "agonia" para chegar ao diagnóstico de "não se tratar de uma neurose", apontando para a dificuldade de distinguir afecções orgânicas incipientes e afecções neurastênicas" (Carta de 24/11/1887, Masson, 1986, p 15).

6   Schur, 1986.

sua fantasia de uma morte precoce. Não se deixara convencer pela opinião de Breuer. Em meio ao estremecimento da relação pessoal e profissional entre eles,[7] Freud também se ressentia da pouca atenção que ele parecia dar a seus sintomas, inclusive como médico.

Começou a imaginar a possibilidade de pedir a Fliess uma avaliação especializada de seu quadro. Ponderou, até, se o envio em sua última carta daquele caso de neurose de angústia com sintomatologia cardíaca já não havia sido também um indício dissimulado de seu desejo em saber a opinião dele sobre sua própria sintomatologia, tão semelhante à da descrição do paciente. A ideia de se deixar cuidar por Fliess começou a ganhar corpo dentro de si, a acalmá-lo e a entusiasmá-lo. Decidiu que lhe escreveria mais detalhadamente sobre seus sintomas e suas intenções.

As dores de Freud

São bastante conhecidos o tabagismo e a luta de dezesseis anos (1923-1939) de Freud contra um câncer do palato e da laringe, de cuja evolução veio a falecer, após ter realizado trinta e três cirurgias (Jones, 1953; Schur, 1975; Gay, 1991; Anzieu, 1988).

São menos conhecidos, porém, os diversos episódios de doenças e sintomas orgânicos e psíquicos, crônicos e agudos, que marcaram sua vida adulta, principalmente nos primeiros tempos de sua atividade profissional. Lutava para ganhar o sustento de sua família, buscava ser reconhecido e aceito no meio médico vienense, sentia-se dividido entre a gratidão e a ambivalência com relação a Breuer. Mobilizado pela necessidade de desvendar os enigmas da histeria e das neuroses e buscando formular hipóteses sobre o papel da sexualidade e das dinâmicas psíquicas em sua etiologia, Freud vivia

---

7   Carta de 29/9/1893, Masson, 1986, p 56.

e trabalhava intensamente e, frequentemente, era acometido por diferentes perturbações de saúde.

Ao tabagismo, presente desde a juventude, foram se somando episódios frequentes de dores de cabeça, oscilações de humor entre a depressividade, que diminuía sua produtividade e criatividade, e o entusiasmo pelo trabalho e inspiração para a escrita, que até 1895 às vezes tentava modular pelo uso de cocaína, e também alguns mecanismos fóbicos e obsessivos (Schur, 1975, p. 31).

Poucas vezes referiu-se diretamente a eles em sua obra. Porém, curioso, observador e introspectivo como era, não apenas com seus pacientes, mas também consigo mesmo, Freud refletia a respeito dessas suas manifestações. Em sua correspondência e na convivência com aqueles que o conheceram, compartilhou muitos detalhes dessas experiências (Masson, 1986; Freud, 1982). Max Schur, seu médico pessoal de 1928 até sua morte, em 1939, e Ernst Jones descreveram muitas delas (Schur, 1975; Jones, 1953).

Em 1882, aos vinte e seis anos, Freud sofreu de uma "forma benigna de febre tifoide", um diagnóstico incerto, frequentemente atribuído a afecções gastro-intestinais acompanhadas de febre. Nesse mesmo ano, teve uma dor de garganta severa que o impediu de engolir e de falar por alguns dias. Dois anos depois, em 1884, viveu uma crise de dor ciática com a recomendação de permanecer em repouso na cama que, revoltado, decidiu desrespeitar (Schur, 1975, p. 52; Jones, 1953.

Periodicamente, sofria também de dores reumáticas nas costas e nos braços, de crises sinusite e de catarro nasal severo e dores de cabeça, muitas vezes refratárias a qualquer tratamento (Jones, 1953. Em abril de 1885, Freud sofreu de um episódio de "varíola benigna", sem pústulas, apenas com alguns pontos (erupções) e pequenos nódulos característicos. Ficou "muito contente por seu esgotamento não ser psicológico, mas consequência de uma doença [e também porque] sendo médico conseguira dar cabo da doença que o tratou com tanta benevolência".[8]

Além dessas doenças, nessa época, Freud também foi impactado por doenças graves, mortes e suicídio de pessoas próximas de seu círculo pessoal e familiar. Em 1883, um de seus colegas cometeu suicídio um mês após ter se casado. Um de seus amigos, Schönberg, noivo de Minna, irmã de Martha, contraiu tuberculose em junho de 1885 e faleceu no início de 1886.

Muito impressionado por esses acontecimentos, passou cada vez mais a conviver com a fantasia de sua morte precoce, imaginando, inclusive que ela ocorreria aos cinquenta e um anos (Schur, 1986). Os episódios cardíacos de Freud, ocorridos principalmente entre 1891 e 1894, surgiram na sequência de todas aquelas experiências, reforçando tais fantasias. Em 1893, ano da publicação da *Comunicação preliminar*, escrita com Breuer (Breuer & Freud, 1895/1996), iniciou-se um dos períodos mais intensos desses episódios (Schur, 1975, p. 20).

"Não tenciono em absoluto ignorar meus problemas cardíacos"

Uma semana depois da taquicardia vivida nos jardins da Rathausplatz, Freud concretizou seu intento de escrever a Fliess sobre suas crises. Em 18/10/1893, após iniciar a carta comentando um "desentendimento mortificante" com Breuer, sua clientela, alguns casos e colegas, fala de si:

> *Não tenciono em absoluto ignorar meus problemas cardíacos. No momento vão eles bem melhor – não por*

---

8   Carta a Martha de 25/04/1885, *apud* Schur, 1975, p. 53.

qualquer mérito meu, pois tenho fumado muito, devido a todas as dificuldades que têm sido muito numerosas ultimamente. Creio que logo tornarão a dar sinal de vida, e dolorosamente. No que concerne ao fumo, seguirei escrupulosamente uma receita sua [feita anteriormente] . . . Mas senti muita falta dele. . . ainda não estou convencido de sua natureza nasal.[9]

Fliess já havia sugerindo que Freud tentasse interromper ou, ao menos, reduzir o consumo de charutos para evitar sintomas semelhantes. Freud recebeu essa recomendação a contragosto, pois sentia que o fumo lhe propiciava um grande prazer e tornava seu trabalho mais produtivo. Tentou diminuir, mas constatou sua grande dificuldade em fazê-lo. Ao longo dos anos, muitas outras conversas haviam tomado (e ainda tomariam...) rumo semelhante.

Reconhecendo que não conseguia seguir as orientações de Fliess, porém, talvez ainda buscando satisfazer o amigo, conjecturou se seus sintomas poderiam corresponder a suas hipóteses sobre a "natureza nasal" de muitos sintomas orgânicos, sobre as quais há muito vinham conversando.[10] Refutou essa ideia assim que a evocou.

9　Carta de 18/10/1893, Masson, 1986, p 59-60.

10　Para Fliess, existiria uma correspondência entre a mucosa nasal, os órgãos genitais e a atividade sexual que poderiam produzir uma *neurose nasal reflexa* (Fliess, 1887/1977). As disfunções sexuais e as neuroses poderiam ser tratadas por meio de intervenções cirúrgicas e anestésicas nos tecidos nasais. Cefaléias, dores nevrálgicas, cardíacas, lombares, nos braços e no estômago e distúrbios dos órgãos internos, circulatórios, respiratórios e digestivos poderiam ser resultado de uma *neurose nasal reflexa*, produzida tanto por causas orgânicas (infecções) como funcionais (distúrbios vasomotores de natureza sexual). Segundo Jones, essa concepção atraiu o interesse de Freud, uma vez que esses sintomas se assemelham aos da neurastenia, uma das neuroses atuais (Jones, 1953, p. 251 e 252).
Freud considerou essas hipóteses para o tratamento de alguns de seus pacientes, e ele próprio se submeteu a esses procedimentos para alguns de seus sintomas.

Percebeu sentir-se inseguro com relação às ideias de Fliess, de forma semelhante à que sentia com relação às opiniões de Breuer sobre sua saúde e seus sintomas.

Oscilando entre o velho e o novo amigo, mesmo hesitante, acabou por se alinhar à opinião e recomendações de Fliess. A aproximação crescente entre eles, como amigo e como médico, a ampliação do temas de interesse comum, as discussões cada vez mais frequentes das teorias de cada um coincidiram, não por acaso, com o arrefecimento progressivo da relação entre Freud e Breuer e com críticas frequentes a este na correspondência com Fliess,[11] até o distanciamento definitivo de Breuer em fevereiro de 1896.[12]

Entre Breuer e Fliess: histeria, neuroses de angústia e... palpitações

No início de sua prática, Freud sentia-se só e isolado. Mesmo que respaldado pela autoridade de Charcot, com quem trabalhou na Salpêtrière, e pela de Chroback, respeitado ginecologista vienense, era-lhe difícil sustentar a hipótese do papel da sexualidade na etiologia da histeria e das neuroses, sugerida por eles. Breuer era um dos poucos que contribuíam para diminuir esses sentimentos.[13]

---

11 Carta 29/9/1893 Masson, 1986, p. 56.

12 "Simplesmente não consigo mais me entender com Breuer". Carta de 06/2/1896, Masson, 1986, p 171.

13 De outubro de 1885 a março de 1886, Freud trabalhou no serviço de Neurologia do Hospital Salpêtrière, em Paris, dirigido por J. M. Charcot. Ele utilizava a hipnose para a investigação clínica da histeria e destacou o papel das experiências sexuais na etiologia dessas manifestações.

Chrobak encaminhou a Freud, em 1896, uma mulher com intensas crises de angústia, cujo marido era impotente, observando que "nesses casos, a única cura para os sintomas da esposa eram "doses repetidas de *penis normalis*" (Jones, 1953, p. 221; Freud, 1914a/1996; 1925/1996).

Freud vinha preparando com ele uma *Comunicação Preliminar*, na qual descreviam suas hipóteses sobre aqueles temas. Publicada em janeiro de 1893, foi em seguida ampliada com casos clínicos que, com ela, vieram a constituir o conjunto dos *Estudos sobre a histeria* (Breuer & Freud, 1895/1996). Freud informava Fliess periodicamente do progresso desse trabalho e também das divergências que iam se pronunciando entre eles.[14]

Pela aproximação com Fliess, Freud vislumbrava a possibilidade de ampliar as hipóteses que desenvolvia com Breuer para além do território da histeria, imaginando, inclusive, que escreveriam um trabalho conjunto implicando a neurologia e a clínica médica e também as teorias da periodicidade e das neuroses reflexas nasais de Fliess.[15] Com grande satisfação e expectativa,[16] Freud compartilhava com Fliess seus questionamentos a respeito de um espectro muito mais amplo de manifestações e hipóteses referentes à "teoria das neuroses", à "teoria dos neurônios", à função etiológica da sexualidade e, particularmente, questionamentos, presentes desde suas primeiras trocas, acerca da neurastenia, da hipocondria, da psicose e da neurose de angústia.[17]

---

14 Cartas de 28/6/1892, 18/12/1892, 7/2/1894, 4/3/1895 (Masson, 1986, p. 31, 36, 66, 115).

15 "Em primeiro lugar, espero que você explique o mecanismo fisiológico de minhas descobertas clínicas, através de sua abordagem; em segundo, quero . . . lhe mostrar todas as minhas teorias e descobertas sobre as neuroses; em terceiro, continuo a encará-lo como o messias que, através de um aperfeiçoamento da técnica, irá solucionar o problema [da teoria das neuroses] que assinalei" (Carta de 10/07/1893, p. 51). Ver também cartas de 01/01/1896, p. 160, 13/2/1896, p 172, 17/12/1896, p. 216 (Masson, 1986).

16 Cf. em Masson (1986) cartas de 10/7/1893, p. 51, de 21/5/1894, p. 73, de 31/10/1895, p. 148, 1º/1/1896, p. 159, de 12/12/1897, p. 286.

17 Já na primeira carta enviada a Fliess, em 24/11/1887, Freud tentava estabelecer, a partir de um caso que atendeu, uma distinção entre a neurose, a neurastenia e afecções orgânicas (Masson, 1986, p. 15).

Além da investigação etiológica e nosológica, essas reflexões já evidenciavam claramente as intuições freudianas sobre a dimensão econômica e funcional dos mecanismos psíquicos, construída em torno das concepções de excitação, afeto e libido, posteriormente reconhecida, ao lado das dimensões tópicas e dinâmicas, como um dos pilares da metapsicologia psicanalítica (Freud, 1915a/1996), por sinal, termo inspirado por Fliess.[18]

Desde aquela carta de 18 de outubro de 1893, é significativo que na correspondência entre eles, tornaram-se cada vez mais frequentes referências às condições de saúde do próprio Freud e às recomendações de Fliess, ao lado de relatos de caso de neurastenia e de neuroses de angústia e também dos conhecidos *Rascunhos* (Manuscritos). Neles, Freud elaborava hipóteses e reflexões que evidenciavam a transição de suas primeiras visões de neurologista – que tentava explicar as neuroses a partir da estrutura, fisiologia e química do sistema nervoso (Freud, 1895e[1950]/1996) –, para a de um clínico, que buscava compreendê-las a partir da observação, escuta e descrição das manifestações psíquicas e emocionais do paciente para a elaboração de suas teorias psicológicas.

Assim, ao mesmo tempo que, apoiado em Breuer, dedicava-se a consolidar, publicar e a divulgar no meio médico vienense as principais hipóteses sobre a etiologia sexual e o tratamento da histeria (Freud & Breuer, 1895), inspirado pela interlocução com Fliess, Freud operava também uma ampliação significativa de seu campo de interesses para além das manifestações histéricas e daquelas que caracterizou como psiconeuróticas (Freud, 1894d/1996).

A partir da perspectiva etiológica da sexualidade, ele sistematizou, principalmente nos chamados *Rascunhos,* hipóteses abrangentes

---

18 "vou perguntar-lhe . . . se posso usar o nome de metapsicologia para minha psicologia que se estende para além da consciência" (Carta de 10/3/1897, Masson, 1986, p. 302-303).

sobre as neuroses de angústia e a neurastenia (Freud, 1892), sobre a etiologia das neuroses (histeria, neurastenia masculina e feminina, neuroses de angústia, depressão periódica branda) (Freud, 8/2/1893/1986, 1894a/1986), sobre a etiologia sexual e as hipóteses sobre as neuroses reflexas nasais de Fliess (Freud, 1893/1986), sobre as origens da angústia (Freud, 1894b/1986), sobre a melancolia (Freud, 1894c/1986), sobre a paranoia (Freud, 1895a/1986), sobre a enxaqueca (Freud, 8/10/1895/1986), sobre as neuroses de defesa (Freud, 1º/1/1896/1986), dois *Rascunhos* sobre a "arquitetura da histeria" (Freud, 2/5/1897/1986; 25/5/1897/1986) e, ainda um último, o *Rascunho N*, sobre impulsos e fantasias (Freud, 31/05/1897/1986). No *Rascunho B*, Freud pressente, inclusive, a dimensão neurótica de certas sintomatologias e doenças ocupacionais, porém não aprofunda seus comentários a respeito, pois, segundo ele, nelas há "alterações das partes musculares" (Freud, 8/2/1893/1986, p. 43).

Além desses escritos, nos quais revela suas intuições e construções conceituais, etiológicas e nosográficas, Freud também compartilhou em cartas e em *Rascunhos* um grande número de relatos clínicos relacionados a suas hipóteses (Freud, 18/8/1894/1986; 1895b/1986).

Nas trocas com Fliess, Freud delineou, cada vez mais claramente, as diferenças etiológicas e funcionais entre as *psiconeuroses*, nas quais predominavam "mecanismos psicológicos", como o recalcamento, a conversão na histeria, o deslocamento, nas neuroses obsessivas e fobias e a ruptura com a realidade, nas "psicoses alucinatórias", e outras nas quais predominavam mecanismos "químicos" e fisiológicos,[19] como nas neurastenias e neuroses de angústia, por ele denominadas *neuroses atuais*. Essa distinção nosográfica resultou nas primeiras sistematizações psicanalíticas de algumas manifestações psicopatológicas (Freud, 1894d, 1895c, 1895d).

---

19 Com relação aos quais tinha uma grande esperança nas habilidades clínicas e nas teorias de Fliess para explicá-las.

Uma teoria em gestação

A partir do final de 1893, intensificaram-se as cartas e os encontros ("congressos", como os denominava Freud...) com Fliess, a atividade clínica e científica de Freud e a formulação de hipóteses fundamentais da teoria e da nosografia psicanalíticas. Nessa época, tornaram-se também mais frequentes as oscilações dos quadros somáticos de Freud, especialmente de sua sintomatologia cardíaca, assim como suas dúvidas e divergências a respeito das diferentes leituras e preconizações feitas tanto por Breuer como por Fliess.

Em 27 de novembro de 1893, por exemplo, Freud inicia uma carta a Fliess relatando a realização de uma cauterização para desobstrução de seu nariz, sua dificuldade de não fumar e suportar o "tormento da abstinência". Em seguida, comenta o caso de um "solteirão" que sofreu um "ataque de angústia após ter sido seduzido pela amante", que inspirou em Freud a ideia "de vincular a angústia não a uma consequência psíquica, e sim *física*, dos excessos sexuais", hipótese central do artigo sobre a neurose de angústia (Freud, 1895c/1996). Ele também relaciona essa ideia a um "caso maravilhosamente puro de neurose de angústia subsequente ao coito interrompido", observado em uma mulher "plácida e totalmente frígida",[20] um dos eixos etiológicos da casuística que apresenta naquele artigo.

Duas semanas depois, Freud ainda se encontrava às voltas com "obstruções" (e resistências...) de diferentes ordens: seu nariz fora atacado pelo catarro e a melhora desse sintoma "desobstruiu sua cabeça" (sic), e tentava novamente reduzir o tabaco. Uma vez mais, é tomado pela dúvida se seus sintomas são de origem "orgânica ou neurótica", contestando e desafiando as opiniões e recomendações

---

20 Carta de 27/11/1893, Masson, 1986, p. 61.

de Fliess.[21] Tomado por esses dilemas e pela ambivalência, ainda nesta carta ele compartilha com o amigo seus sentimentos quanto a Breuer e aos artigos que redigia sobre as neuropsicoses [de defesa] ("ainda bastante caótico") e sobre a histeria ("que não será ruim"), e para o qual Breuer encontrava-se "atarefado demais para contribuir" (Masson, 1986, p. 63).

Após a publicação das *Neuropsicoses de defesa* (Freud, 1894d/1996) e *Obsessões e Fobias* (Freud, 1895f[1894]/1996) Freud manifesta seu entusiasmo e suas expectativas de discuti-las pessoalmente em um encontro com Fliess em Viena. Sente que os comentários dele sobre as ideias obsessivas "lhe fazem bem". Porém, se por um lado, admitia a objeção de Fliess de que na neurose obsessiva o vínculo com a sexualidade "nem sempre é tão óbvio", por outro, respondia a ela com evidências de uma observação clínica a favor de sua hipótese, acrescentando, ainda, que diversos casos assemelhados à paranoia desenvolviam-se segundo "sua teoria".[22]

Mais de dois meses se passam até a carta seguinte de Freud, algo pouco frequente na correspondência entre eles. Alguma coisa o constrangia. Em 19 de abril de 1894, reconhece sua reserva em escrever.[23] Aparentemente queria "poupá-lo" de um relato sobre a piora de sua saúde. A fantasia (ou intuição), anteriormente mencionada,[24] de que seus problemas cardíacos "reapareceriam", "talvez ainda mais intensos", manifestava-se pela realidade de uma forte crise cardíaca.

---

21 "tenho a impressão de que a questão toda é orgânica e cardíaca; alguma coisa neurótica seria muito mais difícil de aceitar; só se é indiferente a esse ponto no tocante a problemas orgânicos . . . a proibição do fumo não está de acordo com o diagnóstico nasal. Creio que você está cumprindo seu dever médico; não direi mais nada a respeito e obedecerei em parte (*mas não sensatamente*). Dois charutos por dia – eis como se conhece um não fumante". (p. 63, grifos meus) (Carta de 11/12/1893, Masson, 1986, p. 63).

22 Carta de 7/2/1894, Masson, 1986, p 66.

23 Carta de 19/4/1894, Masson, 1986, p 67.

24 Carta de 18/10/1893, Masson, 1986, p 59.

Após relatar uma nova tentativa de não fumar e que "o sofri-mento da abstinência" vinha sendo "muito maior" do que imaginara, descreve detalhadamente sua sintomatologia orgânica acompanhada por alterações de humor e fantasias de morte:

> depois da suspensão [do fumo], houve alguns dias to-leráveis . . . Sobreveio então, repentinamente, um agu-do sofrimento cardíaco maior que jamais tive quando fumava. A mais violenta arritmia, tensão constante, pressão, ardência na região cardíaca, pontadas agudas descendo pelo braço esquerdo e uma certa dispneia, tudo isso . . . em ataques que se estendem por dois terços do dia; a dispneia é tão moderada que se chega a suspeitar de alguma coisa orgânica: e com ela um sentimento de depressão, que assumiu a forma de visões de morte e separação, em lugar do costumeiro frenesi de atividade.
>
> As indisposições orgânicas diminuíram nos últimos dois dias; o humor lipemaníaco persiste, tendo porém a gentileza de dissipar-se subitamente . . . e de deixar atrás de si um ser humano que novamente anseia com confiança por uma vida longa e pelo prazer indiminuto de retomar a batalha.[25]

Chama a atenção que essa crise ocorreu em meio à redação do estudo sobre sua "teoria da neurose", posteriormente enviado a Fliess como *Rascunho D* (Freud, 1894a/1986) e às vésperas do lançamento do artigo sobre as *Neuropsicoses de defesa*, publicado em maio de 1894 (Freud, 1894d/1986).

---

25 Carta de 19/04/1894, Masson, 1986, p 67.
  O humor lípemaníaco é um termo criado por Esquirol (1820) para descrever uma condição de tristeza, depressão e melancolia.

O sofrimento pessoal e as dúvidas decorrentes de tais manifestações, semelhantes ou próximas das muitas que observava nas neurastenias e neuroses de angústia, pareciam se misturar às questões clínicas e teóricas que elaborava sobre o diagnóstico diferencial destas manifestações e, em especial, às incertezas sobre sua própria capacidade de lidar tanto com as primeiras como com as segundas: "*É muito aflitivo*, para um homem da medicina que passa todas as horas do dia lutando para alcançar a compreensão das neuroses, *não saber se está sofrendo de uma depressão branda lógica ou hipocondríaca*" (p. 67, grifos meus).

Nessas condições, buscando compreender o que vivia e a dificuldade de distinguir entre fantasias hipocondríacas, sentimentos depressivos e as manifestações corporais (orgânicas? neuróticas?), reconhece necessitar de ajuda. Uma vez mais, revela-se dividido entre as opiniões de Breuer e as de Fliess, hesitante com relação a ambas, e particularmente desconfiado de Fliess, e também da capacidade dos recursos médicos da época de discriminarem a diferença entre as duas posições:

> ["*o homem da medicina*", *(ele próprio)*] *precisa ser ajudado nisso . . . recorri a Breuer . . . e lhe disse que em minha opinião, o distúrbio cardíaco não era compatível com um envenenamento por nicotina [hipótese de Fliess]; em vez disso, suponho ter uma miocardite crônica [de pior prognóstico] que não tolera fumo. Lembro-me também que a arritmia surgiu de modo bastante repentino em 1899, após meu ataque de gripe. Tive a satisfação de ouvir dele que* poderia ser uma coisa ou outra *e que eu deveria ser examinado logo.*
>
> *Prometi fazê-lo, mas sei que a maioria desses exames não revela nada, não sei até que ponto se pode estabelecer*

uma diferença entre as duas coisas, mas penso que deve ser possível fazê-lo com base em sintomas e eventos subjetivos e que vocês aí sabem o que depreender disso tudo. Desta vez, estou particularmente desconfiado de você, pois essa minha história do coração é a única em que o ouvi fazer declarações contraditórias. Da última vez me explicou como sendo nasal e disse que estavam ausentes os sinais percussivos de coração afetado pela nicotina, desta vez, mostra-se realmente muito preocupado comigo e me proíbe de fumar. Só posso entender isso se presumir que você quer esconder de mim o verdadeiro estado de coisas e, rogo-lhe que não o faça (p. 67-68, sublinhado por mim).

Freud expressa claramente sua aflição quanto às suspeitas decorrentes de sua condição física, das dúvidas quanto a seu diagnóstico e de fantasias sombrias que parecem acompanhá-las.[26]

Apesar de elogiar a competência de Fliess "para estabelecer um diagnóstico diferencial", a ambivalência de Freud quanto a Breuer e, em menor medida, a Fliess e às opiniões de cada um são ainda bastante presentes na carta da semana seguinte, na qual segue relatando sua condição clínica, uma resposta satisfatória ao tratamento com digitalina, e uma "grande piora" da depressão branda, da fadiga, da incapacidade de trabalhar e da dispneia. As fantasias de morte persistem, e, apesar de todos esses sentimentos, anuncia a Fliess o envio, em breve, de um esboço no qual é "possível enxergar as próprias raízes da neurose".[27]

---

26 "Não tenho opiniões exageradas sobre minhas responsabilidades ou minha indispensabilidade, e suportarei com grande dignidade a incerteza e a expectativa de vida abreviada" (Carta de 19/04/1894, Masson, 1986, p. 68).

27 Carta de 25/4/1894, Masson, 1986, p. 69.

Ainda muito tomado por sua condição de saúde, em 6/5/1894, Freud parece convencido de que sofre de uma "miocardite reumática, algo de que . . . nunca se livra, realmente". Lembra-se ainda da ocorrência repetitiva, "nos últimos anos", de vários "nódulos musculares reumáticos em outras partes do corpo".[28]

Ao longo dos anos, Freud sempre se interessou também (e muito...) pela saúde de Fliess, em particular por suas dores de cabeça, um sintoma que ele mesmo vivia de forma recorrente. Na correspondência entre eles, Freud as menciona em nada menos do que 26 cartas, tendo inclusive dedicado o *Rascunho I* a hipóteses sobre a enxaqueca (Freud, 8/10/1895/1986). Entre 1894 e 1896 as crises de Fliess parecem ter sido particularmente frequentes e Freud comentava as suas próprias, solidarizando-se com o amigo e, muitas vezes, discutindo os sintomas de cada um e hipóteses e métodos de tratamento que tanto um como o outro empregavam. Buscava identificar nas crises de ambos uma periodicidade, efetuava cauterizações no nariz e nos seios da face (teorias e métodos sugeridos por Fliess) e experimentava seu próprio método de alívio, utilizando a cocaína,[29] cujas qualidades anestésicas e terapêuticas durante muito tempo atraíram seu interesse (Freud, 1884/1976), inclusive para um possível tratamento das neurastenias. Esporadicamente, ele também a usava para superar seus momentos depressivos e como estimulante, para aumentar sua capacidade de trabalho e sua produtividade (Jones, 1953; Schur, 1975).[30]

---

28 Carta de 6/5/1894, Masson, 1986, p. 70.

29 Cartas de 30/5/1893, p. 49, de 11/4, p. 125 e 20/4/1895, p. 127, (Masson, 1986).

30 Em 1891, a morte de um amigo, Ernst Fleischl von Marxow, a quem Freud prescrevera cocaína para lidar com as dores resultantes da desintoxicação da morfina, perturbou as convicções de Freud sobre o uso terapêutico da substância. Ele continuou a utilizá-la com esse fim até 1895. Acaba por também abandoná-la para uso pessoal, comunicando o fato a Fliess em 26/10/1896, na mesma carta em que anuncia o enterro de seu pai (Masson, 1986, p. 202).

No contexto de um dos períodos de cefaleia de Fliess, Freud manifesta sua gratidão para com ele, dizendo-se tocado pelo exame "minucioso" de seu estado de saúde, mesmo em meio a suas ocupações e a suas crises. Preocupado com elas, compara-se com ele na forma de reagir à doença: "você suporta o sofrimento melhor e com mais dignidade do que eu, que oscilo eternamente em meus estados de humor".[31] Na mesma carta, revela sentir-se "bastante sozinho . . . na elucidação das neuroses", não compreendido, "encarado como uma espécie de monomaníaco, embora tenha a nítida sensação de haver tocado num dos grandes segredos da natureza [a função da sexualidade na etiologia das neuroses]" (p. 74).

Tomado por esses sentimentos misturados a sua sintomatologia cardíaca, ainda presente, e por "lacunas grandes e pequenas" em sua teoria das neuroses, Freud se mostra triste e amargurado, com fantasias sombrias a respeito de seu trabalho e de artigos prestes a serem publicados.[32]

Rompantes e ambivalências. Inspirações

Esse estado de espírito e a insegurança daquele momento, também relacionados a sua doença, provavelmente o impediram de reconhecer o potencial das ideias que vinha formulando. Na mesma carta, ele se debruça sobre fatores etiológicos e principais dinâmicas diferenciais entre as psiconeuroses e as neuroses atuais:

> *o da transformação do afeto (histeria conversiva). o do*
> *deslocamento do afeto (ideias obsessivas) e o da troca de*

---

31 Carta de 21/5/1894, Masson, 1986, p. 73.

32 "das coisas realmente boas, como a Afasia, as "Idéias Obsessivas", que agora ameaçam sair em texto impresso, e a futura "Etiologia e Teoria das Neuroses", nada posso esperar além de um respeitável fracasso" (Carta de 21/5/1894, Masson, 1986, p. 74).

afetos (neurose de angústia e melancolia). Em cada um dos casos, o que passa por essas transposições deve ser a excitação sexual, mas o que impele a elas não é sexual na totalidade dos casos . . . existem pessoas em quem a hereditariedade provoca uma perturbação dos afetos sexuais e que desenvolvem as formas correspondentes de neurose hereditária . . . posso classificar as neuroses [segundo esses pontos de vista mais genéricos]: (1) Degeneração, (2) Senilidade, (3) Conflito, (4) Conflagração (p. 74).

Com algumas variações, essas hipóteses foram amplamente desenvolvidas em *As neuropsicoses de defesa* (Freud, 1894d/1996) e nos artigos sobre a neurose de angústia (Freud, 1895c/1996; 1895d/1996), constituindo-se como os principais eixos de uma nosografia original, fundada sobre o papel central das dinâmicas psíquicas como reguladoras dos destinos da sexualidade, da libido, da excitação e dos afetos. Desde os fenômenos da conversão, da catarse e da ab-reção, destacados em *Estudos sobre a histeria* (Breuer & Freud, 1895), elas se constituíram como uma leitura econômica, que veio a se constituir uma das dimensões fundamentais da metapsicologia psicanalítica (Freud, 1915a/1996).

Nessa mesma carta de 21/5/1894,[33] Freud aponta que "pessoas sadias" podem adquirir "várias formas de neurose", em "função de influências sexuais nocivas", ou seja, "perturbações dos afetos sexuais", destacando a continuidade e as oscilações entre o normal e o patológico, fenômeno depois explicitado com relação aos sonhos, à sexualidade, às dinâmicas psíquicas e às relações entre o psíquico e o somático (Freud, 1900/1996; 1901/1996; 1905/1996; 1915a/1996). Ele especifica o "sentido amplo" do "afeto sexual" como "uma excitação

---

33 Carta de 21/5/1894, Masson, 1986, p. 73.

que tem uma quantidade definida", descreve a função das defesas psíquicas como forma de lidar com os conflitos decorrentes da sexualidade, distinguindo o "conflito" da "conflagração", que corresponde a "catástrofes em que ocorrem perturbações dos afetos sexuais, sem que haja causas precipitantes sexuais", dinâmica que, segundo ele, "possivelmente" permitiria a abordagem das "neuroses traumáticas" (p. 75), uma categoria que só viria a ser mais amplamente descrita e consagrada mais de 20 anos depois em *Introdução à psicanálise das neuroses de guerra* (Freud, 1919/1996).

Freud anexa à carta o *Rascunho D*, no qual esboça a etiologia, a teoria e uma nosografia das principais neuroses (Freud, 1894a/1986) e o *Rascunho E,* sobre a origem da angústia (Freud, 1894b/1986).

No *Rascunho D,* Freud propõe uma "diferenciação gradativa das neuroses", em função da etiologia sexual, distinguindo entre neuroses hereditárias e adquiridas, discutindo suas relações com a degenerecência, com as psicoses e com a predisposição (p. 76-77). Ele esboça a relação entre essas neuroses e a "teoria da constância", ainda rudimentar nesse texto, mas que gradativamente se consolidou como "princípio" da dimensão econômica do funcionamento psíquico, responsável pela manutenção da excitação estável, no nível mais baixo possível, mencionada no contexto do "princípio de inércia" descrito no *Projeto para uma psicologia científica* (1895e/1996) e que veio a ser plenamente formulado em *Além do princípio do Prazer,* no contexto da segunda teoria das pulsões (Freud, 1920/1996). Ele indica também a relação entre afetos e neuroses, sugerindo ainda uma reflexão sobre um possível "paralelo entre as neuroses da sexualidade e a fome", hipótese posteriormente desenvolvida nas distinções entre as pulsões de autoconservação e pulsões sexuais (Freud, 1905/1996, 1910/1996).

No *Rascunho E,* Freud (1894b/1986) discute a relação entre a angústia e a sexualidade, formulando as hipóteses centrais do artigo sobre a distinção entre a neurastenia e a neurose de angústia (Freud, 1895c/1986). Ele analisa as relações entre a angústia, o coito interrompido e o sintoma histérico, concluindo que a "angústia da neurose de angústia não poderia ser uma angústia prolongada, recordada, histérica [e que] a fonte da angústia não deve ser buscada na esfera psíquica [mas, sim em] um fator físico da vida sexual" (p. 78). Ele descreve, em seguida, diferentes contingências da atividade sexual que contribuiriam para a origem da angústia (a virgindade, a abstinência e o coito interrompido, entre outros) mais amplamente desenvolvidas naquele artigo, chamando a atenção para a experiência da insatisfação e da abstinência sexual em sua etiologia.

A angústia resultaria de uma "acumulação de excitação física", por retenção, bloqueio de descarga ou impossibilidade de satisfação sexual, hipótese que viria a ser caracterizada como sua "primeira teoria da angústia". O "represamento" da excitação sexual, "assemelharia" a neurose de angústia à histeria (p. 79). Ele ainda tenta articular essas dinâmicas às manifestações da melancolia, destacando que "os melancólicos são anestésicos . . . não têm nenhum desejo de coito . . . mas têm uma grande ânsia de amor em sua forma psíquica" (p. 80). Assim, na neurose de angústia haveria um "acúmulo de tensão sexual física", enquanto na melancolia observaríamos o "acúmulo de tensão sexual psíquica".[34]

Nesse texto, ele já aponta para a função central da elaboração psíquica para a passagem da excitação de sua dimensão física (corporal) para a psíquica, descrevendo as contingências e as reações da psique para lidar com as excitações exógenas e endógenas, em particular, as dificuldades para lidar com a "tensão endógena, cuja

---

34 Essa questão não é desenvolvida no artigo sobre a neurose de angústia (Freud, 1895c/1996), mas é ampliada no *Rascunho G* sobre a *Melancolia* (Freud, 1894c/1986). Após a formulação do conceito de narcisismo (Freud, 1914b/1996) a ideia da "ânsia de amor" dos melancólicos ganha uma outra dimensão é desenvolvida em *Luto e melancolia* (Freud, 1917/1996).

fonte reside no próprio corpo (fome, sede, impulso sexual) [para as quais] somente as reações *específicas* [de satisfação] têm serventia" (p. 80). Essa articulação viria a produzir desdobramentos importantes nas concepções da metapsicologia, em especial da natureza da pulsão e suas relações com as representações e das relações entre o psíquico e o somático (Freud, 1915a/1996; 1915c/1996).

Diante da insatisfação e do acúmulo da tensão sexual física, a angústia surge em virtude da impossibilidade de "despertar o afeto psíquico", isso porque

> *a* ligação psíquica *que lhe é oferecida permanece insufi-ciente: o* afeto sexual *não pode formar-se, pois falta algo nos determinantes psíquicos. Por conseguinte, a tensão física,* não sendo psiquicamente ligada, *transforma-se em – angústia . . . na neurose de angústia, deve haver um déficit assinalável no afeto sexual, na libido psíquica (p. 80-81, sublinhado por mim).*

Ele prossegue levantando hipóteses sobre as razões para a di-ficuldade de ligação e elaboração psíquica: um "desenvolvimento insuficiente da sexualidade psíquica; [uma] tentativa de repressão desta última (defesa); por estar ela em decadência; ou por causa da alienação habitual entre a sexualidade física e a psíquica" (p. 82), condições que contribuiriam para a tensão sexual se transformar em *angústia*.

Ao final do *Rascunho E*, ele ainda aponta que a impossibilidade da ligação psíquica da excitação provoca a descarga dos estímulos acumulados pelas funções corporais (por vias de inervação autôno-mas) resultando em sintomas respiratórios e cardíacos como "dispneia simples, palpitações simples, a simples sensação de angústia e uma combinação desses elementos" (p. 82). No artigo sobre a neurose de angústia, ele amplia a descrição desses sintomas físicos da neurose de angústia em outros sistemas como a sudorese, parestesias, desconfortos abdominais e vertigem (Freud, 1895c/1996).

Contrariamente as previsões sombrias de Freud de que suas teorias estavam fadadas a um "respeitável fracasso", as hipóteses do *Rascunho D*, e especialmente do *Rascunho E,* continuaram repercutindo sobre a teoria psicanalítica desde as formulações da metapsicologia, em particular das duas teorias pulsionais, até as da chamada segunda teoria da angústia, descrita em *Inibições, sintoma e ansiedade*, publicado em 1926/1996.

"... agora vem o relato de meu caso, a verdade sem retoques"

Naturalmente, seria impossível para Freud, naquela época com 38 anos, prever os desdobramentos teóricos e clínicos de suas intuições nas décadas seguintes. O difícil início de sua clínica particular e a fria receptividade para suas ideias nos círculos médicos de Viena não o encorajavam e seu estado físico e de espírito também minavam suas convicções.

Nesse clima, em 22 de junho de 1894, ele manifesta a Fliess suas incertezas quanto a suas hipóteses sobre a neurose de angústia".[35] Apresenta em detalhes a persistência de suas crises e de suas dúvidas, e também se dispõe a "confessar" (sic) seus "sintomas há muito ocultados", um "relato de [seu] caso, a verdade sem retoques" (p. 83-84), em especial o fato de que voltara a fumar, novamente contrariando as recomendações de Fliess:

---

35 "Fico satisfeito com sua opinião de que a história da angústia ainda não está muito certa; é um eco de minha própria visão . . . Vou deixá-lo de lado até que as coisas se tornem mais claras . . . preciso esperar até que surja em mim uma luz vinda de algum lugar" (Carta de 22/6/1893, Masson, 1986, p 83).

Não tenho fumado há sete semanas, desde o dia de sua proibição. A princípio, como era esperável, senti-me abusivamente mal. Sintomas cardíacos acompanhados de depressão branda, além do terrível sofrimento de abstinência. Este último se dissipou depois de aproximadamente três semanas, enquanto a primeira cedeu após cerca de cinco semanas, porém deixando-me completamente incapaz de trabalhar, derrotado. Decorridas sete semanas, apesar de minha promessa a você, recomecei a fumar (p. 84).

Freud segue relatando detalhadamente seus sintomas e o efeito benéfico da digitalina:

Uma certa arritmia sempre parece estar presente, mas a intensificação até o delirium cordis *com opressão só ocorre nos ataques, que agora duram menos de uma hora e se instalam quase regularmente depois do almoço. A dispneia moderada ao subir escadas desapareceu; o braço esquerdo está livre da dor há semanas; a parede torácica ainda está bastante sensível; as dores pontiagudas, o sentimento de opressão e as sensações de ardência não cessaram nem por um dia. Aparentemente, os indícios objetivos não são encontráveis, mas, na verdade, não sei. O sono e todas as demais funções estão inteiramente imperturbados; tenho bom controle de meus estados de humor; por outro lado, sinto-me envelhecido, lerdo e adoentado. A digitalina tem-me ajudado tremendamente (p. 85).*

Tomado pelo desconforto físico e "torturado pela incerteza", Freud ainda se debate com suas dúvidas sobre a eventual natureza hipocondríaca de seus sintomas. Chama particularmente a atenção que os sintomas que ele relata, nesta carta e nas anteriores, são muito semelhantes aos que ele descreve ao caracterizar a neurose de angústia (Freud, 1895c/1996). Como em seu artigo, ele oferece a Fliess o testemunho pessoal da dificuldade de compreender a natureza ou a dimensão hipocondríaca de tais manifestações e de seu quadro.

Uma vez mais, Freud desconfia de Breuer, ressentindo-se pelo fato de ser "tratado [apenas] como um paciente"[36] e manifesta sua fantasia de uma progressão nefasta de seu quadro cardíaco. Imagina que sofreria ainda "de várias queixas por mais quatro a cinco ou oito anos, com períodos bons e ruins, e depois, entre os 40 e os 50, [pereceria] de modo muito abrupto de uma falha cardíaca" (p. 85).

"Quisera ser... um médico e grande curandeiro"

As crises cardíacas de Freud, os sintomas e estados de ânimo que as acompanhavam, o consumo do tabaco, assim como as preocupações com as dores de cabeça de Fliess,[37] os tratamentos de cada um e as dificuldades com Breuer continuaram a ser temas recorrentes entre eles. Freud parecia ter encontrado na digitalina não apenas um remédio capaz de controlar as taquicardias, mas também uma forma de amenizar a insistência de Fliess quanto à redução do fumo.[38]

---

36 "Estou muito insatisfeito com o tratamento que venho recebendo aqui. Breuer está repleto de contradições evidentes . . . ele não mostra a menor preocupação comigo e passa duas semanas seguidas sem me examinar; não sei se isso é tática, indiferença genuína, ou algo inteiramente justificado . . . *estou sendo tratado como um paciente, com evasivas e subterfúgios*, em vez de ter minha mente tranquilizada pela comunicação de tudo o que há para me dizer numa situação dessa natureza, ou seja, tudo o que se sabe" (p. 85, sublinhado por mim).

37 Carta 19/4/1894, Masson, 1986, p. 68.

38 Cartas de 14/7/1894 e de 25/7/1894, Masson, 1986, p 87-88.

Por sua vez, Fliess vive no mês de agosto uma intensa crise de cefaleia, que oferece a Freud a oportunidade de, por sua vez, preocupar-se, compadecer-se e tecer recomendações quanto aos cuidados necessários para aliviá-la. Ele se revolta pela insistência de Fliess em tentar eliminá-la por meio de procedimentos cirúrgicos repetitivos, lembrando-o do fator "puramente nervoso" que contribui para ela.[39] Uma semana depois, o repreende de forma veemente e irritada por essa insistência, expressando também sua sensação de impotência diante da situação:

> *Isso é realmente demais; irá você dissolver-se completamente em pus diante de nós? Ao diabo com uma cirurgia atrás da outra; acabe com isso de uma vez por todas!...E o que devo fazer a esse respeito?* Quisera ser um "doutor", *como dizem, um médico e grande curandeiro, para poder entender desses assuntos e não ter que deixá-lo em mãos estranhas nessas circunstâncias. Infelizmente,* não sou doutor, *como sabe. Tenho que confiar em você quanto a isso.*[40]

Que sentimentos e fantasias habitavam Freud, quando, frente a Fliess, se destitui do lugar do médico, que sua formação autorizava a ocupar, desejando ser um "médico e grande curandeiro" para aliviar as dores do amigo?

Nesse e em outros momentos, a aflição com a doença do amigo, mesclada com os conflitos com Breuer, com suas próprias dúvidas

---

39 "Você tem tido dores de cabeça intensas e está contando ter que fazer outra cirurgia; isso me soaria deprimente e aborrecido, se eu não compartilhasse inteiramente de sua esperança de que o rumo que você tomou irá livrá-lo de *suas* dores de cabeça. Prometa-me . . . não se esquecer do fator que precede diretamente o obstáculo "dor de cabeça", e que é de natureza puramente nervosa" (Carta de 23/8/1894, Masson, 1986, p. 91).

40 Carta de 29/8/1894, Masson, 1986, p. 95, sublinhado por mim.

quanto a sua atividade clínica e a seus sintomas, provavelmente se combinavam com as incertezas de Freud ao se confrontar com a sintomatologia orgânica: como compreendê-la no contexto da sexualidade e dos "aspectos neuróticos" de sua etiologia, como explicitou com relação às cefaleias de Fliess e frequentemente cogitava com relação a seus próprios sofrimentos e aos de seus pacientes?

Sentindo-se incapaz de ajudar o amigo e irritado por ele insistir nos procedimentos médicos, desconsiderando a dimensão "neurótica" que ele havia sugerido, talvez Freud também questionasse os limites dessa sua visão, de seus recursos terapêuticos, bem como a viabilidade do tipo de médico-terapeuta que gostaria de ser.

Para além das sinceras preocupações de Fliess com as crises cardíacas de Freud e deste com as dores de cabeça de Fliess, percebemos também, especialmente nesse episódio, a (nem sempre) delicada movimentação de cada um em torno de crenças, hipóteses e procedimentos para compreender e lidar com essas e com outras manifestações sintomáticas que cada um e também seus pacientes apresentavam. Ambos pareciam comprazer-se no compromisso tácito de se oferecerem um ao outro como sujeitos de observação clínica e experimentação terapêutica de suas teorias, um lutando por convencer o outro da pertinência de sua visão, o que muitas vezes resultava nas resistências que tanto Freud quanto Fliess manifestavam às preconizações recíprocas. Alguns anos mais tarde, a intensificação dessa dinâmica acabou por contribuir para o afastamento e, finalmente, a ruptura entre os dois.

O empobrecimento na melancolia

Apesar das grandes expectativas de Freud,[41] o ritmo da correspondência com Fliess durante o segundo semestre de 1894 foi

---

41 Carta de 29/8/1894, Masson, 1986, p. 96.

decepcionante. Freud manifestava seu "descontentamento", e dúvidas e fantasias sobre o mutismo do amigo.[42] Nesse clima, ressentido, no início de 1895, Freud envia sucessivamente a Fliess dois novos *Rascunhos*, em 7 de janeiro de 1895, o *Rascunho G*, sobre a *Melancolia* (Freud, 1894c/1986) e, em 24 de janeiro de 1895, *Rascunho H*, sobre a *Paranoia* (Freud, 1895a/1986), (talvez não por acaso...) elaborados durante aqueles meses de trocas rarefeitas.

Em outros escritos, Freud já havia sinalizado a proximidade da melancolia com as neuroses de angústia e com a neurastenia, destacando que as três compartilhavam em sua etiologia perturbações da atividade sexual e em sua dinâmica perturbações da manifestação psíquica da libido, dos afetos e de descargas corporais.[43] No *Rascunho G*, ele aprofunda a descrição das características da melancolia, evidenciando os vínculos entre a melancolia e a anestesia sexual (falta de desejo e de prazer) e apontando claramente, já nesse texto, para a relação entre a melancolia, o luto e vivências de perda, reais ou instintivas,[44] hipótese plenamente desenvolvida mais de 20 anos depois em *Luto e melancolia* (Freud, 1917/1996). Ele também aproxima a melancolia da anorexia nervosa, caracterizada pela "sexualidade não desenvolvida". Nesta, a razão para a perda do apetite seria "em termos sexuais, a perda de libido", o que indicaria que "a melancolia consiste num luto pela perda da libido" (Freud, 1894c/1986, p. 98).

Freud descreve as condições econômicas da etiologia das diferentes formas da melancolia, "a melancolia genuína aguda cíclica" e a "melancolia neurastênica", na qual a tensão sexual desviada do grupo psíquico sexual se acumula, e a excitação sexual somática é "empregada em outro lugar – na fronteira entre o somático e o

---

42 Carta de 13/9/1894, Masson, 1986, p. 97.

43 Carta de 21/5/1894, Masson, 1986, p. 74, Freud (1894b/1986).

44 "O afeto correspondente à melancolia é o do luto – em outras palavras, o anseio por alguma coisa perdida. Portanto, na melancolia, deve tratar-se de uma perda, ou seja, uma perda na vida instintiva" (Freud, 1894c/1986, p. 98).

psíquico".[45] Essa "é a precondição da angústia [que] coincide com [a] melancolia de angústia, forma mista que combina neurose de angústia e melancolia" (Freud, 1894c/1986, p. 99 e 100).

Concluindo, Freud caracteriza a melancolia como uma "inibição psíquica com empobrecimento pulsional e dor a respeito dele" (p. 102). Um retraimento da libido para a esfera psíquica produziria um "efeito de sucção sobre os volumes de excitação adjacentes": Evidenciando o empobrecimento da excitação como característica comum da melancolia e da neurastenia, Freud aponta para a principal diferença entre elas, a experiência psíquica do sofrimento, na primeira, e somática, na neurastenia.

O rechaço na paranoia

No final de janeiro de 1895, Freud vivia ainda alguns episódios de arritmia de pouca intensidade e, junto com uma carta, envia a Fliess o *Rascunho H* sobre a Paranoia (Freud, 1895a), temendo que suas descobertas fossem de "natureza pouco prática", como "todas as . . . [suas] invenções".[46]

Freud apresenta sua leitura de que tanto as perturbações afetivas das obsessões como as dos delírios originam-se e extraem sua força de conflitos e de processos psicológicos (p. 108). "A paranoia crônica . . . é um modo de defesa patológico, como a histeria, a neurose obsessiva e a confusão alucinatória", que se manifesta "desde que [as pessoas] tenham a disposição psíquica específica" para ela (p. 109). Sua função "é rechaçar uma ideia incompatível com o ego, projetando

---

45 É interessante constatar nessa descrição de 1895 as sementes das concepções posteriores da metapsicologia, da segunda tópica e da segunda teoria da angústia, quando Freud aponta os efeitos da excitação na fronteira entre o psíquico e o somático (pulsão) e do ego como sede da angústia (Freud, 1915a/1996; 1926/1996)

46 Carta de 24/1/1895, Masson, 1986, p 107.

seu conteúdo no mundo externo", por meio de um "mecanismo . . . muito comumente empregado na vida normal: a transposição ou projeção", ela se constitui como "um abuso do mecanismo de projeção para fins de defesa" (p. 110).

Ele descreve a presença da projeção em diversas outras manifestações[47] e revela o "segredo" do funcionamento paranoico: "a ideia delirante é sustentada com a mesma energia com que uma outra ideia, insuportavelmente aflitiva, é rechaçada para longe do ego. Assim, eles amam seus delírios como amam a si mesmos" (p. 112). Já naquele momento, ele intuía a importância da dimensão narcísica da dinâmica delirante, da paranoia, em particular, que foi plenamente caracterizada após suas formulações sobre o narcisismo (Freud, 1914).

Freud compara a defesa da paranoia com aquela presentes na histeria, na ideia obsessiva, na confusão alucinatória e nas psicoses histéricas, considerando quatro dimensões de cada uma delas: o destino e características dos afetos, os conteúdos das ideias, eventual presença de alucinações e suas relações com o ego e os efeitos da defesa. Nessa perspectiva, ele alinha a paranoia com as neuroses de defesa.[48]

O episódio Emma Eckstein e suas fissuras

Entre fevereiro e junho de 1895, os métodos e hipóteses de Freud e de Fliess sobre as sintomatologias histéricas e orgânicas foram confrontados ao quadro sintomático de uma das pacientes de Freud,

---

47 Como nas pessoas litigantes, com fantasias de traição, em alcoólatras, com hipocondria, com delírios de perseguição e com megalomania,

48 "sem qualquer sombra de dúvida . . . *a paranoia é realmente uma neurose de defesa*" (Carta de 1º/1/1896, p. 160).

Emma Eckstein, com queixas de sintomas abdominais, que ele considerava de natureza histérica. Inspirado pelas teorias de Fliess, solicitou a ele que a examinasse. Fliess sugeriu que fosse operada e acabou cedendo à insistência de Freud para que ele mesmo fizesse a cirurgia.

A operação foi realizada em fevereiro de 1895 e, desde os primeiros dias, Emma apresentou inúmeras intercorrências: dores intensas, hemorragias, edemas, problemas de cicatrização e irrigação, resultados "insatisfatórios". Freud considerou inicialmente que elas pudessem ser de natureza histérica, porém logo ficou preocupado e solicitou a orientação de Fliess.[49]

Na mesma carta, Freud também relata de seu próprio "caso clínico" (sic), mencionando a evolução de uma cauterização que ele realizara no nariz.[50] Apesar de todos seus desconfortos, provavelmente buscando agradar Fliess, parecia consolar-se com o fato de que eles "[enfatizariam] mais uma vez que o estado [de seu] coração depende do estado do nariz" (p. 116-117).

Diante do agravamento do quadro de Emma, pediu ajuda a Ignaz Rosanes, um otorrinolaringologista vienense, que descobriu que Fliess havia esquecido um pedaço de gaze na região operada. A retirada da gaze desencadeou uma intensa hemorragia que fez com que ela perdesse consciência por alguns segundos. Freud, que assistia a intervenção do colega, "sentiu-se mal e precisou deixar o quarto".[51]

---

49 Carta de 4/3/1895, Masson, 1986, p 115.

50 Freud descreve secreções purulentas e coágulos que obstruíam seu nariz operado, dores de cabeça e enxaquecas "não muito intensas", dor cardíaca e pulso irregular nos três dias anteriores, dispnéia e impossibilidade de falar após subir correndo uma escada, sintomas que o levaram a "admitir que estava doente", um estado que tornou a lhe dar vontade de "querer morrer (relativamente) jovem" (Carta de 4/3/1895, Masson, 1986, p 116).

51 Carta de 8/3/1895, Masson, 1986, p. 117.

O efeito perturbador desse incidente acompanhou Freud ao longo de todo o semestre, intensificando sua ambivalência e suas dúvidas com relação a Fliess, suas teorias e seus métodos ainda por muitos meses, reaparecendo em outros momentos do período em que foram próximos. Hesitou algum tempo antes de relatá-lo e acabou por fazê-lo de forma constrangida, tentando isentar o amigo de culpa, insistindo na confiança que ainda depositava nele.[52]

De março a junho de 1895, as oscilações no quadro da recuperação de Emma são mencionadas por Freud em dez das doze cartas enviadas a Fliess, significativamente entremeadas por relatos da evolução de seus próprios sintomas e estados de ânimo, sempre reiterando a estima e a confiança que depositava no amigo. Diversas vezes, comentou que apesar do grave incidente pós-cirúrgico, Emma "não mudara de atitude" para com nenhum deles.[53]

Freud observa que, com a melhora de seu quadro, Emma "naturalmente" (sic) começou a manifestar uma "nova produção de histerias decorrentes desse período passado" ("dissolvidas" por ele). Aparentemente, ao sublinhar pela segunda vez essa condição de Emma, Freud parecia intuir uma oscilação causal entre a predominância do quadro orgânico e a diminuição das manifestações histéricas, e vice e versa. Quanto a ele mesmo, conta que apesar de não estar "particularmente ruim", encontrava-se indisposto, com o pulso muito irregular e uma insuficiência motora "novamente intolerável por vários dias".[54]

No início de abril Emma apresenta uma nova hemorragia que colocou a vida dela em risco.[55] "A dor, a morfina, a desmoralização provocada pelo visível desamparo da medicina" perturbavam tanto o estado da "pobre moça", como o próprio Freud, culpado e

---

52 *Ibid.*, p. 118 e 119.
53 Carta de 13/3/1895, Masson, 1986, p. 120.
54 Carta de 28/3/1895, Masson, 1986, p. 123.
55 Carta de 11/4/1895, Masson, 1986, p. 124.

muito "abalado ao pensar que um desastre desses tenha decorrido de uma operação supostamente inócua". Freud reconhece que "esse assunto deprimente" seria um dos responsáveis por seu estado cardíaco "tão abaixo do nível desejado", pela dificuldade da [digitalina] em equilibrar seu pulso e seu abatimento. Nesse clima, sem "nenhuma ideia e nenhuma observação" anuncia que daria por encerradas suas "pesquisas psicológicas" (p. 125).

Em 20 de abril, apesar da melhora do estado de Emma, Freud, ainda tomado de remorsos, tenta lidar com sua ambivalência com relação à decisão da cirurgia e a Fliess reassegurando o amigo.[56] Quanto a sua própria "enfermidade", Freud ainda se debate com a dificuldade em aceitar a opinião de Fliess: "gostaria que você continuasse a ter razão – que o nariz tivesse nela uma parcela grande, e o coração, uma parcela pequena", uma vez que seu pulso e sua insuficiência [cardíaca] pareciam indicar o contrário (p. 126). A utilização da cocaína alivia seu estado e também suas preocupações quanto sua insuficiência cardíaca.

Aparentemente, a melhora de Freud persistiu. Depois de dois meses de cartas quase semanais a Fliess, demorou um mês inteiro para lhe escrever novamente, dedicando muito mais atenção e espaço a notícias sobre seu trabalho e suas construções teóricas, coisa que não fazia há muito tempo. Nesse período e nos meses subsequentes, as menções a Emma e a sua saúde passaram a ser quase circunstancias, sugerindo.que os maiores riscos haviam desaparecido. Porém, os desdobramentos desse episódio repercurtiram de forma significativa tanto sobre as concepções teóricas de Freud como sobre suas relações com Fliess.[57]

---

56 "... para mim, você continua a ser o médico, o tipo de homem em cujas mãos se deposita confiantemente a própria vida e a vida da própria família" Carta de 11/4/1895, Masson, 1986, p 126.

57 O forte impacto desse episódio sobre Freud é representado no famoso sonho da injeção feita a Irma, sonhado em 24/7/1895 e relatado por ele na *Interpretação*

Perdas

No verão de 1896, Freud viveu o agravamento das condições de saúde de seu pai. Na época com 81 anos, ele apresentava insuficiência cardíaca, paralisia da bexiga e do reto, deficiência alimentar, entre outros sintomas.[58] Em julho, estimava que essa piora prenunciava os últimos dias de vida do pai. Os meses seguintes confirmaram aquelas impressões.

Jacob Freud faleceu em 23 de outubro após uma série de intercorrências[59] que culminaram com um "edema pulmonar". Teve "uma morte serena". Freud ficou "muito abatido" e "profundamente afetado". Reconhecia a influência significativa dele em sua vida. Diante de sua perda, percebeu que "todo [seu próprio] passado foi reavivado por esse acontecimento" e descobriu-se "totalmente desarraigado" (p. 203). Na noite seguinte ao enterro, teve um sonho:

> *estava num lugar onde li uma placa: "Pede-se que você feche os olhos".*
>
> *A frase na placa tem um sentido duplo: cada um deve cumprir seu dever para com os mortos (um pedido de desculpas, como se eu não o tivesse feito e estivesse precisando de clemência), e o dever real em si mesmo. O sonho, portanto, provém da tendência à auto-recriminação que costuma instalar- se entre os que permanecem vivos (p. 203).*

---

dos Sonhos (Freud, 1900/1996). D. Anzieu (1988) e Max Schur (1975) comentam detalhadamente as repercussões dessa experiência sobre a teoria psicanalítica e sobre as relações com Fliess.

58 Cartas 30/06/1896, p. 194, Carta 15/07/1896, Masson, 1986, p. 195

59 "hemorragias meníngeas, ataques de sonolência com febre inexplicável, hiperesteria e espasmos" (Carta 26/10/1896, Masson, 1986, p. 202).

Lembranças de várias épocas de sua vida afloravam e ele percebeu a relação entre as experiências dos últimos dias e o que sonhara. Passou a prestar mais atenção em seus sonhos, a registrá-los e a discutir alguns deles com Fliess. Mais tarde, ao reuni-los na *Interpretação dos Sonhos*, constatou que eles se constituíram como uma parte significativa de sua auto-análise, desencadeada pelo "acontecimento mais importante, [a] perda mais pungente na vida de um homem" (Freud, 1900/1996, p. 32).

Nos meses seguintes, Freud desenvolveu novas conjecturas sobre as estruturas e os processos de organização e funcionamento do aparelho psíquico (em parte presentes no *Projeto* (Freud, 1895e[1950]/1996) e mais tarde no Capítulo VII da *Interpretação dos sonhos* (Freud, 1900/1996)), tentando combinar suas observações com hipóteses que pudessem acompanhar a teoria da periodicidade de Fliess.[60] Também enviou a ele os *Rascunhos L e M*, sobre a *Arquitetura da histeria*, (Freud, 2/5/1897/1986; 25/05/1897/1986), cujo objetivo era "alcançar as cenas [sexuais] mais primitivas" algumas vezes "diretamente", porém, em outras, "somente através de um desvio, por meio das fantasias".[61] Nesses dois *Rascunhos*, ele também articula algumas ideias em torno do recalcamento, do deslocamento, do inconsciente, entre outros.

Essas ideias tiveram um desdobramento surpreendente para Freud. Na carta de 21 de setembro de 1897, pouco menos de um ano após do falecimento do pai, confia a Fliess "o grande segredo que foi despontando lentamente . . . [nos] últimos meses. Não acredito

---

60 Carta de 6/12/1896, Masson, 1986, p. 208.
61 Freud, 2/5/1897, in Masson, 1986, p. 241. No *Rascunho L,* Freud já sugere a ideia das lembranças encobridoras (Freud, 1899). "as fantasias são fachadas psíquicas produzidas com a finalidade de impedir o acesso a essas recordações. As fantasias servem, simultaneamente, à tendência a aperfeiçoar as lembranças e à tendência a sublimá-las" (p. 241).

mais em minha *neurótica* [teoria das neuroses]",[62] ou seja de que as raízes das neuroses poderiam ser encontradas nos desdobramentos de uma experiência sexual precoce de sedução *real* de uma criança por um adulto. Reconhecendo que, muitas vezes, as cenas relatadas por seus pacientes poderiam ter sido *fantasiadas e não vividas*, ele apresenta os motivos pelos quais chegou a essa descoberta, que o obrigava a reformular, não sem dificuldade,[63] grande parte das hipóteses etiológicas, que havia sustentado até então. Vivendo o "colapso de tudo o que é valioso", sem "a menor ideia" de onde situava, estranha que essa descoberta não tenha suscitado "nenhum sentimento de vergonha". Ele declara (provavelmente, não apenas a Fliess, mas também para si mesmo...) que "apenas o psicológico permaneceu inalterado. O livro sobre o sonho continua inteiramente seguro e meus primórdios do trabalho metapsicológico só fizeram crescer em meu apreço" (p. 267).

Desilusões

Desde que se aproximaram e durante toda a década de 1890, Fliess foi uma presença estimulante e inspiradora para Freud. Da relação fecunda e criativa entre eles surgiram e foram transformadas muitas das hipóteses freudianas, algumas consolidadas muitos anos depois.

Desconfortável com a limitações das hipóteses compartilhadas com Breuer sobre a histeria, inicialmente inseguro quanto a sua teoria sobre o papel da sexualidade na etiologia das neuroses, insatisfeito ao tentar articular a neurologia e a psicologia para compreendê-las,

---

62 Carta de 21/9/1897, Masson, 1986, p. 265.

63 "Se eu estivesse deprimido, confuso e exausto, essas dúvidas certamente teriam que ser interpretadas como sinais de fraqueza. Já que me encontro no estado oposto, preciso reconhecê-las como o resultado de um trabalha intelectual honesto e vigoroso e devo orgulhar-me" (*ibid*, p. 266).

decepcionado por sua "teoria da sedução" na causalidade das neuroses, contrariado ao se deparar com os limites da técnica psicanalítica que desenvolvia, esperou de Fliess, ao longo de quase vinte anos, compreensão e conforto para lidar com cada um desses dilemas e vários outros. Dele também esperou respaldo para complementar, pela perspectiva médica e por meio das hipóteses originais do amigo, os aspectos mais frágeis e as dificuldades que encontrava em suas próprias hipóteses.

Ao viver as repercussões da morte de seu pai, descobrindo a função dos sonhos e da auto-análise não apenas para elaboração dessa "perda decisiva", mas também para o conhecimento do inconsciente, de seus conflitos e de sua própria neurose, Freud pode aos poucos reconhecer que talvez Fliess não corresponderia a seus anseios.

Seu entusiasmo pela descoberta da função onírica como a "via régia" para o inconsciente e a imersão na elaboração do "livro dos sonhos" ofereceram a Freud a oportunidade de explorar "territórios psíquicos diferentes" e de esboçar o "primeiro mapa grosseiro desse território",[64] e, também, de certa forma, de depender menos do reconhecimento que tantas vezes esperou do amigo.

Em diferentes momentos Freud já havia externado a Fliess seu temor de que a amizade entre eles teria o mesmo destino que sua relação com Breuer.[65] Em 1897, chega a suspeitar que sua dificuldade em avançar na teoria das neuroses poderia estar relacionada a sua expectativa das contribuições de Fliess.[66] As diferenças entre eles

---

64 Carta de 9/2/ 1898, Masson, 1986, p. 299.

65 Carta de 1º/3/1896, Masson, 1986, p. 176.

66 "das mais recônditas profundezas de minha própria neurose insurgiu contra qualquer progresso na compreensão das neuroses e, de algum modo, você foi envolvido nisso . . . A coisa mais certa me parece ser a explicação dos sonhos, mas ela está cercada por um vasto número de enigmas pertinazes. As questões organológicas aguardam sua |solução|: não fiz nenhum progresso nessa área" (Carta de 7/7/1897, Masson, 1986, p. 256).

ficaram mais explícitas em torno das hipóteses sobre a bisexualidade humana e sobre a primazia dessa descoberta, que acabaram levando ao afastamento entre eles.

Em 1898, Freud tinha consciência de sua ambivalência quanto à hipótese de Fliess sobre a bisexualidade, para este, indissociável da ideia de bilateralidade. Freud considerava a "ênfase na bissexualidade como a ideia mais significativa [de Fliess] para [seu próprio conceito] de "defesa", pois atribuía a ela a "tendência ao recalcamento". Reconhecia, porém, sua dificuldade em aceitar a questão da bilateralidade.[67] Para Fliess, essa questão também implicava a ideia de que as pessoas canhotas exibiam as características psicológicas (e físicas) do sexo oposto. Freud tinha a impressão que o amigo o considerava "parcialmente canhoto", considerando que talvez essa questão, que envolvia a "amizade entre homens", pudesse ser uma das fontes dos desentendimentos entre eles, e das resistências inconscientes de Freud a essa ideias.[68]

No verão de 1901, Freud reconhece que haviam se afastado. Talvez buscando uma reaproximação, apesar de suas divergências, considerou escrever um trabalho específico sobre a "Bisexualidade humana" esperando que Fliess fosse coautor da obra, contribuindo com a parte "anátomo-biológica" para suas novas teorias.[69] Fliess recusa o convite. Freud busca esclarecer alguns mal entendidos sobre as opiniões de cada um sobre o trabalho do outro e constata que a distância entre eles talvez tivesse se tornado insuperável.[70]

---

67 Cartas de 15/3/1898 e de 4/1/1898, Masson, 1896, p. 293 e p. 304.

68 Carta de 4/1/1898, Masson, 1896, p. 293-294.

69 Carta de 7/8/1901, Masson, 1986, p 448.

70 "sei que o que você disse sobre minha atitude perante seu grande trabalho é injusto . . . Talvez você tenha sido apressado demais em desistir de mim como confidente . . . "me magoou . . . outro mal-entendido em sua carta: o de você ter ligado minha exclamação "Mas você está minando todo o valor de meu trabalho!" com minha terapia" . . . Para quem continuo a escrever? . . . Não

Por um tempo, ainda trocam algumas cartas breves e Freud esboça tentativas de reaproximação.

Em 1904, Fliess acusa Otto Weininger, discípulo de Freud, de ter reproduzido e publicado suas hipóteses sobre a bisexualidade como se fossem suas próprias e suspeita que Freud teria sido a fonte de Wenninger. Freud tenta ainda contornar a situação, oferecendo outra visão dos fatos. Em um último lance, para evitar novas "recriminações", solicita a Fliess que lesse, nas provas dos *Ensaios sobre a teoria da sexualidade* a parte sobre a bisexualidade e que os modificasse "a seu contento" antes do envio para publicação.[71] Essa é a última carta enviada por Freud a Fliess.[72] Não se sabe se recebeu alguma resposta.

Novas perspectivas

Mesmo entristecido ao perceber que Fliess se distanciava, Freud continuou a oferecer a ele um lugar privilegiado de convivência, interlocução e de reflexão crítica sobre suas teorias e sobre sua clínica. No final dos anos 1890, manteve o amigo na condição de leitor e crítico privilegiado de seu livro sobre os sonhos. Guardava um fio de esperança de que ele contribuísse para essa empreitada,[73]

---

compreendo sua resposta a respeito da bissexualidade. Obviamente, é muito difícil nos entendermos" (Carta de 19/9/1901, Masson, 1986, p. 451).

71 "não quero ficar nessa posição diante de você . . . Confio em que ainda terá a gentileza de me ajudar a sair de meu apuro atual através da leitura dos comentários sobre a bisexualidade nas provas de meus recém-concluídos "Ensaios sobre a Teoria da Sexualidade", modificando-os a seu contento . . . Preciso apenas ter certeza de que você concorda com eles e não encontrará neles justificativas para recriminações posteriores " (Carta de 27/7/1904, Masson, 1896, p. 468-469).

72 Na correspondência reunida por Masson (1986).

73 "a teoria da realização de desejos trouxe apenas a solução psicológica, e não a biológica – ou melhor, metapsíquica. (Carta 10/3/1897, p, 302-303). "A coisa

porém, ao mesmo tempo que aceitava muitas de suas sugestões, Freud pressentia que *A interpretação do sonhos* significava um divisor de águas na relação entre eles. Sentia-se entusiasmado pelas revelações de seus sonhos e pela inspiração que lhe propiciavam para responder às perguntas que há muito tempo fazia sobre as neuroses, sobre as relações entre a psicopatologia e a "psicologia da vida cotidiana", sobre as instâncias e o funcionamento psíquico e também sobre o método para investigar e tratar suas manifestações.

Depois de uma busca de quase vinte anos, percebeu a possibilidade de constituir "sua psicologia", a psicanálise, apesar de todas as dúvidas que ainda tinha quanto a suas relações com a neurologia e, mais amplamente, com os processos corporais relacionados a tais funcionamentos. Percebeu também a possibilidade de prosseguir essa construção prescindindo da contribuição que durante grande parte desse tempo esperou, inicialmente de Breuer e depois, exclusivamente de Fliess.

Em vários momentos Freud manifestou seu desassossego com alguns aspectos de suas concepções etiológicas e com a nosografia psicanalítica que construía. Nos primeiros tempos de seu percurso, Fliess foi testemunha e interlocutor frequente das dúvidas de Freud quanto a elas, de sua aflição ao tentar desvendá-las, dos diferentes modelos que esboçou para tentar superá-las.

Desde *A interpretação dos sonhos*, Freud sentiu-se mais fortalecido, pessoal e conceitualmente, para lidar com suas incertezas, vislumbrando um caminho para continuar respondendo a suas inquietações. Sentiu que poderia prosseguir sem a companhia de Fliess. A partir dessa obra, Freud reformulou suas teorias desenvolvidas ao longo dos anos 1890 concebendo novas hipóteses sobre o

---

mais certa me parece ser a explicação dos sonhos . . . As questões organológicas aguardam sua [solução]: não fiz nenhum progresso nessa área" (Carta 7/7/1897, p. 256).

funcionamento psíquico suas manifestações normais e patológicas. Transformou suas teorias sobre a sexualidade, aprofundou a experiência e a reflexão sobre a técnica psicanalítica, em especial sobre a transferência, concebeu o conceito de narcisismo ampliando suas concepções metapsicológicas e todos os demais conceitos psicanalíticos que se seguiram. Progressivamente também aprofundou e reformulou seus modelos etiológicos e nosográficos.

Cerca de 30 anos depois de suas primeiras concepções sobre a neurastenia e sobre a neurose de angústia, a partir de 1914, em pleno período de elaboração de seus textos metapsicológicos sobre as pulsões, o inconsciente e o recalcamento, sobre o luto e a melancolia e ampliando pela metapsicologia sua teoria dos sonhos, Freud concebe uma nova perspectiva da nosografia. Ele passa a distinguir as neuroses de transferência das neuroses narcísicas, descrevendo também as características das neuroses traumáticas. A partir desse novo contexto teórico e clínico, Freud reformula e torna mais claras suas concepções sobre as psiconeuroses e sobre as neuroses atuais e sobre as possibilidades da técnica psicanalítica de tratá-las.

Em meio à Primeira Guerra mundial, entre 1915 e 1917, Freud publica *Conferências introdutórias sobre a psicanálise,* um panorama histórico e conceitual do desenvolvimento da psicanálise (Freud, 1916-1917a/1996; 1916-1917b/1996). Na Terceira parte, dedicada à "Teoria geral das neuroses", após descrever as principais características, funções e dinâmicas da formação dos sintomas neuróticos (fixações, regressões, traumas, resistências, recalcamento, angústia, sexualidade, função simbólica, entre outros), na *Conferência XXIV,* Freud sublinha novamente a continuidade existente entre o "estado neurótico comum" e suas manifestações patológicas. A partir dos principais desenvolvimentos conceituais e da técnica psicanalítica realizados desde o final dos anos 1890, ele apresenta uma concepção renovada das neuroses atuais (Freud, 1916-1917b/1996).

Ele compara as neuroses atuais com as neuroses de transferência, ampliando uma perspectiva diferencial já sugerida em *A sexualidade na etiologia das neuroses* (Freud, 1898/1996). Enquanto nas neuroses de transferência a revelação da causalidade sexual demanda a "interpretação" dos sintomas que as ocultam, as neuroses atuais permitem a observação direta, "indisfarçada" de diferentes aspectos da vida sexual relacionados à sintomatologia. Freud continua sustentando suas primeiras hipóteses causais sobre as "influências nocivas sexuais" (Freud, 1895c/1996; 1896a/1996; 1898/1996), assim como a função do mecanismo psíquico de *defesa* inconsciente nas psiconeuroses (Freud 1894d/1996; 1896b/1996). Com a ampliação da compreensão das relações entre o ego e a libido, ele lembra que a libido é capaz de buscar satisfação em outros objetos e não apenas na atividade sexual propriamente dita. Assim, a dificuldade de lidar com exigências da libido ou buscar outras formas de satisfação (sublimação, por exemplo), em função da fragilidade do ego, também é capaz de provocar um aumento excessivo de excitações desencadeando um uso e um destino anormal para elas, que poderiam se manifestar por meio de sintomas semelhantes aos das neuroses atuais.

A partir dos *significados* e *localizações* dos sintomas, e da participação dos *mecanismos mentais* em sua etiologia, as diferenças entre as neuroses atuais e as psiconeuroses ficam melhor delineadas:

> Em [ambas] os sintomas se originam da libido e constituem empregos anormais da mesma; são satisfações substitutivas. Mas os sintomas das neuroses 'atuais' - pressão intracraniana, sensações de dor, estado de irritação em um órgão, enfraquecimento ou inibição de uma função - não têm nenhum 'sentido', nenhum significado psíquico. Não só se manifestam predominantemente no corpo [como, os sintomas histéricos] como também constituem,

> *eles próprios, processos* inteiramente somáticos, *em cuja origem estão* ausentes todos os complicados mecanismos mentais *que já conhecemos (Freud, 1916-1917b/1996, p. 451, sublinhado por mim).*

Uma vez que a libido se encontra na etiologia de ambas as neuroses, ele aponta para uma equivalência entre os sintomas das psiconeuroses e das neuroses atuais, apesar das diferenças nas formas de organização libidinal e nas dinâmicas de cada uma. Essa equivalência pode ser melhor compreendida pela consideração da natureza da pulsão, formulada em "Os instintos e suas vicissitudes". Se, por um lado, a pulsão possui uma fonte somática, por outro, orienta-se e é passível de ser representada psiquicamente (Freud, 1915a). Assim, ele destaca:

> *a função sexual não é uma coisa puramente psíquica, da mesma forma como não é uma coisa puramente somática. Influencia igualmente a vida corporal e mental. Se, nos sintomas das psiconeuroses, nos familiarizamos com as manifestações de distúrbios na atuação psíquica da função sexual, não nos surpreenderemos ao encontrar nas neuroses 'atuais' as consequências somáticas diretas dos distúrbios sexuais (Freud, 1916-1917b/1996, p. 452, grifado por Freud).*

A partir dessas dimensões, psíquica e somática, da organização e da expressão pulsional, Freud delineia dois campos de observação e de indicação terapêutica para as manifestações das psiconeuroses e das neuroses atuais. Enquanto a psicanálise propicia a compreensão e o tratamento das manifestações psíquicas da função sexual, "a clínica médica [oferece] uma indicação valiosa" para o entendimento dos distúrbios das neuroses atuais:

> *nos detalhes de seus sintomas e também em sua carac-*
> *terística [as neuroses atuais influenciam] todo sistema*
> *orgânico e toda função, mostram uma inconfundível*
> *semelhança com os estados patológicos que surgem da*
> *influência crônica de substâncias tóxicas externas e de*
> *uma suspensão brusca das mesmas - as intoxicações e as*
> *situações de abstinência (p. 452, sublinhado por mim).*

Talvez, ao escrever essas linhas, Freud tenha se entristecido, lembrando de suas expectativas frustradas de contar com a contribuição de Fliess para, por meio da anatomia e da fisiologia, articular suas descobertas sobre a sexualidade, sobre o aparelho psíquico e sobre as neuroses com outras manifestações normais e patológicas humanas, objeto da clínica médica. Já há muito sem essa interlocução que o inspirava, Freud retoma a hipótese de uma possível participação de fatores químicos e tóxicos do metabolismo sexual como fator causal da neurose, presente desde suas primeiras considerações sobre a neurose de angústia e no *Projeto para uma psicologia científica* (Freud, 1895c/1996; 1895e[1950]/1996), nos *Rascunhos D e G* (Freud, 1894a/1986; 1894c/1986) na correspondência com Fliess (Carta 2/4/1896, Masson, 1986, p. 181), em alguns artigos (Freud, 1905/1996; 1908/1996; 1912/1996) e que continuou considerando posteriormente (Freud, 1925/1996). Nessa *Conferência*, ele afirma:

> *não podemos evitar considerarmos as neuroses resultado*
> *de* distúrbios no metabolismo sexual, *seja porque se*
> *produzem mais toxinas do que o indivíduo pode meta-*
> *bolizar, seja porque as condições internas, e até mesmo*
> *as condições psíquicas, limitam o emprego adequado*
> *dessas substâncias (p. 452, sublinhado por mim).*

Buscando relacionar as manifestações psíquicas e somáticas das psiconeuroses e das neuroses atuais, Freud se mostra mais uma vez dividido entre a potência das construções metapsicológicas que elaborava naqueles anos, em particular suas concepções sobre as pulsões, sobre a dimensão econômica e sobre sua concepção do trauma como excesso, claramente presentes nessa passagem, e a persistência do desejo de identificar um fator fisiológico, orgânico ou químico que pudesse explicar essa articulação.

Para tentar explicar a "química da sexualidade", ele "relembra" a natureza [polimorfa] das "zonas erógenas" e a possibilidade da excitação sexual "ser gerada nos mais variados órgãos". Talvez ainda tomado pela lembrança de Fliess, reconhece, ambivalente, que

> a expressão "metabolismo sexual" ou "química da sexu-
> alidade" é um termo sem conteúdo; não sabemos nada a
> esse respeito, nem podemos dedicar se devemos supor a
> existência de duas substâncias sexuais, se seriam então
> denominadas "masculina" e "feminina", ou se poderíamos
> nos contentar com uma toxina sexual que deveríamos
> reconhecer como veículo de todos os efeitos estimulantes
> da libido (p. 453).

Freud se ressente da falta de fundamentos mais consistentes para sua ciência para lidar com essa e com outras incógnitas. Reconhecendo que "a estrutura teórica da psicanálise [criada por ele] é, com efeito, uma superestrutura" acalenta ainda a esperança de que "um dia [a psicanálise] terá de se erguer sobre seus fundamentos essenciais", mas sobre os quais "nada sabemos ainda" (p. 453)

Assim, frente às incertezas e carente de tais fundamentos, talvez cansado de, por anos a fio, buscar a compreensão dos destinos e das expressões não-mentais da libido e da pulsão nos "fundamentos" da biologia, na neurologia, e nas pesquisas anátomo-funcionais realizadas por Fliess e por ele mesmo, Freud opta por se posicionar no território em que se sentia mais seguro, cujas descobertas o vinham encantando. Caracterizando a psicanálise como, sobretudo, uma "técnica" passível de ser aplicada a diferentes campos da existência humana (cultura, mitologia, ciência, por exemplo), e não apenas ao da "teoria das neuroses", afirma que seu principal objetivo é "descobrir o que é inconsciente na vida mental" (p. 453).

Nesse sentido, Freud reconhece as dificuldades e os limites da psicanálise para compreender as expressões sintomáticas e as doenças causadas pela descarga pulsional direta no corpo e a impossibilidade de utilizar o método psicanalítico que desenvolvia para tratar as neuroses atuais e as doenças orgânicas, atribuindo à pesquisa "biológica-médica, a responsabilidade de fazê-lo:[74]

> *Mapeando novamente o território das neuroses, ele delineia as diferenças e as eventuais indicações e possibilidades do método psicanalítico para as neuroses atuais e para as psiconeuroses segundo os diferentes graus de complexidade de suas respectivas dinâmicas. Do ponto de vista da perturbação da libido, as neuroses 'atuais' apresentam manifestações "mais simples" do que as "doenças psíquicas" "mais complicadas" das psiconeuroses (p. 453).*

Consciente da imprecisão e da instabilidade das categorias que propunha, Freud distingue "três formas puras de neuroses 'atuais': neurastenia, neurose de angústia e hipocondria" (p. 454). Quanto à

---

74 "Os problemas das neuroses 'atuais', cujos sintomas provavelmente são gerados por uma lesão tóxica direta, não oferecem à psicanálise qualquer ponto de ataque. Ela pouco pode fazer para esclarecê-los e deve deixar a tarefa para a pesquisa biológica-médica" (Freud, 1916-1917b/1996, p. 453).

melancolia, sobre a qual hesitava em suas primeiras classificações dos anos 1890, passa a alinhá-las com as neuroses narcísicas, aprofundando sua compreensão em *Luto em Melancolia* (Freud, 1917/1996).

Naquelas primeiras classificações, Freud não considerava a hipocondria uma categoria específica como as outras duas, mesmo quando a mencionava como "medo de adoecer", afeto e condição presente em alguns casos (Freud, 1895c/1996), ou ainda quando se confrontava com suas próprias fantasias hipocondríacas. A formulação mais precisa do conceito de narcisismo, permitiu que ela fosse consagrada como "a terceira neurose atual", delineando as diferenças entre as fantasias hipocondríacas e as doenças orgânicas do ponto de vista da economia libidinal, sugerindo que uma parcela de hipocondria, poderia participar da formação das demais neuroses (Freud, 1914b/1996).[75]

Em uma passagem anterior, na *Conferência XVIII*, Freud já havia descrito as *neuroses traumáticas*, cuja etiologia, dinâmica e função econômica são semelhantes às das neuroses atuais, porém ele não as especifica entre aquelas "formas puras". Já intuídas na carta de 21/5/1894 para Fliess[76] e descritas a partir das manifestações das neuroses de guerra (Freud, 1919/1996), as neuroses traumáticas evidenciam a fixação do paciente a uma experiência traumática, transposta de forma repetitiva em sonhos, sintomas e outras manifestações. Elas ilustram especialmente "o aspecto econômico dos processos mentais":

> *o termo "traumático" não tem outro sentido senão o sentido econômico. [referindo-se] a uma experiência que, em curto período de tempo, aporta à mente um*

---

75 Aprofundo a análise dessas transformações nosográficas da hipocondria na psicanálise em *Hipocondria, impasses da alma, desafios do corpo* (Volich, 2002/2015), destacando a função das dinâmicas hipocondríacas nos movimentos de organização e desorganização da economia pulsional, na mediação entre as experiências corporais, representativas e objetais do sujeito.

76 Carta de 21/5/1894, Masson, 1986, p. 73.

acréscimo de estímulo excessivamente poderoso para ser
manejado ou elaborado de maneira normal, [que pode]
resultar em perturbações permanentes. [elas permitem]
descrever como traumáticas também aquelas experiências
nas quais nossos pacientes neuróticos parecem se haver
fixado . . . a neurose poderia equivaler a uma doença
traumática [resultando da] incapacidade de lidar com
uma experiência cujo tom afetivo fosse excessivamente
intenso (Freud, 1916-1917b/1996, p. 325).

Salientando que as "formas puras" da neurastenia, da neurose de angústia e da hipocondria ocorrem apenas "ocasionalmente", Freud retoma suas descrições das "neuroses mistas" (Freud, 1894a/1986; 1896a/1996; 1896b/1996; 1898/1996)[77] e lembra que, geralmente, as três estão "mescladas umas com as outras" e, inclusive, eventualmente, com "algum distúrbio psiconeurótico" (Freud, 1916-1917b/1996, p. 454).

Ele ainda aponta para um desafio adicional ao diagnóstico diferencial entre essas neuroses, constatando que, frequentemente, na formação de uma neurose, "um sintoma de uma neurose 'atual' é o núcleo e o primeiro estádio de um sintoma psiconeurótico", como já havia sugerido anteriormente (Freud, 1896a/1996). Essa dinâmica pode ser observada na relação "entre a neurastenia e a neurose de transferência ['histeria de conversão'], entre a neurose de angústia e a histeria de angústia, [e] também entre a hipocondria e . . . a parafrenia (demência precoce e paranoia)" (Freud, 1916-1917b/1996, p. 455).

Justamente por conta dessas dificuldades, Freud se opõe firmemente àqueles que questionavam a necessidade de uma nosografia das neuroses. Ele insiste na importância de tentar diferenciá-las,

---

77 "Os casos mistos . . . são de ocorrência muito frequente" (Freud, 1898/1996, p. 254).

como sempre buscou fazer desde 1895, ao sustentar a distinção entre as neurastenias e as neuroses de angústia (Freud, 1895c/1996) e entre estas e as psiconeuroses (Freud, 1896a/1996; 1898/1996).[78]

Alguns anos depois, após elaborar suas concepções sobre a segunda tópica e formular novas hipóteses sobre a angústia, Freud continuaria a destacar essa relação etiológica e evolutiva entre uma manifestação inicial de neurose atual constituindo-se como o núcleo original de uma psiconeurose (Freud, 1926/1996).

Uma vez mais, Freud evidencia as frequentes oscilações e transformações da economia libidinal entre organizações, funções e expressões ora predominantemente somáticas, ora predominantemente psíquicas, comportando diferentes graus de participação de cada uma, dependendo dos recursos de mediação dos mecanismos psíquicos de cada pessoa.[79] Assim, ele descreve:

> *[No caso de dor de cabeça ou dor lombar histérica] a análise nos mostra que, pela condensação e pelo deslocamento, o sintoma tornou-se satisfação substitutiva de toda uma série de fantasias e recordações libidinais. Mas essa dor, em determinada época, era também uma dor real e era, então, um sintoma sexual-tóxico direto, expressão somática de uma excitação libidinal (Freud, 1916-1917b/1996, p. 455).*

---

[78] "a importante decisão que precisamos tomar . . . é se o caso tem as características da neurastenia ou de uma psiconeurose" (Freud, 1898/1996, p. 254).

[79] Essas oscilações da economia libidinal e suas consequentes variações dos graus de complexidade observadas nas "neuroses mistas", psiconeuroses e neuroses atuais, inspiraram as concepções da psicossomática psicanalítica e a ampliação da clínica psicanalítica promovida por essa perspectiva (Marty, 1976; 1990/1994; Smadja, 1990; Volich, 2000/2022).

Observando que essa dinâmica pode ocorrer em alguns sintomas histéricos, porém não em todos, Freud destaca que "influências somáticas (normais ou patológicas) causadas por excitações libidinais" podem ser facilitadoras e as "preferidas na construção dos sintomas histéricos" (p. 455). Ele acrescenta que, de forma semelhante, a excitação sexual que acompanha o ato sexual e que não é organizada como uma psiconeurose também pode se manifestar como sintoma neurótico atual.

Após ter desenvolvido uma visão mais elaborada da função das dinâmicas narcísicas e hipocondríacas na economia libidinal, Freud compreende que também que "uma modificação somática patológica (por inflamação ou lesão)" possa também desencadear a formação de sintomas neuróticos ao transformar o sintoma orgânico real "em representante de . . . fantasias inconscientes" que apenas aguardavam "a ocasião de lançar mão de algum meio de expressão" (p. 455). Nesse e em "casos mistos", é possível que o médico opte por tratar apenas a expressão orgânica ou, em outros casos, exclusivamente a manifestação neurótica, negligenciando a participação de *ambas* as formas na dinâmica sintomática.

✳✳✳✳✳

As consequências dessa dissociação na abordagem diagnóstica e terapêutica, percebida por Freud, não foi aprofundada por ele nem naquela *Conferência,* nem em seus artigos posteriores.

Desde os primeiros trabalhos, ele vislumbrou as transformações e as passagens inerentes às interações entre o psíquico e o somático. Suas hipóteses metapsicológicas aprofundaram a compreensão dessas relações. Porém as decepções vividas nas tentativas de completar suas intuições com uma dimensão "organológica",[80] como a que

---

80 Carta de 7/7/1897, Masson, 1986, p. 256.

esperou de Fliess, aparentemente deixaram marcas profundas e Freud finalmente acabou por orientar a psicanálise para a clínica das psiconeuroses e das neuroses de transferência.

Julgando insuficientes os recursos de seu método terapêutico para transitar entre esses dois territórios, preferiu lidar com as expressões mentais da sintomatologia, quanto muito histéricas, sem atravessar as fronteiras para se aventurar no território das dinâmicas orgânicas, mais primitivas, aquém das condições representativas e das dinâmicas psíquicas mais complexas, organizadas e transferencialmente elaboráveis por meio da linguagem, do sonho e outras expressões simbólicas.

Por muito tempo, seus discípulos e sucessores orientaram-se por suas condutas, atitudes e restrições. Poucos questionaram tais recomendações. Menos numerosos ainda os que ousaram viver na clínica esses dilemas. Freud conhecia e mencionava Jelliffe, Groddeck e Felix Deutsch como alguns dos analistas que se aventuraram no tratamento de "vulgares doenças orgânicas" (sic) (Freud 1923a/1996, p. 303). Entretanto, significativamente, omitia Ferenczi, que há muito também propunha hipóteses e abordagens terapêuticas sensíveis e criativas para superar as dificuldades dessa clínica (Ferenczi, 1909/1991; 1917/1991; 1926/1991). As sombras do rompimento com Fliess continuavam a alimentar a ambivalência de Freud.

Em 1923, no mesmo ano em que escreveu aquelas linhas, um câncer de laringe veio se somar às doenças anteriores de Freud. Lutou corajosamente contra ele, e, até o fim de seus dias, continuou a desenvolver a psicanálise para ampliar a compreensão do psiquismo humano e suas criações. Como Moisés, que tanto admirava, não conseguiu conquistar as terras que conseguira vislumbrar, nas quais se articularia a clínica psicanalítica às manifestações somáticas não conversivas.

Pelas trilhas abertas por Ferenczi, psicanalistas das gerações seguintes, como Melanie Klein, Donald Winnicott, André Green, Pierre Fédida, Otto Kernberg, Joyce, McDougall, Pierre Marty, Michel Fain, Michel de M´Uzan, Léon Kreisler, Claude Smadja, Marilia Aisenstein e Gérard Sczwec, Christophe Dejours e vários outros, inspirados pela potência da teoria pulsional e da metapsicologia freudiana, alcançaram e desenvolveram aquela clínica. Tornou-se então possível também acolher, organizar e transformar pela psicanálise o sofrimento daqueles que vivem expressões mais primitivas e desorganizadas da economia pulsional, não apenas as doenças orgânicas, mas também adicções, transtornos alimentares, de caráter, estados-limites, psicóticos e outras condições resultantes das perturbações do desenvolvimento, das vivências infantis, das fragilidades narcísicas e outras desorganizações da subjetividade, cada vez mais frequentes na clínica contemporânea.

Referências

Anzieu D. (1988). *L´auto-analyse de Freud et la découverte de la psychanalyse*. Paris: P.U.F.

Breuer, J. & Freud, S. (1996). Estudos sobre a histeria. In *Edição Standard Brasileira das Obras Psicológicas Completas de Sigmund Freud* (Vol. II). Rio de Janeiro: Imago. (Trabalho original publicado em 1895).

Debray, R. (2002). Psychopathologie et somatisation. In r. Debray, c. Dejours & P. Fedida (Orgs.). *Psychopathologie de l´expérience du corps* (p. 1-62). Paris: Dunud.

Ferenczi, S. (1991). A respeito das psiconeuroses. In *Psicanálise 1: Obras Completas vol 1* (p. 41-56). São Paulo: Martins Fontes. (Trabalho original publicado em 1909).

Ferenczi, S. (1991). As patoneuroses. In *Psicanálise 2: Obras Completas* vol 2 (p. 291-230). São Paulo: Martins Fontes. (Trabalho original publicado em 1917).

Ferenczi S. (1991). As neuroses de órgão e seu tratamento. In *Psicanálise 3: Obras Completas* vol 3 (p. 377-382). São Paulo: Martins Fontes. (Trabalho original publicado em 1926).

Ferraz, F. C. (1997). Das neuroses atuais à psicossomática. In Ferraz, F.C. e Volich, R.M. (orgs.) *Psicossoma I*: psicossomática e psicanálise. São Paulo: Casa do Psicólogo.

Fliess, W. (1977). *Les relations entre le nez et les organes génitaux féminins présentés selon leur signification biologique.* Paris: Seuil. (Trabalho original publicado em 1887).

Freud, S. (1976). De la coca. In R. Byck (Ed.). *De la cocaïne, Écrits réunis.* Paris: Complexe (p. 75-98). (Trabalho original publicado em 1884).

Freud, S. (1986). Rascunho A [Problemas, teses e etiologia das neuroses de angústia e neurastenia]. In J. M. Masson (Ed.). *A Correspondência Completa de Sigmund Freud para Wilhelm Fliess (1887-1904)* (p. 37). Rio de Janeiro: Imago. (Trabalho original publicado em 1892).

Freud, S. (1986). Rascunho B [Sobre a etiologia das neuroses]. In J. M. Masson (Ed.). *A Correspondência Completa de Sigmund Freud para Wilhelm Fliess (1887-1904)* (p. 39). Rio de Janeiro: Imago. (Trabalho original publicado em 8/2/1893).

Freud, S. (1986). Rascunho C [Exposição de motivos a respeito das hipóteses de Fliess sobre a neurose nasal]. In J. M. Masson (Ed.). *A Correspondência Completa de Sigmund Freud para Wilhelm Fliess (1887-1904)* (p. 45). Rio de Janeiro: Imago. (Trabalho original publicado em 1893).

Freud, S. (1986). Rascunho D [Sobre a etiologia e teoria das principais neuroses]. In J. M. Masson (Ed.). *A Correspondência*

Completa de Sigmund Freud para Wilhelm Fliess (1887-1904) (p. 76). Rio de Janeiro: Imago. (Trabalho original publicado em 1894a).

Freud, S. (1986). Rascunho E [Como se origina a angústia]. In J. M. Masson (Ed.). *A Correspondência Completa de Sigmund Freud para Wilhelm Fliess (1887-1904)* (p. 78). Rio de Janeiro: Imago. (Trabalho original publicado em 1894b).

Freud, S. (1986). Rascunho F [Um caso de neurose de angústia com disposição hereditária]. In J. M. Masson (Ed.). *A Correspondência Completa de Sigmund Freud para Wilhelm Fliess (1887-1904)* (p. 90). Rio de Janeiro: Imago. (Trabalho original publicado em 18/8/1894)

Freud, S. (1986). Rascunho G [Melancolia]. In J. M. Masson (Ed.). *A Correspondência Completa de Sigmund Freud para Wilhelm Fliess (1887-1904)* (p. 98). Rio de Janeiro: Imago. (Trabalho original publicado em 1894c).

Freud, S. (1996). As neuropsiconeuroses de defesa. In *Edição Standard Brasileira das Obras Psicológicas Completas de Sigmund Freud* (Vol. III) (p. 53-78). Rio de Janeiro: Imago. (Trabalho original publicado em 1894d).

Freud, S. (1986). Rascunho H [Paranoia]. In J. M. Masson (Ed.). *A Correspondência Completa de Sigmund Freud para Wilhelm Fliess (1887-1904)* (p. 108). Rio de Janeiro: Imago. (Trabalho original publicado em 1895a)

Freud, S. (1986). Rascunho I [Enxaqueca]. In J. M. Masson (Ed.). *A Correspondência Completa de Sigmund Freud para Wilhelm Fliess (1887-1904)* (p. 143). Rio de Janeiro: Imago. (Trabalho original publicado em 8/10/1895)

Freud, S. (1986). Rascunho J [Um caso de mulher com dores abdominais, angústia e parestesias cardíacas]. In J. M. Masson (Ed.).

A Correspondência Completa de Sigmund Freud para Wilhelm Fliess (1887-1904) (p. 156). Rio de Janeiro: Imago. (Trabalho original publicado em 1895b)

Freud, S. (1996). Sobre os critérios para destacar da neurastenia uma síndrome específica intitulada de "neurose de angústia". In *Edição Standard Brasileira das Obras Psicológicas Completas de Sigmund Freud* (Vol. III, p. 93-122). Rio de Janeiro: Imago. (Trabalho original publicado em 1895c).

Freud, S. (1996). Resposta às críticas a meu artigo sobre a "neurose de angústia". In *Edição Standard Brasileira das Obras Psicológicas Completas de Sigmund Freud* (Vol. III, p. 123-142). Rio de Janeiro: Imago. (Trabalho original publicado em 1895d).

Freud, S. (1996). Projeto para uma psicologia científica. In *Edição Standard Brasileira das Obras Psicológicas Completas de Sigmund Freud* (Vol. I, p. 333-452). Rio de Janeiro: Imago. (Trabalho original de 1895e publicado em [1950])

Freud, S. (1996). Obsessões e fobias: Seu mecanismo psíquico e sua etiologia. In *Edição Standard Brasileira das Obras Psicológicas Completas de Sigmund Freud* (Vol. III, p. 79-86). Rio de Janeiro: Imago. (Trabalho original publicado em 1895f[1894]).

Freud, S. (1986). Rascunho K [As neuroses de defesa – Um conto de fadas natalino]. In J. M. Masson (Ed.). *A Correspondência Completa de Sigmund Freud para Wilhelm Fliess (1887-1904)* (p. 163). Rio de Janeiro: Imago. (Trabalho original publicado em 1º/1/1896).

Freud, S. (1996). A hereditariedade na etiologia das neuroses. In *Edição Standard Brasileira das Obras Psicológicas Completas de Sigmund Freud* (Vol. III, p. 143-162). Rio de Janeiro: Imago. (Trabalho original publicado em 1896a).

Freud, S. (1996) Observações adicionais sobre as neuropsicoses de defesa. In *Edição Standard Brasileira das Obras Psicológicas*

Completas de Sigmund Freud (Vol. III, p. 163-188). Rio de Janeiro: Imago. (Trabalho original publicado em 1896b).

Freud, S. (1986). Rascunho L [A arquitetura da histeria]. In J. M. Masson (Ed.). *A Correspondência Completa de Sigmund Freud para Wilhelm Fliess (1887-1904)* (p. 241). Rio de Janeiro: Imago. (Trabalho original publicado em 2/5/1897).

Freud, S. (1986). Rascunho M [A arquitetura da histeria]. In J. M. Masson (Ed.). *A Correspondência Completa de Sigmund Freud para Wilhelm Fliess (1887-1904)* (p. 247). Rio de Janeiro: Imago. (Trabalho original publicado em 25/5/1897).

Freud, S. (1986). Rascunho N. [Impulsos e fantasias]. In J. M. Masson (Ed.). *A Correspondência Completa de Sigmund Freud para Wilhelm Fliess (1887-1904)* (p. 251). Rio de Janeiro: Imago. (Trabalho original publicado em 31/05/1897).

Freud, S. (1996) A sexualidade na etiologia das neuroses. In *Edição Standard Brasileira das Obras Psicológicas Completas de Sigmund Freud* (Vol. III, p. 251-274). Rio de Janeiro: Imago. (Trabalho original publicado em 1898).

Freud, S. (1996) Lembranças encobridoras. In *Edição Standard Brasileira das Obras Psicológicas Completas de Sigmund Freud* (Vol. III, p. 287-308). Rio de Janeiro: Imago. (Trabalho original publicado em 1899).

Freud, S. (1996). A interpretação dos sonhos. In *Edição Standard Brasileira das Obras Psicológicas Completas de Sigmund Freud* (Vols. IV e V). Rio de Janeiro: Imago. (Trabalho original publicado em 1900).

Freud, S. (1996). Psicopatologia da vida cotidiana. In *Edição Standard Brasileira das Obras Psicológicas Completas de Sigmund Freud* (Vol. VI). Rio de Janeiro: Imago. (Trabalho original publicado em 1901).

Freud, S. (1996). Três ensaios sobre a teoria da sexualidade. In *Edição Standard Brasileira das Obras Psicológicas Completas de Sigmund Freud* (Vol. VII, p. 117-232). Rio de Janeiro: Imago. (Trabalho original publicado em 1905).

Freud, S. (1996). Moral sexual "civilizada" e doença nervosa moderna. In *Edição Standard Brasileira das Obras Psicológicas Completas de Sigmund Freud* (Vol. IX, p. 169-190). Rio de Janeiro: Imago. (Trabalho original publicado em 1908).

Freud, S. (1996). A concepção psicanalítica da perturbação psicogênica da visão. In *Edição Standard Brasileira das Obras Psicológicas Completas de Sigmund Freud* (Vol. XI, p. 217-228). Rio de Janeiro: Imago. (Trabalho original publicado em 1910).

Freud, S. (1996). Contribuições a um debate sobre a masturbação. In *Edição Standard Brasileira das Obras Psicológicas Completas de Sigmund Freud* (Vol. XII, p. 257-272). Rio de Janeiro: Imago. (Trabalho original publicado em 1912).

Freud, S. (1996). História do movimento psicanalítico. In *Edição Standard Brasileira das Obras Psicológicas Completas de Sigmund Freud* (Vol. XIV, p. 13-74). Rio de Janeiro: Imago. (Trabalho original publicado em 1914a).

Freud, S. (1996). Sobre o narcisismo: uma introdução. In *Edição Standard Brasileira das Obras Psicológicas Completas de Sigmund Freud* (Vol. XIV, p. 75-110). Rio de Janeiro: Imago. (Trabalho original publicado em 1914b).

Freud, S. (1996) O instinto e suas vicissitudes. In *Edição Standard Brasileira das Obras Psicológicas Completas de Sigmund Freud* (Vol. XIV, p. 115-144). Rio de Janeiro: Imago. (Trabalho original publicado em 1915a).

Freud, S. (1996) Repressão. In *Edição Standard Brasileira das Obras Psicológicas Completas de Sigmund Freud* (Vol. XIV, p. 145-162). Rio de Janeiro: Imago. (Trabalho original publicado em 1915b).

Freud, S. (1996). O inconsciente. In *Edição Standard Brasileira das Obras Psicológicas Completas de Sigmund Freud* (Vol. XIV, p. 163-222). Rio de Janeiro: Imago. (Trabalho original publicado em 1915c).

Freud, S. (1996). Conferências introdutórias sobre a psicanálise I. In *Edição Standard Brasileira das Obras Psicológicas Completas de Sigmund Freud* (Vol. XV). Rio de Janeiro: Imago. (Trabalho original publicado em 1916-1917a).

Freud, S. (1996). Conferências introdutórias sobre a psicanálise II. In *Edição Standard Brasileira das Obras Psicológicas Completas de Sigmund Freud* (Vol. XVI). Rio de Janeiro: Imago. (Trabalho original publicado em 1916-1917b).

Freud, S. (1996). Luto e melancolia. In *Edição Standard Brasileira das Obras Psicológicas Completas de Sigmund Freud* (Vol. XIV, p. 243-264). Rio de Janeiro: Imago. (Trabalho original publicado em 1917).

Freud, S. (1996). Introdução à psicanálise das neuroses de guerra. In *Edição Standard Brasileira das Obras Psicológicas Completas de Sigmund Freud* (Vol. XVII, p. 219-232). Rio de Janeiro: Imago. (Trabalho original publicado em 1919).

Freud, S. (1996). Além do princípio do prazer. In *Edição Standard Brasileira das Obras Psicológicas Completas de Sigmund Freud* (Vol. XVIII, p. 11-66). Rio de Janeiro: Imago. (Trabalho original publicado em 1920).

Freud, S. (1996). Dois verbetes de enciclopédia. In *Edição Standard Brasileira das Obras Psicológicas Completas de Sigmund Freud* (Vol. XVIII, p. 249-276). Rio de Janeiro: Imago. (Trabalho original publicado em 1923a).

Freud, S. (1996). Um estudo autobiográfico. In *Edição Standard Brasileira das Obras Psicológicas Completas de Sigmund Freud*

(Vol. XX, p. 10-78). Rio de Janeiro: Imago. (Trabalho original publicado em 1925).

Freud, S. (1996). Inibições, sintoma e ansiedade. In *Edição Standard Brasileira das Obras Psicológicas Completas de Sigmund Freud* (Vol. XX, p. 79-172). Rio de Janeiro: Imago. (Trabalho original publicado em 1926).

Freud, S. (1982). *Correspondência de amor e outras cartas 1873-1939* – E. L. Freud (Org.). Rio de Janeiro: Nova Fronteira.

Gay, P. (1991). *Freud: uma vida para nosso tempo*. São Paulo: Companhia das Letras.

Jones, E. (1977). *Life and work of Sigmund Freud*. London: Penguin. (Trabalho original publicado em 1953).

Marty, P. (1976). *Les mouvements individuels de vie et de mort. Essai d´économie psychosomatique*. Paris: Payot.

Marty, P. (1994). A psicossomática do adulto. Porto Alegre: Artes Médicas. (Trabalho original publicado em 1990).

Masson, J. M. (Ed.). (1986). *A Correspondência Completa de Sigmund Freud para Wilhelm Fliess (1887-1904)*. Rio de Janeiro: Imago.

Ritter, P. Neuroses atuais e patologias da atualidade. São Paulo: Pearson, 2017.

Schur, M. (1975). *La mort dans la vie de Freud*. Paris: Gallimard.

Smadja, C. (1990). La notion de mentalisation et l'opposition névroses actuelles/névroses de défense. *Revue Française de Psychanalyse*, Paris, 54(3), 787.

Volich, R. M. (2000). *Psicossomática: de Hipócrates à psicanálise* (Coleção Clínica Psicanalítica). São Paulo: Casa do Psicólogo. (8 edição, revista e ampliada, Blucher, 2022).

Volich, R. M. (2002). *Hipocondria, impasses da alma, desafios do corpo* (Coleção Clínica Psicanalítica). São Paulo: Casa do Psicólogo. (3 edição, Blucher, no prelo).

2. As neuroses mistas e o umbigo da neurose

Paulo Ritter

> *No intuito de analisar as 'neuroses mistas' posso*
> *afirmar esta importante verdade: onde quer que*
> *ocorra uma neurose mista, será possível descobrir*
> *uma mistura de várias etiologias específicas*
>
> (Freud, 1895a, p. 110).

Nas últimas décadas, a questão das "novas patologias" e dos "novos sintomas" pautou muitos dos debates teóricos dentro do campo psicanalítico, dando origem, podemos dizer de forma esquemática, a duas posições antagônicas. De um lado, se situaram aqueles que postulavam a existência, na atualidade, de configurações subjetivas inéditas até então, com franco declínio dos quadros neuróticos (Dufour, 2005), e do outro, aqueles que afirmavam a preponderância ainda das neuroses clássicas – histeria, neurose obsessiva e fobia – como eixos organizadores da clínica psicanalítica e do mal-estar contemporâneo, apenas aparecendo agora com novas roupagens (Alonso & Fuks, 2007).

Essa divisão se mantém nas discussões atuais – mesmo que matizada pela complexidade da teoria psicanalítica contemporânea –, revelando a existência ainda de uma dicotomia basal que pode, infelizmente, aprisionar o raciocínio clínico numa lógica binária: ou o mal-estar se apresenta hoje de forma radicalmente nova, com o surgimento de estruturas inéditas até então, ou o que parece novo é apenas uma outra maneira dos quadros neuróticos clássicos se manifestarem. Tal forma de pensar infelizmente não tem apenas consequências teóricas, já que pode levar também ao ensurdecimento dos analistas diante das demandas clínicas atuais.

Como uma tentativa de superar esse possível impasse, a fim de afinarmos nossa escuta, proponho retomarmos uma figura clínica muito presente nos primeiros escritos de Freud, hoje praticamente esquecida: as "neuroses mistas". Não se trata evidentemente de ressuscitá-las como eram, alocando-as novamente na nosografia psicanalítica, como se essa simples inclusão pudesse solucionar o debate a que me referi acima. Na verdade, mais do que o termo em si – neurose mista –, me interessa recuperar o raciocínio clínico de Freud, que lhe possibilitava trabalhar com a ideia de que as neuroses podiam se manifestar *misturadas* num único sujeito, constituindo quadros complexos com várias etiologias distintas. Vejamos então as neuroses mistas no pensamento freudiano.

Neuroses mistas

A primeira ocorrência do termo "neurose mista" ocorre no *Rascunho B*, quando Freud (1893/1976) se refere a mulheres que apresentam uma mistura de neurastenia e histeria, quadro comum à época, em razão do "*refreamento* da excitação do ato [sexual]" (p. 259). Depois, no *Rascunho D* (Freud, 1894/1976), ao proceder a uma tentativa de classificação das neuroses, as neuroses mistas aparecem novamente, já no plural, entre a neurastenia, a neurose de angústia, a neurose obsessiva, a histeria, a melancolia e a mania. Vemos Freud, nesse momento inicial, tentando ordenar os quadros descritos à época numa nova nosografia.

Em "Psicoterapia da histeria", Freud (1893-95/1976) é mais enfático sobre a combinação de diferentes neuroses, afirmando que a maioria das neuroses deve ser classificada como mistas. "As formas puras de histeria e neurose obsessiva são raras; em geral, essas duas neuroses combinam-se com a neurose de angústia" (p. 256). Isso porque "seus fatores etiológicos se acham muitas vezes entremeados . . . como resultado de relações causais entre os processos de que derivam os fatores etiológicos das neuroses" (p. 256). Ou seja, se os sintomas de diferentes neuroses apareciam misturados, isso seria o reflexo de diferentes ordens etiológicas operando ao mesmo tempo.

Pouco depois, no célebre artigo em que dá forma à teoria da neurose de angústia (Freud, 1895a/1976), ele continua no mesmo tom. Mesmo escrevendo sobre a necessidade de isolar uma entidade clínica nova, reafirma a combinação entre as neuroses. A neurose de angústia poderia ser observada tanto de forma rudimentar como de forma plenamente desenvolvida, tanto isolada como em combinação com outras neuroses, quando corresponderia então a uma neurose mista. Nesse caso, a tarefa seria "distinguir e separar os sintomas que não pertencem à neurastenia ou à histeria etc., mas à neurose de angústia" (p. 92).

Plenamente convencido de que as neuroses se misturavam entre si, Freud explorou em trabalhos posteriores a interessante ideia de que haveria um entrelaçamento dos fatores etiológicos na base das neuroses. É assim que, explicando mais uma vez a ocorrência de neuroses mistas, ele afirma que "as causas específicas da neurastenia, as perturbações contemporâneas da vida sexual, atuam ao mesmo tempo como causas auxiliares da psiconeurose, cuja causa específica, a lembrança da experiência sexual precoce, elas despertam e revivem" (Freud, 1896a/1976, p. 148).

Essa mesma hipótese, com pequenas variações, se repetiu em outros artigos da mesma época (Freud, 1896b/1976; Freud, 1898/1976). O ponto fundamental a ser destacado é que, segundo essa visão, as causas das neuroses podiam se entrecruzar entre si – muito comumente o faziam –, de forma que a etiologia de determinado quadro costumava ter um pé no presente e outro no passado – uma causa atual e outra antiga. Assim, tanto as características das práticas sexuais da vida adulta como as experiências sexuais infantis podiam atuar na produção de um único quadro neurótico, que seria então uma mescla de uma neurose atual com uma psiconeurose de defesa.

Lembremos que a separação entre neuroses atuais e psiconeuroses de defesa constituiu a primeira grande divisão no nascente campo psicanalítico. As neuroses atuais eram a neurastenia e a neurose de angústia (a hipocondria seria incluída formalmente ao grupo apenas mais tarde); as psiconeuroses eram fundamentalmente a histeria, as obsessões e as fobias. Enquanto a etiologia das neuroses atuais estava ligada às práticas sexuais em que a satisfação estava prejudicada – masturbação, coito interrompido, abstinência etc. –, nas psiconeuroses de defesa a etiologia estava relacionada às experiências sexuais infantis, que produziam os sintomas neuróticos a partir de uma espécie de revivência dessas lembranças na vida adulta. Portanto, ao trabalhar com a noção de *neurose mista*, Freud entendia que a mesma pessoa podia apresentar simultaneamente uma neurose atual e uma psiconeurose de defesa, de forma que, no mesmo quadro, podiam atuar causas ligadas ao passado – lembranças sexuais infantis – e causas do presente – um regime sexual inadequado.

A partir da hipótese da equação etiológica (Freud, 1895b/1976), a teoria ganhou ainda mais complexidade, pois *causas específicas* e *causas auxiliares* passaram a se influenciar reciprocamente. É sobre essa complexidade que Freud escreve no seu segundo texto sobre as psiconeuroses de defesa (Freud, 1896b/1976):

As causas atuais que produzem a neurastenia e a neurose de angústia frequentemente desempenham, ao mesmo tempo, o papel de causas excitantes das neuroses de defesa; por outro lado, as causas específicas de uma neurose de defesa – os traumas de infância – podem ao mesmo tempo constituir a base para um desenvolvimento posterior da neurastenia. Finalmente, também não é raro a neurastenia ou a neurose de angústia serem mantidas, não pelas perturbações sexuais contemporâneas, mas, ao contrário, apenas pelo efeito persistente de uma lembrança de trauma infantis (p. 159).

Ou seja, nos termos freudianos, causas específicas e causas auxiliares atuavam frequentemente em conjunto na produção dos quadros neuróticos, numa relação de influência recíproca, o peso sendo colocado ora num elemento, ora noutro.

Ao que parece, a última menção de Freud às neuroses mistas ocorreu dois anos depois, no trabalho "A sexualidade na etiologia das neuroses" (Freud, 1898/1976). O seu entendimento permanecia o mesmo, pois, além de reafirmar a ocorrência frequente da neurose mista, ele sugere um quadro em que "a neurose de angústia predomina, mas que contém também traços de neurastenia pura, de histeria e de neurose obsessiva" (p. 249). Após esse artigo, o termo praticamente desaparece dos escritos de Freud, mas não o raciocínio clínico que o sustentava, como podemos ver num artigo publicado dez anos depois:

Naturalmente o valor da diferenciação teórica entre as neuroses tóxicas [neuroses atuais] e as neuroses psicogênicas [psiconeuroses de defesa] não sofre restrição pelo fato de que podem ser observados distúrbios provenientes de

>   *ambas as fontes na maior parte das pessoas que sofrem*
>   *de doenças nervosas (Freud, 1908/1976, p. 192).*

É interessante observar como o artigo *A sexualidade na etiologia das neuroses* (Freud, 1898/1976) parece possuir dupla importância, pois é o trabalho no qual o termo "neuroses mistas" aparece pela última vez, mas também é o texto de estreia do termo "neuroses atuais". Ele é uma espécie de fechamento dos resultados a que chegou Freud após as exaustivas pesquisas dos anos 1890 e condensa suas principais construções teóricas. Tanto a divisão entre as neuroses atuais e as psiconeuroses aí se encontra, com suas respectivas etiologias distintas, como as possibilidades de tratamento que lhe são correlatas. Ou seja, a neurastenia e a neurose de angústia, em contraponto às psiconeuroses de defesa, foram finalmente conceitualizadas como neuroses atuais, as neuroses mistas tiveram mais uma vez sua frequência destacada e a sexualidade foi reafirmada como a etiologia fundamental das neuroses; em acréscimo, a terapêutica psicanalítica foi destacada como indicação apenas para as psiconeuroses. Na parte final do artigo, Freud salienta quão graves podem ser as psiconeuroses – "não são em absoluto doenças brandas" (p. 253) –, apesar de ocorrerem num registro eminentemente psíquico.

A importância estratégica desse trabalho é mais bem percebida quando constatamos que foi escrito apenas um ano depois da célebre *Carta 69* (Freud, 1897/1976) – na qual Freud revela a Fliess a desilusão com sua *neurótica* – e dois anos antes da publicação da monumental obra *A interpretação dos sonhos* (Freud, 1900/1976). Ele situa-se, portanto, num momento-chave do percurso freudiano, de grande efervescência intelectual.

A construção dessa síntese teórica, aliada à decepção com sua *neurótica* e ao início de sua autoanálise à época, abriu a Freud uma nova via de elaboração, que teve como ponto de chegada sobretudo o "Capítulo VII" da *Interpretação dos sonhos* (Freud, 1900/1976). Pela primeira vez, nesse instigante capítulo, ele apresentou sua concepção do que seria o aparelho psíquico, construindo novos conceitos e noções – regressão, desejo, processo primário e secundário, recalque etc. – que acabaram por pavimentar o caminho que o levaria às neuroses de transferência – histeria, neurose obsessiva e fobia. No entanto, o que me interessa aqui não é investigar a progressão desta via – já bastante conhecida –, mas a interrupção da outra – a das neuroses mistas e das neuroses atuais.

Uma via interrompida?

Sobre as neuroses atuais, em trabalho anterior (Ritter, 2017) já havia chamado a atenção para o relativo desaparecimento desse termo dos textos freudianos após a publicação de *A sexualidade na etiologia das neuroses* (Freud, 1898/1976). Foi como se a criação do conceito acabasse por fixar o entendimento de Freud sobre esses quadros, consolidando-os daí em diante como um grupo específico dentro do esquema maior de sua nosografia, passando a desempenhar uma espécie de permanente contraponto às neuroses de transferência. Mas a fixidez dessa construção teórica não o impediu de frisar em várias passagens posteriores, como lampejos intuitivos, que as neuroses atuais constituíam um campo aberto a pesquisas futuras, como em "Um estudo autobiográfico" (1925/1976):

> *Desde aquela época [anos 1890] não tive oportunidade de voltar à pesquisa das "neuroses atuais", nem essa parte do meu trabalho foi continuada por outro. Se hoje lanço um olhar retrospectivo aos meus primeiros achados, eles me surpreendem como sendo os primeiros delineamentos toscos daquilo que é provavelmente um assunto muito mais complicado. Mas no todo ainda me parecem válidos (p. 38-39).*

Da mesma maneira que as neuroses atuais não voltaram a ser o foco do interesse teórico de Freud – ou seja, não foram *atualizadas* pelo avanço da teoria –, as neuroses mistas praticamente não foram mais mencionadas depois do fim dos anos 1890. O que teria motivado esse abandono? Teria Freud deixado de lado sua concepção, tantas vezes salientada nessa década, de que as neuroses frequentemente ocorriam misturadas? Creio que não, pelo contrário. Se a via de elaboração teórica das neuroses atuais foi de fato interrompida quando sua investigação se voltou para o campo das psiconeuroses, sua concepção sobre a ocorrência das neuroses mistas se deslocou para uma zona mais à sombra, mas nem por isso menos determinante. Assim, mesmo que Freud não tenha utilizado mais o conceito de neurose mista, essa concepção permaneceu atuando de forma velada no seu raciocínio clinico, e de uma forma mais radical.

Se nos anos 1890, muito influenciado ainda por sua formação médica-neurológica, ele concebia as neuroses como processos mórbidos independentes que podiam se desenvolver em indivíduos anteriormente saudáveis – *como uma intrusão de fora* –, seu avanço teórico o levou a concebê-las como um modo de funcionamento psíquico que incluía, *a partir do seu interior*, a possibilidade do adoecimento. Em outras palavras, Freud deslizou aos poucos de uma concepção estritamente médica do adoecimento, na qual as neuroses eram concebidas como entidades patológicas distintas, para outro tipo de entendimento, no qual os quadros neuróticos passaram a ser vistos como uma possibilidade inerente ao próprio funcionamento do psiquismo. É essa visão que é salientada por Dunker (2014):

> o campo do patológico [em psicanálise] é formado tanto pela hipótese de um objeto intrusivo, como a sexualidade ou o trauma, ao qual a personalidade reage gerando sintomas, quanto pela hipótese de uma desregulação interna ao aparelho psíquico, na qual certas disposições,

fixações ou organizações pulsionais, que constituem o
sujeito, diante de conflitos concorrem para a produção
de respostas defensivas causando sintomas positivos e
negativos (p. 83).

Dessa forma, o aprofundamento ao qual me refiro acima foi a passagem de uma concepção na qual as diferentes neuroses, como doenças autônomas, podiam se manifestar ao mesmo tempo num único indivíduo, antes saudável, para uma outra na qual o próprio funcionamento psíquico inclui a possibilidade dessa mistura. Isto é, a neurose seria mista, não porque é a junção de várias entidades clínicas separadas – umas *mais somáticas* e outras *mais psíquicas* –, mas porque é o próprio funcionamento psíquico neurótico que pode deslizar entre os polos somáticos e psíquicos da subjetividade. Assim, a maneira como o aparelho psíquico opera, em vários níveis de complexidade, possibilita que num mesmo sujeito aspectos somáticos das neuroses apareçam interlaçados a aspectos psíquicos, *como se toda neurose no fundo fosse mista*, já que não haveria possibilidade de separação rígida entre o registro somático e o psíquico.

Foi justamente esse entendimento que levou Freud a construir a bela metáfora do grão de areia no centro da pérola, utilizada duas vezes em sua obra para se referir à relação entre as neuroses atuais e as psiconeuroses de defesa. A primeira vez, após um longo período sem fazer menção às neuroses atuais, foi no artigo *Contribuições a um debate sobre a masturbação* (Freud, 1912/1976):

as duas neuroses atuais . . . fornecem às psiconeuroses a
necessária "submissão somática"; elas fornecem o material
excitativo, que é então psiquicamente selecionado e recebe
um "revestimento psíquico", de maneira que, falando
de modo geral, o núcleo do sintoma psiconeurótico –

> *o grão de areia no centro da pérola – é formado de uma*
> *manifestação sexual somática (p. 312-313).*

Cinco anos depois, a metáfora ressurge na conferência *O estado neurótico comum* (Freud, 1917/1976): "*mais frequentemente* [as neuroses atuais] estão mescladas umas com as outras e com algum distúrbio psiconeurótico . . . Em tais casos, [as influências somáticas] desempenham o papel do grão de areia que um molusco cobre de camadas de madrepérola" (p. 454-455).

Retomando a imagem da via interrompida, seria mais exato afirmar que uma interrupção, no fim dos anos 1890, ocorreu de fato no grupo das neuroses atuais, cujo estatuto teórico não sofreu alterações significativas daí por diante. Por sua vez, apesar do termo neuroses mistas não ser mais utilizado desde então, a dinâmica que este implicava permaneceu atuante no raciocínio clínico de Freud, sem interrupção e de modo mais complexo e sutil, permitindo-lhe pensar nos aspectos somáticos e psíquicos de *toda neurose*. Foi justamente essa operação que lhe possibilitou começar a construir um entendimento mais consistente do que seriam os quadros neuróticos, sem uma rígida separação entre corpo e psiquismo.

Uma via sinuosa

Retomando o que foi dito no início deste trabalho, há um debate importante dentro do campo psicanalítico sobre a pertinência das categorias clínicas tradicionais para a descrição dos diferentes modos de apresentação do mal-estar atual. Como salientei, uma das questões, nesse sentido, é em que medida as organizações psíquicas descritas por Freud como neuroses são capazes ainda de descrever o que se passa no registro das subjetividades.

Uma forma de enfrentar esse desafio teórico e clínico tem sido postular a existência na atualidade de organizações psíquicas que não se pautariam mais pelos parâmetros neuróticos (Minerbo, 2009). Com a diminuição da incidência do mal-estar caracterizado pelo conflito psíquico – marca distintiva da neurose –, outras formas de adoecimento acabariam por se impor, nas quais as saídas extrarre-presentativas literalmente ganhariam corpo, como "passagem ao ato, conduta perversa, toxicomania, baque depressivo, momento delirante, crise psicossomática etc." (Green, 2010, p. 298). É como se diante da impossibilidade da tramitação psíquica do excesso constitutivo das subjetividades, este acabasse sendo descarregado na concretude do corpo ou na imediatez do ato (Birman, 2006).

Não há dúvida de que tais formas de adoecimento se multipli-cam na atualidade, no entanto, dividir os sujeitos em dois grupos estanques – neuróticos e não-neuróticos –, cada qual com suas características específicas, que demandariam recursos terapêuticos distintos, pode levar ao esmaecimento da complexidade da clínica, justamente por ignorar a existência dos *quadros mistos*. É precisa-mente aqui que a concepção freudiana das neuroses mistas pode nos auxiliar, pois representa uma saída para a dicotomia que se instaura quando a clínica é concebida a partir de concepções excludentes: neuroses clássicas versus outra coisa (seja lá o que se coloque aqui: não neuroses, neuroses narcísicas, patologias do ato etc.).

Se na concepção de Freud, como vimos, as neuroses frequen-temente se expressavam em quadros mistos, havia uma relação de *interação* entre as neuroses atuais e as psiconeuroses, e não uma relação de *exclusão*. É nesse sentido que Birman (1993) salienta as relações entre as neuroses atuais e as psiconeuroses:

> *Freud configura a existência de dois campos clínicos distintos [neuroses atuais e psiconeuroses], fundados em registros teóricos diferentes, mas que estabelecem relações entre si, pois a ordem do corpo e a ordem da*

> *representação estão em permanente interação, sendo a*
> *pulsão o mediador fundamental dessa passagem (p. 127).*

O fato de pertencerem a registros teóricos distintos não impede, portanto, que no plano da manifestação clínica possa ocorrer a passagem de uma neurose atual para uma psiconeurose, ou seja, "as psiconeuroses podem se estabelecer como modalidades diferenciadas de perlaboração pelo sujeito da experiência traumática produzida pelas neuroses atuais" (p. 127). Desse modo, o sujeito pode elaborar a experiência traumática da neurose atual pela evolução do quadro para uma psiconeurose.

E, ainda segundo Birman (1993), haveria duas outras possibilidades: "a primeira é a passagem da ordem do corpo para a ordem da representação não se realizar ou, então, empreender-se de maneira precária" (p. 126), o que significa que o processo de simbolização é o resultado de um trabalho de elaboração não isento de impasses. A outra possibilidade é a incidência que a ordem da representação pode ter na ordem corporal, o que indica que a passagem entre os dois registros pode se realizar nas duas direções. Assim, no plano da subjetividade, existiria a possibilidade de uma oscilação permanente entre o polo das manifestações somáticas e o polo das manifestações psíquicas, numa espécie de *continuum* entre as neuroses atuais e as psiconeuroses, podendo originar justamente os quadros mistos.

As neuroses contem em si, portanto, a possibilidade de expressar o mal-estar em mecanismos psíquicos mais elementares, mais arcaicos, ligados ao registro corporal e ao ato, como os sintomas propriamente somáticos e as compulsões. É como se, diante de determinadas situações traumáticas, o psiquismo neurótico pudesse responder acionando mecanismos psíquicos mais básicos e *regressivos*. Não à toa, Freud salienta justamente no fim dos anos 1890, quando escreve sobre os sonhos, que "a *regressão* desempenha na teoria da formação dos sintomas neuróticos um papel não menos importante que na dos sonhos" (Freud, 1900/1976, p. 501, itálico meu). No mesmo trecho, chama a atenção para a participação, na formação dos sonhos e dos sintomas neuróticos, da "regressão temporal" – retorno a estruturas psíquicas mais antigas – e da "regressão formal" – substituição dos métodos habituais de expressão e representação por métodos mais primitivos. Assim, em toda neurose, diante de certas situações, pode ocorrer a eclosão de manifestações sintomáticas regressivas mais próximas do polo somático da subjetividade, menos organizadas, portanto, pela malha da linguagem.

É nesse sentido que Uchitel (2011), escrevendo sobre a noção freudiana de neurose traumática, salienta a presença, "*sempre e em qualquer psiquismo* . . . de aspectos traumáticos e irrepresentáveis" (p. 202, itálico meu) que podem requerer um trabalho de elaboração psíquica. Na mesma linha de raciocínio, um pouco adiante, destaca a importância de

> *não dicotomizar entre uma "clínica do trauma", ou "clínica da dissociação", ou "clínica do irrepresentável" versus uma "clínica do recalque" ou "clínica da representação" (embora cada patologia mostre sua dinâmica própria e mecanismos prevalentes), mas considerar em todo psiquismo os aspectos traumáticos não representáveis e aspectos inscritos que conseguiram uma representação (p. 203).*

Então, a via sinuosa que estamos percorrendo nos permite observar tanto a complexidade dos mecanismos psíquicos articulados às cadeias de sentido das representações quanto a singeleza de mecanismos mais elementares e regressivos em que não há tal articulação. E, mais importante, isso tudo *num único sujeito neurótico*, o que nos permite compreender, por exemplo, determinadas situações em que numa organização neurótica surgem sintomas de somatização ou a eclosão de quadros psicossomáticos. Se o psiquismo se constitui num *continuum* entre os polos somático e psíquico da subjetividade, não deveria nos surpreender que o mal-estar possa se expressar numa oscilação entre sintomas menos e mais elaborados.

A ideia de uma cadeia de elementos psíquicos que se articulam do mais arcaico ao mais elaborado é encontrada também num trabalho de Green (1970). Segundo o autor, essa cadeia psíquica seria composta pelos seguintes elementos: soma – pulsão – afeto (representante psíquico da pulsão) – representação de coisas – representação de palavras – pensamento reflexivo. Cada um desses elementos conserva e, ao mesmo tempo, transforma o elemento precedente, de modo que o trabalho psíquico seria constituído pela passagem das excitações por esses diversos pontos. Assim, a interrupção da cadeia, num ponto ou noutro, dificultaria ou mesmo impossibilitaria o trabalho psíquico de ligação das excitações, atingindo em última instância o próprio trabalho de simbolização.

O umbigo da neurose

As elaborações de Freud sobre as neuroses mistas ocorreram no fim dos anos 1890, mesmo período em que já preparava sua obra *A interpretação dos sonhos* (*1900*), como indicado acima. Nesse trabalho, em dois momentos ele se refere ao "umbigo do sonho", que seria aquela parte da atividade onírica na qual é impossível penetrar, devido à complexidade da trama associativa das representações, e "que é seu ponto de contato com o desconhecido" (p. 132).

Talvez pudéssemos pensar que haveria também um *umbigo* em toda neurose, um ponto a partir do qual o entrelaçamento dos fatores psíquicos com os fatores somáticos seria tão intenso que tornaria impossível qualquer separação – uma espécie de *ponto misto*.

Como Freud pensava, toda neurose no fundo seria mista, pois traria em si o entrelaçamento dos fatores atuais com os fatores do passado como suas causas determinantes. Assim, a ideia de que um quadro neurótico pode oscilar entre o polo somático e o polo psíquico da subjetividade – sem a necessidade de pensarmos em outras organizações psíquicas – pode nos auxiliar a afinar a escuta para a complexidade da clínica contemporânea.

Referências

Alonso, S. L. & Fuks, M. P. (2007). *Histeria*. São Paulo: Casa do Psicólogo.

Birman, J. (1993). *Ensaios de teoria psicanalítica*. Rio de Janeiro: Jorge Zahar.

Birman, J. (2006). Subjetividades contemporâneas. In *Arquivos do mal-estar e da resistência*. Rio de Janeiro: Civilização Brasileira.

Dufour, D.-R. (2005). *A arte de reduzir as cabeças: sobre a nova servidão na sociedade ultraliberal*. Rio de Janeiro: Companhia de Freud.

Dunker, C. I. L. (2014). Estrutura e personalidade na neurose: da metapsicologia do sintoma à narrativa do sofrimento. *Psicologia USP*, São Paulo, 25(1), 77-96.

Freud, S. (1976). Rascunho B. In *Edição Standard Brasileira das Obras Psicológicas Completas de Sigmund Freud* (Vol. I, p. 255-262). Rio de Janeiro: Imago. (Trabalho original publicado em 1893).

Freud, S. (1976). Rascunho D. In *Edição Standard Brasileira das Obras Psicológicas Completas de Sigmund Freud* (Vol. I, p. 265-267). Rio de Janeiro: Imago. (Trabalho original publicado em 1894).

Freud, S. (1976). A psicoterapia da histeria. In *Edição Standard Brasileira das Obras Psicológicas Completas de Sigmund Freud* (Vol. II, p. 251-294). Rio de Janeiro: Imago. (Trabalho original publicado em 1893-95).

Freud, S. (1976). Sobre os fundamentos para destacar da neurastenia uma síndrome específica denominada "neurose de angústia". In *Edição Standard Brasileira das Obras Psicológicas Completas de Sigmund Freud* (Vol. III, p. 91-112). Rio de Janeiro: Imago. (Trabalho original publicado em 1895a).

Freud, S. (1976). Resposta às críticas a meu artigo sobre a neurose de angústia. In *Edição Standard Brasileira das Obras Psicológicas Completas de Sigmund Freud* (Vol. III, p. 119-132). Rio de Janeiro: Imago. (Trabalho original publicado em 1895b).

Freud, S. (1976). A hereditariedade e a etiologia das neuroses. In *Edição Standard Brasileira das Obras Psicológicas Completas de Sigmund Freud* (Vol. III, p. 137-148). Rio de Janeiro: Imago. (Trabalho original publicado em 1896a).

Freud, S. (1976). Observações adicionais sobre as neuropsicoses de defesa. In *Edição Standard Brasileira das Obras Psicológicas Completas de Sigmund Freud* (Vol. III, p. 154-173). Rio de Janeiro: Imago. (Trabalho original publicado em 1896b).

Freud, S. (1976). Carta 69. In *Edição Standard Brasileira das Obras Psicológicas Completas de Sigmund Freud* (Vol. I, p. 357-359). Rio de Janeiro: Imago. (Trabalho original publicado em 1897).

Freud, S. (1976). A sexualidade na etiologia das neuroses. In *Edição Standard Brasileira das Obras Psicológicas Completas de Sigmund Freud* (Vol. III, p. 236-253). Rio de Janeiro: Imago. (Trabalho original publicado em 1898).

Freud, S. (1976). *Edição Standard Brasileira das Obras Psicológicas Completas de Sigmund Freud [A interpretação dos sonhos]*

(Vol. IV e V). Rio de Janeiro: Imago. (Trabalho original publicado em 1900).

Freud, S. (1976). Moral sexual "civilizada" e doença nervosa moderna. In *Edição Standard Brasileira das Obras Psicológicas Completas de Sigmund Freud* (Vol. IX, p. 187-208). Rio de Janeiro: Imago. (Trabalho original publicado em 1908).

Freud, S. (1976). Contribuições a um debate sobre a masturbação. In *Edição Standard Brasileira das Obras Psicológicas Completas de Sigmund Freud* (Vol. XII, p. 301-319). Rio de Janeiro: Imago. (Trabalho original publicado em 1912).

Freud, S. (1976). Conferência XXIV: O estado neurótico comum. In *Edição Standard Brasileira das Obras Psicológicas Completas de Sigmund Freud* (Vol. XVI, p. 441-456). Rio de Janeiro: Imago. (Trabalho original publicado em 1917).

Freud, S. (1976). Um estudo autobiográfico. In *Edição Standard Brasileira das Obras Psicológicas Completas de Sigmund Freud* (Vol. XX, p. 11-92). Rio de Janeiro: Imago. (Trabalho original publicado em 1925).

Green, A. (1970). Répétition, différence, réplication. *Revue française de psychanalyse*, Paris, 34(3), 460-501.

Green, A. (2010). Anexo 3: seminário sobre o trabalho do negativo. In *O trabalho do negativo* (p. 289-294). Porto Alegre: Artmed.

Minerbo, M. (2009). *Neurose e não-neurose*. São Paulo: Casa do Psicólogo.

Ritter, P. (2017). *Neuroses atuais e patologias da atualidade*. São Paulo: Pearson Clinical Brasil.

Uchitel, M. (2011). *Neurose traumática: uma revisão crítica do conceito de trauma*. São Paulo: Casa do Psicólogo.

3. Do "fator atual" das neuroses atuais à pulsão de morte como dispositivo antirrepresentacional[1]

Flávio Ferraz

A figura das neuroses atuais surge nos estudos iniciais de Freud, ainda no fim do século XIX, para depois sair de cena sem muito alarde, apenas com um desvanecimento paulatino. Aqui e ali, em textos mais tardios, ainda deu sinal de vida, mas perdeu a força conceitual que lhe parecia destinada, uma vez que o interesse da investigação de Freud no campo da psicopatologia foi se restringindo às psiconeuroses. No entanto, é interessante observar como, hoje em dia, muitos dos aspectos que lhe eram peculiares podem se articular com o campo da psicossomática e de outras manifestações do sofrimento psíquico – por exemplo, os transtornos do pânico. Além disso, elaborações teórico-clínicas acuradas, como a de M'Uzan (2003), propõem um novo encaminhamento para as descobertas de Freud num momento tão inicial do desenvolvimento da teoria psicanalítica. Se isolarmos o "fator atual" presente na conceituação de

---

1 Este texto resulta da reelaboração e fusão de dois artigos já publicados: "Das neuroses atuais à psicossomática" (*Percurso*, ano 7, n. 16, p. 35-42, 1996) e "A tortuosa trajetória do corpo na psicanálise" (*Revista Brasileira de Psicanálise*, vol. 41, n. 4, p. 66-76, 2007).

uma neurose cuja estrutura se opunha à das psiconeuroses, vamos ver como ele pode se aproximar, num arco epistemológico temporalmente estendido, ao conceito de pulsão de morte, que apareceria apenas em 1920 – desde que, por pulsão de morte, entendamos algo como um fator antirrepresentacional. Mas vejamos a história com vagar.

A expressão *neurose atual* apareceu na obra de Freud, pela primeira vez, no artigo "A sexualidade na etiologia das neuroses" (1980/1898). Ali, ele afirmava que a principal causa atuante na origem de toda neurose repousa sobre a vida sexual do paciente, ideia fundamental para a própria constituição da psicanálise. Contudo, Freud já supunha que o papel desempenhado pela sexualidade poderia ser diferente de acordo com o caso. Aparecia, nesse artigo, a necessidade de se distinguirem dois grupos de neurose a partir da sintomatologia: o da *neurastenia* e o da *psiconeurose* (histeria e obsessões). Havia ainda, segundo ele, a possibilidade, muito frequente, da ocorrência de casos em que os sintomas de ambos os grupos fossem combinados.

Nos casos de neurastenia, era possível, a partir da anamnese, chegar à descoberta do fator etiológico, presente na vida sexual *atual* do paciente ou no período posterior à maturidade sexual. Já nas psiconeuroses, uma anamnese desse tipo não traria resultados. Embora o fator etiológico certamente se encontrasse vinculado à vida sexual, o paciente não seria capaz de conhecer essa ligação:

> *Por um curioso trajeto circular . . . é possível chegar a um conhecimento dessa etiologia e compreender por que o paciente foi incapaz de falar-nos qualquer coisa a respeito. Pois os eventos e influências que estão na raiz de toda psiconeurose pertencem não ao momento presente, mas a uma época de vida há muito passada, que é como se fosse uma época pré-histórica – à época da infância*

inicial; e eis por que o paciente nada sabe deles. Ele os esqueceu – embora apenas num certo sentido (Freud, 1898/1980, p. 293-294).

Nessa passagem, Freud já condensava toda uma teoria das psiconeuroses que ainda estava por se desenvolver em detalhes, mas cujos pilares – a sexualidade infantil e o recalque – estavam construídos.

Igualmente importante era a observação da distinção entre a psiconeurose e a neurastenia (aqui, no caso, protótipo de toda neurose atual). Nessa última, a etiologia seria contemporânea, e não infantil; ou seja, haveria outra relação de temporalidade entre causa e sintoma. O termo *atual*, conforme observaram Laplanche e Pontalis, "deve, pois, ser tomado em primeiro lugar no sentido de uma 'atualidade' no tempo". Ainda na distinção com relação à psiconeurose, lembram esses autores que o termo *atual* "vem a exprimir aqui a ausência daquela mediação que encontramos na formação dos sintomas da psiconeurose (deslocamento, condensação, etc.)" (1967/1986, p. 382). Antecipando a importância que isso viria a ter no futuro para as expansões da teoria e da clínica psicanalíticas, Freud já chamara a atenção para o fato de que havia duas formas bastante diferentes de processar a excitação psíquica: transformando-a diretamente em angústia, donde resultariam sintomas predominantemente somáticos ou não simbólicos, ou então procedendo-se à mediação simbólica, donde resultariam sintomas eminentemente psíquicos.

Desse modo, o que delimitaria o domínio das chamadas neuroses atuais não seria apenas essa peculiar relação de temporalidade. Seriam também as características *somáticas* da sintomatologia. É assim que, na neurastenia, podiam ser encontrados sintomas como: "pressão intracraniana, inclinação à fadiga, dispepsia, constipação, irritação espinhal etc.". Em outro subgrupo das neuroses atuais, o das chamadas *neuroses de angústia*, esse tipo de sintomatologia teria menos importância; os traços sintomatológicos proeminentes estariam todos gravitando em torno do "sintoma nuclear" da angústia, e seriam: "sobressalto, inquietude, ansiedade expectante, ataques de angústia completos, rudimentares ou suplementares, vertigem locomotora, agorafobia, insônia, maior sensibilidade à dor etc." (Freud, 1898/1980, p. 294).

A distinção entre essas duas modalidades da neurose atual – a neurastenia e a neurose de angústia – já tinha sido feita antes mesmo do aparecimento do próprio termo *neurose atual*. No ano de 1895, quando ainda constava somente a figura da neurastenia, Freud publicara o artigo *Sobre os critérios para destacar da neurastenia uma síndrome particular intitulada "neurose de angústia"*, no qual descrevia essa nova possibilidade diagnóstica, caracterizando seus sintomas como "manifestações imediatas da angústia ou como rudimentos equivalentes dela" (Freud, 1895/1980, p. 277). Assim, a neurose de angústia seria resultado de uma transformação direta do fator quantitativo do representante pulsional em angústia. Verifica-se nesse quadro, conforme observação de Laplanche e Pontalis,

> a ausência ou insuficiência de "elaboração psíquica" da excitação sexual somática, pelo que esta não pode transformar-se em "libido psíquica", a não ser entrando em conexão com grupos preestabelecidos de representações sexuais. Quando a excitação não é assim dominada, é diretamente derivada no plano somático sob a forma de angústia. (1967/1986, p. 385)

Por essa razão, nessa neurose predomina um tipo de angústia sem objeto nítido, tendo os fatores atuais um papel relevante na sua etiologia, como se dá nos casos hoje em dia classificados de *transtorno do pânico*. Dejours afirma que a somatização é um processo que está na continuidade da neurose de angústia: "Para os especialistas em psicossomática também é hábito dar muita atenção à descompensação que representa a neurose de angústia, pelo que ameaça prefigurar para o futuro na ordem das somatizações" (1988, p. 126).

De acordo com Freud, a diferença entre neurastenia e neurose de angústia não residia apenas na sintomatologia, mas seria resultante de uma etiologia diversa:

> *A neurastenia pode ser sempre reportada a um estado do sistema nervoso, tal como adquirido por masturbação excessiva ou tal como procedente espontaneamente de emissões frequentes; a neurose de angústia revela influências sexuais que têm em comum o fator da continência ou da satisfação incompleta – tal como o coito interrompido, a abstinência juntamente a uma libido viva, a chamada excitação não consumada e outros (1898/1980, p. 294).*

No artigo *Moral sexual "civilizada" e doença nervosa moderna* (Freud, 1908/1980d), essa distinção voltou a aparecer. Em alusão ao papel repressor da civilização sobre a vida sexual, entendido como fator causal tanto da neurose quanto da infelicidade humana ordinária, Freud reiterou a incidência do sintoma sobre o plano somático, nas neuroses atuais, e o comparou aos sintomas de natureza tóxica que resultam do excesso ou da escassez de certos "tóxicos nervosos". Em contraposição, os sintomas da psiconeurose seriam psicogênicos e estariam na dependência da "atuação de complexos ideativos inconscientes" (p. 191), isto é, *recalcados*. Assim, a concepção diferencial da neurose atual e da psiconeurose estava mantida, como nunca deixou de estar na obra freudiana.

Mais tarde, no artigo sobre o narcisismo, Freud (1914/1980h) demonstrou não haver sepultado o conceito de neurose atual, já então pouco mencionado por ele, que dirigia sua atenção à investigação das psiconeuroses ou *neuroses de transferência*. Nesse artigo, ele introduziu uma terceira modalidade da neurose atual, a saber, a *hipocondria*. A partir de uma correspondência termo a termo entre as duas primeiras modalidades das neuroses atuais (neurastenia e neurose de angústia) e as neuroses de transferência, a hipocondria veio a se corresponder com a parafrenia (ou *psiconeurose narcísica*, designação inicial para a psicose). Desse modo, a hipocondria seria uma neurose atual da parafrenia – ou, dito de outra forma, a hipocondria estaria para a parafrenia assim como a neurastenia e a neurose de angústia estavam para a psiconeurose.

Ainda que mantida por Freud a distinção entre as psiconeuroses e as neuroses atuais, o que se verificou no desenvolvimento teórico ulterior foi um progressivo abandono dessa particularidade nosográfica, devido à ênfase que se deu ao papel do recalque e da sexualidade infantil na constituição do campo propriamente psicanalítico. A ideia de neurose atual foi, silenciosamente, perdendo sua importância e caindo, pouco a pouco, no abandono. Ocorre, porém, que alguns dos *insights* freudianos a respeito das peculiaridades das neuroses atuais podem, hoje em dia, ser considerados de alta importância teórica.

Laplanche e Pontalis, tratando da perda de força do conceito de neurose atual dentro do sistema psicanalítico de Freud, afirmam que essa antiga noção "leva diretamente às concepções modernas sobre as afecções psicossomáticas" (1967/1986, p. 384). Supõem ter havido uma espécie de ponto de opacidade na visão de Freud sobre as neuroses atuais, que o teria feito insistir sobremaneira no fator etiológico da não satisfação das pulsões sexuais nesses casos. De fato, essa foi uma tecla na qual Freud bateu fortemente, o que pode ter limitado, em alguma medida, o alcance de seu conceito. Isso contrasta com a intuição clínica aguçada que o levou, por outro lado, a afirmar que havia uma forma de sintomatologia somática não mediada pelo mecanismo do recalcamento. O que Freud entreviu foi o fato de que o sintoma psicossomático não se constituía como um retorno do recalcado – da sexualidade infantil recalcada –, à moda da psiconeurose. Aí se situa um ponto de partida para todo o campo de estudos da psicossomática que viria a florescer na França, a partir dos anos 1970, com Pierre Marty, Michel de M'Uzan e Michel Fain, entre outros, no grupo que se tornou conhecido como Escola Psicossomática de Paris.

Voltando à observação de Laplanche e Pontalis, faltou para Freud "tomar em conta, na gênese dos sintomas neuróticos atuais e psicossomáticos, a repressão da agressividade" (1967/1986, p. 384). A psicossomática francesa procurou preencher essa lacuna teórica, ao apontar para o papel da *violência da pulsão* (Dejours, 1988) dirigida ao soma nos quadros de descompensação, de forma que, ao produzir um sintoma somático, o sujeito pode manter-se particularmente "normal" sob o ponto de vista psíquico. Desse modo, ao traçar um quadro nosográfico para a neurose, incorporando as variações históricas que foram se processando, Laplanche e Pontalis chegaram mesmo a propor que as neuroses atuais fossem classificadas como *afecções psicossomáticas*.

Em um breve levantamento, pode-se dizer que Freud enfatizou, no caso das neuroses atuais, aspectos como: a sintomatologia somática; o caráter atual do fator etiológico; a não satisfação da libido enquanto causa precipitante do sintoma; e a transformação direta da causa em sintoma, sem a mediação simbólica do recalque.

Esses quatro fatores podem ser submetidos a uma leitura à luz da teoria psicossomática contemporânea e ter seus rumos rearranjados para além do sistema psicanalítico exclusivamente freudiano. Se não, vejamos.

1. A sintomatologia somática, é claro, permanece como especificidade da estrutura psíquica oposta à formação neurótica. A impossibilidade de elaboração psíquica mantém a excitação não

representável liberada para o plano somático, marcando um funcionamento psíquico mais sujeito ao campo do econômico. Freud já apontara, no caso das neuroses atuais, um mecanismo em ação divergente do recalque, isto é, a existência de uma área de formação do sintoma não abrangida pela simbolização. A elaboração psíquica – processo por meio do qual se atinge a simbolização – seria, segundo Laplanche e Pontalis, "o trabalho realizado pelo aparelho psíquico com o fim de dominar as excitações que chegam até ele e cuja acumulação ameaça ser patogênica. Este trabalho consiste em integrar as excitações no psiquismo e em estabelecer entre elas conexões associativas" (1967/1986, p. 196).

Ora, isso é exatamente o que acontece de forma deficiente nos processos que conduzem à somatização. Vejamos como dois psicanalistas atentos à questão da psicossomática – Pierre Marty e Joyce McDougall – procuraram dar conta dessa impossibilidade de elaboração psíquica.

Marty utilizou o conceito de *mentalização* como uma espécie de medida das dimensões do aparelho psíquico, que concernem "à quantidade e à qualidade das representações psíquicas dos indivíduos" (1991, p. 11). Para ele, uma boa mentalização protegeria o corpo das descargas de excitação, à medida que esta encontra abrigo nas representações existentes no pré-consciente. Um grau pobre de mentalização, ao contrário, deixaria o corpo biológico desprotegido, entregue a uma linguagem primitiva basicamente somática. As representações psíquicas, bases da vida mental, são responsáveis pela existência das fantasias e dos sonhos, longas vias associativas que permitem o escoamento das excitações, dando-lhes um substrato propriamente psíquico. Nos processos de somatização, pode-se falar, então, em *insuficiência* ou *indisponibilidade* das representações pré-conscientes.

McDougall empregou o conceito de *desafetação* para tratar de algo semelhante: os pacientes mais propensos a somatizar seriam aqueles "incapazes de recalcar as ideias ligadas à dor emocional e igualmente incapazes de projetar esses sentimentos, de maneira delirante, sobre as representações das outras pessoas" (1991, p. 105). Delineia-se, assim, uma estrutura psíquica diferente da neurose, por um lado, e da psicose, por outro. Os pacientes somáticos tenderiam a ejetar brutalmente do campo consciente as representações carregadas de afeto. Não podem conter o excesso da experiência afetiva, nem sobre ela refletir. As palavras deixam de ter a função de ligação pulsional, tornando-se "estruturas congeladas, esvaziadas de substância e de significação". O discurso mantém-se inteligível, porém totalmente destituído de afetos. A palavra, nesse caso, não oferece mais proteção contra a excitação,[2] como postularam Marty e M'Uzan ao proporem o conceito de *pensamento operatório*, que vem a ser um pensamento consciente que se "manifesta sem vínculo orgânico com uma atividade fantasmática de nível apreciável e reproduz e ilustra a ação, por vezes a precede ou sucede, mas dentro de um campo temporal limitado" (1994, p. 165-166).

2. O caráter atual do fator etiológico é um ponto bastante complexo, que introduz algumas dificuldades na articulação entre as neuroses atuais e as afecções psicossomáticas. Lembremos que, para Freud, a etiologia da neurose atual reside na vida sexual presente, em oposição à sexualidade infantil da psiconeurose. Entretanto, hoje temos de levar em conta que aquilo que se compreendia como atual, mais do que dizer respeito simplesmente ao que é contemporâneo, falava de uma oposição em relação ao infantil presente no sintoma psiconeurótico.

Freud, na conferência "O estado neurótico comum" (1917/1980), ressaltou que um "fator atual" subjaz a toda psiconeurose. Seria algo

---

2 McDougall, fazendo uma consideração sobre a etiologia da desafetação, afirma ter encontrado na anamnese desses pacientes referências a um "discurso familiar que preconizava um ideal de inafetividade e condenava qualquer experiência imaginativa" (1991, p. 116).

como o limite do representável, ou, por assim dizer, uma espécie de umbigo de todo sintoma simbólico que marca o substrato somático sobre o qual o funcionamento psíquico se assenta. Em uma metáfora de sua lavra, as influências somáticas desempenhariam o papel de um "grão de areia que o molusco cobre de camadas de madrepérola" (p. 455), quando se produzem os sintomas histéricos.

Afirmava ainda Freud que

> *uma notável relação entre os sintomas das neuroses atuais e os das psiconeuroses oferece mais uma importante contribuição ao nosso conhecimento da formação dos sintomas nestas últimas. Pois um sintoma de uma neurose atual é frequentemente o núcleo e o primeiro estádio de um sintoma psiconeurótico (p. 455).*

Temos aqui então a deixa para um saldo na teoria que nos conduzirá a 1920, propondo, numa leitura bem plausível, que a pulsão de morte atuaria como um dispositivo contra a representação. Nesse sentido, ela pode conduzir a um "desapoio" da função. Corresponde à força que leva ao que Marty (1991) chamou de *má mentalização*, ou seja, um *deficit* representacional que torna empobrecidos os sistemas inconsciente e pré-consciente, fazendo-se sentir, sobretudo, pelo discurso concreto e objetivo e pela carência de atividade onírica.

A angústia, nesse caso, seria sempre a angústia automática da qual Freud veio a falar em *Inibições, sintomas e angústia* (1926/1980), e que retoma, de certo modo, aquela angústia definida como descarga em 1895 no caso das neuroses atuais. Trata-se de uma modalidade de angústia que é, sobretudo, somática, numa contrapartida da angústia-sinal, essencialmente psíquica. A angústia automática é aquela que marca uma *falha do ego* diante do perigo, quando este, não tendo tido condições de examinar os processos da realidade, deixa-se tomar de surpresa. É claro que estamos falando aqui do trauma, ou seja, do irrepresentável que se articula exatamente à pulsão de morte. *Grosso modo*, o sujeito da neurose atual funciona no registro da neurose traumática; Responde de maneira automática, passando ao largo dos processos propriamente psíquicos na sua montagem sintomática; Age segundo os modelos herdados da filogênese ou aprendidos pelo intelecto, mas sem a singularidade e a criatividade inerentes às formações simbólicas, essencialmente idiopáticas; Desconhece o *agir expressivo* (Dejours, 1998), ou seja, age sem metaforizar sua experiência na produção de uma resposta, esta, quando muito, lança mão de uma produção metonímica.

M'Uzan (2003) retoma o problema do "fator atual" que jaz no fundo de toda psiconeurose, e que se encontra na própria superfície das neuroses atuais, para afirmar que ele constitui o fundo inanalisável do neurótico. Os traumas verdadeiros, sendo inelaboráveis, não são passíveis de se representarem; convertem-se em força degradante da energia de autoconservação. Assim, a articulação entre pulsão de morte e compulsão à repetição não é indispensável. A incidência letal da compulsão à repetição não precisa de uma referência necessária à atividade de um instinto ou de uma pulsão especial; explica-se pela degradação da energia atual, em essência um fator quantitativo que coincide com a força de autoconservação e que passa a funcionar de modo pervertido diante do trauma verdadeiro, irrepresentável. Seria a isso que a psicanálise chamou de pulsão de morte.

Aisenstein e Smadja (2003) também se ocuparam da questão do "fator atual". Lembram que a obra de Marty é indispensável por ter definido uma "ordem psicossomática", que organizou o pensamento dos psicossomatistas da primeira geração da Escola de Paris. Marty, de fato, deu particular atenção para o aspecto econômico e para a textura e a variabilidade do funcionamento mental. Foi assim que localizou e definiu o pensamento operatório, presente numa organização psíquica em que os delegados pulsionais, que são as representações efetivamente investidas, parecem estar ausentes. De acordo com os autores,

> *isto que, no pensamento de Marty, aparece como carência – deficit do funcionamento mental – pode ser compreendido e explicitado no âmbito geral da teoria freudiana por meio da noção de pulsão de morte, que dá conta da destruição dos processos de pensamento verificados nos estados operatórios e em patologias comportamentais, que podem então ser compreendidos como resultados de um verdadeiro dispositivo antipensamento... As neuroses atuais saem de sua latência teórica e são repensadas por Freud numa perspectiva econômica e se integram conceitualmente a uma introdução além do princípio do prazer... Hoje não há mais dúvida de que a neurose atual contém, na sua organização, uma dimensão traumática e que a destrutividade interna é obra dos mecanismos interruptivos que privam o tecido mental de uma parte de suas pulsões eróticas (p. 412-413).*

3. A não satisfação da libido enquanto causa precipitante da neurose atual, como Freud apontava, já foi objeto de discussão acima. Vista de modo estrito, essa forma de causalidade parece frágil, como já observaram Laplanche e Pontalis (1967/1986), ao indicarem a omissão, por parte de Freud, do papel da repressão da agressividade.

De acordo com Marty (1991), a repressão da agressividade, diante de situações em que esta encontra uma fonte que a excite, apoia-se em interdições sociais ou parentais *interiorizadas*, mas não *elaboradas*. Nesse caso, o sujeito pode suprimir a descarga motora substituindo-a por comportamentos que fazem parte de seu acervo de hábitos: de modo geral, seriam atividades físicas ou então sublimadas. Dejours (1988), por seu turno, chamou a atenção para a violência da pulsão, que seria um dado a ela inerente, tendendo a ser descarregada a partir do inconsciente primário (também chamado *amencial* ou *não representado*).

Podemos afirmar, contudo, que Freud percebia um evento contemporâneo que marcava o desencadeamento da neurose atual, colocando a não satisfação da libido nesse lugar etiológico. Hoje em dia, no entanto, é possível ampliar essa noção – que em Freud se restringia a uma única espécie de evento – e pensar na especial suscetibilidade ao acontecimento (fato) verificada no somatizador.

4. Por fim, a ausência da metabolização simbólica da excitação proveniente da pulsão – que Freud entreviu na neurose atual em contraste com as intrincadas formações produzidas pelo recalque no neurótico – é a característica por excelência das formações psicossomáticas.

O mecanismo de repressão a que se faz alusão na psicossomática diz respeito à barreira que se instala entre o sistema pré-consciente e o consciente. Trata-se de uma repressão psíquica no sentido da evitação de uma representação adquirida, que pode se alastrar de modo a atingir mais e mais representações ligadas afetivamente às precedentes. Não está em questão, na gênese do sintoma somático, o mecanismo do recalque, pois essa espécie de sintoma não tem a característica de *retorno do recalcado*. No caso da repressão, a representação pode aparecer intacta em alguns momentos – sem a deformação sofrida pelo recalcado quando este retorna – para desaparecer novamente em seguida. Se por um lado o recalcamento torna inconsciente o conflito, por outro produz formações – o sonho, por excelência – que, segundo Marty, "permitem colocar progressivamente em dia a história infantil do sujeito, deixando aparecer os complexos que dela resultaram (castração e Édipo, por exemplo)" (1991, p. 37).

De fato, o mecanismo de defesa que originalmente deve ter sido estabelecido no caso da propensão à somatização difere bastante do recalcamento. Não é possível encontrar uma via de escoamento da excitação por meio da palavra, uma vez que o discurso se apresenta *desafetado* ou *operatório*. A descarga só pode se dar mediante o *ato*. Essa ideia, aliás, já se insinuava na obra de Freud, que finalizou *Totem e tabu* (1913/1980) com uma comparação entre os povos primitivos e os neuróticos, para concluir que, nesses últimos, o pensamento constitui um substituto completo do ato. Donde o fecho solene que dá a seu trabalho, proclamando que, "no princípio, foi o ato" (p. 191).

O ato do somatizador, com o perdão da redundância, recai sobre o soma. Ao contrário da conversão histérica, quando o corpo afetado é o corpo erógeno – portanto, corpo simbólico –, na somatização o corpo é mesmo o corpo biológico. Daí a existência de uma lesão orgânica, muitas vezes grave. Freud afirmava que o aparelho psíquico tem por função receber e processar os estímulos externos e as manifestações pulsionais, fazendo, para tanto, uso de suas vias associativas. Quando isso não é completamente possível, entram em cena outras defesas, que não o recalcamento, que passam ao largo da mediação pelo símbolo.

Referências

Aisenstein, M. & Smadja, C. (2003). A psicossomática como corrente essencial da psicanálise contemporânea. In A. Green (Org.). *Psicanálise contemporânea* (A. Cabral et al., trad., p. 407-419). Rio de Janeiro: Imago.

Dejours, C. (1988). *O corpo entre a biologia e a psicanálise* (D. Vasconcellos, trad.). São Paulo: Artes Médicas.

Dejours, C. (1998). Biologia, psicanálise e somatização. In R. M. Volich, F. C. Ferraz & M. A. A. C. Arantes (Orgs.). *Psicossoma II:*

psicossomática psicanalítica (p. 45-57). São Paulo: Casa do Psicólogo.

Freud, S. (1980e). Novos comentários sobre as neuropsicoses de defesa. In *Edição standard brasileira das obras psicológicas completas de Sigmund Freud* (J. Salomão, Trad., Vol. 3, p. 103-138). Rio de Janeiro: Imago. (Trabalho original publicado em 1896).

Freud, S. (1980g). Sinopses dos escritos científicos do Dr. Sigm. Freud. In *Edição standard brasileira das obras psicológicas completas de Sigmund Freud* (J. Salomão, Trad., Vol. 3, p. 253-283). Rio de Janeiro: Imago. (Trabalho original publicado em 1897).

Freud. S. (1980). Além do princípio do prazer. In *Edição standard brasileira das obras psicológicas completas de Sigmund Freud* (J. Salomão, Trad., Vol. 17, p. 13-85). Rio de Janeiro: Imago. (Trabalho original publicado em 1920)

Freud, S. (1980). Sobre os critérios para destacar da neurastenia uma síndrome intitulada "neurose de angústia". In *Edição standard brasileira das obras psicológicas completas de Sigmund Freud* (Vol. 3, p. 103-135). Rio de Janeiro: Imago. (Trabalho original publicado em 1895).

Freud, S. (1980). A sexualidade na etiologia das neuroses. In *Edição standard brasileira das obras psicológicas completas de Sigmund Freud* (Vol. 3, p. 287-312). Rio de Janeiro: Imago. (Trabalho original publicado em 1898).

Freud, S. (1980). Moral sexual "civilizada" e doença nervosa moderna. In *Edição standard brasileira das obras psicológicas completas de Sigmund Freud* (Vol. 9, p. 185-208). Rio de Janeiro: Imago. (Trabalho original publicado em 1908).

Freud, S. (1980). Totem e tabu. In *Edição standard brasileira das obras psicológicas completas de Sigmund Freud* (Vol. 13, p. 13-194). Rio de Janeiro: Imago. (Trabalho original publicado em 1913).

Freud, S. (1980). Sobre o narcisismo: uma introdução. In *Edição standard brasileira das obras psicológicas completas de Sigmund Freud* (Vol. 14, p. 85-119). Rio de Janeiro: Imago. (Trabalho original publicado em 1914).

Freud, S. (1980). O estado neurótico comum. In *Edição standard brasileira das obras psicológicas completas de Sigmund Freud* (Vol. 16, p. 441-456). Rio de Janeiro: Imago. (Trabalho original publicado em 1917).

Freud, S. (1980). Inibições, sintomas e ansiedade. In *Edição standard brasileira das obras psicológicas completas de Sigmund Freud* (Vol. 3, p. 95-201). Rio de Janeiro: Imago. (Trabalho original publicado em 1926).

Laplanche, J. & Pontalis, J.-B. (1986). *Vocabulário da psicanálise* (P. Tamen, trad.). São Paulo: Martins Fontes. (Trabalho original publicado em 1967).

Marty, P. (1991). *Mentalisation et psychosomatique*. Paris: Delagrange.

Marty, P. & M'Uzan, M. (1994). O pensamento operatório. *Revista Brasileira de Psicanálise*, São Paulo, 28(1), 165-174.

McDougall, J. (1991). *Teatros do corpo: o psicossoma em psicanálise* (P. H. B. Rondon, trad.). São Paulo: Martins Fontes.

M'Uzan, M. (2003). No horizonte: "o fator atual". In A. Green (Org.). *Psicanálise contemporânea* (A. Cabral et al., Trads., p. 397-405). Rio de Janeiro: Imago.

Parte II
Deprimidos, fatigados e desatentos

4. Atualidade dos estados depressivos: a temporalidade do "atual"

Ana Luiza Tomazetti Scholz
Marta Rezende Cardoso

Os estados depressivos são uma modalidade de sofrimento psíquico cada vez mais presente na clínica psicanalítica contemporânea. Segundo dados da Organização Mundial da Saúde (OMS), o Brasil é o país com maior número de casos desse tipo de sintoma na América Latina, atingindo 11,5 milhões de brasileiros, ou seja, 5,8% da população do país, e ocupando o segundo lugar no *ranking* das Américas, perdendo somente para os Estados Unidos, onde há taxa de 5,9% da população apresentando sintomas de depressão. Este número se revela ainda mais expressivo ao consideramos que, mundialmente, as situações clínicas com queixas de depressão afetam 322 milhões de pessoas, correspondendo a 5% da população mundial. Além disso, a OMS (2017) alerta para o exacerbado crescimento desses casos: a organização estima que em uma década, de 2005 a 2015, o número deles sofreu aumento de 18,4%.

A partir deste notável aumento dos estados depressivos na atualidade, a OMS (2017) indica que, em 2020, esta será a situação clínica mais incapacitante do mundo, quando se considera o tempo vivido pelas pessoas com esse sintoma ao longo da vida. Ainda de acordo com a OMS (2017), os quadros depressivos ocupam a 4ª posição entre as principais causas de ônus para o sujeito, sendo responsáveis por 4,4% de todos os malefícios provocados pelas doenças ao longo da vida do sujeito.

A incapacidade do sujeito depressivo em se relacionar com o mundo à sua volta parece ter-se exacerbado nos dias de hoje pelas características próprias ao modelo de sociedade da atualidade, especialmente quando consideramos as relações de trabalho. Um exemplo de que as precárias condições trabalhistas da sociedade atual e de que as relações de trabalho contribuem para o adoecimento da população é, por exemplo, o fato de que, no Brasil, em 2016, cerca de setenta e cinco mil trabalhadores foram afastados de seus empregos pela Previdência Social, com queixa de depressão. Eles não se encontravam em condições de realizar suas atividades profissionais nem de lidar com o ambiente de trabalho em suas dimensões sociais e coletivas.

Esses dados sugerem que os sujeitos depressivos se encontram num estado de tristeza profunda, cansaço e esgotamento subjetivo e que essa incapacidade de agir no mundo está articulada ao cenário de uma sociedade pautada na lógica do desempenho e da autorrealização. Nesse modelo é possível se perceber significativas transformações no campo da família, dos laços sociais principalmente no que concerne ao declínio da vida pública, às mudanças na responsabilidade pessoal do sujeito. A partir desse contexto, nossa reflexão se volta para alguns aspectos relativos à singularidade da problemática subjetiva que aí estaria em jogo, podendo conduzir o sujeito, muitas vezes, a um estado de esgotamento, de fadiga psíquica, nos termos de Ehrenberg (1998), de "fadiga de ser si mesmo".

A dimensão de recusa ao agir que tem lugar naqueles que se encontram afetados por um sintoma depressivo está articulada a uma modalidade de defesa psíquica que se apresenta sob a modalidade de incapacidade subjetiva. Esta pode ser percebida por meio de uma margem variável de manifestações clínicas como: introspecção e isolamento do sujeito; falta de motivação em realizar atividades diárias que antes faziam parte de sua rotina, apatia e ausência de energia e prazer com que as demandas profissionais e pessoais do cotidiano vêm a ser encaradas, desinteresse do sujeito em relação aos outros e a si próprio, além da dificuldade de tomar iniciativas e lidar, de modo geral, com as exigências da sociedade. Essas manifestações englobam diferentes graus de comprometimento psíquico, que vão desde a incidência de casos mais leves, até situações clínicas em que se apresenta uma espécie de pane subjetiva – casos em que há verdadeira paralisação do sujeito, fazendo com que não consiga agir e reagir no mundo. Essa paralisação também pode ser percebida como condição de inércia psíquica.

Nossa proposta neste artigo é buscar elementos que possam incrementar o conhecimento dos fundamentos da problemática subjetiva concernente à recusa do agir que nos parece caracterizar os estados depressivos, com o objetivo principal de explorar sua aproximação às neuroses atuais, a partir da releitura que alguns autores propuseram acerca dessa "categoria" clínica. Iremos propor uma reflexão sobre a noção de "atual" em psicanálise, explorando a questão da singular temporalidade que ancora os estados depressivos.

"Fadiga de ser si mesmo": uma marca da atualidade

De acordo com Ehrenberg (1998), a partir dos anos 80 os estados depressivos passam a ser considerados como problemáticas narcísicas características da experiência coletiva contemporânea, próprias ao campo da insuficiência narcísica, do mal-estar, e dificuldade em se estabelecer um sentimento de continuidade de si. O autor propõe a seguinte hipótese:

A depressão nos instruiu sobre nossa experiência atual de sujeito, porque ela é a patologia de uma sociedade onde a norma não é mais fundada sobre a culpa e a disciplina, mas sobre a responsabilidade e a iniciativa. O indivíduo é confrontado a uma patologia de insuficiência mais do que a uma doença da falta, ao universo da disfunção mais do que ao da lei: o deprimido é um homem em pane (Ehrenberg, 1998, p.16, tradução nossa).

Nesse cenário, a depressão se apresenta como marca da incapacidade de viver, expressa em diferentes níveis de sofrimento, indo desde a dificuldade de se iniciar algo – quando o sujeito tende a sentir que nada estaria colocado no campo do possível – até um estado de fadiga e de esgotamento subjetivo propriamente dito. A depressão torna-se a tragédia dos estados de insuficiência, constituindo-se como uma sombra sobre o sujeito nessa busca desenfreada por uma realização ideal. Trata-se de uma corrida pela manutenção de um eu ideal, num patamar de excelência em que não haveria linha de chegada. O sujeito sai perdendo, pois como se trata da busca por uma realização não circunscrita numa rede de significações permeada pelo desejo, marcada pelos conflitos internos e externos, busca-se o impossível. Há aprisionamento numa eterna problemática ideal, não atingível, geradora, em muitos casos, da "fadiga de ser si mesmo", situação de esgotamento psíquico frente ao mundo externo e frente a si próprio.

Mostra Ehrenberg (2001) que isso se apresenta como novo estatuto de sofrimento psíquico, intimamente ligado à questão da autonomia. Ou seja, o lugar atribuído à saúde mental, ao sofrimento psíquico e às emoções seria fruto de um contexto em que a injustiça, o fracasso, os desvios sociais, a insatisfação ou a própria frustração são medidas a partir do impacto que têm sobre a subjetividade individual e sobre a capacidade de se ter uma vida autônoma.

O tema das novas configurações subjetivas é igualmente explorado por Han (2017), filósofo coreano que sustenta que na atualidade estaríamos nos deslocando de uma sociedade disciplinar para uma sociedade do desempenho: "A sociedade do século XXI não é mais a sociedade disciplinar, mas uma sociedade de desempenho. Também seus habitantes não se chamam mais 'sujeitos da obediência', mas sujeitos de desempenho e produção. São empresários de si mesmos" (p. 23).

Além do excesso de responsabilidade e iniciativa, a sociedade do desempenho é permeada pelo imperativo da positividade. Este seria responsável por uma violência sistêmica que, muitas vezes, desencadeia o processo de fadiga e de esgotamento do sujeito submetido pela pressão do desempenho: "A positivação do mundo faz surgir novas formas de violência. Essas não partem do outro imunológico. Ao contrário, são imanentes ao sistema" (*ibid.*, p. 19). A violência desse imperativo de positividade "não é privativa, mas saturante; não excludente, mas exaustiva" (p. 20).

A violência da positividade, desencadeada pela exaustão, produz o paradigma do desempenho e do poder com o objetivo permanente de se maximizar os processos de produção. "Para elevar a produtividade, o paradigma da disciplina é substituído pelo paradigma do desempenho ou pelo esquema positivo do poder ... O sujeito de desempenho é mais rápido e mais produtivo que o sujeito da obediência" (*ibid.*, p. 25). Pontua o autor:

> *O sujeito de desempenho está livre da instância externa de domínio que o obriga a trabalhar ou que poderia explorá-lo. É senhor e soberano de si mesmo. Assim, não está submisso a ninguém ou está submisso apenas a si mesmo. É nisso que ele se distingue do sujeito da obediência. A queda da instância dominadora não leva*

à liberdade. Ao contrário, faz com que liberdade e coação coincidam (Han, 2017, p. 29-30).

Estamos diante de um paradoxo da liberdade, uma vez que o sujeito do desempenho se vê submisso a novas formas de coerção. Isso faz com que ele se torne senhor e escravo de si mesmo, carregando em si seu campo de trabalho e de exploração. É diante dessa sociedade coercitiva que ele tende a se esgotar e se encontrar num estado de "fadiga de ser si mesmo", paradoxal tentativa de reação à pressão rumo ao desempenho, ou seja, respondendo por meio de uma espécie de inércia psíquica. Essa modalidade defensiva de reação surge como resistência à exigência do referido excesso de positividade e que, muitas vezes, conduz a um estado de excessivo cansaço.

Han (2017) avança na análise proposta anteriormente por Ehrenberg afirmando que os estados depressivos resultantes desse cenário social não seriam apenas consequência do imperativo de ser si mesmo. Ele destaca que os estados depressivos da atualidade também possuiriam estreita relação com "a carência de vínculos, característica de crescente fragmentação e atomização do social" (Han, 2017, p. 27); e que estariam relacionados com a "violência sistêmica inerente à sociedade de desempenho que produz infartos psíquicos" (*ibid.*, p. 27). A exaustão produzida pela pressão de desempenho e pelo novo mandato da era pós-moderna do trabalho produz uma sociedade do cansaço. Trata-se de um estado de cansaço solitário e depressivo que vai isolando o sujeito e incapacitando-o de fazer qualquer coisa.

Esses estados depressivos se apresentam como doença da responsabilidade em que o sentimento de insuficiência se sobrepõe à culpabilidade. A depressão se articula à queda da referência e do conflito no espaço psíquico, mas também à forma de vida do sujeito. Trata-se de uma dimensão fortemente referida a processos identificatórios de subjetivação, relacionados, dentre outros aspectos, a falhas no campo das relações objetais no processo de constituição subjetiva.

Uma ilusória emancipação do sujeito desloca as perturbações que o circundam modificando a compreensão do que seria a cultura do mal-estar. As demandas subjetivas passam a ser motivadas pela precariedade de elementos e de objetos relacionais, ou seja, a demanda depressiva do sujeito pós-moderno vê-se dominantemente centrada nas relações marcadas por uma problemática objetal. Ou seja, haveria uma predominância de demandas ligadas à esfera da perda do objeto, incidentes no próprio processo de subjetivação. De acordo com essa perspectiva, esses estados depressivos constituem uma patologia da mudança e do cansaço, posto que a liberdade de ser si mesmo teria como preço a insegurança interna e o sentimento de estagnação frente às exigências do mundo exterior. Configura-se, assim, uma situação de fragilidade narcísica, cerne do empobrecimento do *eu* nesse estado de esgotamento psíquico.

A este respeito, mostra Kristeva (1989) que nesses estados há um desequilíbrio na condição de possibilidade de existência do sujeito. Essa falha no sentimento de continuidade de si é descrita por ela como "um abismo de tristeza, dor incomunicável que às vezes nos absorve, em geral de forma duradoura, até nos fazer perder o gosto por qualquer palavra, por qualquer ato, o próprio gosto pela vida" (p. 11). A dor que absorve o sujeito depressivo, fazendo com que se sinta submergido e invadido, apresenta-se como uma espécie de desespero pela própria existência. O sujeito estanca sua capacidade de ação, num estado de "fadiga de ser si mesmo". Enquanto afeto depressivo, a tristeza busca conter os excessos e as ameaças de angústias e apresenta o esgotamento psíquico como último recurso diante dos excessos libidinais que insistem e que carecem de elaboração no plano dos processos psíquicos internos.

Nos estados depressivos há uma quebra no ritmo do comportamento e do psiquismo do sujeito, de modo que "ato e sequência não têm mais tempo nem lugar para se efetuarem. Se o estado não depressivo era a capacidade de encadear . . . o depressivo, pelo contrário, preso à sua dor, não encadeia mais e, por conseguinte, não age, nem fala" (Kristeva, 1989, p. 39). Contudo, a invalidação e interrupção simbólica dos processos psíquicos acabam, paradoxalmente, por proteger o sujeito de uma angústia avassaladora. Porém, essas características não se resumem apenas ao isolamento e retraimento do sujeito em relação ao mundo externo, posto que essa sensação de "desaparecimento" implica o apagamento do próprio sujeito e de sua vida psíquica.

Os estados depressivos próprios a esse cenário psíquico comportam sensação de aniquilamento, imobilização percebida como "um impedimento de se sentir os menores movimentos da vida interna e externa, à abolição de qualquer devaneio ou desejo. O pensamento, a ação e a linguagem parecem aqui ter sido totalmente dominados por uma violência do vazio" (Fédida, 2009, p. 9). A violência a que este autor se refere desloca o sujeito para uma cena que insiste e incessantemente se repete – cena em que o sujeito pode vir a se encontrar afastado da fala e não possuir interesse por nada, predominando, nesses casos, a incapacidade de agir, como se estivesse diante de um processo de desaparecimento.

Por mais dolorosa que seja, essa modalidade de defesa visa conter o sistema defensivo do sujeito afastando-o, desse modo, do risco da ruptura psíquica por meio do congelamento da temporalidade, dessa tendência à inércia psíquica. Muitas vezes esta se revela ser a única possibilidade de o psiquismo se manter "vivo": "A depressão é essa experiência do desaparecimento e essa fascinação por um estado morto – talvez um morto – que seria então a única capacidade de permanecer vivo inanimado" (Fédida, 2009, p. 43). Este não agir do sujeito pode ser percebido como uma reação subjetiva frente a um conjunto de falhas que vieram a desorganizá-lo psiquicamente: o estado depressivo nos impele para a "ação", reflete uma característica essencial e paradoxal da depressão: a imobilidade e o amortecimento articulam-se, no sujeito, a uma violenta aflição, a uma perturbação e excitação internas. (Fédida, 1999, p. 11).

O que fundamenta esses estados não está situado essencialmente na dinâmica prazer/desprazer, mas sim em uma dinâmica além dessa problemática, além do princípio de prazer (Freud, 1920/2016). Trata-se de uma busca por alívio radical, por contenção da sensação de desorganização completa que veio a se estabelecer no funcionamento do psiquismo. "Abandonar a fadiga, seu baluarte contra a angústia de despersonalização iminente, se torna impossível, bem como o abandono da ausência de prazer que acompanha a manutenção desse círculo vicioso" (Denis, 2004, p. 25, tradução nossa). O estado de inércia, de não ação, proporciona uma espécie de escudo protetor contra a angústia e a despersonalização iminente, medo da perda de si.

O atual que insiste nos estados depressivos

A recusa ao plano do agir nos remete à insistência de uma base traumática. Acreditamos ser esta base a mesma que se encontra em questão nas neuroses atuais, se seguirmos as ideias elaboradas em pesquisas nas quais se pretendeu justamente propor uma releitura dessa designação chegando a uma aproximação teórica entre as chamadas neuroses atuais e as patologias atuais, ou seja, de maneira mais geral, campo dos estados limites, situações clínicas em cuja base reside um núcleo traumático. Um dos pontos de partida dessa proposta de aproximação entre as neuroses atuais e as patologias que hoje marcam fortemente a clínica, é que Freud já apontava para o seguinte fato:

nas neuroses atuais havia um excesso de tensão física não ligada psiquicamente como uma metáfora dessa base traumática, assim como sua concepção do trauma como efração dos limites do ego. É a mesma base traumática que está em questão nas patologias atuais (Ritter & Cardoso, 2014, p. 222).

Sobre essa aproximação, afirma-se que:

É dessa maneira que podemos entender o "atual" em questão nas neuroses atuais e nas patologias da atualidade. Ambas dizem respeito a um fundo traumático que resiste à historicização, à entrada nas cadeias de sentido, ao ingresso no universo das representações, como se instaurassem um regime de tempo paradoxal cuja característica é a não passagem do tempo (Ritter, 2013, p. 98).

O excesso que se apresenta na constituição das patologias do ato também constitui tópico fundamental na compreensão das neuroses atuais, ambas dizendo respeito a "uma sintomatologia mais ligada à descarga, que se atualiza no corpo, afastada das operações de elaboração psíquica" (Ritter & Cardoso, 2014, p. 220).

Dentre suas principais características, as neuroses atuais têm a dimensão do excesso como seu fundamento maior. Sobre essa dimensão, ou seja, sobre a neurastenia e a neurose de angústia terem sido situadas no grupo das neuroses atuais mediante a presença do excesso pulsional, Ritter (2013) faz a seguinte observação:

Pensamos que a concepção que Freud apresenta nesse momento a respeito dessas duas neuroses traz uma ideia particularmente interessante, que será retomada muito mais tarde de forma distinta e ressignificada. Trata-se da noção de excesso, que nesse momento já aparece estreitamente articulada com a ideia de im-possibilidade de tramitação psíquica (Ritter, 2013, p. 47, grifos do autor).

A impossibilidade de tramitação psíquica e esse *algo mais* que estaria presente nas neuroses atuais sinalizam insuficiência nos mecanismos de elaboração das excitações, havendo aí falhas nos processos de representação. O excesso não passível de elaboração vem se entrecruzar com a angústia incidente no psiquismo do sujeito.

Também interessado em retomar a problemática das neuroses atuais visando articulá-la à condição de esvaziamento psíquico, que seria próprio ao estado de fadiga psíquica, pontua Smadja (2004) que as situações clínicas que se expressam sob a forma do esgotamento subjetivo foram pensadas a partir de diferentes contornos e percepções ao longo da história da clínica médica. A primeira noção de fadiga psíquica surge, segundo o autor, com a observação da prática clínica, na qual se identificaram nos pacientes neurastênicos diferentes perturbações psíquicas e forte estado de fadiga.

A partir das observações desses casos, acreditava-se que os sintomas da neurastenia seriam efeito das condições de vida características da modernidade: aglomeração nas cidades, intensidade de trabalho nas fábricas, imperativo de regulação temporal mais exigente, aceleração da vida social; e que todos esses fatores possuiriam a capacidade de produzir esgotamento nervoso suscetível de gerar um estado de estagnação:

Beard tentou, dessa maneira, estabelecer uma ordem no campo, disso que ele chamaria de neurose comum. Considerava a neurastenia como falha no funcionamento do sistema nervoso, ligado a um enfraquecimento cujas causas deveriam ser pesquisadas no estilo da vida

moderna e exaustiva que se desenvolveu nos Estados
Unidos (Smadja, 2004, p. 16, tradução nossa).

Nessa época, a fadiga psíquica possuía status de síndrome médica, situada no campo da neurastenia, sua causa sendo atribuída a um suposto enfraquecimento da atividade cerebral. A fadiga nervosa, designação utilizada na época, era tida primordialmente como fadiga de natureza intelectual. Era associada à tensão e irritabilidade, especialmente, ao sentimento de tristeza subjetiva, de desânimo psíquico.

A dinâmica das perturbações que promovia na vida intra e intersubjetiva era relacionada pelos citados autores a uma regressão no plano dos investimentos psíquicos e da capacidade do sujeito de se estabelecer sob uma posição de passividade psíquica. Portanto, a supor esgotamento, tanto físico quanto psíquico, na fadiga nervosa foi um dos pilares da primeira contribuição acerca da neurastenia, ou seja, de aí se tratar de um esvaziamento de energias psíquicas e corporais por conta, dentre outros fatores, dos imperativos da sociedade industrial do final do século XVIII. A noção de fadiga nervosa – sintoma central da neurastenia – virá a ser posteriormente substituída pela de fadiga psíquica, o que ocorre após o desmembramento das classificações neurastênicas.

De acordo com Smadja (2004), o estado mental neurastênico era considerado nesse período como estado do tipo depressivo, os sentimentos de tristeza e esgotamento subjetivo podendo atingir distintos graus de descompensação psíquica. A condição de fadiga era compreendida de diferentes maneiras, reagrupada em dois polos: somático e psíquico. Quanto mais próxima do polo psíquico, mais a fadiga adquiriria valores depressivos; quanto mais próxima do polo somático, mais adquiriria valores sensório-motores. Porém, se trata, no caso, muito mais de uma sobredeterminação envolvendo esses dois polos. Ou seja, a fadiga não seria diretamente proporcional à quantidade de trabalho psíquico realizado – ela não aumentaria em proporção direta aos esforços físicos ou intelectuais, uma vez que, dependeria mais dos processos de subjetivação específicos de cada sujeito: a ideia sustentada era de que "o indivíduo neurastênico teria uma quantidade muito pequena de força nervosa em reserva, o que o tornaria facilmente debilitado pelas diferentes circunstâncias da vida moderna" (Ritter, 2013, p. 45). A partir dessas contribuições, consideramos que Freud tenha sido inspirado pela medicina de sua época, a neurastenia implicando uma espécie de esgotamento da energia sexual devido às práticas sexuais anormais. Este ponto de vista veio introduzir o fator sexual nos processos de desencadeamento das neuroses atuais.

Freud irá nomear, assim, esses quadros psicopatológicos que, de acordo com as posições elaboradas no período inicial de sua obra, apontavam para verdadeiro impasse concernente ao deslocamento das excitações, da energia sexual. Sobre este ponto, esclarece Ritter (2013):

> As neuroses atuais estavam indissoluvelmente vinculadas ao intenso trabalho que Freud realizou visando dar forma à primeira nosografia psicanalítica. Esta tarefa implicou não somente meticulosa construção de novas categorias – por exemplo, a de neurose de angústia – mas também rearranjos conceituais de outras já bastante difundidas no meio médico até então, como a neurastenia (Ritter, 2013, p. 41).

Freud promoveu desmembramento da aglutinação colocada anteriormente no campo das neuroses atuais: a neurastenia e a neurose de angústia – ambas tendo uma fonte sexual somática. Porém, apesar da subdivisão assim feita nesse campo das neuroses atuais, Freud (1898/1986) muitas vezes afirma que elas tendem a se manifestar conjuntamente, numa espécie de combinação. Tal manifestação conjunta frequentemente se apresenta como um único quadro sintomatológico, mesmo que com traços de diferentes configurações clínicas.

Enquanto a neurose de angústia apresenta forte relação com seu sintoma principal, a angústia, na neurastenia o sujeito tende a perder sua energia vital, configurando um real esvaziamento subjetivo. É a partirda característica da neurastenia que vislumbramos a presença de um primeiro esboço daquilo que futuramente virá a ser considerado como fadiga psíquica, própria, em seus diferentes graus, ao que estamos tratando em termos de estados depressivos.

No Rascunho G, Freud (1895/1986) traçara importante aproximação entre melancolia e neurastenia. Nestas haveria empobrecimento psíquico comportando significativa semelhança, como se as excitações, tanto da melancolia, quanto da neurastenia tendessem a se escapar através de um buraco, mantido permanentemente aberto, como uma ferida que não sara e que insiste: "Aqui, pois, há uma semelhança com a neurastenia. Nesta, acontece um empobrecimento muito semelhante, porque é como se, digamos, a excitação escapasse através de um buraco" (p. 186).

Entretanto, Freud (1895/1986) diferencia a qualidade dessas excitações que escapam e transpõem o sujeito, pontuando que, na melancolia, o que escaparia seriam as excitações da esfera psíquica, enquanto na neurastenia seriam as excitações advindas da esfera sexual somática. Sobre a neurastenia, o autor chama a atenção para o fato de que, dependendo das circunstâncias das excitações, o empobrecimento neurastênico também pode vir a se estender à esfera psíquica.

Nosso propósito aqui, esclarecemos, é apenas sublinhar que nos primórdios da teoria freudiana havia preocupação com a questão da perda de vitalidade e do esgotamento subjetivo, núcleo de reflexões que hoje nos ocupam ao explorarmos a questão das determinações envolvidas nos diferentes estados depressivos. Nesse sentido, destacamos alguns elementos que Freud sustenta nesse período, os quais são de grande valia para pensarmos o problema do esvaziamento psíquico a partir da questão das excitações e sua articulação com o que foi anteriormente abordado em Freud como neurastenia – campo das neuroses atuais – e seu possível contraponto com o tema central que nos ocupa, os estados depressivos.

Ao falarmos do empobrecimento que se dá pelo esvaziamento de excitações livres – esgotamento psíquico percebido como hemorragia interna, e que resulta numa *retração para dentro* – nos deslocamos da questão da fadiga psíquica à da inércia psíquica, considerando a questão do excesso e da energia não ligada subjacente a esse estado de retraimento, movimento que permanentemente se atualiza. A ideia de que nas neuroses atuais estariam em funcionamento mecanismos psíquicos elementares nos leva ao encontro da hipótese efetivamente trabalhada por Ritter (2013), levantada anteriormente por Ferraz (1996) e Cardoso (2011), que sublinha a dimensão narcísica nesses processos em que há especial precariedade no plano da elaboração psíquica.

A inércia como tentativa de estancamento do tempo

Neste ponto de nossa reflexão vamos explorar a problemática do "atual" considerando, principalmente, as questões da angústia e do excesso aí implicados. A noção de excesso pulsional constitui elemento central para pensarmos a articulação entre as neuroses atuais e a problemática dos estados depressivos visto esta se relacionar, conforme temos procurado mostrar, com a precariedade dos processos de elaboração psíquica. Ritter e Cardoso (2014) apontam para isso, ressaltando a vinculação direta dessa questão com o traumático. Nas patologias do ato, uma vez que nelas é possível se verificar "o esmaecimento da esfera representacional, é o próprio processo de elaboração psíquica que se encontra prejudicado, de modo que há nesses quadros dificuldade por parte do ego para realizar a "exigência de trabalho" que as pulsões impõem ao psiquismo" (p. 207).

Vale retomarmos neste ponto a suposta confluência entre neuroses atuais e patologias do ato, estas últimas nos remetendo à ideia de que as neuroses atuais "correspondiam justamente às discussões em que a transposição do registro físico para o psíquico não era possível, de modo que o excesso não elaborado psiquicamente produzia debilitação, angústia e sintomas físicos" (Ritter & Cardoso, 2014, p. 213). Sublinhemos aqui a dificuldade em se transpor e ligar as excitações com convocação ao registro corporal.

No que concerne à dimensão do atual nos estados depressivos, na condição de inércia psíquica, destacamos que o atual ao qual temos nos referido neste tópico está além do atual como ato factual, pois diz respeito a uma impossibilidade de historicização, a um fundo traumático que resiste à rede de representação e constituição de sentido no universo psíquico do sujeito.

Essa acepção da dimensão de atual no campo psicanalítico, aquilo que resiste à passagem do tempo, também foi sinalizado por Laplanche e Pontalis (1982/2001) em sua apreciação das neuroses atuais: "O termo "atual" deve, pois, ser tomado em primeiro lugar no sentido de uma "atualidade" no tempo" (p. 300). Os autores fazem ainda uma ressalva acerca do termo atual, argumentando que este, além de ser tomado no sentido de uma atualidade no tempo, exprime a ausência da mediação psíquica.

Ferraz (1996) retomara essa questão igualmente propondo que os aspectos elencados por Freud na elaboração das neuroses atuais sejam objeto de nova leitura e rearranjos no sistema psicanalítico.

Destacara primeiramente que a sintomatologia somática das neuroses atuais, como impossibilidade de elaboração psíquica "deixaria livre o acesso da excitação não representável para o plano somático. Freud já apontara, para o caso das neuroses atuais, um mecanismo em ação divergente do recalque, isto é, da existência de uma área de formação do sintoma não abrangida pela simbolização" (Ferraz, 1996, p. 38).

Tanto nas neuroses atuais quanto nos estados depressivos, tendo em vista as falhas existentes no trabalho psíquico, haveria precariedade nos processos de integração das excitações e das conexões associativas. Essa mesma falha ocorreria nas defesas envolvendo somatização. "De fato, o mecanismo de defesa que originalmente deve ter sido estabelecido no caso da propensão à somatização em tudo diverge do recalcamento . . . A descarga só pode se dar mediante o ato" (Ferraz, 1996, p. 41). Avançando nessa problemática, ao desenvolver uma teorização sobre a questão do atual e da atualidade, Scarfone (2014) propõe a ideia de dois tempos envolvidos nessa dimensão de atual em Psicanálise, dois planos diferentes a serem considerados:

O primeiro momento é aquele onde o atual se apresenta sob o aspecto não elaborado, como corpo heterogêneo, obstáculo bruto ao trabalho de elaboração: uma massa (no caso presente, um furo) que resiste a se deixar envolver no movimento do pensamento ou da criação. O segundo momento, pelo contrário, é aquele onde o atual fornece uma ancoragem necessária à experiência vivida . . . O atual, no primeiro sentido se apresenta, do ponto de vista da subjetividade, como um obstáculo, inerte, não deixando decifrar as potencialidades que oferece. O atual do segundo momento como realização de certas potencialidades, é o que dá à representação sua gravidade (Scarfone, 2014, p.1359-1360, tradução nossa).

O tempo referente à condição de inércia presente nos estados depressivos seria o mencionado primeiro tempo do atual, ou seja, tempo que insiste como núcleo bruto no psiquismo, excesso não passível de representação diante do qual, o sujeito paralisa, se vê num estado de fadiga psíquica, "fadiga de ser si mesmo". Sobre este primeiro tempo, Scarfone (2014) aponta que essa energia não ligada pode agir como descarga no exterior, ou como descarga interna, como somatização. Ao descrever esse tempo próprio à dimensão do atual, ele desenvolve a ideia de que este primeiro tempo seria uma espécie de apresentação, enquanto o segundo tempo estaria relacionado ao processo de re-apresentação e representação, considerando as etapas necessárias para o processo de elaboração psíquica.

Esses processos de apresentação e re-apresentação se encontram articulados como pares assimétricos, sob os quais a apresentação se mantém como núcleo traumático, um resto não elaborado que insiste mesmo diante da representação: "Apresentação e representação se inscrevem em uma série de pares assimétricos, formas aproximadas do modelo geral da coisa recoberta pelo seu predicado (ou seus atributos)" (Scarfone, 2014, p. 1391, tradução nossa). A referência ao modelo freudiano de coisa e predicado permite uma articulação em que a coisa estaria relacionada à apresentação e ao resto pulsional não elaborado, enquanto a representação seria o predicado, elemento no qual haveria passagem para os processos de elaboração dos investimentos pulsionais.

A verdadeira experiência do atual estaria, portanto, vinculada à coisa e seu núcleo bruto, considerando a apresentação do atual. No entanto, Scarfone (2014) chama atenção para a ideia de que, assim como a relação coisa-predicado indicada no modelo freudiano, nesta reorganização teórica, haveria um núcleo não representado dentro do predicado. Esta afirmação possui justamente consonância com a ideia de (re)apresentação a qual seria "resultado de um movimento de apresentação sensorialmente carregada, que não vai direto à representação, mas passa por uma etapa consistente de (re)apresentar, no sentido de *apresentar de novo*" (Scarfone, 2014, p. 1389, tradução nossa, grifos do autor).

Esse (re)apresentar tem a função de nos lembrar que "mesmo que não estejamos mais diante do agir bruto, alguma coisa da apresentação persiste, ainda ligada ao ato e não inteiramente no limiar do pensamento. "jamais uma representação será isenta de um efeito de apresentação" (Scarfone, 2014, p. 1388, tradução nossa). Segundo o autor, isso que persiste como agir bruto, se apresentando como núcleo não representado seria a experiência concreta da apresentação do atual.

Nos estados depressivos, em que a inação e a inércia psíquica se apresentam de modo radical, haveria, propomos nós, um núcleo não representado que se atualiza de modo constante sendo regido pelo além do princípio de prazer. Nos quadros depressivos haveria – desejamos ainda acrescentar – impossibilidade de transcrever integralmente algo de uma época anterior. Essa falha na transcrição das excitações vem ao encontro do que Laplanche desenvolve em sua teoria da sedução generalizada. Como sustenta o autor: "Podemos efetivamente sobrepor o modelo tradutivo de Laplanche ao modelo perceptivo freudiano do Projeto: nos dois casos, alguma coisa escapa à compreensão; compreensão que equivale ao julgamento em Freud e que foi denominado tradução em Laplanche". (Scarfone, 2014, p. 1385, tradução nossa).

A compatibilidade entre esses dois modelos se apoia no fato de ambos comportarem uma ideia de infantil sexual como posição nunca totalmente ultrapassada, frente ao que se apresenta como enigma do outro. Nesses dois modelos existe algo de infantil em todos os sujeitos e esta parte infantil é confrontada ao sexual do outro e jamais ultrapassada, justamente por trazer em seu núcleo um resto não representável e, portanto, não passível de tradução.

Sobre isso, Scarfone (2014) afirma que, na teoria de Laplanche essa coisa incompreensível que não possui tradução será entendida como "coisa" sexual, ou seja, esse núcleo bruto refere-se ao sexual infantil não elaborado do sujeito.

O tempo do atual se apresenta, então, como próximo da descrição que Laplanche (1980/1993) faz acerca da própria neurose atual, afirmando que nesta "existe uma fonte de excitação somática incapaz de encontrar sua expressão simbólica. O conflito obstrui o caminho de uma descarga real" (p. 34). Tal falha no processo de descarga leva o autor a apontar que nas neuroses atuais, pensando na articulação com o tempo do atual, "a formação dos sintomas é somática. Trata-se ou de uma transformação direta da excitação em angústia, ou de uma derivação da excitação para certos aparelhos corporais" (p. 35).

Os estados depressivos, os quais a condição de recusa ao ato se revela presente como modalidade de sofrimento – especialmente presente na clínica contemporânea – contêm em seu cerne uma dimensão traumática que se atualiza. Essa atualização pode ser compreendida como tentativa de integração psíquica de um núcleo bruto, disso que não encontrou lugar no psiquismo tendendo a ser reatualizado, as defesas arcaicas se colocando contra esse núcleo intempestivo. A questão do tempo do atual vem ao encontro do que Freud propõe como compulsão à repetição, o que se repete por não ter podido ser integrado ou recalcado no seio do funcionamento psíquico, como vimos anteriormente.

Nos estados depressivos há permanente presentificação na recusa ao ato aí implicada, repetição defensiva por meio de uma não ação, tentativa de estancar o tempo, para que o sujeito não seja deslocado a uma situação extrema de angústia e desamparo. Ao nos determos nessa modalidade de temporalidade compulsiva, nos aproximamos do que Knobloch (1998) contribui em "O tempo do traumático", indicando quais seriam as características desse tempo que está além de uma temporalidade comum e de um sistema de representações. A autora apresenta três modalidades de tempo denominadas como presente: o presente vulgar, o tempo do presente absoluto e o do presente cronificado.

O tempo do presente vulgar se refere ao tempo da história, ao tempo banal, composto por começo, meio e fim. Este tempo contínuo, é o presente apresentado sob forma de uma linha do tempo, de uma cronologia, proporcionando uma espécie de identidade para o sujeito. O presente vulgar seria o tempo a partir do qual todos os outros tempos se demarcariam. Já a modalidade do presente absoluto se refere a uma modalidade de mostração, de um presente em que "o sujeito deixou de ser histórico, mas não quer perder o tempo" (Knobloch, 1998, p. 119).

Já a outra modalidade de presente proposta, a do presente cronificado, seria um tempo "congelado, mumificado, cronificado do qual uma das moradas seria a melancolia. Trata-se de um presente infinito que nem se inclina sobre o passado, nem se projeta para o futuro, parece viver eternamente" (Knobloch, 1998, p. 118). Esta modalidade de presente provoca intenso nível de sofrimento e produz uma vida que não pode ser vivida, pois permanece em um eterno presente. Ao discorrer sobre o melancólico que faz morada nesse presente, pontua a autora que, tomado pela cronificação do tempo, o melancólico viveria em uma busca de um tempo sem fim, de um tempo eterno, uma vez que permanece como se estivesse de luto de si mesmo "como se ficasse na presença de uma parte de si que se perdeu, apesar de nunca ter sido possuída" (Knobloch, 1998,p. 118).

Essa modalidade de presente cronificado parece também habitar, de certo modo, os estados depressivos. Na recusa da passagem do tempo, o sujeito parece tentar reafirmar sua condição de estagnação frente ao tempo e ao mundo, espécie de repetição compulsiva de uma não ação, defendendo da angústia traumática. A partir da noção de presente cronificado, Knobloch (1998) sustenta a ideia de tempo do traumático, temporalidade constituída pela própria ausência de tempo: "é o tempo em que nada começa, em que a iniciativa não é possível, em que, antes da afirmação, já existe o retorno da firmação (seu fundamento). É um tempo sem negação e sem decisão" (p. 123). Tempo, portanto, que aponta para um contexto em que o presente "grita para passar, mas não consegue, é como se o tempo parasse" (Knobloch, 1998, p. 19), como se estivéssemos diante de um tempo que insiste em permanecer, em não agir.

Tempo do atual e desesperança

O tempo paralisado ao qual temos nos referido é descrito por Fédida (2009) como a temporalidade do estado do sujeito deprimido. Trata--se de uma temporalidade congelada, que impõe um impedimento de vida, pela conservação de maneira congelada dos tempos internos da vida psíquica do sujeito, de modo que esses tempos permanecem vivos, porém inanimados. Essa paralisação da temporalidade nos estados depressivos demonstra a fixidez do vivido desses sujeitos, que parecem fechados a qualquer possibilidade de passagem do tempo. Desse modo, este se torna congelado em uma tentativa de conservar-se, mas sob forma inanimada. "A depressão é essa experiência do desaparecimento e essa fascinação por um *estado morto* – talvez *um morto* – que seria então a única capacidade de permanecer vivo inanimado" (Fédida, 2009, p. 43, grifos do autor).

É como se estivéssemos diante de uma "fossilização dos tempos psíquicos da vida" (Fédida, 2009, p. 189), como tentativa extrema de conservá-la. Estamos diante de um terreno psíquico que se fecha para a passagem do tempo, permanecendo imóvel, fixado, como última estratégia de sobrevivência frente à ameaça de angústia radical. Tal articulação diz respeito a fraturas na dimensão narcísica (Freud, 1914/2010), em que o sujeito, imerso em um estado de inércia psíquica, encontra-se à procura de uma confirmação narcísica. O tempo que insiste em permanecer, em não agir, seria aquele que nutre os estados depressivos. Trata-se de um tempo da recusa ao ato, implicando ruptura na trama do tempo ordinário, sendo o sujeito deslocado para outro lugar, fora do tempo comum: temporalidade da não ação. Há uma espécie de desistência de si e do mundo por parte do sujeito, que nos parece estar relacionada à dimensão de *desesperança* (Roussillon, 2002; Damous, 2012; Rocha, 2007). Esta é tratada por esses autores de modo articulado à impossibilidade de espera e, portanto, à problemática da falta. Inerente à desesperança, segundo Figueiredo (2018), seria a falta de uma permanente ligação entre o investimento de si e do objeto, que promoveria suporte necessário para um posterior desejo de separação e encontro, ou reencontro, com os objetos internos do sujeito.

Mostra Figueiredo (2018) que tais encontros e reencontros com os objetos internos só são possíveis a partir de uma rede de investimentos libidinais, permeada pela dimensão de esperança. Esta se constitui na subjetividade como defesa contra a queda no nada, no vazio, exercendo função primordial, sendo uma base para a reestruturação do psiquismo e dos vínculos objetais. A esperança é um afeto intrinsecamente relacionado à ideia de utopia, como abertura para o futuro e tendência à antecipação. Ela se torna possível desde que, nesse processo, não haja desintegração do sujeito, este se descobrindo em uma posição ativa e desejante, à espera e em contato com os objetos, sejam eles internos ou externos.

A desesperança, por sua vez, corresponde a uma retirada radical de investimentos do mundo e dos objetos internos. A desesperança habita profundamente as patologias do ato, como indicou, com propriedade e detalhamento Savietto (2010), em sua pesquisa sobre ato e atualidade na adolescência contemporânea. Porém, esta é igualmente uma marca considerável nas situações clínicas nas quais, enquanto inverso absoluto das passagens ao ato, o agir se encontra radicalmente impedido. Este é o caso dos estados depressivos, particularmente em suas modalidades de maior gravidade. O estado afetivo de desesperança advém quando a esperança, como princípio central para a constituição da subjetividade e o bom funcionamento do aparelho psíquico, revela-se ausente (Figueiredo, 2018).

A desesperança do sujeito depressivo corresponde à desesperança como impossibilidade de espera – espera pela perspectiva de antecipação do desejo, tanto do futuro do sujeito, como dos outros, dos objetos externos. Nas situações de esgotamento psíquico, o sujeito encontra-se numa paralisia extrema frente às expectativas projetadas para o futuro. Ao encontro dessas proposições, Zeferino Rocha (2007), mostra que a condição de esperança no sujeito é como um caminhar no escuro sem a proteção das estradas, sendo a esperança um horizonte que se expande e se alonga a cada passo do caminho.

Entretanto, se a esperança se constitui como horizonte indeterminado na imensidão, na desesperança há novamente a presença de uma idealização, comportando, porém, um paradoxo: se por um lado, tudo é possível na imensidão da caminhada, por outro, este sentimento, ou mesmo convicção, promove no sujeito um sentimento de insegurança e incerteza frente a esse universo de possibilidades (Rocha, 2007). Ao considerarmos a desesperança como condição subjetiva presente nos estados depressivos, o que pensamos estar no cerne dessa questão é a presença de especial fragilidade no plano dos ideais, a quebra destes sendo uma das bases no vivido de desilusão.

Quando o futuro não representa mais uma modalidade de esperança, mas uma possível ameaça de esvaziamento e destruição, oriundas da prevalência da violência e da precariedade social, há permanente sensação de angústia, expressa por meio de um sentimento mortífero de insegurança. Essa fragilidade generalizada é desencadeada, dentre muitos outros fatores, pela cultura narcísica, estreitamente articulada com a fragilização dos ideais do sujeito. O sujeito tomado pelo estado de desesperança, fatigado em si mesmo, não caminha no escuro como o esperançado, mas se mantêm paralisado diante da escuridão do caminho – ou seja, da vida; estagnado, não permitindo qualquer possibilidade de encontro com os outros e, principalmente, consigo mesmo. Esta impossibilidade ocorre uma vez que "quem não espera, fecha definitivamente as portas para o encontro, pois este só é possível quando se espera, quando existe uma abertura interior para o encontro" (Rocha, 2007, p. 259).

A abertura interior para o encontro com o outro, condição necessária para a esperança, vincula-se à problemática do possível, pois, ao mesmo tempo que é fundamental um horizonte de possibilidades determinadas e indeterminadas para a qualidade da existência subjetiva, uma incerteza e intensa insegurança podem advir de uma abertura exacerbada nesse plano. Em um modelo social em que todas as alternativas são supostas possíveis, nada se apresentando como efetivamente impossível, o resultado em determinados sujeitos pode ser o de interdito da existência.

A dor que absorve o sujeito depressivo, fazendo com que se sinta submergido e invadido, configura-se como uma espécie de desespero pela própria existência. Surge ainda por conta da ausência de esperança, o sujeito tendendo a perder o anseio pelo agir no mundo e pela vida. Diante desse estado de desesperança e de perda de sentido e do sentimento de continuidade de si, o sujeito estanca sua capacidade de ação. Contudo, esta modalidade de resposta não deixa, no entanto, de constituir uma tentativa extrema de suportar o desespero que impera na cena psíquica interna.

A recusa à ação dos estados depressivos pode ser compreendida como reação defensiva extrema frente ao excesso disruptivo e traumático que irrompe no psiquismo. Há, nesta reação, abandono da esfera da atividade, desinvestimento das relações e retirada do sujeito do campo social, como recurso limite de existência e permanência subjetiva. A estagnação frente ao mundo torna crônico o interdito de existência do sujeito, impedindo seu potencial de ação criativa por meio de um modelo destrutivo de resposta, a inação. Essa modalidade de sofrimento contemporâneo seria, na verdade, uma forma de resistência última frente ao domínio do objeto interno, como servidão, que o eu busca combater por uma pane na esfera do agir.

Como vimos, a desesperança comporta desistência por parte do sujeito em investir em si próprio e no mundo. Nos estados depressivos há ausência de esperança, a qual, segundo Figueiredo (2018) é elemento fundamental para a constituição da subjetividade e o bom funcionamento psíquico. O sujeito depressivo se encontra movido pelo princípio da desesperança, associado ao sentimento de insuficiência narcísica. A lógica que aqui impera é a do desespero, marca da insistência da dimensão do "atual", da não elaboração, dominância do tempo do ato ou da inação, no funcionamento psíquico.

A lógica do desespero concerne ainda, conforme mostra Roussillon (2002) e Damous (2012), à prevalência da pulsão de morte no psiquismo, podendo levar à constituição de um estado depressivo. A referida prevalência se dá por meio do fracasso da experiência de satisfação, uma vez que o sujeito tenta aqui lidar com a ameaça de uma angústia avassaladora. Os estados depressivos são regidos por uma dimensão de desesperança, diante da qual a ação criativa do sujeito se encontra comprometida e o tempo de espera não existe. A temporalidade serve aqui à lógica de um tempo morto, inerte, um tempo do desespero, o qual resulta em uma paralisação do sujeito frente ao medo do colapso interno e da perda de sentido: tempo do atual.

Referências

Cardoso, M. R. (2011). Das neuroses atuais às neuroses traumáticas: continuidade e ruptura. *Rev. Latinoamericana de Psicopatoilogia Fundamental*, São Paulo, 4(1), p. 70-82.

Damous, I. (2012). *Depressão e lógica do desespero na contemporaneidade: uma visão psicanalítica*. Curitiba: Juruá.

Denis, P. (2004). Fatigue, je n'ai que toi. *Revue Française de Psychomatique: Vivre fatigue - Actes du colloque*, Paris, 1(2), 23-26.

Ehrenberg, A. (1998). *La fatigue d'être soi*. Paris: Odile Jacob.

Ehrenberg, A. (2001). De la nevrose à la dépression. Remarques sur quelques changements de l'individualité contemporaine. *Figures de la psychanalyse*, Toulouse, 1(4), 25-41.

Fédida, P. (1999). *Depressão* (M. Gambini, trad.). São Paulo: Editora Escuta.

Fédida, P. (2009). *Dos benefícios da depressão: elogio da psicoterapia* (M. Gambini, trad.). São Paulo: Escuta.

Ferraz, F. C. (1996). Das neuroses atuais à psicossomática. *Percurso*, 16(1), 35-42.

Figueiredo, L. C. (2018). O paciente sem esperança e a recusa da utopia. In *Elementos para a Clínica Contemporânea* (p. 159-189). São Paulo: Escuta.

Freud, S. (1986). A sexualidade na etiologia das neuroses. In *Edição Standard Brasileira das Obras Psicológicas Completas de Sigmund Freud* (Vol. III) (p. 236-253). Rio de Janeiro: Imago. (Trabalho original publicado em 1898).

Freud, S. (1986). Rascunho G. In *Edição Standard Brasileira das Obras Psicológicas Completas de Sigmund Freud* (Vol. I) (p. 282-290). Rio de Janeiro: Imago. (Trabalho original publicado em 1895).

Freud, S. (2010). Introdução ao narcisismo. In *Obras completas* (Vol. XII, P. C. Souza, trad., p. 77-108). Companhia das Letras: São Paulo. (Trabalho original publicado em 1914).

Freud, S. (2016). Além do Princípio do Prazer. In *Obras completas* (Vol. XIV, P. C. Souza, trad., p. 13-75). Companhia das Letras: São Paulo. (Trabalho original publicado em 1920).

Han, B.-C. (2017). *Sociedade do cansaço* (E. P. Gianchini, trad.). Rio de Janeiro: Vozes.

Knobloch, F. (1998). *O tempo do traumático*. São Paulo: EDUC.

Kristeva, J. (1989). *O sol negro: Depressão e melancolia* (C. Gomes, trad.). Rio de Janeiro: Rocco.

Laplanche, J. (1993). *Problemáticas I: a angústia* (2 ed., Á. Cabral, trad.). São Paulo: Martins Fontes. (Trabalho original publicado em 1980).

Laplanche, J. & Pontalis, J.-B. (2001). *Vocabulário de Psicanálise* (P. Tamen trad., 4 ed.). São Paulo: Martins Fontes. (Trabalho original publicado em 1982).

Organização Mundial de Saúde (OMS). (2017). *Depression and Other Common Disorders: Global Health Estimates*. Recuperado de https://apps.who.int/iris/bitstream/handle/10665/254610/WHO-MSD-MER-2017.2-eng.pdf;jsessionid=0C4DFE4F3533281B16A0FB3E161A8D25?sequence=1

Ritter, P. G. (2013). *Confluências entre as neuroses atuais e as patologias da atualidade* (Dissertação de mestrado). Programa de Pós-Graduação em Teoria Psicanalítica da Universidade Federal do Rio de Janeiro, Rio de Janeiro.

Ritter, P. G. & Cardoso, M. R. (2014). O "atual" nas patologias contemporâneas: Uma leitura ampliada das neuroses atuais. In M. Winograd & J. Vilhena. (Orgs.) *Psicanálise e clínica ampliada: Multiversos* (p. 199-224). Curitiba: Appris.

Rocha, Z. (2007). Esperança não é esperar, é caminhar. Reflexões filosóficas sobre a esperança e suas ressonâncias na teoria e clínica psicanalíticas. *Revista Latinoamericana de Psicopatologia Fundamental*, São Paulo, 10(2), 255-273.

Roussillon, René (1999). Agonie, clivage et symbolization. Paris: P.U.F. p. 41-58.

Roussillon, R. (2002). Le transfert délirant, l'objet et la reconstruction. In J. André & C. Thompson (Orgs). *Transfert et états limites* (p. 41-58). Paris: P.U.F.

Savietto, B. (2010). *Adolescência: ato e atualidade*. Curitiba: Juruá.

Scarfone, D. (2014). L'impassé, actualité de l'inconscient. *Revue fraçaise de psychanalyse*, Paris, 78(5), 1357-1428.

Smadja, C. (2004). La fatigue, symptôme de l'économie psychosomatique. *Revue française de psychomatique: Vivre fatigue – Actes du colloque*, 1(2), 15-22.

5. Neuroses atuais e fadiga na psicanálise contemporânea

Isabel Fortes

Inúmeras são as análises realizadas recentemente, tanto pelo campo das ciências sociais quanto pelo da psicanálise, para pensar o modo de subjetivação do homem contemporâneo. Frente ao impacto causado nas subjetividades pelas transformações nas regulações sociais, e à consequente incidência dessas transformações no domínio da clínica psicanalítica, temos testemunhado uma interlocução fecunda entre esses dois campos teóricos.

Neste trabalho, partimos de algumas questões levantadas pelo sociólogo Alain Ehrenberg no livro *La fatigue d´être soi* (1998), com a finalidade de discutir um ponto que consideramos fundamental para refletir sobre a clínica psicanalítica contemporânea: a presença do excesso e da dimensão do corpo no sofrimento contemporâneo. A nosso ver, a noção freudiana de "neurose atual" é uma via fértil para a escuta de alguns quadros clínicos da atualidade, propícios a serem analisados pelas chaves do excesso pulsional e do corpo.

Ehrenberg parte de um histórico da categoria psiquiátrica da depressão para demonstrar como esse padecimento tornou-se uma das formas preponderantes do mal-estar psíquico na atualidade, ocupando hoje lugar central no campo da psiquiatria. A predominância da depressão estaria apontando, segundo o autor, para mudanças significativas nos modos de se subjetivar, pois a sua presença é concomitante ao momento em que entra em declínio o modelo disciplinar que regia regras em conformidade com os interditos, e que supunha a regência de figuras de autoridade que faziam valer as normas de uma sociedade disciplinar, conforme nos ensina Foucault em *Microfísica do poder* (1986).

A sociedade da norma disciplinar deu lugar a um mundo onde cada um é incitado à iniciativa individual, a partir de uma exigência de "tornar-se si mesmo" (Ehrenberg, 1998), de se transformar, num contexto em que há a exaltação da palavra empreendedorismo, em um "empresário de si mesmo". Como consequência disso, a inteira responsabilidade por nossas vidas se aloca não mais na coletividade, mas em nós mesmos. Cabe notar que o afrouxamento em relação às exigências sociais não significou o fim das pressões sociais. Se antes havia a coação proveniente dos interditos, agora há a injunção da performance. Ao invés de nos culparmos pelos nossos desejos, atormentamo-nos por não conseguir alcançar o nosso ideal de ser. A decorrência disso em termos de sofrimento psíquico pode ser um permanente sentimento de vazio que se configura entre o que somos e o que somos exigidos a ser. Se por um lado a atualidade não tem na culpa o motor da produção de subjetividade, o vazio subjetivo se delineia hoje como um dos efeitos do próprio excesso. Num mundo sem mediação, fica-se à mercê da lógica do "ou tudo ou nada", ora excesso, ora vazio da existência.

Nesta perspectiva, a depressão seria, segundo o termo de Ehrenberg, uma "patologia da responsabilidade", uma vez que o deprimido se sentiria aquém da empreitada da iniciativa individual e da responsabilidade, fatigado de si mesmo, cansado de ter que permanentemente exercer a performance e "tornar-se si mesmo", expressando assim um *sentimento de insuficiência* como o outro lado da moeda da demanda de performance. A predominância desse quadro clínico teria, assim, relação direta com o impacto do excesso pulsional na vida dos sujeitos e o declínio da dimensão de conflito no psiquismo.

Vale destacar que a questão da responsabilidade se encontra intrinsecamente ligada, hoje, ao tema do risco. Vaz (1999) salienta que, na passagem da sociedade regulada pela norma para a cultura do risco, os valores maiores da sociedade atual parecem ter sempre no horizonte o risco como aquilo que deve ser evitado, pois se está em nossas mãos todo o poder de escolha de futuros, surgem, ao mesmo tempo, os bancos de dados sobre fatores de risco, pesquisas que nos informam permanentemente sobre estratégias de risco nas nossas escolhas e nossas decisões. Neste viés, toda a proposta de cuidado no campo da saúde opera no sentido de evitar o advento das doenças, dado o que se possui ou se contraiu de riscos. Se mesmo assim a pessoa contrair uma doença ou sofrer algum acontecimento catas- trófico, a responsabilidade por tal evento será exclusivamente dela, já que aquele é visto como evitável. A leitura que recorrentemente se faz é: estava nas mãos da pessoa evitar o risco e mesmo assim ela "escolheu" não o evitar.

Assim, o risco passa a regular os códigos e as relações sociais que, se não precisam mais responder às injunções das interdições normativas, por outro lado são obrigados a agir sempre a partir da perspectiva do evitamento: as estatísticas e as propagandas anunciam a probabilidade dos riscos de certos acontecimentos para que o sujeito possa evitar a catástrofe, a doença, os colapsos.

Portanto, o risco se apresenta na experiência da sociedade con- temporânea a um sujeito premido entre a pressão do prazeroso e a informação sobre o risco, que é veiculada pela mídia (Vaz, 1999). A norma foi substituída pelo risco no domínio das regulações sociais, sendo que o risco traz esta marca da responsabilidade para o sujeito.

Nesse contexto, propomos que a noção freudiana de neurose atual, descrita nos escritos pré-psicanalíticos, pode nos auxiliar na compreensão da depressão contemporânea. Ao fazer um retraçado histórico da depressão, Ehrenberg remonta à noção de neurastenia, datada do final do século XIX, mostrando como a compreensão de "distúrbio funcional" que explica essa patologia tornou inoperante a referência à hereditariedade, pois foi concebida como resultante de um "esgotamento nervoso" resultante da agitação da vida moderna, e não de uma degenerescência. A ideia de que algo exógeno ao organismo, que vem de seu exterior, pode acirrá-lo e provocar uma transformação interna no mesmo, é o ponto de partida para se pensar que o fator social seja colocado em primeiro plano da etiologia. Assim, entram como fatores etiológicos, de um lado, as causas orgânicas e, de outro, as causas sociais. O distúrbio funcional presente na neurastenia propicia a compreensão de que a vida na sociedade pode adoecer os sujeitos, ao mesmo tempo que reorganiza a separação entre voluntário e involuntário. A ideia de trauma ganha aqui o seu vigor: uma causa exterior pode suscitar desordem psíquica.

O termo neurastenia foi cunhado no final do século XIX por Georges Beard, que a qualificou de "doença da vida moderna", já que a doença expressava o aspecto de esgotamento nervoso resultante da vida no mundo industrial. Seu livro *Nervous Exhaustion*, publicado em 1869, teve grande sucesso internacional ao trazer uma nova maneira de conceber a etiologia das doenças nervosas. A neurastenia é aí definida como uma condição clínica que apresenta sintomas de fadiga, ansiedade, enxaqueca, impotência sexual, nevralgia e depressão resultantes da exaustão e esgotamento do sistema nervoso central. Tal exaustão era atribuída aos excessos de estímulos advindos da civilização moderna. Assim, Beard demonstra como a fadiga foi uma das grandes causas dos distúrbios psíquicos do final do século XIX, fruto das grandes mudanças que ocorriam na vida dos sujeitos nas grandes cidades..

Importante notar que foi nesta época que entrou para o campo da psiquiatria a correlação entre quadros patológicos e contextos sociais. A relação entre o fator social e o domínio da psicopatologia tornou-se tão estreita que a crítica da modernidade vinha sempre em associação com a presença de algum enquadre psicopatológico, mas o elo entre os dois fatores não era em outras doenças necessariamente tão forte como o foi na concepção de neurastenia.

Em relação aos desdobramentos da noção de neurastenia, Ehrenberg confronta duas visões distintas: a psicastenia de Pierre Janet e a psiconeurose de Sigmund Freud, propondo associá-las à depressão de nossos dias.[1]

Janet desenvolve a concepção de psicastenia a partir da ideia de déficit, de "baixa de tensão psicológica", de uma astenia do sistema nervoso. A neurastenia era vista como uma espécie de "esgotamento dos nervos", conforme a suposição de que o psiquismo era regido por uma "força psicológica". Na psicastenia a síntese psíquica fica desregulada e o doente sucumbe aos "automatismos psicológicos". Assim, a doença é o resultado de uma fraqueza, uma insuficiência da força psíquica. É o enfraquecimento da síntese psicológica que conduz à redução e à clivagem da consciência, ao distúrbio da personalidade que ficou conhecido como fruto da divisão da consciência: a dissociação psíquica, também chamada de dupla personalidade. Sendo o déficit o modelo da doença, a psicoterapia, aqui, é uma proposta reparadora: é necessário aumentar a força psíquica a fim de eliminar a fadiga psicológica.

---

1 É notória, para os pesquisadores de teoria psicanalítica, a enorme oposição feita por Janet aos trabalhos de Freud, principalmente à importância dada por este último à sexualidade na etiologia das neuroses. Para um maior aprofundamento deste debate, ver o verbete sobre Pierre Janet em Roudinesco, E. & Plon, M. (1998). *Dicionário de Psicanálise*. Rio de Janeiro: Jorge Zahar.

O modelo do déficit é, assim, proposto como paradigma para a compreensão da depressão na atualidade:

> *A partir dos anos 1980, a depressão se circunscreve em uma problemática dominada não mais pela dor moral, mas pela inibição, lentidão e astenia: a antiga paixão triste se transforma em uma pane da ação, e isto dentro de um contexto no qual a iniciativa individual torna-se a medida da pessoa (Ehrenberg, 1998, p. 18).*

Em oposição a esse modelo da insuficiência, o modelo seja do excesso seja do conflito em Freud são outras vias para a compreensão da neurastenia. No lugar de um déficit, a doença aqui é vista como resultante de um excedente, de um excesso de excitação que gera angústia e/ou culpa. Em vez de insuficiência, temos o excesso. Em vez de fadiga, temos o conflito. O sintoma neurótico é uma defesa contra a angústia e a culpa produzidas pelo conflito intrapsíquico. A construção do conceito de inconsciente mapeia todo um solo teórico para mostrar que há um sujeito que se expressa por meio do sintoma.

Dessa maneira, a depressão como sofrimento paradigmático do sujeito contemporâneo é aproximada, no livro *La fatigue d´être soi*, como dissemos, ao modelo da insuficiência elaborado por Janet. O autor demonstra como na passagem da sociedade disciplinar para a cultura contemporânea da iniciativa individual, entrevê-se um deslocamento da culpabilidade para a responsabilidade como *modus operandi* da subjetividade:

> *Assim como a neurose remetia a um indivíduo dividido por seus conflitos, marcado pela separação entre o que é permitido e o que é proibido, a depressão ameaça um*

indivíduo aparentemente emancipado dos interditos, mas certamente marcado pela separação entre o possível e o impossível. Se a neurose é um drama da culpabilidade, a depressão é uma tragédia da insuficiência (ibid., p. 17).

Assim, o eixo negativo do déficit relaciona-se à patologia da responsabilidade, pois diz respeito ao fato de o sujeito sentir-se frequentemente aquém da tamanha exigência que paradoxalmente lhe é suscitada pela liberdade de escolha. Parece uma espécie de contra-senso que regula as ações humanas na contemporaneidade: somos hoje pressionados pela própria amplidão das escolhas, pelas quais pudemos nos sentir mais libertos da coerção das normas.

Há uma questão importante de ser destacada nesta leitura. Ao acentuar a noção de fadiga e insuficiência na circunscrição subjetiva da contemporaneidade, fica subtraída da leitura de Erenbergh a dimensão do excesso, marca que lhe tem sido atribuída por vários autores (Baudrillard, 1981; Zizek, 1999; Lasch, 1991; Bauman, 1997/1998).

Com efeito, o fato de a cultura atual não ser mais regida pela norma disciplinar leva a que fiquem mais frouxas as amarras do lugar da autoridade simbólica e, com isso, a que o sujeito esteja mais liberado para o gozo individual.

Zizek (1999, op. cit.) apresenta essa característica de excesso e gozo que marca a contemporaneidade como uma organização social não mais regida por uma hierarquia e uma regulamentação rígidas. A sociedade de risco não se molda pelos ditames da Natureza ou da Tradição; houve o declínio do Grande Outro, conceito desenvolvido por Lacan, que determinaria o nosso lugar simbólico na cultura. Os indivíduos agora são supostamente livres, sendo os nossos impulsos vividos como uma problemática sujeita à nossa própria opção e escolha.

Bauman também descreve o mal-estar contemporâneo a partir da perspectiva do excesso, analisando o hedonismo como uma forma de dispor do outro como "a fonte potencial de experiência agradável" (Bauman, 1997/1998, p. 35). Se por um lado a grande marca da nossa cultura é a incerteza, por outro a sedução do mercado consumidor coloca o sujeito no circuito do excesso. A obsessão de comprar é certamente a expressão do hedonismo, mas pode ser vista também como uma forma de paliativo ante as inseguranças e incertezas que ameaçam o sujeito.

Comprar compulsivamente não é apenas o extravasamento da busca incessante de sensações prazerosas; constitui-se igualmente em uma espécie de compensação diante do vazio da própria subjetividade: "O comprar compulsivo é também um ritual feito à luz do dia para exorcizar as horrendas aparições das incertezas que assombram as noites" (*ibid.*, 2000/2001, p. 96).

Os objetos de consumo transformam-se, assim, em uma compensação frente ao vazio:

> *Os objetos coloridos, cheirosos e brilhantes expostos nas vitrines das lojas respondem sim à busca incessante e imediata do êxtase hedonista, mas ao mesmo tempo denunciam a enorme vulnerabilidade que busca ser compensada por esse tipo de prazer (ibid., p. 96).*

Desse modo, pretendemos desenvolver o seguinte argumento: circunscrever os processos subjetivos atuais à noção de insuficiência não deixaria de lado a dimensão do excesso como um elemento fundamental para a compreensão da subjetividade contemporânea?

Neste sentido, ao articular a cultura atual ao modelo do déficit, Ehrenberg estaria associando o sujeito contemporâneo muito mais ao esquema teórico de Janet do que ao de Freud. Esta aproximação é pertinente, ao levarmos em conta que, se o mundo atual é permeado pela exigência da performance, a contrapartida desta última é a lógica deficitária. Mas a análise também pode ser feita desde a dimensão do excesso.

É importante frisar que Freud, em sua obra, não concebeu o psiquismo única e exclusivamente a partir da culpabilidade e do conflito. Ele foi também, sem sombra de dúvida, um pensador do excesso. Como mostra Ehrenberg, a predisposição à doença, segundo a teoria freudiana, situa-se a partir de um excedente muito mais do que de um déficit. Enquanto Janet destacou na neurastenia a diminuição da "força psicológica", a preocupação de Freud nesta patologia enfocava a angústia gerada pelo excesso advindo do ato sexual, sendo aquela compreendida como um acúmulo de excitação no psiquismo. No entanto, podemos observar que o excedente pode tomar direções distintas e diversas nos diferentes modos de subjetivação, como podemos observar no ensaio "Os instintos e suas vicissitudes" (Freud, 1915/1976).

Destacamos aqui a neurose atual justamente para ilustrar um quadro clínico que não é regido pela culpa. Seu enquadre nosológico requer muito mais que situemos o registro do excesso na constituição sintomática, aproximamo-nos por essa via de um traço fundamental para a análise do sofrimento contemporâneo: a dimensão do corpo.

Pontalis, no artigo "Atualidade do mal-estar", levanta uma questão relevante: por que uma das poucas vezes em que Freud utilizou a palavra "mal-estar", anteriormente ao texto "O mal-estar na civilização", de 1930, foi justamente quando descrevia a categoria das neuroses atuais? Segundo o autor, a indicação que Freud nos dá como a noção de neurose atual é preciosa, pois pode nos ajudar a compreender o contexto do mal-estar na atualidade: "Será a neurose coletiva uma neurose *atual,* no sentido freudiano, isto é, uma neurose não-criadora e como que esvaziada de desejo, impotente para elaborar e transformar seus conflitos, capaz apenas de gerar tensões, sem jamais tomar partido?" (Pontalis, 1991, p. 25).

O título do presente capítulo – A atualidade da neurose atual – pode ser considerado a partir de duas acepções: na primeira, é atual pelo fato de que o desencadeamento da patologia se faz no momento presente; na segunda, o termo atualizar tem um sentido de encontrar sua expressão "em presença", o que nos remete ao corpo. Atualizar tem aqui o sentido de descarregar diretamente na via somática ou em uma angústia difusa, sem recorrer aos caminhos que conduziriam à produção de um sintoma psiconeurótico:

> *Freud invoca, para explicá-las, uma "carência de elaboração psíquica". Nada de jogo de simbolização, portanto, e prevalência do registro econômico: mais tensão do que conflito, mais estase e descarga do que crise, mais expressão do que criação, mais "agir", no corpo e no exterior, do que deslocamento* (ibid., p. 23).

Às acepções para o termo "atual", formuladas por Pontalis, acrescentamos uma terceira: a neurose atual pode nos ensinar algumas coisas sobre o sofrimento que caracteriza a subjetividade atual. Observa-se uma mudança no modo de subjetivação da atualidade a partir desta maior pregnância da produção sintomática na dimensão do corpo do que na esfera do conflito psíquico. A noção freudiana de neurose atual indicaria, portanto, um modo de adoecimento psíquico que difere da psiconeurose, cuja organização se dá pela culpabilidade e pelo recalque.

Nesse sentido, se, por um lado, Ehrenberg não vê a possibilidade de se pensar a neurose freudiana em um mundo que se deslocou da culpabilidade para a responsabilidade, por outro lado uma leitura crítica de seu livro sinaliza que ele não leva devidamente em consideração o fato de que o conflito e a culpabilidade não se constituem no único modo em que Freud circunscreve o adoecimento psíquico. Não há apenas um destino pulsional possível, nem apenas uma, mas várias formas de padecimento psíquico.

Quando propomos valorizar a neurose atual, é no sentido de realçar na obra freudiana uma sintomatologia que está mais ligada a uma descarga que se atualiza no corpo, do que à operação da elaboração do conflito psíquico: "O conflito, em vez de ser representado e, com isso, abrir-se para a mobilidade da interpretação, repete-se no presente sempre acessível do corpo e da realidade, que continuam também a oferecer novas circunstâncias explicativas" (Ehrenberg, 1998, p. 24).

Com efeito, em *Sobre os critérios para destacar da neurastenia uma síndrome particular intitulada neurose de angústia*, Freud mostra que a angústia é proveniente de um acúmulo de excitação, cuja origem é somática. Esta excitação somática é de natureza sexual e ocorre paralelamente a um decréscimo de participação psíquica nos processos sexuais: "A neurose de angústia é o resultado de todos aqueles fatores que impedem a excitação sexual somática de ser exercida psiquicamente" (FREUD, 1895[1894]/1976, p. 128). Definindo a libido a partir da sua circunscrição no registro psíquico e a angústia como uma derivação do excesso de excitação na dimensão corporal, o autor aponta para um decréscimo da libido, ou seja, um enfraquecimento do desejo no psiquismo, concomitante a um acúmulo da excitação proveniente do corpo:

> *Todas essas indicações – que se trata de um acúmulo de excitação; que a angústia, provavelmente correspondente a essa excitação acumulada, é de origem somática, de modo que o que está se acumulando é uma excitação somática; e, além do mais, que essa excitação somática é de natureza sexual*

e ocorre paralelamente a um decréscimo de participação psíquica nos processos sexuais – todas essas indicações, dizia eu, levam-nos a esperar que o mecanismo da neurose de angústia deva ser procurado em uma deflexão da excitação sexual somática da esfera psíquica, com um consequente emprego anormal dessa excitação (ibid., p. 126).

Assim, observamos que nessa forma de padecimento psíquico, que se caracteriza por uma intensa descarga de angústia, o caminho da elaboração psíquica encontra-se inoperante, e por isso "a excitação somática acumula-se e é desviada por outros canais que mantêm maior possibilidade de descarga que o percurso através do psiquismo" (*ibid.*, p. 128).

Por ser um desvio para o corpo que se distancia do psiquismo, a neurose de angústia é vista como "a contraparte somática da histeria". Enquanto a histeria é considerada psíquica por ser um excesso no corpo provocado por um conflito intrapsíquico, a neurose atual é definida como "puramente somática" (*ibid.*, p. 134).

Se Freud acentua o traço do excesso na constituição do sintoma, não podemos dizer que Ehrenberg tenha deixado inteiramente de lado esta dimensão. Apesar de enfatizar o aspecto da fadiga – que, inclusive, é o título do livro *La fatigue d´être soi* – o autor também mostra como o excesso característico da adicção pode ser visto como um efeito desta exigência de se ter sempre a iniciativa para agir.

Segundo o autor, a outra face da depressão hoje é a manifestação da adicção: "À implosão depressiva responde a explosão adictiva, à falta de sensações do deprimido responde a busca de sensações do drogadicto" (Ehrenberg, 1998, p. 250). Portanto, a impulsividade excessiva não é "o contrário da inibição, mas a máscara pela qual a apatia é dissimulada, uma reação secundária" (*ibid.*, p. 185). Tanto a depressão quanto a adicção são efeitos do aspecto inadministrável desta obrigação de "tornar-se si mesmo e ter sempre a iniciativa para agir" (*ibid.*, p. 250). Enquanto o deprimido se apresenta pela astenia e pela inibição, o compulsivo é tomado por violências súbitas, passagens ao ato explosivas e comportamentos adictivos. Assim, a adicção, tanto quanto a depressão, seria também um efeito do desinvestimento do espaço psíquico do conflito. A partir da compulsão adictiva podemos analisar um outro modo de manifestação da injunção da responsabilidade, o qual não está circunscrito ao modelo do déficit, mas à dimensão do excesso.

A descarga pulsional

Além da concepção de neurose atual, cabe lembrar que uma outra via teórica pela qual podemos nos aproximar do excesso na teoria freudiana é a compreensão de neurose de destino. O automatismo de repetição característico da neurose de destino funciona por meio do mecanismo da descarga do excesso afetivo que transborda no psiquismo.

Ao elaborar a ideia de neurose de destino, Freud faz uma espécie de retorno às neuroses atuais (Pontalis, 1991, op. cit.), realizando desdobramentos a partir da noção de trauma. A produção sintomática relativa a essa neurose não remete tão diretamente à questão do corpo, mas afirma, com a noção de pulsão de morte, a preponderância do registro econômico e da descarga afetiva na dinâmica psíquica. Freud não fala exatamente, aqui neste contexto, de uma "carência de elaboração psíquica", mas circunscreve um pulsional que escapa ao campo da representação e que, por isso mesmo, configura-se como excesso: a pulsão de morte.

Com efeito, desde o texto *Os instintos e suas vicissitudes*, de 1915, já estava colocada a dimensão do excesso que dá o solo para a formulação do conceito de pulsão de morte em 1920.

No artigo de 1915, Freud enfatiza o aspecto da *força* no circuito pulsional. O fato de esta ser uma força constante e exercer uma pressão (*Drang*) no psiquismo faz com que este seja compelido, a todo momento, a uma *exigência de trabalho*. Os estímulos oriundos das fontes endógenas são aqueles que constituem a pulsão, pois destes não há fuga possível, o que os distingue dos estímulos exógenos. Ora, a própria constância da pulsão já insere o psiquismo na dimensão do *excesso*, pois o trabalho de simbolização nunca eliminará totalmente a fonte de tensão oriunda do estímulo endógeno.

Destaca-se, nesse texto, o pressuposto de que a pulsão é marcada por uma atividade, cabendo ao psiquismo a tarefa de captura e ligação do disperso pulsional. Como nem a captura nem a ligação são processos totalizantes, o sujeito terá sempre que se haver com o *excesso pulsional*. Portanto, o circuito pulsional perturba de forma constante o psiquismo (força), obrigando-o a se lançar na tarefa de encontrar um destino para o excesso pulsional (trabalho).

Essa dimensão do excesso será radicalizada com o conceito de pulsão de morte, introduzido na teoria freudiana no artigo *Além do princípio do prazer* (Freud, 1920/1976). Neste texto, o excesso se manifesta, como dissemos, pela dimensão da repetição, obrigando o sujeito a atualizar aquilo que não pôde ser ligado na ocasião do trauma.

A tarefa da libido no ser vivo é amansar os efeitos nefastos da pulsão de morte. Se não há uma pulsão em estado puro, mas sempre a mescla dos dois tipos de pulsão em proporções variáveis, a dispersão e a destrutividade da pulsão de morte não podem ser completamente eliminadas.

É neste sentido que podemos dizer que a pulsão de morte insere definitivamente o psiquismo freudiano na dimensão do excesso. Apontando para uma região que se encontra fora da regulação do princípio de prazer, não haveria aqui a tendência a manter constante uma reserva de energia mínima necessária para o psiquismo poder funcionar. Abandona-se aqui, definitivamente, o registro da auto-conservação para inserir o psiquismo no registro do excesso, por meio do qual se supõe que haja aumento abrupto de estimulação sem o princípio regulador que o levaria a uma diminuição equilibrada.

O trauma é descrito nesse texto como uma ruptura do escudo protetor do psiquismo frente ao excesso de estímulos, deslindando-se daí situações de angústia, susto e perigo. A noção de trauma introduz aqui esta virada entre o prazer e o desprazer, mostrando que o psiquismo tem um movimento necessário de repetição do desprazer como forma de elaboração do traumático. Com efeito, a situação traumática é definida a partir da ideia de que houve uma ausência de ligação na ocasião do evento traumático, mostrando o psiquismo em toda a sua vulnerabilidade, inserindo-o por esta via na dimensão do mais além do princípio de prazer. Desenvolve-se, dessa forma, a elaboração teórica que responde a esta nova dimensão – a do fora do princípio de prazer – indicando como o psiquismo realizará necessariamente um embate com o excesso pulsional.

Portanto, se a leitura crítica da contemporaneidade feita pelas ciências sociais aponta que a atualidade se apresenta como uma cultura do excesso, essa análise tem sido corroborada pela incidência do excesso nos sintomas contemporâneos. Pensar um modelo deficitário para a subjetividade atual tem certamente a sua pertinência, uma vez que dialoga diretamente com a demanda de performance. Todavia, propomos que a categoria de excesso se apresenta também como uma via teórica importante para compreender o enquadre contemporâneo, por se deslocar e se distanciar do eixo "iniciativa/insuficiência".

É neste sentido que, para sairmos de um olhar deficitário acerca da depressão, podemos compreendê-la a partir da dimensão do excesso, sendo a noção de neurose atual uma boa via para seguirmos essa perspectiva.

Referências

Baudrillard, J. (1981). *A sociedade de consumo*. São Paulo: Martins Fontes.

Bauman, Z. (1997). *O mal-estar na pós-modernidade*. Rio de Janeiro: Jorge Zahar, 1998.

Bauman, Z. (2000). *Modernidade líquida*. Rio de Janeiro: Jorge Zahar, 2001.

Beard, G. (2013). *A Practical Treatise on Nervous Exhaustion (Neurasthenia)*. New York: TheClassics.us. (Trabalho original publicado em 1869).

Ehrenberg, A. (1998). *La fatigue d'être soi*. Paris: Odile Jacob.

Fortes, Isabel. (2004). O sofrimento na cultura atual: hedonismo versus alteridade. In C. A. Peixoto Jr. (Org.) *Formas de subjetivação*. Rio de Janeiro: Contracapa.

Foucault, M. (1986). *Microfísica do poder* (6a ed.). Rio de Janeiro: Graal.

Freud, S. (1976). Sobre os critérios para destacar da neurastenia uma síndrome particular intitulada "neurose de angústia". In *Edição Standard Brasileira das Obras Psicológicas Completas de Sigmund Freud* (Vol. III) (p. 103-138). Rio de Janeiro: Imago. (Trabalho original publicado em 1895[1894]).

Freud, S. (1976). Os instintos e suas vicissitudes. In *Edição Standard Brasileira das Obras Psicológicas Completas de Sigmund Freud* (Vol. XIV) (p. 117-144). Rio de Janeiro: Imago. (Trabalho original publicado em 1915).

Freud, S. (1976). Além do princípio do prazer. In *Edição Standard Brasileira das Obras Psicológicas Completas de Sigmund Freud* (Vol. XVIII) (p. 17-85). Rio de Janeiro: Imago. (Trabalho original publicado em 1920).

Lasch, C. (1991). *The culture of narcissism*. New York: Norton.

Pontalis, J.-B. (1991). Atualidade do mal-estar. In *Perder de vista: da fantasia de recuperação do objeto perdido* (p. 15-27). Rio de Janeiro: Jorge Zahar.

Vaz, P. (1999). Corpo e Risco. In N. Villaça, F. Góes & E. Kosovski (Orgs.). *Que corpo é esse? Novas perspectivas* (p. 159-175. Rio de Janeiro: Mauad.

Zizek, S. (1999). O superego pós-moderno. *Jornal O Globo –* Caderno Especial 20/21, dez. 1999.

6. Sobre a psicodinâmica da atenção

Paulo Jeronymo Pessoa de Carvalho

Como psicanalista que trabalha com crianças, tem-me sido bastante frequente, nos últimos quinze anos, receber pequenos pacientes – e antes deles, seus pais – com queixas sobre o desempenho escolar já no início do ciclo fundamental. Ainda que, nas primeiras entrevistas com os pais, possam surgir diversas questões que remetem aos anos anteriores, a queixa principal se refere a dificuldades dos filhos quanto à atenção e à capacidade de concentração nas tarefas escolares e nos estudos em casa. Muitas vezes, os pais já chegam com um veredito dado pelos professores de seus filhos, que portariam um "problema de atenção", ou melhor, um "déficit de atenção".

Fundamentalmente, os pais se queixam de que seus filhos ou filhas não conseguem um desempenho razoável nas tarefas escolares, na alfabetização, nos primeiros cálculos etc., apesar de considerarem-nos bastante inteligentes, conforme demonstrado no relato de outras variadas capacidades de suas crianças. Contudo, no que se refere às atividades escolares, seja em sala de aula ou em casa, não conseguem apreender os conteúdos nem sustentar a atenção necessária para desenvolverem a aprendizagem. Disso são testemunhas tanto seus professores, que os acompanham nas salas de aula, como, muitas vezes, os próprios pais, que os acompanham nas atividades escolares em casa. Não conseguem sustentar a atenção necessária às tarefas e distraem-se com extrema facilidade, mesmo levando-se em conta que se trata de crianças que, muitas vezes, ainda não contam dez anos. Em geral, não conseguem "parar quietas".

É muito raro que essas crianças apresentem somente essas dificuldades de atenção e concentração. Não me lembro de nenhum caso que não fosse assim. Em geral, após as primeiras entrevistas com os pais e a realização de um processo psicodiagnóstico, todo um complexo sintomático pode aparecer. *Grosso modo*, verificam-se questões sintomáticas logo no puerpério, como dificuldades ligadas ao dormir e angústias intensas, seja no bebê, seja na mãe. Os bebês apresentam, muitas vezes, um choro bastante intenso e frequente e dificuldades para dormir e mamar. Também são comuns questões referentes aos anos subsequentes: agressividade mais intensa em casa ou na escola, ciúme exagerado de irmãos, dificuldade para adormecerem sozinhos e dependência excessiva dos pais – fundamentalmente da mãe – para conciliarem o sono. Muitas vezes, simplesmente não dormem, a não ser na cama dos pais.

Todas essas queixas, nas entrevistas iniciais, vêm à tona muito mais a partir da escuta do analista do que na fala explícita inicial dos pais e das crianças; são fatos por eles encarados como algo sintônico à vida familiar. Porém, quando as crianças alcançam o ensino fundamental e adentram um mundo em que o horizonte dos desafios se amplia muito em relação ao mundo primário do meio familiar, essa sintonia em geral se rompe.

Tratemos então da ampliação de horizontes que se dá nesse momento de sua vida. A partir dos seis anos, as crianças, hoje em dia, são obrigadas a iniciar seus estudos fundamentais. Muito frequentemente, já iniciaram seu contato com a instituição escolar há bastante tempo. Frequentaram creches a partir dos primeiros anos de vida ou, em geral, entraram na pré-escola ou na educação infantil por volta do terceiro ano de vida. Porém, devido, principalmente, às características do seu desenvolvimento psíquico, assim como das instituições e suas tarefas e exigências, as dimensões e a importância dos vínculos primários – familiares – são absolutamente determinantes de suas constelações psíquicas.

Por volta do fim do quinto ano de vida, as crianças, em geral, estão finalizando um processo fundamental de vida, conflituoso e de origem psicossexual, que a teoria psicanalítica chama de "complexo de Édipo". Esse processo, que se inicia alguns anos antes, e se apoia em outros processos psicossexuais do puerpério e da primeira infância, é de tal importância que pauta todo o enredo final da primeira infância e arremata a configuração inicial da vida da criança em que as relações ditas primárias ou familiares têm um predomínio total.

Ao fim desse processo edípico, em torno do início do sexto ano de vida, se tudo correu de forma razoável, a criança terá resolvido seu primeiro drama afetivo-sexual, que se desenvolveu dentro dos limites de suas relações primárias. Se ela, até então, não obteve aquilo que mais queria, ao menos terá conseguido razoavelmente lidar com as frustrações resultantes e alcançado algo não imaginara alcançar: uma resposta importante a uma pergunta fundamental.

O resultado da frustração decorrente da abdicação do objeto sexual desejado, além do choro e do ranger de dentes, é a constituição de uma constelação identificatória nova, que advém da introjeção de fatores psíquicos constituintes de seu rival na disputa amorosa dentro do triângulo edípico. Essa introjeção, que nos é apresentada por Freud em numerosas passagens de sua obra, é descrita como *identificação com o rival*, resultante da dissolução do complexo de Édipo. Assim, em um dos casos, e de forma esquemática, o menino abdica de seu amor sexual pela mãe, bem como do desejo de possuí-la exclusivamente, ganhando então uma identidade. O mesmo é válido para a menina em sua relação com o pai. Por "identidade" entenda-se, aqui, uma constelação nova de identificações.

Essa nova constelação identificatória deve ser descrita como um desenvolvimento do edifício do aparelho psíquico. Desse desenvolvimento, por decorrência lógica, advirão novas possibilidades e capacidades psíquicas. Novas possibilidades se estruturam nessa identidade construída, e podemos dela tomar ideia ao entrarmos em contato com aquilo que esse pequeno sujeito alcançou sem sequer esperar, isto é, com essa resposta a sua pergunta fundamental. Ainda no esquema freudiano, o menino consegue entrar em contato com a fundamental questão: "Quem sou eu?". E pode respondê-la, para si e para quem se dispuser a ouvi-lo: "Sou igual a meu pai!". O mesmo é válido para a menina em sua identificação com a mãe.[1]

A resposta que esse sujeito constrói para si, precipitado identificatório de anos de conflitos dolorosos, é, ao mesmo tempo, resultado da superação do conflito edípico (índice da razoabilidade dessa superação) e chave que fecha um importante estágio de sua vida. Além disso, ela abre passagem para outra fase do desenvolvimento: a *fase da latência*, como a psicanálise nomeou os horizontes que se abrem à frente do sujeito que cresce.

A fase de latência é assim nomeada devido à superação da fase anterior (edípica), na qual os fatores de ordem sexual são de cabal importância na função do desenvolvimento psíquico. Dessa forma, nesse novo momento, a dimensão sexual estará em um outro plano, mais obscuro e latente, aguardando o assalto da puberdade e da adolescência. Ao mesmo tempo, a fase de latência é o momento em que o sujeito, recém capacitado com essa nova estrutura identificatória – essa

---

1 Freud (1923/1996), em "O ego e o id", lembra que as identificações não são assim esquemáticas. São também invertidas, ou seja, há identificação tanto do menino como da menina com aspectos de ambas as figuras parentais.

neo- identidade, que é índice de uma pacificação interna – terá pela frente fortes desafios e horizontes civilizatórios. Não à toa que é no sexto ano de vida, quando se espera a resolução das tempestades edípicas e a capacitação identitária do sujeito, assim como essa razoável pacificação de seus conflitos internos e primários, que a sociedade humana abre a seus rebentos os horizontes do ensino fundamental. Nesses horizontes estão o início do que chamamos de *socialização secundária*, que se dará não mais no seio da família, mas no mundo das instituições humanas, essencialmente na escola, e que inclui a alfabetização e a matematização.

Esses desafios, certamente, exigirão do sujeito que cresce capacidades que o sujeito edípico, por assim dizer, não teria como dispor. O início desse extenso processo de construção da sociabilidade secundária exigirá uma maior centralidade do sujeito, que deverá ser mais autônomo do que era nas relações primárias, quando se encontrava imerso nos conflitos edípicos. Sua neo-estrutura identificatória é, sem dúvida, um veículo necessário e suficiente para as novas navegações na exploração desses horizontes. Também lhe será exigida uma capacidade inédita de superação de sua onipotência infantil para avançar nos desafios da alfabetização e da matematização. Será apenas exercendo a capacidade incrementada de superar a onipotência, que caracterizou intensamente seu desenvolvimento anterior, que esse pequeno sujeito poderá abrir mão de sua crença de que sabe tudo e de que tudo o que importa está dentro dele. E então ele poderá abrir-se para aprender e dominar um código que lhe é externo, numa operação difícil e geradora de frustrações. Mas, conseguindo atravessar esse canal – e, em geral, esses pequenos sujeitos o conseguem razoavelmente –, um mundo novo, isto é, uma outra dimensão de civilização, se lhes abrirá pela frente.

Nesse ponto, podemos retomar a narrativa do encontro do psicanalista com os pequenos pacientes e seus familiares. Pequenos, mas nem tanto, pois estão, em geral, no ensino fundamental,

164 SOBRE A PSICODINÂMICA DA ATENÇÃO

enfrentando dificuldades que se referem às exigências desse mundo novo. De novo: por mais que as queixas apresentadas pelos pais e pelas próprias crianças se centrem nas dificuldades de adaptação às exigências escolares, toda uma gama de sintomas é facilmente percebida e, com bastante frequência, relaciona-se com dimensões consideráveis de angústias ligadas a questões edípicas: agressividade, culpa, certa labilidade identificatória e problemas do adormecer e do sono, entre outras.

Porém, é inegável a centralidade da narrativa a respeito das dificuldades escolares que já vêm de longa data. A própria estruturação dessa narrativa se dá em torno da noção da atenção e de sua falta, ou seu desarranjo. É conhecido, e razoavelmente explorado, o discurso médico-neurológico sobre a genealogia da noção de atenção e seus distúrbios. Esses últimos quinze anos a que me referi acima foram o tempo do nascimento e do grande desenvolvimento da hipótese neurológica do *Transtorno do Déficit de Atenção* (com ou sem *Hiperatividade*). Foi o tempo de um modismo diagnóstico, implementado particularmente por neuropediatras, e de sua consequente proposta terapêutica medicamentosa.[2]

Nos últimos anos, tenho visto um certo refluxo deste modismo diagnóstico e terapêutico, devido, fundamentalmente, ao fracasso em alcançar os objetivos de uma transformação estável do sintoma. Isso para não se falar de uma transformação do sujeito, objetivo que nem se coloca no discurso médico, mas a vertente médico-neurológica não se deixa abater. Ao observarem o poente da proposta de TDA, inventam nova ideia "brilhante": a novidade agora se chama

---

2 Não nos deteremos mais longamente na história do desenvolvimento dessa hipótese. Ana Maria Sigal (2009) realizou um estudo abrangente sobre a questão do TDA e da medicação na infância. Entre tantas contribuições, a autora mostra as origens nosológicas do conceito de *Disfunção Cerebral Mínima* (DCM), passando pela ampla noção das *dislexias*, até a ideia do *Transtorno do Déficit de Atenção*.

Transtorno do Déficit do Processamento Auditivo, uma categoria nosográfica também neurológica, centrada em um entendimento sobre uma dimensão de "*software*" do processamento dos traços de audição e sua elaboração pelo cérebro. Pressupõe compreensão neuropsicológica, tratamento que associa procedimentos neurológicos, fonoaudiológicos e medicamentosos, cujos resultados não se apresentam muito favoráveis.

Entretanto, a questão que pretendo aprofundar não é a dos modelos neurológicos. Pelo contrário. O fato interessante é que, nesses anos em que cresceu e se difundiu a narrativa do TDA e congêneres, os psicanalistas não deixaram de receber encaminhamentos de crianças com variadas queixas psicopatológicas em que, de um modo ou de outro, a questão da atenção e de seus possíveis distúrbios se apresentavam. Durante esse tempo, tiveram que lidar com essa queixa, escutá-la e decidirem como entendê-la e como a ela responderem quando tratavam dos pacientes e seus pais e até, eventualmente, quando tinham que entrar em contato com as escolas em que as crianças estudavam. Podiam escutar as queixas moduladas pelo *Zeitgeist* neurológico e entendê-las como sintoma do desejo onipotente dos pais – e até da sociedade – de resolver uma profunda questão dos sujeitos de forma mágica, por meio do "milagre" da medicação, podiam entendê-las como esforço do *marketing* da indústria capitalista para a alienação dos sujeitos e da sociedade etc. Mas podiam também escutar o sofrimento dos sujeitos e de suas famílias, modulado pelo espírito de seu tempo. E podiam, inclusive, lembrarem-se de que, afinal de contas, *atenção* também é um conceito psicanalítico – metapsicológico – formulado por Freud há muito tempo. Ainda mais: podiam, a partir disso, imaginar que os distúrbios da personalidade e do desenvolvimento poderiam se expressar de modo suficientemente complexo e multifacetado, aparecendo, entre outras modalidades, como as dificuldades de se sustentar a atenção. Podiam, ademais, compreender esse sinal como um sintoma ou, ainda, uma falha na estrutura do aparelho psíquico, acreditando assim que o melhor modo de se encaminhar uma efetiva transformação do estado de sofrimento, no qual se encontrava o paciente, seria um tratamento psicanalítico.

A bem da verdade, não é outra coisa que temos feito nós, psicanalistas que trabalhamos com crianças nos últimos anos. Seguimos nosso trabalho e vamos ajudando essas crianças e suas famílias a lidar com as dificuldades do crescimento e do desenvolvimento, em uma perspectiva mais ampla do que somente a de se preocupar com a eliminação de um sintoma prevalente que, certamente, esconde ou ofusca outros tantos. É exatamente isso o que temos feito: sustentar tratamentos psicanalíticos certamente duros e difíceis, longos e desafiadores. Mas com resultados extremamente favoráveis, inclusive e particularmente no que se refere à questão da atenção.

É exatamente nesse ponto que eu gostaria de me aprofundar ainda mais, pois a questão é que, frequentemente, os psicanalistas aceitam em tratamento crianças que chegam com questões apresentadas em termos de dificuldades escolares e de atenção, quando a escuta analítica percebe muitas outras questões presentes. O analista, muitas vezes, entende que tratar dessa criança psicanaliticamente – dar espaço para a transformação psíquica mais ampla – resolverá também, ao mesmo tempo, as questões relativas à atenção. Isso até pode acontecer, mas creio que assim estejamos deixando algo importante passar por debaixo dos nossos olhos e ouvidos.

Na verdade, creio que a queixa sobre as dificuldades relativas à atenção, que os pais e as escolas vocalizam, são certamente legítimas. E que não podemos ceder esse objeto ao domínio médico-neurológico, onipotente e simplificador; devemos, sim, apontar qual é o modelo psicológico e psicanalítico subjacente às transformações na estrutura psíquica de nossos pacientes. Inclusive na questão da capacidade de sustentar a atenção, que fazemos operar com o tratamento que propomos e sustentamos.

Quando uma família chega até nós queixando-se de uma série de dificuldades de seu filho, mas estruturando a queixa em termos de dificuldades escolares e, especificamente, de atenção, e ainda nos relata que estão há anos em tratamento neuropediátrico, com doses crescentes de Ritalina® ou Concerta®, sem resultados significativos nem estáveis, é de extrema importância conhecermos o modelo psicológico do fenômeno da atenção, entre outros, para que possamos aceitar o desafio de um tratamento como esse. Não para convencermos esses pais de que o que propomos é melhor ou mais adequado. Mas simplesmente para podermos, de maneira íntegra, aceitar a responsabilidade de sustentar um tratamento como esse e toda a transferência envolvida.

A psicodinâmica da atenção

Freud (1911/1996), em *Formulações sobre os dois princípios do funcionamento mental*, apresentou, sinteticamente, a metapsicologia da atenção. Para ele, aquilo que entendemos como *atenção* é uma função psíquica atribuída ao eu, que se desenvolve pela pressão do princípio da realidade:

> *A significação crescente da realidade externa elevou também a importância dos órgãos sensoriais, que se acham dirigidos para esse mundo externo, e da consciência a eles ligada. A consciência passou então a abranger qualidades sensórias, em acréscimo às qualidades de prazer e desprazer que até então lhe haviam exclusivamente interessado. Institui-se uma função especial, que tinha de periodicamente pesquisar o mundo externo, a fim de que seus dados já pudessem ser conhecidos se uma urgente necessidade interna surgisse: a função da atenção. Sua*

atividade vai encontrar as impressões sensórias a meio caminho, ao invés de esperar por seu aparecimento. Ao mesmo tempo, provavelmente, foi introduzido um sistema de notação, *cuja tarefa era assentar os resultados dessa atividade periódica da consciência – uma parte do que chamamos* memória" (p. 239, itálicos do autor).

A função da atenção evolui como uma necessidade do sujeito em desenvolvimento, para dar conta do fracasso e da frustação da função da alucinação, mecanismo que tentava, sob a dominância do princípio do prazer, lidar com o acúmulo de quantidades devido à frustação das necessidades. Por mais que o sujeito alucinasse a satisfação de suas necessidades e usasse a descarga motora para aliviar as quantidades crescentes, devidas à frustração, elas não diminuíam. Nem tampouco a dor psíquica e o desprazer. Algo precisava evoluir. Segundo Freud (1911/1996),

nova função foi então atribuída à descarga motora, que, sob o predomínio do princípio do prazer, servia como meio de aliviar o aparelho psíquico de adições de estímulo. A descarga motora foi agora empregada na alteração apropriada da realidade; foi transformada em ação" (p. 239-240).

Ou melhor, em *ação específica*, conforme Freud desenvolverá logo depois. Ação específica que tem a intenção de intervir na realidade externa, inclusive no sentido de ir ao encontro do mundo exterior; e também, claro, de operar transformações nesse mundo a partir dos dados que a atenção possa recolher e depositar na notação da memória.

A transformação da descarga motora em ação específica se dá por meio do processo do pensar:

> *A coibição da descarga motora, que se tornou necessária, foi proporcionada através do processo do* pensar, *que se desenvolveu a partir da apresentação de ideias. O pensar foi dotado de características que tornavam possível ao aparelho psíquico tolerar uma tensão aumentada de estímulo, enquanto o processo de descarga era adiado ... Para esse fim, foi necessária a transformação de catexias livremente móveis em catexias vinculadas, o que se conseguiu mediante elevação do nível de todo o processo catexial (Freud, 1911/1996, p. 240).*

Freud propõe uma nova função psíquica – o pensar – para dar conta da transformação da qualidade da ação. De uma ação inespecífica, somente dissipadora de energia acumulada e sentida como desprazer, para uma ação *específica*, que se propõe a transformar a realidade e, assim, diminuir a frustração das necessidades e o acúmulo desprazeroso de energia. O pensar é uma função de ligação, de vinculação de catexias a ideias, com o resultado de capacitar todo o sistema a suportar um maior acúmulo de tensão interna. É mais fácil para o aparelho psíquico suportar um acúmulo de tensão quando esta se encontra ligada, ao invés de estar em quantidades livres. O interessante é não perdermos de vista que essas ideias surgidas não podem ser outra coisa que não traços de memória que, de algum modo, já estão notados. Assim, enquanto o aparelho vai ligando quantidades a traços de memória, vai suportando o acúmulo de tensão interna e o crescimento de algum desprazer, conseguindo adiar a descarga. Nesse tempo ganho, a atenção pode começar a vasculhar o entorno imediato, conhecer partes da realidade e notá-las na memória. Amplia-se, desse modo, a disponibilidade de memória. É necessário ter claro, entretanto, que o depósito dos traços de memória a princípio não é resultado da exploração do mundo externo pela função da atenção, mas, antes, provém das sensações das experiências internas.

A ação específica, que é esse passeio da atenção no entorno externo do sujeito, depende também de investimento (catexia) dos órgãos sensórios e da notação na memória. Ocorre que o processo do pensar não se encerra nesse movimento de investimento em ideias, ligação de energia livre e possibilidade de retardamento da descarga na exploração da realidade. Outro importante evento vem se somar à função do pensar.

Assim Freud (1911/1996) continua:

> *Uma tendência geral de nosso aparelho mental, que pode ser remontada ao princípio econômico de poupar consumo [de energia] parece encontrar expressão na tenacidade com que nos apegamos às fontes de prazer a nossa disposição e na dificuldade com que a elas renunciamos. Com a introdução do princípio da realidade, uma das espécies de atividade de pensamento foi separada; ela foi liberada do teste da realidade e permaneceu subordinada somente ao princípio do prazer. Essa atividade é o* fantasiar, *que começa já nas brincadeiras infantis e, posteriormente, conservada como* devaneio, *abandona a dependência de objetos reais (p. 240-241).*

Temos, então, uma decorrência do processo de desenvolvimento psíquico: devido ao fracasso da função alucinatória em conseguir, efetivamente, evitar o desprazer, o sujeito se coloca em uma direção outra do que aquela determinada pelo princípio do prazer. O princípio da realidade advém e começa a efetuar transformações no sujeito, que segue crescendo. O processo do pensar é o meio que ele encontra para suportar o acréscimo de estímulos enquanto

opera meios de transformar a realidade que insiste em frustrá-lo.
O pensar altera, de modo significativo, o processo catexial, favorecendo a ligação de quantidades livres a ideias, enquanto transforma a ação inespecífica (meio de descarga) em específica, com o propósito de sair ao encontro da realidade e transformá-la.

Ocorre que o aparelho psíquico, conforme Freud deixa claro, é conservador e resiste sobremaneira a abandonar o princípio do prazer. Disso decorre que, da função do pensar, desdobram-se o fantasiar e o devaneio, muito mais ligados ao princípio do prazer e descompromissados com a realidade externa. O que temos até aqui, então, é de decisiva importância para o entendimento da psicodinâmica da atenção e de suas disfunções. O mesmo processo que cria as condições para que a função da atenção surja e possa se desenvolver também cria as condições para que o fantasiar surja e se desenvolva. O processo econômico da elevação do nível de todo o processo catexial é uma transformação operada pelo princípio da realidade, que possibilita a ligação de quantidades livres em vinculadas. Formam-se, assim, os complexos ideacionais que possibilitam ao sujeito suportar um incremento de tensão. Este pode agora operar de forma diferenciada, em si mesmo e no mundo externo, transformando a ação de descarga em ação específica e atenção. Isso tudo também favorece a ligação de quantidades a ideias em complexos ideacionais cuja ligação com objetos reais não é necessária; antes o contrário. Alguns complexos ideacionais são dominados pelo princípio do prazer e podem trazer significados desprazerosos e inaceitáveis. Prossegue Freud (1911/1996):

> *Em consequência dessas condições, surge uma vinculação mais estreita entre o instinto sexual e a fantasia, por um lado, e, por outro, entre os instintos do ego e as atividades da consciência . . . No campo da fantasia a repressão permanece todo-poderosa; ela ocasiona a inibição de*

ideias in statu nascendi *antes que possam ser notadas pela consciência, se a catexia destas tiver probabilidade de ocasionar uma liberação de desprazer (p. 241).*

Aqui está a perspectiva freudiana que mais vai nos interessar. Quando o sujeito, por meio do processo do pensar, foca a atenção em seu entorno, é grande a possibilidade de ser assaltado por angústia, devido à emergência de fantasias inaceitáveis. Nesse caso, o recalque atacará a ligação da quantidade à ideia inaceitável. Teremos, então, um ataque ao processo do pensar e à função da atenção. O que ocorre, efetivamente, é que a elevação do nível catexial regride e a função do pensar é inibida. O sujeito tem que deslocar a catexia para outros complexos ou, ainda, e de forma mais regredida, usar a ação como forma de descarga.

O desenvolvimento da capacidade de atenção no sujeito humano é surpreendente durante os primeiros anos de vida. Crescentemente, a criança vai submetendo seu entorno imediato a um controle. Os objetos de interesse de atenção são, antes de tudo, afetivos e primários: seu corpo, partes do corpo de sua mãe, sua mãe, seu pai, seus irmãos, a dinâmica de sua família, seus desejos e necessidades, suas satisfações e frustrações, suas excitações, seus ódios e amores. São, fundamentalmente todo o ambiente de vínculos de suas relações primárias. Em geral, não se escutam queixas relativas à capacidade de atenção nesses primeiros anos de vida, a não ser em casos graves. Mesmo quando as ouvimos, em geral *a posteriori*, são descrições sobre níveis elevados de agitação de crianças, que não param, não se aquietam, não dormem direito, sempre se machucam etc. Trata-se de queixas que, muito raramente, se relacionam com as questões relativas à atenção.

Por outro lado, a partir do sexto ou sétimo ano de vida, isso começa a mudar significativamente. Em primeiro lugar, o mundo cresce bastante para a criança. Do mundo limitado de suas relações primárias, ela começa a visualizar pela frente o vasto relevo da sociabilidade secundária, das instituições humanas e, especialmente, da escola e seus desafios. A partir desse momento, o escopo da função da atenção se amplia muito. Além dos objetos primários e toda sua rede de vínculos, acrescentar-se-ão, de forma paulatina, mas sempre crescente, toda a rede de vínculos secundários que a criança vai construir e, nela, construir-se. Entrará em cena sua posição subjetiva nessa vasta e crescente rede, que vai desde as relações mais íntimas e significativas, até as mais distantes e institucionais, mas nem por isso menos importantes. Além disso, ela deverá dedicar crescente atenção às exigências civilizatórias que lhe serão impostas pela educação formal na escola fundamental. As exigências da alfabetização, da matematização e da crescente ordenação e institucionalização do comportamento que a escola exige serão enormes desafios para a criança que acaba de entrar na fase da latência. É nesse momento mais avançado, por volta dos dez ou onze anos, que começamos a receber os encaminhamentos com queixas baseadas nas dificuldades de atenção.

A partir das proposições de Freud (1911/1996) em *Formulações sobre os dois princípios do funcionamento mental*, entendemos que a função da atenção é implementada por meio do processo do pensar, desenvolvimento que se dá no aparelho psíquico sob a pressão do princípio da realidade. E que o processo do pensar, além de permitir e fomentar a função da atenção, também permite e fomenta, como um apego e uma concessão ao princípio do prazer, aquilo que Freud nomeou *fantasia*. Vimos também que a fantasia é constituída por processos ideacionais ligados principalmente à dimensão da sexualidade e do desejo, não possuindo maiores compromissos com a realidade. E que esses complexos ideacionais podem ser intoleráveis ao eu e geradores de angústia.

Vimos também que a função da atenção envolve o que Freud chamou de "elevação do nível de todo o sistema catexial", o que entendemos como um esforço do aparelho psíquico em investir os órgãos sensórios na tarefa de exploração e investigação do entorno do sujeito, assim como de notação dos resultados em traços de memória. Isso envolve, fundamentalmente, a capacidade crescente de ligar quantidades anteriormente livres a ideias. Ao mesmo tempo que esse investimento possibilita a atenção ao mundo externo, permite também que fantasias que estavam inconscientes "apareçam" ao sujeito, concomitantemente ao mundo externo explorado pela atenção. Tais experiências concorrem dentro do sujeito. E podemos acrescentar que, desde a primeira infância, ou até mesmo antes, em momentos bem arcaicos do desenvolvimento do sujeito, essas experiências concorrem e se complementam na própria gênese e desenvolvimento da capacidade de pensar. Essa concorrência, porém, ganha outra dimensão mais adiante no processo de desenvolvimento: no momento específico que aqui focamos, o período da latência, o sujeito se vê desafiado a esforços psíquicos intensos, nos quais sua capacidade de atenção também é assim exigida.

Quando um jovem de não mais que dez anos foca sua atenção em alguma situação que se desenrola em seu entorno, pressionado pela necessidade e pelo desejo de conhecer o que se dá a sua frente, ele ativa sua capacidade de atenção ao mesmo tempo que investe em fantasias que estavam inconscientes. Ele se verá, então, tomado, ao mesmo tempo, por dimensões concorrentes de eventos: aqueles que ocorrem externamente, e que ele se esforça por conhecer e fazer apresentar dentro de si na consciência imediata e na notação da memória, e o enredo da fantasia. Ocorrem dimensões de confusão que, em tempos mais primitivos, deram origem a sua capacidade de pensar. Mas, além dessa mistura, e dependendo da intensidade da angústia eliciada pela fantasia, pode ocorrer que esse evento exija um ataque ao processo do pensar. O recalque impede a catexia da fantasia, desligando as quantidades das ideias e tornando-as inconscientes. Com isso, a função da atenção também é desmobilizada e a catexia do mundo externo é retirada. O que mais provavelmente ocorre é que, para impedir a consciência da fantasia inaceitável, recorra-se a uma contracatexia por meio de um enredo fantasioso substituto, uma solução de compromisso que passa, assim, a tomar toda a capacidade de atenção do sujeito. Dessa maneira, a capacidade de efetivamente conhecer os eventos externos, assim como de notá-los em memória, desaparece. Ou, pelo menos, fica fortemente prejudicada. Em casos mais graves, quando o incremento catexial direciona a atenção ao mundo externo e, simultaneamente, faz emergir fantasias excessivamente angustiantes, pode se passar algo além do processo aqui descrito, de substituição da fantasia por solução de compromisso e desligamento da função de atenção. Nesses casos, o aparelho psíquico pode ativar defesas bastante primitivas, como o uso da ação para a descarga da intensidade interna insuportável. O sujeito agita-se, descarrega e desliga (ou diminui consideravelmente) as catexias que ativavam o processo do pensar.

Temos aqui, então, nossas hipóteses, derivadas das de Freud, que julgamos pertinentes para refletir sobre a questão dos distúrbios da atenção. O fator central seria a quantidade de angústia que cada sujeito pode sentir com a emergência de suas fantasias na consciência, no momento em que foca sua atenção em algum objeto externo. A quantidade de angústia pode ser menor e suportável, ou maior e insuportável, a exigir procedimentos psíquicos de evasão da situação. Cada sujeito se relacionará com essas possibilidades de modo idiossincrático, de acordo com as vicissitudes de suas séries complementares. Se a angústia for suportável, ele poderá modular sua resposta repressiva e manter ativa a função do pensamento e da atenção. Se, pelo contrário, for insuportável, reprimirá a fantasia, como já vimos, e, concomitantemente, atacará sua capacidade de sustentar a atenção. Nesse caso, desenvolverá uma capacidade limitada de sustentar a atenção. Tal dificuldade poderá ser de leve a severa. E poderá ser arcaica (por exemplo, no caso do espectro autista) ou relativa ao período pós-edípico, ou, ainda, uma mistura de todas, o que é sempre o mais provável, considerada a ideia sempre atual de *séries complementares*.

Será útil pensarmos no trajeto de desenvolvimento do aparelho psíquico, antes de nos preocuparmos com a perspectiva das propostas de transformação desse estado de dificuldade, por meio da psicoterapia. Ana Maria Sigal (2009) propõe dois momentos principais do desenvolvimento do sujeito. O primeiro, que poderíamos chamar de *arcaico*, diz respeito à fundação do aparelho psíquico e do inconsciente, tendo como decisivo o recalcamento originário, assim como a relação simbiótica com a mãe e, acrescentaria eu, o estabelecimento das primeiras identificações. Nesse início, maiores dificuldades no desdobramento dessas fundações determinariam o aparecimento do que Sigal postulou como transtornos ou distúrbios psíquicos da ordem do atual, em que a lógica do sintoma e da neurose ainda nem sequer pode aparecer. O segundo momento é o do Édipo e seus desdobramentos: experiências de prazer, de frustação e de ódio, culpa, identificações com o rival, constituição do supereu, transformação do eu ideal em ideal de eu etc. As dificuldades nesses desenvolvimentos resultariam propriamente em sintomas, ou seja, nas soluções de compromisso que melhor conhecemos como *neuroses*.

Essa diferenciação é importante no que se refere às técnicas psicoterapêuticas e às perspectivas de transformação psíquica por meio das mesmas. Em relação aos transtornos atuais, derivados de falhas primitivas da constituição do sujeito e do aparelho psíquico, as técnicas psicoterapêuticas deverão trabalhar principalmente com o conceito de *construção* e de *reconstrução* em análise. Em relação às dificuldades que derivam do período do complexo de Édipo, o trabalho psicoterapêutico deverá se pautar pela interpretação do conteúdo recalcado propriamente dito (Sigal, 2009). O mais importante é afirmar a possibilidade de transformação psíquica de casos de distúrbios da capacidade de atenção por meio da técnica psicoterapêutica psicanalítica.

Por fim, enfatizamos que as técnicas contemporâneas de psicoterapia com crianças e com púberes e adolescentes trabalham com modelos mistos, nos quais as técnicas construtivas e reconstrutivas concorrem com outras em que prevalecem o modelo interpretativo propriamente dito. Assim como as técnicas que desenvolvem a participação dos pais na análise de crianças (Sigal de Rosenberg, 1994) e de adolescentes.

Com isso, podemos propor que a perspectiva psicoterapêutica oferece os melhores caminhos para a transformação dos quadros de dificuldades de atenção. O caminho é a transformação da realidade inconsciente dos sujeitos rumo à mudança de sua capacidade de modular a angústia devida à emergência de fantasias. Seja, por um lado, atuando na capacidade do aparelho psíquico de sustentar continentes e envoltórios psíquicos a seus conteúdos, seja, por outro, de transformar certos conteúdos estruturais, como fantasias sádicas e sexuais, sentimentos de ódio e culpa inconsciente, ideal do eu e supereu demasiadamente exigentes etc. Toda a dimensão de trabalho psíquico inconsciente que a psicanálise opera oferece as condições necessárias e suficientes para que o sujeito possa transformar suas capacidades de sentir e modular a experiência de angústia que, por necessidade, acompanha seus esforços de sustentar a atenção na realidade circundante. Oferece também a possibilidade de modular as respostas defensivas e evitar procedimentos psíquicos de alienação que caracterizam os assim chamados *distúrbios de atenção*.

Referências

Freud, S. (1996). Formulações sobre os dois princípios do funcionamento mental. In *Edição Standard Brasileira das Obras*

Psicológicas Completas de Sigmund Freud (Vol. XII) (p. 233-244). Rio de Janeiro: Imago. (Trabalho original publicado em 1911).

Freud, S. (1996). O ego e o id. In *Edição Standard Brasileira das Obras Psicológicas Completas de Sigmund Freud* (Vol. XIX) (p. 15-80). Rio de Janeiro: Imago. (Trabalho original publicado em 1923).

Sigal de Rosenbeg, A. M. (1994). A constituição do sujeito e o lugar dos pais na análise de crianças. In *O lugar dos pais na psicanálise de crianças* (p. 21-59). São Paulo: Escuta.

Sigal, A. M. (2009). Medicalização na infância: um estudo sobre a síndrome de desatenção (ADD). In *Escritos metapsicológicos e clínicos* (p. 307-323). São Paulo: Casa do Psicólogo.

Parte III
Angustiados e panicados

7. Neuroses atuais e angústia na contemporaneidade

Sonia Leite

> *Na neurose de angústia . . . como puderam convencer-se, há no fundo um pequeno fragmento de excitação não descarregada . . . que emerge como sintoma de angústia ou fornece o núcleo para formação de um sintoma histérico. . . o grão de areia no centro da pérola*
>
> (Freud, 1912/2007, p. 257).

Introdução

A temática das neuroses atuais, introduzida por Freud em 1895 nos primórdios da psicanálise, se mantém, ainda hoje, como um importante campo de pesquisa, ainda não suficientemente explorado, como nos indica Lacan (1962-63/2005) no *Seminário 10, da angústia*.

De fato, o próprio Freud manteve intactas suas opiniões sobre o tema, apesar dos avanços teóricos em torno das chamadas psiconeuroses (neuroses histéricas e neuroses obsessivas), assim como das teorias sobre a angústia e as pulsões. Creio que se possa considerar que as neuroses atuais e, especialmente a neurose de angústia, principal foco desse trabalho, representem o *grão de areia*, não apenas para as psiconeuroses, mas, também, para o próprio campo freudiano, no sentido de apontar para o não-sabido, o não simbolizável que insiste numa espécie de fronteira em relação a psicanálise.

Talvez por isso, tais patologias se apresentam, de tempos em tempos, com novas roupagens nos convocando, pode-se dizer, à tarefa de *atualizá-las* segundo os discursos vigentes da cultura (Cancina, 2004).

Efetivamente são as transformações socioculturais que desnudam a estreita ligação entre a escolha da neurose e o discurso dominante em cada época, autorizando-nos a repensar alguns quadros clínicos que reaparecem com novas nomeações a partir do Outro da linguagem. Nesse sentido, algumas classificações psiquiátricas contemporâneas, como a síndrome do pânico, a fadiga crônica, o transtorno bipolar do humor, dentre outras, delineiam, mais do que doenças, lugares sociais capazes de acolher e enquadrar o sofrimento individual, oferecendo um signo[1] estabilizador para os indivíduos atravessados pelo mal-estar na cultura.

Novas roupagens, velhas patologias? As neuroses atuais, presentes desde as origens da psicanálise, ainda sobrevivem na atualidade? Como pensá-las, a partir da leitura freudiana, tendo em vista os avanços teóricos de Lacan? Não é nosso intuito esgotar tais questões, mas tomá-las como uma convocação que tem os contornos de um retorno a Freud.

---

1   O signo para Lacan, diferentemente do significante, que é aquilo que permite representar o sujeito para outro significante, é o que representa algo para alguém.

Contemporaneidade, atualidade e trabalho psíquico

O avanço das tecnologias ao longo das últimas décadas tem produzido uma grande mudança na política e no modo como temos vivenciado as noções de tempo e de espaço. Tal perspectiva tem produzido uma verdadeira hegemonia do *tempo-velocidade*, como denominam Paul Virilio e S. Lotringer (1983), filósofo e urbanista francês respectivamente, que desde o início da década de 1990 nos alertam para o que denomino de "tirania das tecnologias" ou "tirania do tempo velocidade". *Tirania* que tem ocupado o lugar de Outro absoluto, favorecendo a proliferação do discurso do *desmentido* na vida coletiva, que dispensa tanto a noção de verdade,[2] fator que fragiliza as representações simbólicas, quanto tudo o mais já assentado como fundamento na própria história da humanidade (Lebrun, 2004).

O ponto principal da reflexão teórica do filósofo é que, com o avanço das tecnologias articuladas a lógica do mercado (tecnociência), assistimos à instauração de uma temporalidade que se sobrepõe à experiência do espaço real. Tal fato produz uma verdadeira desterritorialização da cidade, uma pulverização dos espaços sociais enquanto locais de encontros e de trocas. Ele considera que o fato de nos comunicarmos mais, por meio das diversas redes que foram criadas na lógica da internet, não significa necessariamente um fortalecimento dos vínculos sociais. Isso porque os *sites*, do latim *situs*, que significa local, lugar, sítio, são atravessados por uma temporalidade que tem modificado o próprio ritmo da fala e da escrita, ao criar, inclusive, novos termos que simplificam e *reduzem* a expressão linguística.

---

2 O termo *pós-verdade* foi cunhado para descrever a aceitação de uma informação por um indivíduo ou grupo de indivíduos, que presumem a legitimidade de determinada informação por razões pessoais, sejam preferências políticas, crenças religiosas, bagagem cultural etc., sem uma preocupação com a verdade dos fatos ou da ciência.

Trata-se de considerar a presença de um estreitamento do campo da fala, com a predominância dos enunciados em detrimento do sujeito da enunciação,[3] fator que favorece a intensificação da emergência da angústia, que é por excelência uma experiência corporal em que se ausenta o sentido.

Virilio e Lotringer indicam que a instauração do tempo-velocidade traz a reboque uma fragilização da relação de cada um consigo mesmo, dos vínculos e das representações simbólicas, pelo modo como se instaura a subjetividade pautada na exigência do imediato e do instantâneo. Uma "desorientação" generalizada na relação do ser com mundo se faz presente, que corresponde e complementa a desregulação social e do mercado econômico. Um ponto, também, se coloca a partir dessa lógica, que é a dificuldade de responder: o que comanda a vida social?; onde se situa o centro do poder?

Eles afirmam que a questão da *velocidade* não é nova e, na realidade, tem acompanhado as mudanças sociais ao longo dos séculos, mas na atualidade chegamos a uma espécie de ponto limite. Articulam, assim, essa ideia à perspectiva da *guerra*, à presença de um pensamento militar cristalizado e instaurado em nosso cotidiano. Consideram que a guerra se tornou algo permanente, diário e não mais circunstancial. Existe toda uma indústria em contínua atividade que não apenas prepara para uma possível guerra entre as nações, mas que se expande e se presentifica no nosso dia a dia.

Em outras palavras, a indústria armamentista que cada vez mais se amplia introduz a lógica militar, e não mais civil, no contexto da sociedade como um todo. Como indicam: "Na guerra tudo acontece em alguns segundos, pois, não temos tempo de reagir" (Virilio & Lotringer, 1983, p. 27). Os comandos são rápidos, imediatos, sem

---

3 O enunciado, em linhas gerais, diz respeito a dimensão material do texto (palavras, frases), enquanto a enunciação é o ato de fala que envolve um sujeito submetido à lei do desejo.

espaço para o questionamento ou a reflexão. Consideram, assim, que estamos todos de alguma forma sendo *militarizados*.

Numa reflexão semelhante, Bauman (2001) em seu livro *Modernidade Líquida*, no capítulo sobre tempo e espaço, indica que aquilo que chamamos de civilidade só pode existir em um espaço público que promova o encontro entre estranhos, sob um conjunto de regras coletivas. Segue ainda dizendo que um espaço pode ser público, mas não ser civil; pode ser civil, mas não visar a interação social, como no caso dos shoppings, que normalmente visam exclusivamente ao consumo.

É nesse sentido que o autor expõe a perspectiva de que na atualidade o território não é mais uma questão de geopolítica, mas traduz uma "geografia do tempo", que institui a rapidez das e determina onde se localiza o poder.

A exigência de velocidade absoluta que cerca a lógica das ações produz num certo sentido o desaparecimento das cidades, enquanto lugar para viver, porque para conviver é preciso uma vivência temporal que envolva a *duração e a continuidade*.

Tais pontos também revelam uma espécie de dissolução da função da política (Arendt, 2016), que depende da existência do tempo como lugar para o *diálogo*, a *reflexão* e a *decisão*. O que tem vigorado, cada vez mais, é a chamada "democracia virtual ou de opinião", que produz a tendência ao evanescimento da democracia representativa, favorecendo, assim, a emergência dos totalitarismos de Estado e outros que se nutrem do tempo real e uno. Por tudo isso, Virilio vai afirmar a necessidade de *politizar a velocidade*, o tempo-velocidade. Em outras palavras, é preciso colocar na mesa a tecnologia, considerar não somente as suas vantagens, mas, também, as negatividades produzidas pelo avanço tecnológico. Trata-se, aqui, de considerar, também, os acidentes produzidos pelas sociedades tecnológicas em que o inumano começa a ser priorizado em detrimento da própria humanidade.

Ele destaca ainda que todas as máquinas ao longo da história produzem seus acidentes correspondentes: descarrilhamento dos trens, poluição, desmoronamento de edifícios etc., mas considera que o lado negativo da tecnologia até agora foi de certa forma censurado. Talvez por isso ainda não se tenha de fato uma legislação capaz de dar conta dos excessos atrelados a esses avanços.

Virilio (2015), nesse sentido, sublinha o papel político da *interrupção* causada pelos acidentes, pois *interromper* algo implica produzir uma mudança de velocidade. Em outras palavras, existe um papel político no *corte*, na mudança de ritmo e na alternância – fenômenos que se perdem com a instauração do tempo-velocidade.

Creio que a pandemia do novo coronavírus que atravessamos nesse momento, apesar de todos os reveses e perdas que tem acarretado, pode ser pensada como esse grande acidente que veio determinar um ponto de corte, que marca um antes e um depois na história da humanidade. Nesse sentido, esse momento tão avassalador pode se constituir em uma grande oportunidade para a reconstrução dos laços sociais.

Nesse ponto, a psicanálise, visando a construção de uma temporalidade lógica sustentada no sujeito e numa duração que implica a possibilidade da emergência da palavra e do desejo, aponta para a revalorização do sentido. A clínica psicanalítica e sua ética chamam a atenção exatamente para a importância do trabalho psíquico[4] como aquilo que pode fazer barreira ao empuxo ao gozo que não

---

4   A palavra *trabalho* é utilizada em diferentes passagens da obra freudiana, por exemplo, trabalho de análise, trabalho de luto (*Trauerarbeit*), trabalho do sonho (*Traumarbeit*) e também trabalho de elaboração/perlaboração. A noção de trabalho implica a ideia de que a realidade psíquica se constrói na relação com o Outro, pela via da assunção da palavra e da linguagem, distinguindo-se

é somente um fato de estrutura, mas que encontra no modelo social atual um reforço vigoroso, na medida em que aí impera o discurso capitalista.[5]

A partir desses pontos, como pensar as neuroses atuais, especialmente a neurose de angústia? No discurso freudiano, tais patologias são diferenciadas das psiconeuroses porque se apresentam como respostas a uma vida sexual *nociva* e são entendidas como a expressão de um excesso de estimulação que se apresenta na forma de angústia. O fator em destaque é, portanto, a impossibilidade de trabalho psíquico, que tem como resposta um excesso de estimulação pulsional que resta sem destino. Mas antes de delinear alguns pontos sobre essa questão, retomemos Freud.

Primeira teoria da angústia

Nos extratos dos documentos da correspondência de Freud com Fliess, encontramos as mais antigas referências de Freud sobre a problemática das neuroses atuais (neurastenia, neurose de angústia, hipocondria) e, consequentemente, a temática da angústia.

No Rascunho A, por exemplo, escrito em 1892, se encontram as primeiras questões colocadas na forma de *problemas*[6] que irão

---

do real, que é sempre traumático, porque envolve o não sentido e, portanto, a ausência da palavra.

5   O discurso capitalista é considerado por Lacan (1974) como um quinto discurso junto com os discursos do mestre, da histérica, da universidade, e do analista. O discurso capitalista a diferença desses quatro discursos que constituem o laço social, visa a produção de objetos de consumo e gozo e *individualiza,* ou seja, não faz laço social.

6   A angústia das neuroses de angústia se deriva da inibição da função sexual ou da angústia ligada à etiologia dessas neuroses? Em que medida uma pessoa sadia reage a traumas sexuais subsequentes diferentemente de alguém com uma predisposição devida à masturbação? Apenas quantitativamente? Ou qualitativamente? É realmente o coitus reservatus um fator nocivo?

acompanhar Freud em seus estudos posteriores. Apesar de considerar, mais adiante, que a grande parte das neuroses são de configuração *mista*, em nenhum momento abandona as distinções entre as psiconeuroses (neurose obsessiva e neurose histérica) e as neuroses atuais. A primeira cujo conflito se relaciona à sexualidade infantil e a segunda que se reporta à atividade sexual atual insatisfatória.

Desde esse período inicial, é importante destacar que Freud nunca considerou que o simples excesso ou esgotamento pelo trabalho constituiriam fatores suficientes para produzir as neuroses ou mesmo a neurastenia, como defendia Beard (1881/2002) no texto clássico *Nervosidade americana*. Da mesma forma, apesar de considerar, no início de sua obra, a necessidade de reformas sociais capazes de minimizar os efeitos das repressões sexuais (Freud, 1908/2007), jamais destaca que são os fatores sociais aqueles que produzem diretamente as patologias, mas, sim os fatores ligados à vida sexual de um modo geral (Freud, 1898/2007).

O que efetivamente se destaca são os fatores ligados ao funcionamento do *aparelho psíquico* e *à sexualidade* ou, no caso das neuroses atuais, mais especificamente, a presença de algum impedimento no sentido de que a libido psíquica entre em ação possibilitando ao sujeito o processo de simbolização exigido pela excitação somática.

Creio ser nesse sentido que Freud considera que os doentes não são vítimas da civilização ou da hereditariedade, mas, em suas palavras, "inválidos da sexualidade". O que é colocado em primeiro plano tem, portanto, relação com uma dada posição do sujeito diante da sexualidade.

Avalia, assim, que os fatores etiológicos na causação das neuroses são sempre de ordem sexual e, no caso das neuroses atuais, o que entra em jogo são as práticas sexuais consideradas *inapropriadas* à obtenção de satisfação e, por isso, não capazes de impedir o escoamento direto da estimulação excessiva.

É a partir do artigo *Sobre a justificativa de separar da neurastenia uma determinada síndrome como "neurose de angústia"*, escrito em 1894, que Freud retira a noção de angústia da perspectiva psiquiátrica dando-lhe, a partir daí, um lugar de destaque na então nascente clínica psicanalítica. Tomando como base o princípio da constância de Fechner, ele sublinha a função do aparelho psíquico na busca da homeostase do sistema. Dentro desse quadro, introduz sua primeira teoria da angústia como libido transformada, isto é, uma dada quantidade de libido não descarregada que se tornaria excitação acumulada, escapando sob a forma de angústia (Leite, 2011).

No *Projeto para uma psicologia científica* (1895/2007), ele identifica no princípio de inércia uma tendência originária segundo a qual os neurônios visariam ao nível zero de estimulações. Adiante supõe que o sistema é forçado a abandonar tal tendência devido a ocorrência de uma modificação em seu modo de funcionamento, que passa a ser regido pelo princípio da constância. Esse princípio será nomeado de princípio de prazer, no célebre *A interpretação dos sonhos* (1900[1899]/2007), sendo reformulado em parte em 1920, no artigo *Além do princípio de prazer* (1920/2007), quando dá introdução do segundo dualismo pulsional que inclui a pulsão de morte como tendência originária do organismo. Importa sublinhar, aqui, que é o estabelecimento do segundo dualismo pulsional (pulsões de vida e de morte) que permitirá a elaboração da segunda teoria da angústia.

Retomando, no artigo, escrito em 1894, um importante passo é realizado no sentido de caracterizar a centralidade da angústia, presente na neurose de angústia que passa assim a se distinguir da neurastenia, cujo quadro monótono congregaria uma quantidade mais variada de sintomatologia.

No que diz respeito aos sintomas presentes na neurose de angústia, destacam-se: irritabilidade geral; expectativa angustiada; ataques

190   NEUROSES ATUAIS E ANGÚSTIA NA CONTEMPORANEIDADE

de angústia, quando esse afeto aparece sem nenhuma representação associada ou com uma ideia de *aniquilação da vida*, ameaça de tornar-se louco além de sensações corporais variadas. Freud chama a atenção para o fato de que esses elementos se mesclam de forma extremamente variada de um indivíduo para outro, podendo afetar a atividade cardíaca, a respiração. Em muitos pacientes também é possível verificar ataques de asma, suores, tremores, perturbações gastrointestinais, urgência em urinar, que facilmente se confundem com os sintomas histéricos.

Prossegue considerando que, do ponto de vista da etiologia, deve-se considerar os influxos da vida sexual de homens e mulheres com características distintas. Colocando em relevo, a angústia virginal, a angústia de recém-casadas, a ejaculação precoce, o coito interrompido, viúvas, abstinentes e as mudanças nas etapas da vida sexual, como o climatério.

Vale destacar ainda os dois pontos que chama de *aproximações* a uma *teoria* da neurose de angústia: 1) dificuldades para lidar com um acúmulo de excitação e 2) ausência dos fenômenos de origem psíquica no seu fundamento.

Nesse sentido, sublinho a questão da gênese da neurose de angústia, destacada por Freud, no fato de o indivíduo estar despojado da sua satisfação por alguma interferência na atividade sexual. E tem como consequência a diminuição da libido sexual, do prazer psíquico, como denomina, que parece aí se extinguir (1895, p. 107). Em outras palavras, a excitação sexual somática não se articula com a excitação psíquica o que produz uma impossibilidade da *ação específica*[7] (*ibid.*, p.109). A angústia que aí emerge tem as características de um excesso levando o organismo em questão a se

---

7   A temática da ação específica foi introduzida por Freud no Projeto (1895) indicando a possibilidade do organismo regido pelo princípio de prazer encontrar na realidade externa uma forma de satisfação possível.

comportar como se estivesse lançando esse afeto *para fora*, como destaca Freud (*ibid.*, p.112), pois o excesso que está aqui em jogo não permite ao indivíduo uma fuga pelo fato de a estimulação vir de *dentro* do organismo.

Assim, pode-se considerar que nas neuroses atuais, e em especial na neurose de angústia, apresenta-se uma espécie de *curto-circuito* no que diz respeito a articulação somático-psíquico, apontando para um fracasso do circuito pulsional (Leite, 2011). Ou seja, ocorre uma impossibilidade de constituição da *montagem* pulsional que inclui a conjunção dos elementos: fonte, objeto, objetivo, pressão. É essa montagem que viabiliza a constituição do próprio aparelho psíquico e das ações específicas necessárias ao encontro da satisfação pulsional parcial.

Lacan (1964/2008) vai chamar a atenção para o fato de que é o *circuito* da pulsão em torno do objeto *a* faltoso, aquilo que faz perseverar o desejo. Tal ponto nos leva a considerar que aquilo que se presentifica nas neuroses de angústia é a intensificação do gozo desatrelado do desejo.

Freud (1894/2007) sublinha que a origem dessas patologias é *toxica*,[8] o que aqui pode ser compreendido como ligada a ideia de *fonte* da pulsão, isto é, ao corpo fisiológico. Sendo ausente a constituição do circuito pulsional, como indicado.

Ao responder as críticas levantadas em torno do seu artigo de 1895, afirma que a neurose de angústia é criada por tudo aquilo que impede a tensão somática sexual chegar à esfera psíquica, e por tudo aquilo que interfere no exercício psíquico dela (p. 124).

---

8   A toxidade (do latim *toxicum*, veneno) é a qualidade que caracteriza o grau de qualquer substância nociva para um organismo vivo ou para uma parte específica desse organismo como um órgão, o fígado, por exemplo, como um veneno ou uma toxina produzida por um agente microbiano.

Trata-se, portanto, de uma tensão somática que foi defletida do campo psíquico.

O fato é: Freud vai sustentar que esse é o ponto principal de distinção entre as neuroses atuais e as psiconeuroses que são determinadas por um conflito entre um desejo e uma censura em torno de impulsos ligados a sexualidade infantil. Ou seja, no último caso, trata-se de um conflito entre representações antagônicas.

Outro texto que merece destaque é *Contribuições para um debate sobre a masturbação*, de 1912. Freud se contrapõe, aqui, à tentativa de Wilhelm Stekel[9] de ampliar em demasia o que denominava de psicogenia das doenças. Reafirma, então, a distinção que fizera entre as neuroses atuais e as psiconeuroses indicando que as neuroses atuais fornecem a *solicitação somática*[10] que fundamenta as psiconeuroses. Ou seja, trata-se de uma quantidade de excitação que é selecionada e revestida psiquicamente, constituindo o núcleo do sintoma histérico e, nesse sentido, a neurose de angústia é o equivalente somático da histeria. Em outras palavras: *o grão de areia no centro da pérola* (1912/2007, p. 65). A articulação entre neurose de angústia e solicitação somática será retomada mais adiante.

Considera, ainda, que as neuroses de angústia apresentam duas formas características: *ataques de angústia* e um *estado crônico,* mais brando e com aparecimento flutuante. A descrição dessa modalidade neurótica se assemelha bastante ao que é denominado pela psiquiatria contemporânea de *transtornos de ansiedade* e que envolve os ataques de pânico e a ansiedade generalizada.

---

9 Psiquiatra, psicanalista discípulo de Freud.

10 Freud utiliza a expressão somatisches Entgegenkommen, traduzida por facilitación somática, solicitación somática, complacenza somática e somatic compliance. Em português, há duas traduções: complacência somática e submissão somática. O termo solicitação somática é uma tradução livre do espanhol e sua escolha se justifica pela articulação com as ideias de atração, indução e incitação, que me parecem ser as que melhor se coadunam com a perspectiva freudiana.

Freud supunha que essa afecção era causada por certas técnicas de contracepção, como o *coitus interruptus*. Em seus termos tudo dependia simplesmente do receio de ao utilizar essa técnica sexual, privar o parceiro de satisfação sexual. Assim, observa que devido a esse receio, a neurose de angústia é acompanhada de um decréscimo da libido sexual, ou seja, do desejo psíquico, bem como estabelece que o mecanismo dessa neurose deveria ser procurado na deflexão da excitação sexual somática da esfera psíquica (Leite, 2016a).

Temos assim, um processo quase exclusivamente somático, haja vista uma excitação libidinal ser provocada, mas não satisfeita, nem empregada. A hipótese introduzida mais acima, aponta, assim, para um fracasso do circuito pulsional, ocorrendo uma espécie de *curto-circuito*. A transformação direta da libido em angústia, como definida em sua primeira teoria, assinala, assim, o fracasso do trabalho psíquico de ligar as representações psíquicas ao excesso pulsional.

Lacan (1962-63/2005), no seminário sobre a angústia, reinterpreta as palavras freudianas considerando que na neurose de angústia, esta aparece *quando o orgasmo se desliga do campo da demanda do Outro*. De acordo com ele, Freud ao situar no coito interrompido a fonte da angústia destaca que esse afeto é promovido em sua função essencial justamente quando a intensificação orgástica é desvinculada do exercício do instrumento fálico. Em outras palavras, a angústia é provocada pelo fato de o instrumento fálico, ou melhor, o *significante fálico*, ser posto fora de jogo no gozo. Importante destacar que o significante fálico, significante da falta, é aquele que possibilita a constituição da cadeia significante e, portanto, da realidade psíquica. "De qualquer forma nas neuroses atuais os sintomas não podem ser decompostos como aqueles das psiconeuroses . . . não permitindo a redução histórica ou simbólica a vivencias efetivas" (Freud, 1912/2007, p. 62-63).

Segunda teoria da angústia

A partir de 1920, o tema das neuroses de angústia vai se aproximar da discussão em torno do fator somático e da toxidade relativa, na problemática das neuroses traumáticas, discutida por Freud no artigo *Além do princípio de prazer*.

Como indica, "se a angústia é a reação do eu diante do perigo, parece evidente que a neurose traumática, tão frequentemente sequela de um perigo mortal, deve ser concebida como consequência direta da angústia de sobrevivência ou de morte" (1920/2007, p. 122).

O que é possível entrever nesse artigo é que, do ponto de vista do indivíduo, a vivência de desamparo, oriunda da pulsão de morte que congrega a invasão de grandes somas de estimulação, independe de que estas venham de *dentro* ou de *fora* do organismo. O que se desvela em ambas as situações é a quebra do escudo protetor ou das barreiras capazes de possibilitar num dado momento o escoamento de tais excitações a partir de representações simbólicas. Tais questões aproximam a etiologia das neuroses de angústia e a das neuroses traumáticas.

No trabalho intitulado *Inibições, sintomas e angústia* (1926/2007), Freud introduz a segunda teoria da angústia como consequência da apresentação da segunda teoria pulsional e, portanto, da pulsão de morte.

Nesse ensaio, o tema se apresenta articulado a ideia de desamparo como a condição que fundamenta o ser falante, sendo a angústia definida como um estado afetivo (*quantum* de energia) com um caráter acentuado de desprazer que é liberado, seja *automaticamente* (na vivência traumática), seja como *sinal* que possibilita ao *eu* um preparo e cuja função é evitar o reviver da situação traumática. Com essa descrição pode-se supor que a angústia sinal tem relação, especialmente, com as psiconeuroses de modo que, aqui, o *eu* pode lançar mão das defesas diante da aproximação de um perigo. Já a angústia automática implica na face real da angústia, na forma do encontro com um acontecimento com características traumáticas.

O que está em jogo, a partir de então, é o ponto de vista econômico que assume um valor fundamental no funcionamento do psiquismo. Ou seja, apesar de relacionar o prazer e o desprazer à quantidade de excitação presente no aparelho psíquico, não se trata de uma mera proporcionalidade direta. Entende que o fator que determina a sensação (prazer ou desprazer) em um indivíduo específico é provavelmente o aumento ou a diminuição da quantidade de excitação *durante um determinado período do tempo*. Em outras palavras, o ritmo, a sequência temporal de mudanças, as elevações e as quedas na quantidade de certo estímulo vivenciado pela pessoa.

Tais pontos delineiam a importância da singularidade subjetiva no sentido da capacidade de cada um suportar um determinado *quantum de estimulação*. Indica-se, assim, as diferentes condições que circundam a experiência do desprazer ou da angústia e que podem viabilizar ou não a utilização de determinados mecanismos de defesa e a realização do trabalho psíquico que conduza à ação específica. Nesse sentido, pode-se considerar quanto às neuroses atuais, em especial as neuroses de angústia, que o que se apresenta é a experiência da angústia automática que deixa o eu desamparado e inviabiliza na atualidade desse encontro a apropriação dos significantes do campo do Outro.

Com a introdução da segunda teoria pulsional e, adiante, a segunda teoria da angústia, uma importante mudança se introduz para pensar, também, o conflito nas psiconeuroses. Um dos pontos principais é a reformulação de que é a angústia que produz o recalque das representações carregadas de desejo e não o contrário como vigorava na primeira abordagem.

Tal perspectiva vai colocar a angústia efetivamente no centro da clínica psicanalítica e na constituição das patologias. Freud (1926/2007) afirma que é a atitude de angústia do eu que põe em movimentos os mecanismos de defesa, e que a angústia jamais surge da libido recalcada, como pensava inicialmente. No entanto, acrescenta que do ponto de vista fenomenológico ainda está correta a suposição de que nas neuroses certa dose de angústia aparece – com exceção da histeria de conversão – no lugar da manifestação da libido que era esperada.

Nesse momento, com a introdução das duas faces da angústia: angústia como sinal e angústia automática ou real, uma nova perspectiva se abre para pensar as neuroses atuais em especial a neurose de angústia.

Freud chama a atenção para o fato de que as primeiras erupções de angústia serem muito intensas ocorrendo antes da constituição edípica. Afirma que a presença da angústia no atual da experiência é de fato uma reprodução de algo primitivo, uma reação a um perigo que já ocorreu, cujo protótipo é o trauma do nascimento. Lacan (1962-63/2005), por sua vez, vai indicar que, do ponto de vista do bebê, o verdadeiro trauma do nascimento vincula-se à experiência de invasão, ou melhor, de aspiração de um ambiente absolutamente Outro em relação a criança. Trata-se de uma passagem radical da água para o ar, da vida intrauterina no líquido amniótico para o mundo externo, quando a criança precisa utilizar os pulmões para respirar pela primeira vez. Protótipo da angústia automática ou real que caracteriza a neurose de angústia e algumas neuroses mistas.

Sobre o pulsional e sua atualidade

Freud introduz no artigo *Três ensaios sobre a teoria da sexualidade* (1905/2007), o termo *Trieb*, baseado no estudo das perversões e da sexualidade infantil, que conduzem a perspectiva da parcialidade da pulsão. Um dos pontos mais importantes nesse trabalho é a refutação de que a sexualidade teria um objeto e fim específicos. Tal perspectiva coloca em destaque o fato de que o objeto seria aquilo de mais variável e contingente na pulsão pelo fato de depender das tramas imaginárias e simbólicas inscritas na história do sujeito. Nesse estudo, ressalta que o impulso pulsional é o fator quantitativo em jogo que se configura como uma verdadeira exigência de trabalho imposta ao psiquismo.

Em 1915, no artigo *Pulsões e destinos das pulsões*, agrupa os quatro elementos que fazem parte do circuito pulsional (Lacan, 1964/2008) e ressalta que a pulsão é antes de mais nada um conceito na *fronteira entre o somático e o psíquico* e, uma força constante, ao contrário da noção de instinto (*Instinkt*).

Assim, resumidamente, temos: 1) A fonte (*Quelle*) que indica o processo somático que ocorre em um órgão ou em uma parte do corpo capaz de chegar no psiquismo por meio de seus representantes; 2) A urgência (*Drang*) que é seu fator motor ou a quantidade de exigência de trabalho aí envolvida; 3) A finalidade ou meta (*Ziel*) que é a satisfação que só pode ser obtida pela eliminação da excitação oriunda da fonte, satisfação que é sempre parcial; 3) O objeto (*Objekt*) que não é necessariamente algo externo, mas suscetível de ser substituído por outro.

A partir de Lacan, a essência da pulsão vai ser definida como um circuito que rodeia, em sua ida e volta, a fonte, o vazio deixado por um objeto que nunca esteve lá. Circuito que se constitui pela *Drang* estabelecendo uma borda "o que para Freud é a fonte (*Quelle*), isto é, a zona erógena na pulsão" (Cancina, 2004, p. 128). Nesse sentido, a tensão pulsional não pode deixar de se solidarizar com seu retorno sobre a zona erógena.

Conforme indica Freud (1933/2007), na Conferência XXXII, "A *fonte* é um estado de excitação corporal; a *finalidade* o cancelamento dessa excitação e no caminho que vai da fonte à finalidade, a pulsão adquire eficácia psíquica" (p. 135). A seguir destaca que a neurose de angústia é uma "excitação frustrada" que não encontra a satisfação, mesmo que parcial, propiciada pelo circuito.

Pode-se então concluir que a problemática das neuroses atuais envolve a questão pulsional do ponto de vista da *fonte* e da *urgência*, sem constituir propriamente o circuito pulsional que viabilizaria, a partir dos representantes psíquicos, os desvios necessários em direção a satisfação pulsional parcial. Aqui, também, ganha importância a temática da *solicitação somática*, indicada anteriormente, como relacionada a *fonte* da pulsão.

Seguindo Freud, na mesma Conferência XXXII, quando sublinha que a eficácia psíquica da pulsão depende do caminho que vai da excitação até seu alvo, proponho que a ausência de tal *eficácia* seria o correlato da expressão da pulsão de morte, articulada a ideia de desfusão[11] pulsional.

Nesse sentido, também parece promissora a distinção entre as noções de *erogeneidade* e de *zona erógena,* permitindo-se avançar um pouco mais nessa discussão em torno da neurose de angústia.

Freud descreve a erogeneidade como uma propriedade geral de todos os órgãos do corpo, ou seja, um fenômeno que não se confunde com a noção de zona erógena. Na primeira, trata-se de algo quantitativo que pode aumentar ou diminuir, aproximando-se exatamente da noção de *solicitação somática e de fonte* orgânica das pulsões sexuais. A ideia de fonte quando articulada aos demais elementos da pulsão (objeto, alvo e pressão) constituem o que Lacan denomina

---

11 Apesar de a pulsão de vida e a pulsão de morte tenderem a constituir uma combinação ou fusão em prol da vida, a ideia da *desfusão* pulsional é uma possibilidade indicada por Freud (1923/2007) como o processo que separa o componente erótico da pulsão de morte fazendo vigorar sua face destrutiva e de excesso *livre*.

de circuito pulsional, como já indicado. Pode-se considerar que é somente quando ocorre tal articulação que se estabeleceria, propriamente, as *zonas erógenas*, pois, como o próprio nome aponta, estas seriam *áreas* do corpo que se constituem em função da articulação com representações psíquicas, isto é, de um processo de fusão das pulsões a partir da incidência da linguagem no corpo que ocorre a partir do encontro com o desejo do Outro (Lacan, 1964/2008).

Pode-se supor que no caso das neuroses de angústia, a *solicitação somática* não encontra a possibilidade de articulação com as representações significantes do Outro, expressando assim, por meio da vivência da angústia automática ou real, essa ausência que tem um caráter de radical desamparo.

Como indica Lacan (1964/2008), no que diz respeito ao objeto "a pulsão o contorna . . . *Contorna*, devendo ser tomado aqui com a ambiguidade que lhe dá a língua portuguesa, ao mesmo tempo *turn*, borda em torno da qual se dá a volta, e *trick* volta de escamoteação" (p. 166). Ou seja, como a satisfação total é impossível trata-se de escamotear a falta do objeto, dissimular tal problema encobrindo o real impossível da relação sexual, pelas representações capazes de propiciar alguma satisfação. Estamos no âmbito da fantasia como suporte do desejo e da construção de uma *relação* possível no nível do encontro sujeito-objeto. Processo que, portanto, fracassa nas neuroses de angústia.

Parece se encontrar aqui uma explicação para a hipótese lacaniana (Lacan, 1962-63/2005), indicada no começo desse trabalho, de que a elevação da angústia (angústia automática ou real), ocasionada por determinadas práticas sexuais, como o coito interrompido, se instala na medida em que a intensificação orgástica se desvincula do campo do Outro, enquanto lugar dos significantes. Não há, portanto, resposta do Outro. Pode-se interrogar nesse sentido o estatuto do objeto na neurose de angústia. Haveria uma ausência do objeto em seus aspectos imaginários e simbólicos predominando o objeto real como presença absoluta? Lacan indica que a angústia não é sem objeto referindo-se exatamente a esse aspecto real, traumático do objeto que dessa forma só pode ser descrito como presença que sufoca e invade o corpo.

Freud afirma, em 1933, que o temido na angústia é a emergência de um fator traumático que não possa ser resolvido pelo princípio de prazer. Sugerimos aqui que nas neuroses de angústia é o encontro com o real traumático que se apresenta apontando para o além do princípio de prazer que a pulsão de morte representa.

As neuroses atuais, e em especial a neurose de angústia, são "produto de uma tensão atual, sendo o atual a atualidade de uma falha na passagem do somático ao psíquico" (Cancina, 2004, p. 246)

O termo *atual* aqui é também o *atual pulsional* que não tem *dia nem noite*, como indica Lacan (1964/2008), e que se radicaliza enquanto pulsão de morte.

A experiência psicanalítica envolve uma convocação ao trabalho psíquico que inclui um processo de retroação temporal, uma temporalidade do *só-depois*. Nesse sentido, tal experiência se dá sempre no agora do encontro analítico onde a transferência analítica é ela mesma uma *atualização* do inconsciente. Tais pontos nos permitem considerar que as patologias denominadas de neuroses atuais podem encontrar seus invólucros imaginários e simbólicos no trabalho junto ao psicanalista viabilizando-se as construções necessárias para isso que insiste e que *não cessa de não se inscrever* (Lacan, 1972-73/1985).

Para finalizar

A neurose atual, representada aqui pela neurose de angústia, é uma neurose não mediada por um conflito psíquico, mas que envolve a atualidade imediata de uma tensão pulsional. Cabe indagar como faz Cancina (2004): trata-se de um transtorno específico ou de um transtorno de base em relação as psiconeuroses? Em Freud encontramos as duas possibilidades. Mas, independentemente, dessa decisão é claramente identificável na contemporaneidade a emergência de patologias em que prima o afeto da angústia e junto a isso uma tendência a buscar "soluções" no real do corpo, por meio de diferentes formas de manipulações e intervenções corporais que nos levam a considerar uma rarefação do campo social-simbólico, da palavra que possa advir na mediação do mal-estar radical.

Tal rarefação parece se articular com a presença da tirania do tempo-velocidade, e a uma desterritorialização dos espaços sociais substituídos pelos espaços virtuais que levam a se considerar uma impossibilidade do *habitar*[12] não apenas o espaço social, mas, o próprio corpo.

O que se verifica junto a isso pode ser traduzido nos termos de uma redução do complexo campo da linguagem (que envolve as possibilidades metafóricas e metonímicas) tendo como consequência o primado dos enunciados em detrimento do sujeito da enunciação.

Em quais aspectos tais fatos característicos dessa atual estrutura social se alinham com a emergência das neuroses de angústia?

O campo da psicanálise, desde Freud, se afasta das explicações simplistas e causalistas, indicando por outra via a sobredeterminação dos fenômenos psicopatológicos. Por outro lado, como se trata sempre da posição do sujeito na linguagem, pode-se supor que o estreitamento do campo simbólico, representado pelo *Outro das redes*, limitaria o acesso à fala dirigida ao Outro, enquanto tesouro dos significantes, favorecendo a emergência das neuroses que expressam exatamente uma ausência da *eficácia psíquica* (Freud, 1933/2007).

---

12 Habitar no sentido de pertencer a algo para além de si mesmo que, como indica Lacan, é habitar a linguagem (Leite, 2016b)

Referências

Arendt, H. (2016). *A condição humana*. São Paulo: Forense Universitária.

Bauman, Z. (2001). *Modernidade liquida*. Rio de Janeiro: Jorge Zahar Editor.

Beard, G. (2002). A nervosidade americana. *Revista Latinoamericana de Psicopatologia Fundamental*, São Paulo, 5, 176-185. (Trabalho original publicado em 1881).

Cancina, P. H. (2004). *A fadiga crônica - neurastenia as doenças do século*. São Paulo: Companhia das Letras.

Freud, S. (2007.) *Publicaciones prepsicoanalíticas y manuscritos inéditos en vida de Freud* (1886-1899). Buenos Aires: Amorrortu Editores. Tomo I.

Freud, S. (2007). Manuscrito A. In *Obras Completas* (Volumen I, p. 215-217). Buenos Aires: Amorrortu Editores. (Trabalho original publicado em 1892).

Freud, S. (2007). Manuscrito E. Cómo se general a angustia? In *Obras Completas* (Volumen I, p. 228-234). Buenos Aires: Amorrortu Editores. (Trabalho original publicado em 1894).

Freud, S. (2007). Proyecto de una psicologia para neurólogos. In *Obras Completas* (Volumen III, p. 323-436). Buenos Aires: Amorrortu Editores. (Trabalho original publicado em 1895).

Freud, S. (2007). Primeras publicaciones psicoanaliticas (1893-1899). Sobre a justificacion de separar de la neurastenia un determinado síndrome en calidad de "neuroses de angustia" (1895[1894] Tomo III.

Freud, S. (2007). *Obras Completas [La interpretación de los sueños]* (Volumen IV). Buenos Aires: Amorrortu Editores. (Trabalho original publicado em 1900[1899]).

Freud, S. (2007). Tres ensayos de teoria sexual. In *Obras Completas* (Volumen VII, p. 109-210). Buenos Aires: Amorrortu Editores. (Trabalho original publicado em 1905).

Freud, S. (2007). La moral sexual "cultural" y la nervosidad moderna. In *Obras Completas* (Volumen IX, p. 159-181). Buenos Aires: Amorrortu Editores. (Trabalho original publicado em 1908).

Freud, S. (2007). Contribuiciones para un debate sobre el onanismo. In *Obras Completas* (Volumen XII, p. 247-263). Buenos Aires: Amorrortu Editores. (Trabalho original publicado em 1912).

Freud, S. (2007). Pulsiones y destinos de pulsión. In *Obras Completas* (Volumen XIV, p. 105-134). Buenos Aires: Amorrortu Editores. (Trabalho original publicado em 1915).

Freud, S. (2007). Más allá del principio del placer. In *Obras Completas* (Volumen XVIII, p. 1-62). Buenos Aires: Amorrortu Editores. (Trabalho original publicado em 1920).

Freud, S. (2007). El yo y el ello. In *Obras Completas* (Volumen XIX, p. 1-66). Buenos Aires: Amorrortu Editores. (Trabalho original publicado em 1923).

Freud, S. (2007). Inibicíon, síntoma y angustia. In *Obras Completas* (Volumen XX, p. 71-161). Buenos Aires: Amorrortu Editores. (Trabalho original publicado em 1926).

Freud, S. (2007). Conferencia XXXII La angustia y la vida pulsional. In *Obras Completas* (Volumen XXII, p. 75-103). Buenos Aires: Amorrortu Editores. (Trabalho original publicado em 1933).

Lebrun, J-P. (2004). *Um mundo sem limites. Ensaio para uma clínica psicanalítica do social*. Rio de Janeiro: Companhia de Freud.

Leite, S. (2011). *Angústia*. Rio de Janeiro: Jorge Zahar.

Leite, S. (2016a). Histeria de conversão, ainda? In S. Leite & T. Costa (Orgs.). *Letras do sintoma* (p. 21-30). São Paulo: Companhia das Letras.

Leite, S. (2016b). Habitar, construir, existir: algunas consideraciones sobre el cuerpo en las psicosis. *Revista Latinoamericana de Psicopatologia Fundamental*, São Paulo, 19(2), 214-224.

Lacan, J. (1972-73). *Seminário livro 20*: Mais, ainda. Rio de Janeiro: Jorge Zahar, 1985.

Lacan, J. (1974). A terceira. *7º Congresso da École Freudienns de Paris*. 31 de outubro de 1974, Roma. Recuperado de: www.freudlacan.com/articles/article.php?url_article=jlacan031105_2

Lacan, J. (2005). *Seminário livro 10 A angústia*. Rio de Janeiro: Jorge Zahar. (Trabalho original publicado em 1962-63).

Lacan, J. (2008). *Seminário livro 11 Os quatro conceitos fundamentais*. Rio de Janeiro: Jorge Zahar. (Trabalho original publicado em 1964).

Virilio, P. (2015). *Estética da desaparição*. Rio de Janeiro: Contraponto.

Virilio, P. & Lotringer, S. (1983). *Guerra Pura a militarização do cotidiano*. São Paulo: Editora Brasiliense.

8. Pânico, pane... um divã para a queda[1]

Luciana Cartocci

> *Esta coisa passada e futura torna-se então uma questão do aqui e agora*
>
> (Donald W. Winnicott, 1994, p 74)

Várias abordagens são hoje conhecidas em psicanálise sobre o fenômeno clínico chamado síndrome de pânico. Algumas se baseiam nos desenvolvimentos em psicossomática, inspirados no modelo freudiano das neuroses atuais, e levam em consideração, especialmente, os aspectos econômicos do funcionamento psíquico; outras se atêm à teoria das psiconeuroses, situando o pânico em relação às fobias; há finalmente, num aporte lacaniano, abordagens que derivam da concepção de um sujeito marcado pela linguagem. A noção de

---

1 Este artigo é uma versão modificada e ampliada daquele que foi originalmente publicado na revista *Percurso* (ano IX, n. 18, 1998, p. 16-22, 1998). Ao longo dos anos 1990, o Transtorno de Pânico, ou Síndrome do Pânico, como se difundiu, ganhava grande repercussão como fenômeno clínico e social. Hoje, passados tantos anos e em plena pandemia COVID-19, acreditamos que o que discutimos naquele artigo, e agora neste, mantém-se útil para compreensão dos novos sofrimentos contemporâneos.

desamparo tem sido especialmente útil na clínica com estes pacientes, permeando, de modo geral, os diversos ângulos pelos quais o tema tem sido pensado. Partindo da experiência com alguns pacientes que muitas vezes já chegam para análise com o autodiagnóstico de síndrome do pânico, gostaria de compartilhar algumas questões e reflexões que me vêm instigando, tendo especialmente como referência o pensamento de Winnicott.

Como se dá a formação deste tipo de sintoma? O que este fenômeno clínico nos leva a aprender sobre o funcionamento psíquico? É possível pensá-lo à luz do que julgamos saber sobre a constituição do psiquismo? Seria a chamada síndrome de pânico um produto exclusivo de nossa cultura contemporânea?

Pânico, pane, queda: são palavras que descrevem as sensações vividas corporal e emocionalmente por estes pacientes; palavras-imagem que nos dão algumas pistas por onde seguir. Pane: falha de funcionamento que ameaça produzir uma parada, uma interrupção, um branco. Queda: um desmoronamento, um enfraquecimento ou perda de estrutura, produzidos por um baque e sentido, no caso do pânico, como queda sem chão, um cair sem fim. Pane e queda remetem à falta de continência psíquica para a vida ou à quebra das construções imaginárias e simbólicas que aparentemente sustentavam o sujeito. Pânico: um mal-estar súbito, incontrolável. É como se desaparecessem, de repente, as relações afetivas importantes, as explicações sobre si mesmo e sobre o mundo ao redor, os valores, todos os referenciais, tudo o que povoa e escora a vida psíquica. As construções psíquicas, neste momento, ao menos parcialmente, desabam. É como se a pessoa não mais encontrasse onde se apoiar: então os tremores, a taquicardia, a vertigem, o desmaio iminente, o medo de enlouquecer ou o medo de estar morrendo. E terror é o que então se sente.

Assim que chegam ao consultório, tudo que estes pacientes conseguem tratar é do horror que vêm vivendo. Manifestam sintomas que, em linhas gerais, seguem um padrão já muito descrito pela psiquiatria e que, inclusive, foi bastante difundido pela mídia não especializada. A divulgação permite uma identificação com outros que sofrem do mesmo "mal" e, então, o sofrimento compartilhado, mesmo que superficialmente, propicia, por vezes, algum alívio. Além disso, um nome-diagnóstico dado pela medicina vale como alguma tentativa de reconstrução da rede imaginária e simbólica que havia sido abalada: há alguém que sabe sobre mim, existe uma explicação para o que sinto. No entanto, a classificação diagnóstica e a medicação correspondente são procedimentos gerais, insuficientes para permitir que a pessoa entre em contato com o que lhe é próprio e singular, *seu* sofrimento, *sua* história. Persistirá o mal-estar trazido pela vivência do pânico, o sentimento de quebra na normalidade, de viver algo tão inesperado quanto absurdo, uma realidade na qual a pessoa não se reconhece. Aquilo que alivia pode ao mesmo tempo dificultar um caminho de descoberta, colocando o "mal" totalmente fora do psiquismo, não passível de ser nele incluído por ser considerado de outra ordem, estritamente fisiológica. Estes pacientes vêm e permanecem em análise porque o absurdo lhes abre uma porta para o desejo de saber mais sobre o mundo e sobre si mesmos. A descrição dos sintomas ou a explicação de desordem orgânica pouco acrescentam à compreensão psicológica, agora tão urgente e ansiada como o que possibilitará reconstruir a auto-imagem e dominar a emoção de terror.

Depois de narrarem suas vivências sessões a fio, lentamente começa a emergir a história de vida dessas pessoas. E então vamos reconhecendo que as crises, ou ataques, de pânico foram precedidas por episódios de vida delicados, inquietantes (grave adoecimento do pai, o enlouquecimento de alguém próximo, um divórcio, um aborto, paternidade ou maternidade inesperadas, a herança de uma vultosa dívida...) que remetem a temas igualmente inquietantes: a morte, a loucura, o desamparo ou solidão. Contudo, essas pessoas não estavam conectadas com o que aquelas situações lhes exigiam psiquicamente, não haviam se dado conta de seu impacto.

E então, algumas vezes, a crise de pânico aparece ligada a uma breve intuição, uma percepção fugaz, um *vislumbre* a respeito das condições em que se vivia e ainda se vive. É como a insinuação de algum núcleo desnorteante da própria vida e que, só depois das crises, poderá vir a revelar-se mais largamente como alguma verdade sobre a vida, a condição humana, uma verdade radical e dolorida: *que se está só, que se enlouquece, que se morre.*

No vislumbre, fugidio, é como se o sujeito tivesse num átimo visto algo sobre si mesmo e, em seguida, ofuscados, os olhos se fechassem: que essa verdade não se encara assim frente a frente, de uma só vez. Poderia haver um *insight* se o que foi visto de relance tivesse sido sustentado e desdobrado no tempo. Entretanto, um vislumbre perturbador, não suportado, deixa transbordar na crise de pânico.

A análise levou tempo até que Renata pudesse reconstruir, reconstituir a história do que se passou com ela. Tinha um bom emprego, mas foi deixando de trabalhar à medida em que nasciam seus três filhos. O marido segue bem na sua carreira. Para os filhos, sempre muitas oportunidades de aprendizagem e lazer. Em determinado momento, os filhos estão maiores e surge a necessidade de mudar de cidade para o desenvolvimento profissional do marido. Renata sempre se imaginou independente e inabalável, realizada com sua vida e com o que proporcionava para sua família. Julgava que inseguranças em relação à viagem, dúvidas sobre acomodação a um novo mundo, reminiscências de algum desenraizamento, não poderiam fazer parte de suas preocupações. Sobrevém então, num dia já bastante extenuante, uma violenta crise de angústia no estacionamento de um grande supermercado. Assustada, pede ajuda para chegar em casa. O medo de que a crise se repetisse vai impedi-la de sair de casa, levar os filhos para lá e para cá, organizar o cotidiano e, claro, preparar a mudança. Justo ela que achava um privilégio ir morar numa grande cidade e que se orgulhava de como conseguia enfrentar todas as suas tarefas. Em análise, se dá conta de que não é a mudança de cidade, por si mesma, o que a assustou e a fez acordar como num pesadelo e, sim, a mudança que a exige internamente, a revisão exigida pela necessidade de localizar-se por fora e por dentro. Afinal, onde ela está? Para aonde está indo? Para aonde quer ir? Com quem? Descobriu-se como uma dócil passageira, sem sequer palpitar sobre seu destino. Urge sair deste lugar em que nenhum questionamento é possível. Tudo isso provoca um abalo em sua rede de sustentação imaginária e simbólica e no modo como vivia suas relações afetivas: ela cai.

Do vislumbre à crise, do *insight* falido à desorganização psíquica, o que acontece? Talvez haja apenas uma consciência evanescente que depressa dá lugar a uma explosão de angústia. O que havia aflorado na consciência fica solto, sem sentido, vagando em meio a aflições, como num breve surto que exaure e leva a pessoa à lona. Ocorreu uma espécie de recusa, uma oposição à percepção de episódios traumatizantes e ao reconhecimento de seus temas perturbadores: o que foi sofrido e entrevisto ficou impedido de ganhar sentido. A ausência de sentido faz então um vazio. Uma percepção que se apresenta e, sem ser apanhada por uma rede de significação, bate num oco, e ressoando no corpo como num sino, deixa a pessoa aturdida. Ela está só. O que foi vislumbrado, perdido nos escombros da crise, permanece esperando ligação, aguardando ser resgatado e, finalmente, formulado e elaborado. O que se perdeu em meio à angústia precisará ser reencontrado e situado numa inédita construção simbólica a partir da qual a pessoa se restitue. E o fio que a liga ao outro, redescoberto.

O vislumbre vem como uma sensação corporal, quem sabe uma impressão, uma imagem, talvez uma frase que, como foi dito, faz emergir a vivência disruptiva. O vislumbre e a crise são vividos como algo inédito, não reconhecível como próprio, que não se integra ao eu. Algo novo e traumático.

Como isso foi acontecer comigo? Estava trabalhando, na frente do computador quando começou", diz Henrique, que vive a crise como uma efração. A construção fóbica virá depois, produzindo muitos rituais. Passa, quando da primeira crise, três dias trancado em casa, sem ter certeza de reconhecer-se no espelho e nem no mundo quando olhava pela janela, vivendo o mais completo terror. "Exames não deram nada. Alguma coisa está errada. Bem agora que minha mãe aprontou aquela gracinha, contraindo aquelas dívidas que eu tenho que pagar". Esta era uma das inúmeras consequências trazidas pela morte do pai, anos antes: assumir responsabilidades além das que lhe eram cabíveis. Esta morte volta agora associada à percepção insuportável da ausência e do desemparo que provocou, um acontecimento difícil de assimilar, transbordante, e que tem por isso valor de trauma: surge nele o medo intenso de morrer.

O ataque de pânico pode acontecer a qualquer pessoa quando a vida comum é surpreendida por sofrimentos que não encontram lugar na subjetividade do sujeito ou na relação com os outros. Morte, loucura ou solidão são temas que se formam para o sujeito sempre a partir de relações com outros sujeitos, são temas informados pelo modo como são apresentados ou recusados por outros humanos: nesta medida, não são nunca desvinculados da sexualidade humana, ou seja, daquilo que nos atinge por meio dos órgãos dos sentidos e enigmas dos nossos relacionamentos com pessoas e grupos.

Pânico, neurose de angústia e après-coup

Uma vez que o pânico é sentido como algo aparentemente disparado por acontecimentos imediatos, seria possível pensá-lo em correspondência com as neuroses atuais e, em particular, com o quadro que Freud designou como neurose de angústia, cujos sintomas se assemelham aos de pânico? Ou seguindo a trilha da formação de sintomas em dois tempos, encontraríamos no pânico operações de *après-coup*?

O psiquismo opera por inscrições, reinscriçoes e transcrições de acontecimentos que se organizam e reorganizam em diferentes sistemas de recordação, sendo que a coordenação dos traços mnésicos pode variar segundo o dinamismo consciente ou inconsciente de cada sistema, a maturidade do indivíduo e o repertório de traços acumulados: este é o assunto da famosa carta a Fliess.[2] Nas explicações sobre a histeria, o fenômeno da posterioridade se aplica especialmente a um acontecimento ocorrido na infância e que não pôde ser integrado a um contexto significativo quando foi vivido, mas que deixou traços mnésicos. Quando um novo acontecimento, não mais na infância, remete ao acontecimento primeiro, há outra reinscrição, uma ressignificação, uma tradução, evidenciando agora o sentido sexual do que foi sofrido antes e trazendo, por isso, significativo mal-estar. Ou seja, a reinscrição é capaz de reavivar acontecimentos anteriores que, então, tornam-se *posteriormente* patogênicos, debilitantes, abaladores. Advém então o recalque e, agora, as reminiscências recalcadas, não traduzidas, tornam-se fontes de intensos processos inconscientes. A crise, neste caso, provém de reminiscências, de seu poder de desencadear angústia e formar sintomas. Entre as reminiscências e os sintomas formam-se relações simbólicas estabelecidas por condensação ou deslocamento de representações antigas e recentes. São relações simbólicas que podem alcançar a linguagem e tornar-se discurso. Estes desdobramentos simbólicos, capazes de ligar passado e presente, não são reconhecíveis nas neuroses chamadas justamente *atuais*.

---

2 Freud, S. "Carta 52, de 6/12/1896". In: *A correspondência completa de S. Freud para Wilhem Fliess 1887-1904*. Jeffrey M. Masson (org.). Rio de Janeiro: Imago, 1986.

Em certos aspectos, a formação do sintoma de pânico aproxima-se do que Freud estabeleceu para as neuroses atuais, especialmente para a neurose de angústia, cujo quadro etiológico foi pouco desenvolvido, mas nunca totalmente abandonado por ele. A neurose de angústia, quanto à sua etiologia, tem como características: primeiro, não remete ao passado e aos desdobramentos da sexualidade infantil e, segundo, os seus sintomas eclodem e permanecem em domínio somático. A angústia atual é diretamente formada de condições presentes que implicam ausência, impedimento ou inadequação de satisfação sexual. Freud nos falava, em *Sobre os critérios para destacar da neurastenia uma síndrome particular intitulada Neurose de Angústia,*[3] de uma *"insuficiência psíquica em consequência da qual surgem os processos somáticos anormais"*: uma vez que não há *elaboração psíquica dos impulsos*, nem possibilidade de encontrar descarga adequada, a acumulação e estagnação de libido será a fonte direta de angústia. Não é, portanto, angústia que surge de reminiscências de um passado traumático ou do jogo de representações ligadas ao outro, ao corpo e à memória. São processos imediatamente produzidos por sobrecarga libidinal, sobre um fundo de insuficiência psíquica.

O que parece suscitar o pânico, como foi antes assinalado, decorre da biografia e, mais além, parece remeter a questões humanas muito radicais: morte, loucura, solidão. Portanto, toca em realidades que são tão presentes e imediatas quanto são arcaicas e recorrentes. Ainda assim, retomando a expressão freudiana, encontramos nos casos de pânico, em maior ou menor grau, esta "insuficiência psíquica", a ausência de "elaboração psíquica", esta lacuna ou pobreza de imagens e palavras, fantasias e pensamentos. Lacuna ou

---

3 Freud, S. (1996) "Sobre os fundamentos para destacar da neurastenia uma síndrome particular intitulada neurose de angústia". In *Obras Completas,* Edição Standard Brasileira das Obras Completas de Sigmund Freud. Rio de Janeiro: Imago, 1985, vol. III, p. 65.

pobreza psíquica que podem estar encobertas ou obturadas por defesas ansiosamente organizadas e falsamente estruturantes, como pequenas fobias, negação da dependência e sistemas de crenças. Uma metáfora: tudo vai bem até que o calor ou o frio incide sobre o copo e ele trinca, bem ali, onde havia uma bolha. O pânico é uma tentativa de afastar-se do vazio, do buraco, da queda no abismo: o coração acelera como nas fugas, evidenciando a relação ancestral entre o corpo e os perigos humanos.

A insuficiente prontidão psíquica deixa acontecimentos sem se constituírem como experiência, sobrevém um vazio que se *atualiza* como crise de pânico.

O vazio é explosivo, desencadeia excitações sem contenção, incontroláveis e que transbordam. Traumático, o excesso de excitações, uma explosão que *não* tem sua origem primeira no organismo, mas em eventos incompreensíveis ou desnorteantes, pode acarretar sintomas que não passam por mediações imaginárias e discursivas, segundo linhas metonímicas ou metafóricas e sobrecarregam o corpo diretamente. O que persiste, então, quanto ao quadro clínico das neuroses atuais, é que as pressões da pulsão são sempre capazes de formar sintomas por enérgica e direta inervação do corpo: cansaço geral, dores arbitrárias, arritmia, suores, dificuldades respiratórias, insônia e outras manifestações transitórias ou inespecíficas.

Enfim, no pânico, aproximando-se da neurose atual, a insuficiência imaginária e simbólica, as grandes excitações sem elaboração psíquica e que se descarregam no corpo diretamente; aproximando-se das psiconeuroses, a necessidade de concebermos um ponto de partida em eventos presentes e passados, biográficos e históricos.

Winnicott se referirá à insuficiência psíquica e ao traumático a partir de uma perspectiva muito original, tomando-os no quadro primordial da relação entre o bebê e a mãe ou o adulto. Neste modelo teórico, *o vazio de representações estará agora intimamente relacionado à ausência de amparo (corporal, simbólico, afetivo) do outro.*

Colapso, congelamento, holding

A ideia desenvolvida por Winnicott no surpreendente artigo *O Medo do Colapso* é a de que, no início da vida do bebê, pode suceder algo que ele ainda não é capaz de viver, isto é, acolher psiquicamente, conceber como uma experiência pessoal. O que não foi vivido ficará como que congelado, inconsciente, à espera de uma nova situação que traga a possibilidade de vivê-lo.[4] Neste contexto especial, o inconsciente corresponderá para Winnicott ao que a integração do ego, ainda incipiente, não foi capaz de abranger: "o ego é imaturo demais para reunir todos os fenômenos dentro da área de onipotência pessoal".[5] O inconsciente, aqui, refere-se à existência de um campo psíquico que não é da ordem do recalcado. O congelamento está fora do tempo, é de uma atualidade radical, não poderá tornar-se

---

4 Winnicott, D. W. (1988). "Aspectos clínicos e metapsicológicos da regressão dentro do setting psicanalítico" (1954-1955), *Textos selecionados: da pediatria à psicanálise*. Rio de janeiro: Francisco Alves. Cito:
"Deve-se incluir em uma teoria do desenvolvimento de um ser humano a ideia de que é normal e saudável para o indivíduo ser capaz de defender seu *self* contra o fracasso ambiental específico através do de um *congelamento da situação de fracasso*. Ao mesmo tempo, há uma assunção inconsciente (que pode se tornar uma esperança consciente) de que mais tarde surgirá a oportunidade de uma experiência renovada na qual a situação de fracasso poderá ser delegada e reexperimentada" (p. 453-464).
"Há várias maneiras através das quais o indivíduo saudável lida com fracassos ambientais específicos, ocorridos no início da vida; é a uma delas que estou chamando aqui de congelamento da situação de fracasso. Deve haver uma relação entre isto e o conceito de fixação" (p. 464).
Chamo atenção, quanto a esta segunda citação, para a interessante hipótese de que *congelamento* se liga ao que Freud tratou como *fixação*: as fixações devolveriam o sujeito não apenas a pontos retidos do desenvolvimento libidinal, mas, mais objetivamente, ao que não aconteceu na relação com o outro. Este é o sentido da regressão para Winnicott: o que não foi vivido e pede ainda para ser vivido com alguém.
5 Winnicott, D. W. O Medo do Colapso, *op. cit.*, p 73.

passado senão quando experimentado. Importa então observar com Winnicott que o colapso que será vivido no futuro, às vezes transferencialmente durante o processo de análise, na verdade já aconteceu antes e muito cedo, num momento em que o bebê "ainda não estava lá" para vivê-lo. O medo de um desmoronamento das defesas organizadas, no presente, o medo de um *breakdown*, medo da morte (como aniquilação do eu) ou do vazio, já tinham ocorridos no passado.

Os primeiros momentos em que pode ocorrer congelamento são aqueles em que o bebê e sua mãe, ou o adulto cuidador, ainda não se distinguem (do ponto de vista do bebê). O pequeno bebê não é uma unidade, a não ser com sua mãe. O que a dupla mãe-bebê for capaz de viver, o bebê terá adquirido como uma experiência. O que a dupla deixar de viver, ficará congelado como uma experiência não adquirida pelo bebê. O bebê *é* o meio e encontra-se em absoluta dependência do outro. A integração numa unidade separada será conseguida lentamente a partir do suporte que a mãe ofereça, sendo continente para a não-integração inicial. Nos primórdios da vida psíquica, falhas no processo de integração e constituição do ego infantil estarão intimamente relacionadas ao que a mãe pôde ou não proporcionar, desde os cuidados corporais em toda sua materialidade (texturas, temperaturas, ritmos) até a capacidade de sonhar (*rêverie*). O que importa é a qualidade *suficientemente boa* dos cuidados maternos, o modo como carrega a criança, o seu tom de voz, sua ternura e vivacidade, o rosto oferecido como espelho: mãe-ambiente. Sabemos o quanto de excitação o contato com a mãe comporta para o bebê, e que esta excitação faz parte do fundamental investimento amoroso (narcizante) feito por ela (mãe-objeto). Para a mãe, o contato com o bebê é também excitante e podemos dizer, afinal, que os bebês também a enlouquecem! No entanto, o importante é salientar que haja na mãe a possibilidade de uma conjugação entre excitação e contorno apaziguante, entre sedução e colo.

Adaptando-se ativamente ao bebê, permitindo que viva com relaxamento o estado de não-integração, a mãe vai criando condições para que surja ali um eu. Segurança e confiança nascem na comunicação silenciosa entre ambos.

Cito Clarice Lispector em *A Descoberta do Mundo*:

> *A água secou na boca. A mosca bate no vidro. O sono do menino é raiado de claridade e calor, o sono vibra no ar. Até que, em pesadelo súbito, uma das palavras que ele aprendeu lhe ocorre: ele estremece violentamente, abre os olhos. E para seu terror vê apenas isto: o vazio quente e claro do ar, sem mãe. O que ele pensa estoura em choro pela casa toda. Enquanto ele chora, vai se reconhecendo, transformando-se naquele que a mãe reconhecerá. Quase desfalece em soluções, com uma urgência ele tem que se transformar numa coisa que pode ser vista e ouvida senão ele ficara só, tem que se transformar em compreensível senão ninguém o compreenderá, senão ninguém irá para seu o silencio.*
>
> *Até que o ruído familiar entra pela porta e o menino, mudo de interesse pelo que o poder de um menino provoca, para de chorar: mãe. Mãe é: não morrer.*[6]

Caso haja rupturas da unidade originária mãe-bebê, a criança corre o risco de ingressar em agonias impensáveis: desfazer-se em pedaços, cair para sempre, estar em algum lugar longe do corpo. A estas agonias o bebê reagirá imediatamente, produzindo-se uma

---

6 Lispector, C. (1994) "O Menino a Bico-de-Pena". In *A Descoberta do Mundo*. Rio de Janeiro: Francisco Alves, p. 257.

dissociação: o que foi sofrido, mas não-vivido, fica isolado como uma parte potencial do eu, congelado. Vazio sem mãe.

É preciso considerar, em cada situação, o sentido, a duração e a quantidade dessas rupturas. Diferentemente, portanto, da gradual discriminação e separação que a mãe consegue providenciar e garantir graças ao fato de ela sentir que a unidade mãe-bebê é formada por um par. O termo ruptura liga-se a situações que, prolongadas, excedem muito a possibilidade do bebê suportar sozinho os seus efeitos.[7] Imaginemos uma situação, aqui simplificada: o mal-estar invade e o bebê chora, contorcendo-se, sentindo apenas que é ruim. A mãe o socorre, contém o bebê nos braços, diz alguma coisa. A mãe aguarda, o bebê parece alcançar um estado de calma, relaxado, distraído. Há um encontro. E então, estando os dois ali, dependendo do que acontece, se surge agora um anseio no bebê, ela lhe oferece um objeto, apresenta-lhe algo vivo – o seio, o colo, a caixinha de ninar, o paninho, a mudança de posição – ao que o bebê corresponde e toma como criação dele mesmo: *encontrar é inventar*. Aquilo que é vivido como encontro ganha formas aos poucos, transforma-se em traços, imagens visuais e sonoras, representações que se complexificam até que permitam sentir sem desespero as coisas e, enfim, expressá-las por gestos e palavras.[8] O gesto do bebê, seu impulso ao buscar o objeto, ao movimentar-se, será, então, sentido como próprio e real, prazeroso e significativo.

---

7   Rupturas podem produzir-se por depressão ou morte da mãe, intrusão (substituição da realidade da criança pela do adulto), frieza ou automatismo nos cuidados maternos, entre outras condições, mais ou menos duráveis.

8   Muitos psicanalistas se dedicaram à teorização a respeito das primeiras marcas psíquicas e seus continentes: Anzieu (eu-pele), Aulaigner (pictogramas), Laplanche (significantes enigmáticos), Green (função enquadrante), entre outros, construindo desenvolvimentos teóricos importantes e mesmo fundamentais, e que souberam dialogar com a contribuição de Winnicott, seja assinalando confluências, diferenças ou avanços.

Pensemos na situação em que não há presença da mãe, ou em que a resposta materna não encontra o bebê. Quais seriam os efeitos? Podemos imaginar que o bebê, por ex., agitando-se, cada vez menos capaz do que sente, menos capaz de esperar, seja vencido pelo cansaço. Nada acontece que lhe permitiria sentir que existe. Nada se constrói como experiência que lhe permitiria identificar o que sente. Os impulsos do bebê não encontrarão seu sentido. Deixar o bebê sem companhia e seus gestos sem intuição não seria frustrar o bebê, mas, bem mais, seria perder as condições para o surgimento do sentimento de existir. A criança não alcançará, naquele momento, o sentimento de existir parcial ou totalmente, existir como uma boca capaz de fruição ou como um corpo inteiro. O sentimento de existir antecede e prepara um eu delimitado por uma membrana (pele) que o separa do não-eu. O ego materno é suporte psíquico para o bebê e vai cedo suscitar nele o sentimento de existência, antes mesmo de haver um eu desenvolvido e mais ou menos independente.

Vazio sem mãe; sobrevém a agonia e há uma interrupção do simples existir. Diversos destinos poderão daí resultar: doenças psicossomáticas, as psicoses infantis, o estabelecimento de um *falso self*. Na formação do *falso self* o centro da unidade do eu desloca-se para um eu alienado (o bebê terá "*que se transformar numa coisa que pode ser vista e ouvida*"), subordinado ao mundo, mundo que foi tornado precocemente diferente do bebê. Mundo que o bebê precisará perceber sem descobrir, perceber para apenas adaptar-se, incapaz de participação pessoal e inventiva.

Winnicott estudou detalhadamente os cuidados maternos, definindo o *holding* (amparo) como a mais primordial função para um ambiente facilitador, à qual vêm se somar a de *handling* (manejo) e de apresentação de objetos. A oscilação do bebê entre os estados relaxados não-integrados e os de excitação criam um ritmo, um ritmo próprio, um tempo vivido. *Holding* é sustentação intersubjetiva do ritmo que traz a experiência de existir ao longo do tempo.

É existência compartilhada que ampara a criança no estado originário de não integração, então vivido sem horror. É amparo que instaura um *ambiente*, um lugar espacial e temporal, em que uma unidade pessoal, impulsos e experiências também pessoais ganham contornos, um ambiente de vida.

As situações de fracasso são aquelas em que a criança fica impedida na continuidade da experiência de existir para alguém, interrompendo, naquele momento, a possibilidade de criação simbólica. Se o amparo, a presença de alguém, retorna, a criança se acalma e retoma a esperança. São muitas as tentativas de encontro. Será sempre inevitável que a criança viva algum momento de fracasso e de agonia, viva algum congelamento: "uma certa experiência da loucura, seja o que for que isso possa significar, é universal, e isto quer dizer ser impossível pensar em uma criança que tenha sido tão bem cuidada em sua primeiríssima infância que não houve ocasião para uma tensão excessiva de sua personalidade". Há "aqueles que não têm consigo uma experiência significante de colapso mental . . . e aqueles que dela precisam fugir, flertar com ela, temê-la, e, até certo ponto, estar sempre preocupados com sua ameaça".[9] Quanto mais proeminente a ausência, prolongada e frequente, mais intensos serão os vazios e mais intensas as defesas.

Em Winnicott, assim, o colapso, quando eclode na vida adulta, já terá acontecido no passado, mas um passado não vivido. O medo do colapso é o medo de ficarmos sem defesa e sozinhos, contra o que ainda não foi pensado, contra um impensável estado de coisas. Uma aproximação é possível entre colapso e pânico, especialmente quanto ao modelo temporal que opera no colapso: uma espécie de repetição, de operação em dois tempos, como um *après-coup* em que o segundo tempo se comunica com um primeiro tempo. O pânico,

---

9 Winnicott, D. W. (1994) "A psicologia da loucura: uma contribuição da psicanálise". In *Explorações psicanalíticas*. Porto Alegre: Artes Médicas Sul, p. 96.

como o colapso, tem passado, mas um passado que *não foi vivido, sem lembranças.* Outras determinações relevantes também sugerem aproximações: a quebra das defesas do eu e a relação com o ambiente.

Pânico, divã, cultura

O pânico impôs-se, sobretudo, como um fenômeno juvenil ou adulto, típico de nosso tempo; o colapso, por sua vez, impôs-se a Winnicott como um fenômeno muito primitivo e, desde então, renovável, passível de *descongelamento.* Encontramos na teoria winnicottiana do colapso modelos de compreensão que permitem a aproximação dos dois fenômenos, pânico e colapso, baseada nos pontos já mencionados acima: temporalidade (congelamento, descongelamento), quebra das defesas do eu, *holding* e ambiente.

Um novo colapso na idade adulta, como uma crise de pânico, não é revivência, mas repetição do que não foi significado, não foi adquirido como *representação,* como inscrição que já tivesse ganhado investimento ou um trabalho de simbolização. O que ficou antes congelado pode ser outra vez apresentado, chegando ao sujeito como algo novo (justificadamente novo porque, de fato, ainda não experimentado).[10] A nova *apresentação,* se traumática, leva ao pânico. A situação que fracassou como experiência e ficou suspensa, agora descongelada, se compartilhada com alguém e então suportada, torna-se passível de simbolização e de integração ao eu. Nesta condição, "lembrar" é vivenciar pela primeira vez, o que equivale, na análise do paciente psiconeurótico, ao levantamento do recalque e ao "relembrar" do recalcado.

---

10 É possível supor, com Winnicott, que o colapso original tenha deixado congeladas impressões corporais, precárias marcas ligadas à situação de fracasso, efeitos do "vazio de alguém". E também uma inibição, um caminho perdido no processo de aquisições simbólicas, um vazio de ligações.

O que ficou congelado é mantido em espera, talvez sob a forma de constantes ansiedades difusas e sensações de vazio, até que aconteça um descongelamento. Evocado por circunstâncias atuais – novas falhas do ambiente, vividas agora com novos recursos e novas esperanças de encontrar continência – o descongelamento poderá inaugurar um trabalho psíquico sobre o fracasso do passado.

Sérgio, que sente o coração explodir em mil badaladas, tem sua primeira crise algum tempo depois de nascerem suas filhas gêmeas e ocorrerem problemas no trabalho. Queixa-se das dores no corpo tenso, fortíssimas. Não seriam estes músculos rígidos uma resposta ao medo de cair para sempre, sem retorno, morte psíquica?

A crise de pânico põe sobressaltados os sentidos, a apreensão é constante; rituais fóbicos ou obsessivos vão eventualmente formar-se na tentativa de evitar novos ataques. A exacerbada ansiedade assinala um fracasso de *holding* na situação atual: o centro de gravidade da consciência é deslocado do cerne para a superfície, do indivíduo para o meio.[11] A atenção fica voltada para sensações do corpo que, desligadas de qualidades simbólicas (as badaladas do coração não adquirem valor significante), tornam-se motoras de controle exagerado dos cuidados que possam produzir segurança.

Desamparo faz as crises de pânico. O desenvolvimento psíquico rumo à independência relativa fica truncado. Nas sessões de análise, um divã para a queda: o *holding* corresponderá à presença confiante de um analista – isto é, de uma parceria capaz de *solidão*

---

11 "Os três principais tipos de ansiedade que resultam do fracasso na técnica utilizada para cuidar do bebê são: não-integração, tornando-se um sentimento de desintegração; falta de relacionamento entre a psique e o soma, tornando--se um sentimento de despersonalização; e também o sentimento de que o centro de gravidade da consciência é transferido do cerne para a superfície, do indivíduo para o cuidado, a técnica". Winnicott, D. W. (1993) "Ansiedade associada à insegurança". In *Da Pediatria a Psicanálise*. Rio de Janeiro: Francisco Alves, p. 207.

compartilhada e, aos poucos, capaz do abrigo de angústia – ao manejo e, em momento adequado, à interpretação. O *vislumbre* não ficará perdido e poderá ser incluído dentro da área de onipotência atual, com a necessária dependência do analista vivida na transferência. A análise da loucura, que é temida, não é atingida sem o fornecimento de um novo exemplo de cuidado,[12] que passará pela experiência de viver o relaxamento, isto é, não precisar estar atento e em prontidão para reagir na presença de alguém. Experiência que antecede e prepara a elaboração e a simbolização.

Assim, um processo atual de pânico pode ganhar significação a depender de continência, loucura compartilhada e comunicação ligando-se então a representações a partir de novos acontecimentos e afetos, e encontrando, finalmente, sentidos que remetam ao próprio passado, ao presente ou ao futuro. Ou, mais além, sentidos que podem corresponder-se com dramas de antigas gerações ou dramas ligados a acontecimentos humanos.

Para pensarmos a relação do pânico com a cultura a contribuição de Winnicott é bastante decisiva ao associar *colapso* – fracasso de uma organização de defesa contra a não- integração – e *ambiente*, que contribuirá para que se dê o congelamento ou descongelamento de um campo psíquico. O ambiente em jogo na formação de pânico,

---

12 "a análise pode e deve chegar à loucura, apesar do diagnóstico [podendo] permanecer sendo de neurose e não psicose".
Winnicott, D. W. (ano) "Ansiedade associada à insegurança". In *Textos selecionados: Da pediatria à psicanálise*. Rio de Janeiro: Francisco Alves, p. 209 (colchetes meus).
Pode-se dizer com Freud e Winnicott que a angústia de morte pode chegar antes da angústia de castração (e ser ressignificada por esta): não é a angústia despertada pela percepção de que a mãe não tem tudo, que lhe falta algo valioso, mas sim a angústia referente a uma mãe que ainda nem é um outro e que, na sua falta, é a morte. A angústia de castração, contida num arranjo psíquico precário, pode empurrar regressivamente para falhas mais originárias que permaneciam como pano de fundo.

como no caso do colapso, liga-se ao ambiente dos laços mais próximos, mas pode abranger o ambiente cultural.

Por meio do *holding*, antes que o bebê possa perceber o mundo como separado dele, perceberá o ambiente como um lugar de viver, um lugar possível de enraizamento e invenção. A *apresentação de objetos* é providenciada pela mãe e pelo mundo: apresentá-los significa propô-los à criança como acessíveis, passíveis de serem investidos com curiosidade e surpresa, mas também com familiaridade, nem muito além, nem muito aquém, da capacidade do bebê de usá-los. Os objetos, graças à mãe e a um mundo suficientemente bons, vão surgir para a criança num campo de *transicionalidade*, a meio caminho entre o subjetivo e o objetivo, objetos transicionais. Este espaço aberto, potencial, espaço do brincar, é onde transcorrerá a experiência cultural. O campo da cultura, herdeiro e fiador do *holding*, é campo alargado da transicionalidade e é, como sugere Winnicott, onde passamos a maior parte do nosso tempo *vivo*. Este campo possibilitará sentir-se pertencente, reconhecer-se parte e tomando parte criadora em grupos, numa comunidade ou, em termos mais amplos, na humanidade.

Se seguimos com Winnicott, a confiança que o bebê deposita na segurança oferecida pela mãe e, consequentemente, a confiança noutras pessoas e coisas, torna possível o reconhecimento e a experiência de separação entre não-eu e eu. "Ao mesmo tempo, entretanto, podemos afirmar que a *separação é evitada* por meio do preenchimento do espaço potencial com o brincar criativo, com o uso dos símbolos, e com tudo aquilo que eventualmente será acrescentado à vida cultural".[13] Quando entre o não-eu e o eu não se formou um campo de transições, a separação traumática, a ruptura entre não-eu e eu, pode sobrevir; e será temida, sofrida como uma ameaça.

---

13 Winnicott, D. W. (1975). O lugar em que vivemos. In: *O Brincar e a realidade*. Rio de Janeiro: Imago, p. 151. (grifos meus).

Mãe e cultura conjugam-se como amparo para as constantes transformações e organizações do eu.[14] Como o corpo materno, o corpo da cultura comparece nos costumes, objetos e rituais do cotidiano que circunscrevem formas e tempos do viver. No decorrer da vida, as instituições (trabalho, casamento, grupos de amigos, qualquer conjunto organizado de pessoas num determinado local, com atividades ou funções mais ou menos fixadas, e onde circulam os mais diversos afetos) irão cumprir funções de *holding*, vão apoiar e incrementar a subjetividade tanto quanto promover transições do eu para o não-eu, para o mundo. Winnicott admite analogias entre mãe-ambiente e o ambiente cultural: as instituições, quando suficientemente boas, podem ser lugares de repouso, espaços onde se pode ser e viver. Moldura que, quando se altera, pode produzir efeitos desestabilizadores.

Pode haver acontecimentos, em determinados contextos sociais, que resultem em sofrimentos que não encontram lastro simbólico na experiência de cada um, mas também na experiência de grupos, povos, sociedades. Cada cultura propicia e abarca diferentes possibilidades de experimentar e simbolizar eventos próprios da condição humana. Criamos um mundo em que perceber fatos-limite, como a morte, a solidão e ausência, parece ter se tornado insuportável. São experiências que precisam ganhar suporte na cultura, ganhar com-vivência, sustentação comunitária, para serem passíveis de contorno simbólico.

Entre nós há experiências potenciais, ainda não vividas, portanto, que também entre nós e apenas aí, poderão ser presentificadas. O

---

14 Isto é evidenciado, por exemplo, neste recomeço chamado adolescência, este tempo de angústias específicas, mas sempre culturalmente informadas, tempo que pode ser reconhecido como um produto social da modernidade. Sobre a solidão do adolescente, ver Rodolpho Ruffino (1993) "Sobre o lugar da adolescência na teoria do sujeito". In Rappaport, C. R. *et al. Adolescência - Abordagem psicanalítica*. São Paulo: EPU, p 25-27.

mundo-ambiente está para a mãe-ambiente assim como o *holding* cultural está para o *holding* materno: na sua ausência, o sujeito sucumbe ao novo; na sua presença, a possibilidade de descoberta e construção.

Contemporaneidade do pânico

O antropólogo Marc Augé, em sua obra *Os não-lugares: introdução a uma antropologia da supermodernidade* (1994),[15] trata de áreas que não possibilitam a manutenção de uma identidade, uma posição na relação com os outros e com meios culturais produtora de sentidos (significados). São as grandes avenidas, viadutos e vias expressas, aeroportos, shoppings centers: lugares sem singularidade, sempre iguais independentemente de onde se localizem, sem relação intrínseca com a vida das pessoas, como se pudessem ser a-históricos e até atemporais. Muitas vezes são áreas de passagem, de traslados, e podem implicar uma sensação de deslocamento no nada, de descontinuidade: circular nestes não-lugares exige suportar uma separação com o que remete às raízes de cada um, uma separação com aqueles que primeiro sustentaram um corpo no tempo e no espaço para que ali houvesse uma morada, um habitar. São não-lugares onde, geralmente, a primeira crise acontece. No pânico, somos assombrados e intimidados por realidades impessoais.

A emergência da crise de angústia relaciona-se, como quisemos indicar, às percepções que incidem sobre campos congelados, que não puderam ser explorados na relação com o outro. O mundo contemporâneo nem sempre oferece possibilidades de sustentação para aquilo que é ainda amorfo, que remete ao que ainda não encontrou

---

15 Augé, M. (1994). Os não-lugares: introdução a uma antropologia da supermodernidade. Campinas: Papirus.

tradução possível e necessita ao menos um lugar onde compartilhar o não-definido, o espanto, o enigma.

Vivemos numa sociedade em que os esforços de manutenção ou promoção dos espaços transicionais se tornaram imprescindíveis. Alertas têm sido feitos há tempos sobre o fato de havermos construído uma sociedade em que o sujeito perde suas características singulares e pessoais na mesma medida em que perde a referência ao comum. Este sujeito – assolado pelos ideais massificantes de beleza, consumo, visibilidade, produtividade incessante, incluindo, mais recentemente, de ultra conectividade virtual e tantos outros – está sozinho. Onde prevalece a noção de indivíduo, zonas intermediárias foram desmanchadas: tudo é exterior, estranho ao sujeito; ou tudo é interior, devorado pelo sujeito. Num mundo gerido pelo descartável, vertiginosa e virulentamente mutante, encontrar o tempo necessário de viver sem precisar reagir, de tecer um chão para produção dos sentidos na relação amistosa com os outros, é um ato de resistência.

É comum que aqueles atingidos por pânico sintam que não podem falhar jamais, jamais mostrar algum sinal de fragilidade ou dependência. Carregam consigo, apesar de tudo estar "indo muito bem" até a primeira crise, a sensação de insatisfação, de futilidade. Falta-lhes viver a ilusão que nos faz criar o mundo e sentir um mundo que nos pertence e a que pertencemos. O pânico os leva à imobilidade frente a qualquer situação que chame para um contato mais anímico e encarnado com o mundo, que peça autêntica presença. O distanciamento dos outros e a autossuficiência pretendida pelo sujeito tornam-se paradoxalmente ocasião para o desamparo.

O risco de queda são maiores numa cultura em que a subjetividade se constitui evitando a depressividade, negando a mútua dependência, respondendo violentamente ao que faltou ou falhou, subjetividade subjugada pela euforia, pelo fetichismo do sucesso, pela desconfiança permanente do outro. Um narcisismo ligado a ideais de soberba, sempre precário, desassossegado, sempre em agonia.

A *síndrome de pânico* pode ser entendida como um padecimento trazido por conjunturas sociais contemporâneas, um efeito do individualismo estrutural, multiplicador de um eu enclausurado, autorreferente, defendido – que teme e afasta o mundo, o outro.

O inevitável e o possível

A condição de um *Eu* ainda não presente para viver determinadas situações, então passíveis de congelamentos, é parte nunca inteiramente superada de nossa constituição psíquica. Nascemos todos na condição de "não estarmos lá ainda" e as construções psíquicas guardam sempre um risco de se tornarem falsamente estruturantes, sem raiz em encontro e em experiência. São sempre construções movediças no terreno da vulnerabilidade humana.

Nossa prematuridade e dependência, nosso descentramento e alienação, nossa perecibilidade, para que ganhem a criatividade humana e construção simbólica, dependem de ser comunitariamente vividos. Se, por nossas condições biográficas e históricas, somos privados de continuada troca com o outro, persistente diálogo a respeito do que nos atinge de fora e de dentro, irrompe o desamparo e, com ele, o medo da solidão, da loucura e da morte, então só sentidos como vazios abismais.

Referências

Augé, M. (1994). *Os não-lugares: introdução a uma antropologia da supermodernidade*. Campinas: Papirus.

Freud, S. (1986). Carta 52 de 6/12/1896. In J. M. Masson (Ed.). *A Correspondência Completa de Sigmund Freud para Wilhelm Fliess (1887-1904)* (p. 208-216). Rio de Janeiro: Imago. (Trabalho original publicado em 1896).

Freud, S. (1996). Sobre os fundamentos para destacar da neurastenia uma síndrome específica denominada "neurose de angústia". In *Edição Standard Brasileira das Obras Psicológicas Completas de Sigmund Freud* (Vol. III, p. 103-135. Rio de Janeiro: Imago. (Trabalho original publicado em 1895a).

Lispector, C. (1994). O Menino a Bico-de-Pena. In *A Descoberta do Mundo* (p. 256-258. Rio de Janeiro: Francisco Alves.

Winnicott, D. W. (1975). O lugar em que vivemos. In *O Brincar e a realidade* (p. 145-152. Rio de Janeiro: Imago. (Trabalho original publicado em 1971.

Winnicott, D. W. (1988). Aspectos clínicos e metapsicológicos da regressão dentro do setting psicanalítico. In *Textos selecionados: da pediatria à psicanálise* (p. 459-481. Rio de Janeiro: Francisco Alves. (Trabalho original publicado em 1954-1955).

Winnicott, D. W. (1994). A psicologia da loucura: uma contribuição da psicanálise. In *Explorações psicanalíticas* (p. 94-101. Porto Alegre: Artes Médicas. (Trabalho original publicado em 1965.

Winnicott, D. W. (1994). O medo do colapso. In *Explorações psicanalíticas* (p. 70-76). Porto Alegre: Artes Médicas. (Trabalho original publicado em 1963).

Winnicott, D. W. (1991). Ansiedade associada à insegurança. In *Textos selecionados: da pediatria à psicanálise* (p. 205-210. Rio de Janeiro: Francisco Alves. (Trabalho original publicado em 1952).

Parte IV
Somatizadores e hipocondríacos

9. Corpo estranho

Sidnei José Casetto
Marina Gonçalves Gonzaga dos Santos
Letícia Fanti Pedreira da Silva

Introdução

Qual a participação do mundo psíquico em nosso sistema imunológico? Numerosos estudos científicos abordam a relação entre perdas afetivas e alterações fisiológicas, dentre as quais respostas inflamatórias das células e o desequilíbrio do sistema imune (cf. a revisão de Buckley et al., 2012). Mas como o impacto psíquico de acontecimentos deste tipo alcança e interfere nos processos somáticos? Qual o modelo de que dispomos na psicanálise para abordar esta conexão?

As ideias da Escola de Psicossomática de Paris (Marty & M'Uzan, 1962/1994; Marty, 1993) abriram amplas perspectivas de compreensão ao relacionar o trabalho de mentalização à capacidade de assimilação de acontecimentos de potencial traumático, assim como o adoecimento ao transbordamento desta função psíquica. Em um artigo já clássico entre nós, Ferraz (2007) abordou os nexos entre essa teoria francesa com aquela das neuroses atuais, mostrando que o raciocínio de Freud (1894/1981) em relação à neurose de angústia teria podido desenvolver-se em uma psicossomática com Marty, M'Uzan e seguidores.

Mas, considerando ainda o âmbito da obra freudiana, o mesmo Ferraz (2007) e também Cardoso (2011) trabalharam com as possíveis relações do traumático, retomado em *Além do Princípio do Prazer* (Freud, 1920/2010), com a concepção das neuroses atuais. Teríamos aqui um elo decisivo entre acontecimentos traumáticos e uma sintomatologia predominantemente somática, o que nos devolve ao tema de início: de que modo episódios deste tipo poderiam abalar o equilíbrio imunológico de alguém?

Trata-se, de início, de entender de que modo um acontecimento, como uma perda afetiva, pode ser vivido como um traumatismo. Um fator digno de consideração seria, como descrito por Freud (*ibid.*), o susto, ou a ausência de preparação para a angústia. Faz diferença que algo ocorra sem previsão: um acidente com alguém querido, uma morte não esperada. Entende-se o intenso desprazer sentido pela falta imediatamente sentida e antecipada. Mas como se explica que se reaja a este evento com sonhos repetitivos, que prolongam indefinidamente o sofrimento? É Freud ainda que nos ajuda; segundo ele, trata-se de um esforço do psiquismo em "ligar" a excitação afluente, ou seja, em circundá-la com uma ideia, em estabilizar o caos do desamparo sentido com balizas de significações. Antes disso, nem o recalcamento, como defesa, seria possível. Resta esclarecer que excitação seria esta de que estamos falando.

Segundo o texto freudiano, tal excitação é pulsional. Para além da excitação produzida pelo encontro com outros corpos e presenças, ou do seu acréscimo na ausência do objeto, situações desconhecidas tenderiam a convocar, em quantidade excessiva, pulsões acumuladas, no que talvez pudesse ser considerada uma resposta arcaica do organismo: grandes intensidades seriam mobilizadas diante de situações percebidas como muito ameaçadoras. O psiquismo transbordaria, entretanto, de certo modo, reagiria à altura do acontecimento, em sua ocorrência. Depois, porém, teria que se haver com os estragos produzidos pela violência de tais quantidades descontroladas; sobretudo no Eu, ultrapassado em seus limites e abalado em sua integração. O que traumatizaria, na situação traumática, portanto, lemos em Freud, seriam as pulsões, que teriam no somático a sua fonte.

Curiosamente, um dano físico associado ao acontecimento traumático favoreceria a ligação da excitação excessiva. Como se o ferimento conseguisse siderar esta energia pulsional livre, tornando-a controlável. Adoecimentos teriam um efeito psíquico semelhante, funcionando como um polo de atração da tensão psíquica.[1] Guardemos esta ideia.

Temos trabalhado com o entendimento de que o acontecimento traumático seria, de início, inominável, capaz de convocar quantidades pulsionais também ainda não representadas. Até aqui, temos uma metapsicologia cuja dimensão econômica prepondera. Nela, a significação falta e falha. Noutro sentido, Cardoso (2011), apoiada em Jean Laplanche e em Claude Barrois, indica que a mensagem do trauma seria de uma verdade e clareza absolutas, dificultando a sua tradução por quem a recebe. O violento, nesta perspectiva, não seria quantitativo, mas qualitativo: uma significação que se impõe, do exterior, sem apelo. Cardoso fala de uma "tirania do fora" (p. 77), exercida do interior do espaço psíquico, espécie de corpo estranho.

---

1 "A violência mecânica do trauma liberaria o *quantum* de excitação sexual que, devido à falta de preparação para a angústia, tem efeito traumático, mas o simultâneo ferimento físico, ao solicitar um sobreinvestimento narcísico do órgão ofendido, ligaria o excesso de excitação (ver 'Introdução ao narcisismo' [1914]). É também conhecido, embora não suficientemente utilizado na teoria da libido, que severos distúrbios na distribuição da libido, como o da melancolia, são temporalmente eliminados por uma doença orgânica intercorrente, e mesmo um estado plenamente desenvolvido de *dementia praecox* é capaz de remissão, em igual circunstância" (Freud, 1920/2010, p. 198).

Enclavadas, as impressões traumáticas se manteriam numa atualidade externa à história pessoal até que, *a posteriori*, se pudesse deslocar o sentido desta mensagem, possivelmente com a ajuda de um outro.

É o outro, precisamente, que poderia nos resgatar do desamparo do trauma. Por este motivo, torna-se compreensível o potencial devastador das perdas afetivas: perde-se não só algo importante, mas precisamente o apoio imprescindível ao suporte diante de quaisquer abalos. Sem o objeto investido de afeto, seríamos remetidos à condição do bebê ao nascimento: inundado de estímulos, sem recursos psíquicos capazes de derivá-los e transformá-los.

A equação é complexa na medida em que o Eu, diz Freud, é formado de outros, sobretudo de objetos perdidos: "o caráter do Eu é um precipitado dos investimentos objetais abandonados, de que contém a história dessas escolhas de objeto" (1923/2011, p. 36). Freud havia apontado, anteriormente, tal introjeção do objeto na melancolia, mas depois estendeu-a a todo processo de constituição do Eu. Ao perder alguém, modificaríamos parcialmente o Eu no sentido torná-lo como o objeto, e assim, seguir adiante. Entretanto, esta mudança não se faria de modo imediato, exigindo o trabalho de luto, o que permitiria supor um intervalo, por vezes longo, de sensação de desamparo, e consequentemente de vulnerabilidade, aumentados.

Ocorre que o outro estaria no Eu mesmo antes de ser perdido: "também devemos considerar o investimento objetal e a identificação simultâneos, ou seja, uma alteração no caráter anterior ao abandono do objeto" (*ibid.*, p. 37). Ora, talvez seja precisamente esta presença no Eu da alteridade que configure o equilíbrio que é perdido quando de sua falta, exigindo que se redesenhe o "lugar" do objeto no Eu.[2] A composição do Eu por outros interessa para a

---

2   Sabemos que a distinção entre pulsões do Eu e pulsões sexuais ficou abalada pela introdução do narcisismo na teoria. Em O Eu e o Id (1923) Freud retoma esta

questão da imunidade, de modo que poderíamos tomar esta via e refazer o caminho de constituição desta instância identitária.

Psique e Eu

Consideramos que o psiquismo é algo que se forma por um duplo apoio: sobre o corpo biológico e sobre o social (Anzieu, 1985).[3] Sobre o corpo biológico, uma formulação esclarecedora parece ser a de Winnicott: "suponho que a palavra psique aqui signifique a elaboração imaginativa de partes, sentimentos e funções somáticas, isto é, da vivência física" (1949/1988, p. 411). A elaboração imagética das experiências somáticas seria a base do que denominamos psique.

Freud havia descrito, analogamente, o apoio da pulsão sexual sobre a pulsão de autoconservação, relativa a funções básicas do organismo, como a de nutrição (Freud, 1905/2016). Laplanche (1985) falou em perversão e Dejours (1991) em subversão da função fisiológica. Em todos estes autores, o psíquico faz-se sobre o somático, mas se distingue dele, ganhando-lhe alguma autonomia. Metaforicamente falando, terá suas próprias leis, será outro território, terá outra geografia e política, ainda que não sobreviva fora de seu assentamento corporal e correspondente fisiologia.

Entretanto, psique não é sinônimo de Eu; a supomos primeira, mais básica, anterior. É célebre a afirmação de Freud: "o Eu não

---

questão, indicando que "uma parte dos instintos do Eu foi vista como libidinal", o que, entretanto, não deveria levar, aos olhos do autor, à rejeição desta dualidade: "apenas sucede que a diferença entre as duas espécies de instintos, originalmente pensada como de algum modo qualitativa, deve agora ser caracterizada com sendo *topológica*" (1923/2010, p. 223, grifo do autor).

3 Na mesma direção, Dejours (2008/2019, p. 140) afirma: "Primazia do outro e primazia do corpo biológico – que, no princípio, são duas entidades diferentes – fundem-se graças a um processo que subverte a ordem biológica para instalar uma nova ordem: a ordem erótica (= subversão libidinal)".

236 CORPO ESTRANHO

existe desde o começo no indivíduo; o Eu tem que ser desenvolvido" (1914/2010, p. 18-19). Daí o segundo apoio – o social –, e a importância do outro. Consideramos que a identidade não se forma senão apoiada em uma alteridade, guardando com ela uma relação de diferença e dependência. Mesmo Lacan (1949/1998) quando descreveu a importância da imagem especular na constituição do Eu, considerou que havia ali uma alienação em uma imagem jamais correspondente. Winnicott (1967/1975), reportando-se a este trabalho, propôs o rosto da mãe como espelho para o bebê.

Deveríamos considerar também o corpo como apoio para o Eu. Freud havia afirmado a sua composição corporal, como projeção de uma superfície:

> *Ou seja, o Eu deriva, em última instância, das sensações corporais, principalmente daquelas oriundas da superfície do corpo. Pode ser visto, assim, como uma projeção mental da superfície do corpo, além de representar, como vimos acima, as superfícies do aparelho psíquico (1923/2011, p. 32).*

Assim, limites e fronteiras seriam condições para o Eu. Mas a experiência corporal não demarcaria fronteiras já de partida. Segundo Anzieu (1985), os limites da imagem do corpo, ou a imagem dos limites do corpo só advêm pelo processo de desfusão mãe-bebê. No princípio haveria uma "pele comum" à dupla, da qual poderia, gradativamente, diferenciar-se a do bebê. Eu e outro seriam, assim, pólos mutuamente constituintes, o que faria do Eu uma instância de produção de estranhamentos capazes de sustentá-lo. Ainda que o Eu seja sobretudo corporal (Freud, 1923/2011), não haveria uma total coincidência sua com o corpo, do que se explicam as diferenças entre a imagem corporal e aquela que o espelho nos entrega. Daí que o corpo seja, simultaneamente, Eu e não-Eu. Ele é Eu na medida em que dá-lhe lastro e lhe é sintônico; é não-Eu ao impor-lhe condições de sofrimento: impulsos incompatíveis/violentos, condições anatômicas disfóricas, doenças. O corpo do qual se faz a elaboração imaginativa é próprio; daquele que não se faz, é estranho. Partes e funções do corpo podem ser estranhas ao Eu.

Reações imunes

"Um forte egoísmo protege contra o adoecimento, mas afinal é preciso começar a amar, para não adoecer, e é inevitável adoecer, quando, devido à frustração, não se pode amar", afirma Freud (1914/2010, p. 29), tratando principalmente, ao que parece, do mundo anímico. Por outro lado, seríamos levados a pensar, pelo caminho feito até aqui, que o amor (investimento objetal) aumenta nossa vulnerabilidade psíquica e, com isso, também somática, ao menos em relação a potenciais perdas que ele envolve.[4]

Resta entender a misteriosa relação entre o sofrimento psíquico e a desregulação imunológica, seja pela falha do sistema imune do organismo na detecção e eliminação de reproduções celulares anômalas, seja pela reação aos próprios tecidos do organismo, como nas chamadas doenças autoimunes. Um ponto de partida seria o reconhecimento de que tanto o Eu quanto o corpo biológico não são formações homogêneas em si mesmos. Se o Eu é composto de alteridades, o corpo humano inclui uma inumerável variedade de microorganismos que o habitam e contribuem com seu funcionamento,

---

4 "Quando estudamos linfócitos, estudamos linfócitos isolados ou em grupo, mas pertencentes a um indivíduo tomado isoladamente. O problema é que nós adoecemos e que, portanto, nosso sistema imunológico erra; ou, falando mais tecnicamente, ele se deprime no momento em que o sujeito está comprometido numa relação com outro" (Dejours, 1998, p.430).

o chamado microbioma. Não se trata, portanto, de supor que a reação imune se faria pela identificação de um organismo ou substância não humana, no caso do corpo, assim como não supomos que o Eu se sinta necessariamente invadido por seus objetos internos.

Dejours (1988) propôs pensarmos o sistema imune como uma memória. Seu trabalho seria de reconhecimento do *self* e do não-*self* pelos registros da história vivida. De certo modo, estamos mais protegidos à medida em que temos contato com mais agentes patógenos, de modo a produzirmos anticorpos correspondentes, que seriam uma forma de memória do antígeno. O problema é que esta exposição não é totalmente segura, pois tais agentes podem ser fatais, e, por vezes, o são. Entretanto, se tudo segue bem, conseguimos desenvolver um sistema bastante eficaz, ainda que não invulnerável.

O Eu tem uma história análoga de ampliação da porcentagem de alteridade em sua constituição. Suas relações tendem a se expandir, ao permiti-lo suportar a exposição a diferenças; consideremos como se amplia sua tolerância - bastante limitada na primeira infância - ao afastamento da mãe. Invasões também aqui podem ser sentidas, assim como retrações narcísicas com finalidades protetoras, mas, na ausência destes excessos, um Eu mais exposto a diferenças seria possivelmente menos arrogante (por que menos autocentrado) e também menos submisso (por perceber que não haveria *um* modelo a se submeter). Mas o Eu não seria bom de memória (*ibid.*): suas lembranças encobridoras, seus recalcamentos, suas recusas são alguns dos mecanismos que dispõe para encobrir, esquecer, deslembrar. Parece-lhe ser necessário, na contramão da memória imune, livrar-se parcialmente de seus próprios registros. Segundo Freud (1920/2010), este é o preço pago para se contar com uma consciência. A cena traumática, que retorna múltiplas vezes, parece ser uma memória compulsória, de atualidade absoluta, que resiste a tornar-se história.

Não sabemos bem como isso ocorre, mas parece que a perda de um objeto, uma alteridade, constituinte do Eu, interfere na regulação imune no sentido do reconhecimento do si mesmo. Seria o corpo biológico levado a realizar, com seus recursos, o que o psiquismo não consegue efetuar, como uma relação de compensação? Por exemplo, se o Eu falha em reconhecer a alteridade, o corpo se excederia neste esforço? Se um luto é impedido de se realizar, o corpo teria que fazer tal desinvestimento a seu modo? As somatizações seriam uma espécie de caminho inverso ao do apoio, ou à da subversão libidinal?[5] Em caso positivo, compreenderíamos que os adoecimentos possam aliviar, ainda que temporariamente, como havia dito Freud, sintomas psíquicos?

Com a intenção de discutir estas questões, trataremos a seguir de casos associados a duas doenças crônicas de características auto-imunes: a retocolite ulcerativa e o lúpus eritematoso sistêmico.

Perdas irrepresentáveis

Considerando que perdas objetais podem afetar o equilíbrio psicossomático, uma de nós realizou uma pesquisa[6] com o objetivo de verificar, em relatos clínicos publicados, se a retocolite ulcerativa[7]

---

5 McDougall (1991) formulou a ideia de ressomatização da pulsão para explicar a desafetação observada em analisandos somatizantes. A que estamos propondo é um pouco diferente desta, na medida em que não se trataria somente de um retorno ao ponto de partida somático, mas a um acionamento de processos fisiológicos na ausência dos psíquicos.

6 Pesquisa de iniciação científica intitulada *Psicossomática e luto: a retocolite ulcerativa como indício somático de uma ausência*, concluída no ano de 2019 por Letícia Fanti Pedreira da Silva, sob orientação de Sidnei José Casetto, com apoio da Fundação de Amparo à Pesquisa do Estado de São Paulo.

7 A retocolite ulcerativa (RCU) é uma doença crônica de causa desconhecida, caracterizada por manifestações de diarreia, dor abdominal e sangramento

aparecia associada à ausência de elaboração psíquica do luto. Para discutir alguns dos resultados da investigação, apresentaremos a síntese de um caso apresentado por Alain Fine,[8] dentre os dez casos clínicos selecionados em nosso trabalho.

O paciente, de 27 anos, havia sido diagnosticado com retocolite hemorrágica (sic) por volta de oito anos antes. Após uma primeira internação e breve melhora, agravaram-se os sintomas de modo tal que os médicos decidiram por uma colectomia total com restauração da continuidade íleo-retal.

Fine relatou sentir-se impressionado com a apatia, a recusa em estabelecer qualquer contato e a reclusão psíquica apresentadas pelo paciente: para ele, tratava-se de um caso de neurose de comportamento,[9] com pensamento operatório[10] e depressão essencial.[11] Nas sessões, Fine percebeu que o paciente mencionava a intervenção cirúrgica que sofrera sem expressar angústia ou qualquer outro afeto,

---

retal intermitentes, com períodos de exacerbação e de remissão dos sintomas. De etiopatogenia multifatorial, a RCU é acompanhada por aspectos genéticos, intralumiais, alterações na barreira do epitélio intestinal e resposta imunológica anormal da mucosa que determinam a ativação da cascata imunoinflamatória, o que culmina em lesão da mucosa do intestino (LANNA et. al., 2006).

8   Caso clínico descrito por Alain Fine no artigo *Quelques réflexions et interrogations autour de la retocolite hémorragique*, in: Fain e Dejours (1984).

9   Segundo a nosografia desenvolvida por Pierre Marty, a neurose de comportamento é caracterizada por baixa mentalização, isto é, restrita capacidade qualitativa e quantitativa de se fazer representações mentais, pouca capacidade de simbolização e uso da atividade motora como principal meio de dissipação da excitação psíquica. Para mais informações, ver Marty (1993).

10 Refere-se a um pensamento consciente manifestado sem vínculo orgânico com qualquer atividade fantasmática; reproduz e ilustra a ação, às vezes pode precedê-la ou sucedê-la, mas dentro de um campo temporal limitado. Para mais informações, ver Marty (1993).

11 Depressão essencial é caracterizada pelo rebaixamento do nível do tônus vital. Comparável à morte, a perda da energia vital ocorre sem compensações psíquicas: trata-se de uma depressão sem objeto, sem acusações e sem culpabilidade consciente. Para mais informações, ver Marty (1993).

sem reclamar ou se queixar, como se seu corpo não lhe pertencesse. Sem apresentar qualquer desejo de autonomia, fixado a uma organização psíquica regressiva, o paciente isolava-se.

Quando criança, esteve muito doente e frágil, condição que teria favorecido a ansiedade e a superproteção de sua mãe. O paciente era o quarto de seis filhos; os mais velhos rapidamente formaram família, o quinto morreu precocemente e o sexto, jovem, morava também com os pais, mas já era mais emancipado que ele.

A primeira crise de retocolite hemorrágica ocorreu na ocasião em que seu irmão mais velho deixou a pequena empresa familiar, onde trabalhavam também o pai e o paciente, e este teve que arrumar outro trabalho. Segundo Fine, essa responsabilidade nova, fora da proteção da família, desencadeou angústia e sentimentos de desamparo, verdadeiro traumatismo sem possibilidade de elaboração psíquica. Posteriormente, foi decidido que a empresa familiar seria colocada em seu nome e que o pai o ajudaria nos negócios. A intensidade da crise diminuiu.

É importante mencionar a morte de um de seus irmãos mais jovens. Durante a adolescência, o paciente costumava passear com seu irmão mais velho a fim de mergulhar no mar. No verão em que ocorreu essa morte, o paciente ficou doente e seu irmão imediatamente mais moço o substituiu, afogando-se. Segundo Fine, nas sessões o paciente discorreu sobre tristeza e depressão sem que pudesse evocar a perda de seu irmão, suas relações e seus conflitos. Por outro lado, demonstrou sentir muito medo de esquecê-lo e lutava para manter sua imagem. Seus familiares, a seu ver, pareciam já terem se esquecido de seu irmão e isso lhe era perturbador.

Sua crise de retocolite hemorrágica sobreveio quatro anos após a trágica morte de seu irmão e foi relacionada pelo próprio paciente a esta morte. Fine fez a hipótese de que o luto, de algum modo colocado em latência, teria sido revivido no instante em que sua autonomia, por meio do trabalho, estava sendo convocada: o paciente sentiu medo de que esse engajamento na vida ativa pudesse apagar a imagem do irmão morto. Fine supôs que as obrigações do presente mobilizavam demasiadamente os pensamentos do paciente, atenuando as lembranças e impedindo o recolhimento sobre si e o reencontro com os objetos perdidos.

O trabalho psicoterapêutico favoreceu que o paciente conseguisse tomar algumas iniciativas profissionais sem cobertura paterna. De fato, passou a ter menos resistência ao "estranho", percebendo que o embate de diferentes pontos de vista não implicava o cancelamento de ligações afetivas e nem a destruição de si mesmo.

Em nossas considerações sobre o caso, destacamos a relação do tipo dual e fechada entre o paciente e sua mãe, que lhe dificultaria a aquisição de autonomia: como se vivesse "um corpo para dois" (McDougall, 2013), isto é, uma relação que não permitiria a delimitação de fronteiras em relação ao seu próprio corpo, ao si-mesmo e ao não-eu, bem como a capacidade de situar o corpo próprio como abrigo de sua existência. Tal hipótese foi apoiada na pouca descrição que o paciente teria feito acerca de sua figura paterna – o que nos sugeriu uma dinâmica psíquica pré-edipiana – pelo medo em relação ao "estranho" e de que a irrupção do conflito poderia implicar a perda do afeto do outro.

Provavelmente, na primeira crise de retocolite ulcerativa, a necessidade de sair da empresa familiar teria levado o paciente a se sentir desamparado também por ter que se afastar do convívio integral com figuras familiares; Fine explicitou que o paciente morava com os pais. Essa perda, aliada à nova responsabilidade, fora da proteção da família, não pôde ser elaborada, sendo a somatização a maneira encontrada de dissipar a excitação psíquica.

Ao retornar para a empresa e reconstituir o convívio integral com a família, a intensidade da crise diminuiu, uma vez que a maior afirmação de si que lhe havia sido requisitada no trabalho externo, e que ameaçavam as lembranças do falecido irmão, foi revertida. Ora, justamente nesse momento de exercício de certa autonomia por parte do paciente, de se colocar diante do novo, do "estranho", as representações da morte do irmão emergiram e ameaçaram tal engajamento na vida ativa: a culpa e o medo de esquecer o irmão, cujo trabalho de luto aparentemente não fora feito, foram postos em evidência.

O episódio de somatização relatado no caso clínico parece envolver uma importante perda e a dificuldade de representá-la e de elaborá-la psiquicamente. Em nossa pesquisa, ao analisarmos as características da perda objetal sofrida pelos pacientes dos dez casos clínicos selecionados, identificamos uma dimensão narcísica envolvida na ruptura da relação afetiva: perda da figura maternante ou substituto materno que exercesse continuamente o papel de lhe proporcionar uma estruturação mínima do Eu; abalo narcísico e desamparo decorrentes de um contexto que induziu o sujeito a questionar sua própria capacidade, competência e relevância — como no caso do paciente analisado por Fine.

A inibição e a ausência de interesse no mundo externo são efeitos do trabalho psíquico do luto que absorve o Eu. Na melancolia, a perda do objeto ideal terá por consequência um trabalho semelhante e, por isso, será responsável pela inibição que é própria desse estado. Entretanto, Freud (1917/2010) chama a atenção para o fato de que o melancólico vivencia um enorme empobrecimento do Eu, que não ocorre com o enlutado. A caracterização da melancolia envolve a regressão do investimento objetal à fase oral da libido, ainda pertencente ao narcisismo, uma vez que esse fracasso do trabalho de luto envolve identificação com o objeto perdido e tentativa de destruição objetal que, em consequência do processo de identificação, recai sobre o Eu: "Refugiando-se no Eu, o amor escapa à eliminação" (Freud, 1917/2010, p. 141). O objeto incorporado, na tentativa desesperada de manter sua sobrevivência, atrai investimentos de energia tão intensos que deixam parte do Eu totalmente empobrecido. A perda experimentada pelo melancólico não é facilmente apreendida por ele em razão do caráter inconsciente da escolha objetal de base narcísica: a perda se dá no Eu.

Em *Teatros do Corpo*, Joyce McDougall descreve dois casos clínicos em que o luto não pôde ser empreendido no âmbito psíquico: as crises de retocolite ulcerativa das pacientes, ambas irrompidas num contexto marcado pelo distanciamento de seus filhos, foram consideradas pela autora como "um trabalho de luto 'psicossomático'" (McDougall, 2013, p. 82). No entanto, McDougall não considera que a perda sofrida por suas pacientes pudesse resultar em uma fratura narcísica.

Podemos sugerir que a gravidade do quadro psicossomático dos pacientes analisados em nossa pesquisa teria relação com a qualidade das perdas vivenciadas por eles — além de uma perda objetal, esses pacientes parecem ter sofrido uma perda de ordem narcísica, uma perda no Eu.

Considerando a peculiaridade do arranjo e das defesas constitutivas do aparelho psíquico dos pacientes analisados em nosso trabalho, pudemos assinalar a possibilidade de que as perdas objetais e principalmente narcísicas os teriam lançado em uma melancolia que não pôde ser empreendida no plano psíquico: desse modo, as somatizações descritas nos dez casos clínicos não sinalizariam a ausência do trabalho psíquico de luto, mas, mais precisamente, uma reação melancólica realizada pelo corpo: uma espécie de "melancolia somática".[12]

---

12 Em perspectiva semelhante, Gonzaga (2019) sugere que o quadro clínico de anorexia estaria relacionado a uma melancolia que esteve aquém de se concretizar no âmbito psíquico. Segundo a autora, o início da anorexia é comumente associado pelas pacientes a uma importante perda ocorrida no período da

Alteridade encarnada

Se um objeto pode existir como um estranho no Eu, como no caso da melancolia, resta compreender como se daria que o próprio corpo, ou parte dele, seja sentido como estranho. Uma pesquisa realizada por uma de nós[13] num ambulatório de pacientes diagnosticados com lúpus eritematoso sistêmico, teve o objetivo de investigar indícios de um tipo de funcionamento mental que pudesse atuar como um "corpo estranho". Tal problema de pesquisa foi desenvolvido a partir das ideias de D. W. Winnicott.

Segundo esse autor, a habitação da psique no soma seria uma realização importante no desenvolvimento de um indivíduo, constituindo o processo de personalização (Winnicott, 1970/1994). Segundo Laurentiis (2007), em Winnicott, o soma seria uma espécie de corpo vivo, que tem necessidades e é capaz de expressá-las; já a psique, como vimos antes, seria o ato de elaborar imaginativamente

---

adolescência; período que, por si, exigiria trabalho de luto. Com o intuito de evitar novas perdas, a paciente acreditaria que algo em si mesma devesse ser modificado, fazendo com que autorrecriminações recaíssem sobre o corpo. Diante do superinvestimento narcísico materno, os processos identificatórios das pacientes as tornariam reféns das imagens maternas projetadas sobre seus corpos, resultando que "a libido que deveria se desligar de um objeto e ganhar novos investimentos retorna ao ego, só que nesse caso ao ego corporal que encarnaria representações identificatórias primitivas" (p. 61). Na anorexia, segundo a autora, a perda despertaria uma confusão entre ego, objeto e ego corporal – este seria tomado como objeto de ódio, alvo da tentativa de desligamento libidinal. Talvez a diferença sintomática relativa à melancolia irrealizada na anorexia e na retocolite esteja associada a aspectos da imagem inconsciente do corpo nos sujeitos com estes quadros (Ver Dolto, 1984/2004 e Casetto, 2014).

13 Pesquisa realizada como trabalho de conclusão de curso de Marina Gonçalves Gonzaga dos Santos para a graduação em Psicologia pela Universidade Federal de São Paulo, orientada por Sidnei José Casetto e intitulada: *Aspectos psicossomáticos do lúpus eritematoso sistêmico*: um estudo winnicottiano (2019). Disponível em: https://repositorio.unifesp.br/handle/11600/51777

o corpo, suas partes e funções. Loparic (2000) propõe que tal elaboração imaginativa exercida pela psique corresponderia a uma *dação de sentido* aos movimentos do corpo.

Para Winnicott, como sabemos, psique não é sinônimo de mente. Na saúde, a mente atuaria de forma a simbolizar determinadas falhas do ambiente, podendo-se atribuir um caráter adaptativo às falhas. Assim, segundo Winnicott (1949/1988), a função mental seria capaz de converter um ambiente suficientemente bom num ambiente perfeitamente adaptado. No entanto, um ambiente com falhas excessivas exigiria reações exacerbadas do funcionamento mental que, nessa situação, assumiria o cuidado do psique-soma e acaba por substituir o ambiente não suficientemente bom. Ou seja, o funcionamento da mente seria prejudicial para o sujeito quando, em estágios primitivos do desenvolvimento, o ambiente não teria sido eficaz e, portanto, uma hipertrofia do funcionamento mental se fizesse necessária para suprir a falta da maternagem.

Em *A mente e sua relação com o psique-soma* (1949/1988), Winnicott refere-se a um *pensamento catalogador* para descrever um tipo de função da mente que seria consequência desta hipertrofia do funcionamento mental. Segundo o autor, "esse tipo catalogador de funcionamento mental age como um *corpo estranho*, caso se encontre associado a um fracasso adaptativo do meio ambiente que esteja além da compreensão ou da predição" (Winnicott, 1949/1988, p. 416, grifos nossos).

Considerando tais formulações, buscamos investigar a presença desse tipo de funcionamento mental em pacientes diagnosticados com lúpus eritematoso sistêmico, uma doença crônica de natureza autoimune, cujos primeiros sintomas são frequentemente associados a condições psicossociais, com destaque para eventos que poderiam representar falhas ambientais. Segundo Freire, Souto e Ciconelli (2011), fatores genéticos, ambientais e emocionais podem contribuir para o desencadeamento desta doença.

Contamos com dez participantes, sendo nove do gênero feminino e um do masculino, todos com mais de dezoito anos e sem comorbidades psiquiátricas no momento da pesquisa. Foi realizada uma entrevista semi-dirigida na qual procurávamos investigar as circunstâncias de surgimento da doença e indícios de uma função mental catalogadora. No conjunto das entrevistas realizadas, dois aspectos se destacaram: a reação dos pacientes ao serem convidados para participarem da pesquisa (algo que não prevíamos) e a relação dos participantes com o diagnóstico de lúpus eritematoso sistêmico.

O modo como os pacientes reagiram quando convidados a participarem da pesquisa chamou a atenção, pois nos deparamos com pacientes que se mostraram extremamente reativos e desconfiados, em contraste com outros que aceitaram prontamente, sem qualquer hesitação, dúvida, ou busca de informação do que se tratava.

Vale também ressaltar que, apesar de uma parcela dos entrevistados demonstrar um forte conflito em relação à doença e suas implicações, outra parte demonstrou uma notável ausência de conflito com ela, o que parecia dissociado dos relatos referentes ao lúpus, frequentemente marcados por agravamento do estado de saúde, internações e outras restrições importantes à vida cotidiana.

Notamos como a dimensão do estranho assumiu um lugar central nas entrevistas realizadas. As reações dos pacientes que não apresentavam nenhuma forma de conflito em relação ao diagnóstico, descrevendo os acontecimentos relacionados ao adoecimento como *normais*, e que também não apresentaram nenhuma resistência ao convite para participarem da pesquisa, sugerem um não reconhecimento do estranho como tal. Em contrapartida, no caso das reações excessivamente desconfiadas e, em alguns casos, até com certa agressividade, pode-se supor que o estranho teria sido reconhecido, mas não admitido. Assim, em ambos os movimentos, opostos em certo aspecto, nota-se uma semelhança quanto à não

248 CORPO ESTRANHO

aceitação do estranho, seja pela negação de sua existência, seja pelo seu reconhecimento seguido de rechaço.

Vilma,[14] uma mulher na faixa de quarenta anos que, ao ser convidada a participar da pesquisa, reagiu de forma rude, chegando a ser verbalmente agressiva, estava muito desconfiada ao ler o termo de consentimento livre e esclarecido e perguntou diversas vezes se seria só uma entrevista, pois não queria ser incomodada novamente. No entanto, mudou subitamente de atitude assim que assinou o termo de consentimento e iniciou a entrevista, tendo sua agressividade inicial dado lugar a um sentimento de mágoa ao falar de seu diagnóstico e suas implicações.

Em sua narrativa, Vilma deu ênfase aos problemas familiares que vinha enfrentando pouco antes de receber o diagnóstico de lúpus eritematoso sistêmico, sendo que a maioria deles estava relacionado ao marido: *"Eu tava cheia de problema com meu marido. Ele só bebia, tava envolvido com droga, e depois eu fui descobrir a traição dele, né?".* A paciente chega, inclusive, a correlacionar o surgimento dos primeiros sintomas da doença com os acontecimentos estressantes que vinha enfrentando no âmbito familiar: *"Eu até cheguei a achar que esses sintomas, essas coisas que tavam acontecendo com meu corpo, que era tudo culpa do meu marido, por causa dos nervosos que ele me fazia passar".*

Contudo, o que fica mais evidente na entrevista de Vilma é o aparente não-reconhecimento do próprio corpo, agora que adoecido. Em diversos momentos, Vilma parece traçar uma linha entre a pessoa que era antes da doença e a pessoa que se tornou depois, enfatizando todas as mudanças impostas pelo lúpus que a paciente parece não ser capaz de assimilar. Definindo-se por meio de seu trabalho, Vilma mostrou uma grande frustração por não poder

---

14 Os nomes utilizados dos participantes da pesquisa são fictícios.

desempenhar as mesmas funções devido ao lúpus: *"Tudo o que eu fiz na vida foi trabalhar . . . Trabalhei uma vida inteira, pra, agora, ficar assim, limitada".* Em determinado momento, a perda da identidade de alguém que *faz* se mostra tão angustiante que Vilma menciona as filhas como a única coisa que lhe teria restado, agora que a possibilidade de trabalhar se foi.

Em outra entrevista, com uma paciente que chamaremos de Stella, a temática do estranhamento também foi predominante, permeando tanto sua narrativa quanto aspectos de sua aparência, pois, no dia da entrevista, Stella trajava roupas não condizentes com o clima, com vestimentas bastante pesadas para um dia extremamente quente.

Stella deixou explícito o quanto não parecia ser capaz de reconhecer e assimilar as manifestações do lúpus como próprias de seu corpo, chegando inclusive a questionar se seu diagnóstico seria verdadeiro: *"Tem horas que eu duvido que eu tenho esse lúpus, sabe? . . . Eu sei que tem os exames, e eu também confio nos médicos, mas eu acho isso estranho".* Podemos dizer que o tema do estranho foi recorrente na interação com Stella, incluindo sua vestimenta, sendo que ela também estranhou a pesquisa num primeiro momento, assim como o próprio diagnóstico que recebeu.

Considerando o conjunto das entrevistas com os pacientes diagnosticados com lúpus eritematoso sistêmico, não encontramos as evidências que procurávamos dos traumatismos de infância ou do pensamento catalogador, embora tenhamos encontrado características operatórias em diversos pacientes (discurso factual, pouco associativo e pouco afetado), e pareceu promissor realizar alguma aproximação da noção de pensamento operatório (Marty) com a de pensamento catalogador (Winnicott), o que não poderemos desenvolver neste texto. Por outro lado, notamos que um dos principais aspectos presentes nas falas dos pacientes foi um estranhamento em relação ao próprio corpo adoecido, na perspectiva de uma despersonalização. Tal aspecto sugere uma dissociação psique-soma, ainda que não consigamos afirmar, pelas entrevistas, se seria precedente ou apenas posterior ao adoecimento. O curioso é que procurávamos uma forma de atividade mental que tivesse funcionando como um "corpo estranho", e acabamos por encontrar o corpo vivido, em sua imunidade desregulada, como tal.

Das tripas, coração

Havíamos anteriormente perguntado se processos fisiológicos poderiam ser acionados pelo organismo diante da ausência da elaboração psíquica quando de acontecimentos de impacto, como os relativos a perdas afetivas. Tínhamos nos proposto a ver se, nos casos de retocolite e lúpus eritematoso sistêmico, as somatizações demonstrariam o caminho inverso do apoio da pulsão ou da subversão libidinal. Encontramos, no caso da retocolite, as condições propícias para uma melancolia, no entanto ausente; em seu lugar, o desarranjo somático. Quanto ao lúpus, manifestações extremas de indiferença ou de grande reatividade ao estranho. Consideramos que o estranho aparecia como um aspecto comum a ambos os quadros: o outro; parte de si-mesmo; o corpo; todos podiam adquirir esta qualidade, dependendo das reações desencadeadas a partir de acontecimentos traumáticos.

Marty (1958), ao descrever a relação de objeto alérgica, havia falado de "uma identificação profunda e sem limite do sujeito com seu objeto, uma confusão sem matizes" (p. 38). A perda sem substituição possível ou alguma incompatibilidade que ultrapassasse a capacidade de identificação levaria a uma regressão passível de chegar à despersonalização, mas podendo ser interrompida pela crise alérgica. Segundo Marty (*ibid.*), tal reação teria uma função defensiva contra a desintegração da personalidade. Isto aconteceria no sentido de uma "defesa humoral" substituir "o sistema de relação objetal" (*ibid.*, p. 51). Não se trata, valeria lembrar, desta defesa do corpo representar, simbolicamente, aquela da psique, mas da primeira ser acionada na ausência da segunda. Nos termos de nossa hipótese, um pelo outro, o corpo pela psique, a parte pelo todo.

A crise alérgica parece ser uma hiper-reação ao estranho, quando a identificação fracassa e não há recursos psíquicos para acolher a alteridade. De certo modo, a identificação seria uma espécie de negativo da reação imune. Ora, no caso do traumatismo, a alteridade é máxima, e a identificação torna-se, senão impossível, muito improvável, ao menos durante um certo tempo. Em tais circunstâncias, restaria ao corpo fazer das tripas, coração: restabelecer a unidade perdida, baixando a guarda imunitária, ou, ao contrário, intensificar tal guarda, para defender-se da ameaça. Este último caso seria o dos dois quadros que abordamos.

Mas como podem ser tratados no âmbito psíquico? Sabemos, ao menos desde Freud, que há outro modo, que não pela identificação, de fazer composição com a diferença: Eros. Se tal divindade tende a abrir brechas na fortaleza imunitária ao introduzir-lhe o estrangeiro (que um dia vai partir), ela também pode fazer com que este outro receba hospedagem, talvez até cidadania, e seja bem-vindo. Daí o efeito terapêutico de restabelecer laços libidinais, após objetos terem sido perdidos e pranteados: ao menos durante um certo tempo, a estranheza dará lugar ao encontro e às trocas, podendo realinhar psique e soma.

Referências

Anzieu, D. (1985). *Le Moi-peau*. Paris: Dunod.

Buckley, T., Sunari, D., Marshall, A., Bartrop, R., McKinley, S., Tofler, G. (2012). Physiological correlates of bereavement and the impact of bereavement interventions. *Dialogues Clin Neurosci*, London, 14(2), 129-139.

Cardoso, M. R. (2011). Das neuroses atuais às neuroses traumáticas: continuidade e ruptura. *Revista Latinoamericana de Psicopatologia Fundamental*, São Paulo, 14(1), 70-82.

Casetto, S. J. (2014). O corpo na psique, sua imagem inconsciente. In R. M. Volich, W. Ranña, M. E. P. Labaki (Orgs.). *Psicossoma V: integração, desintegração e limites* (127-136). São Paulo: Casa do Psicólogo.

Dejours, C. (1998) Biologia, psicanálise e somatização. In R. M. Volich, F. C. Ferraz, M. A. C. Arantes (Orgs.). *Psicossoma II: psicossomática psicanalítica* (p. 39-49). São Paulo: Casa do Psicólogo.

Dejours, C. (1997). Causalité psychique et psychosomatique: de la clinique à la théorie. In: Le Goues, Gérard; Pragier, Georges (dir.). *Cliniques psychosomatiques*. Monographies de la "Revue Française de Psychanalyse". Paris: P.U.F. 47-65.

Dejours, C. (1988). *O corpo entre a biologia e psicanálise*. Porto Alegre: Artes Médicas.

Dejours, C. (2019). Psicossomática e metapsicologia do corpo. In *Psicossomática e teoria do corpo* (P. S. de Souza Junior, trad., 113-143). São Paulo: Blucher. (Trabalho original publicado em 2008).

Dejours, C. (1991). *Repressão e subversão em psicossomática* (V. Ribeiro, trad.). Rio de Janeiro: Jorge Zahar.

Dolto, F. (2004). *A imagem inconsciente do corpo* (2 ed., N. Moritz & M. Levy, trad.). São Paulo: Perspectiva. (Trabalho original publicado em 1984).

Ferraz, F. C. (2007). A tortuosa trajetória do corpo na psicanálise. *Revista Brasileira de Psicanálise*, São Paulo, 41(4), 66-76.

Fine, A. (1984) Quelques réflexions et interrogations autour de la retocolite hémorragique. In M. Fain & C. Dejours (Orgs.). *Corps Malade et corps érotique* (p. 59-76). Paris: Masson.

Freire, E. A. M., Souto, L. M. & Ciconelli, R. M. (2011). Medidas de avaliação em lúpus eritematoso sistêmico. *Revista Brasileira de Reumatologia*, São Paulo, 51(1), 75-80.

Freud, S. (2010). Além do princípio do prazer. In *História de uma neurose infantil ("O homem dos lobos"): além do princípio do prazer e outros textos (1917-1920)* (P. C. de Souza, trad., 161-239). São Paulo: Companhia das Letras. (Trabalho original publicado em 1920).

Freud, S. (2010). Introdução ao narcisismo. In *Introdução ao narcisismo: ensaios de psicologia e outros textos (1914-1916)* (P. C. de Souza, trad., 13-50). São Paulo: Companhia das Letras. (Trabalho original publicado em 1914).

Freud, S. (1981). La neurastenia y la neuroses de angustia. In *Obras Completas* (Tomo I, p. 183-198). Madrid: Biblioteca Nueva. (Trabalho original publicado em 1894).

Freud, S. (2010). Luto e Melancolia. In *Introdução ao narcisismo, ensaio de metapsicologia e outros textos (1914-1916)*. (P. C. de Souza, trad., 127-144). São Paulo: Companhia das letras. (Trabalho original publicado em 1917).

Freud, S. (2011). O Eu e o Id. In *O Eu e o Id, "autobiografia" e outros textos (1923-1925)* (P. C. de Souza, trad., 13-74). São Paulo: Companhia das Letras. (Trabalho original publicado em 1923).

Freud, S. (2016). Três ensaios sobre a teoria da sexualidade. In *Três ensaios sobre a teoria da sexualidade, Análise fragmentária de uma histeria ("O caso Dora") e outros textos (1901-1905)* (P. C. de Souza, trad., 13-172). São Paulo: Companhia das Letras. (Trabalho original publicado em 1905).

Gonzaga, A. P. (2019). Anorexia: um fracasso do trabalho da melancolia. *Trama, Revista de Psicossomática Psicanalítica*, São Paulo, 1(1), 57-63.

Lacan, J. (1998). O estádio do espelho como formador do eu tal como nos é revelada pela experiência psicanalítica. In *Escritos* (p. 96-103). Rio de Janeiro: Jorge Zahar. (Trabalho original publicado em 1949).

Lanna, C. C. D. et al. (2006). Manifestações articulares em pacientes com doença de Crohn e retocolite ulcerativa. *Revista Brasileira de Reumatologia*, São Paulo, 46(sup. 1), 45-51.

Laplanche, J. (1985) A ordem vital e a gênese da sexualidade humana. In *Vida e morte em psicanálise* (C. P. B. Mourão & C. F. Santiago, trad., p. 16-31). Porto Alegre: Artes Médicas.

Laurentiis, V. R. F. de. (2007). A incerta conquista da morada da psique no soma em D. W. Winnicott. *Winnicott e-prints*, São Paulo, 2(2), 1-13.

Loparic, Z. (2000). O "animal humano". *Natureza humana*, São Paulo, 2(2), 351-397.

Marty, P. (1993). *A psicossomática do adulto*. Porto Alegre: Artes Médicas.

10. Simbolização na clínica psicossomática[1]

Cristiane Curi Abud

O texto que vou apresentar faz parte do meu trabalho no Programa de Assistência e Estudos de Somatização da Unifesp. Ele só pôde ser escrito porque tínhamos na equipe um espaço amoroso de trocas, que permitia o fazer e o pensar criativo. Dedico esta apresentação aos colegas da equipe, a quem sou profundamente grata.

Pretendo lançar alguma luz sobre sintomas frequentes nos pacientes que assistimos. Trata-se de sensações corporais insistentes, que os incomodam a ponto de procurarem os serviços médicos para iniciar uma longa jornada diagnóstica que, sem encontrar alguma justificativa orgânica, termina na psiquiatria.

Após caracterizar os pacientes e problematizar o tema da simbolização, apresentarei um caso para analisar como o dispositivo grupal favorece uma capacidade de simbolização maior.

---

1 Este artigo foi originalmente publicado emTrama, Revista de Psicossomática Psicanalítica, n. 2, 2020. http://www.sedes.org.br/Departamentos/Revistas/psicossomatica_psicanalitica/index.php?apg=artigo_view&ida=28&ori=edicao&id_edicao=2

A sensibilidade sensorial dos pacientes somatizadores é intensa, e podemos nomeá-la como alterações da sensopercepção, a capacidade de perceber, discernir e interpretar os estímulos que se apresentam aos órgãos dos sentidos. São muito frequentes queixas como zumbido no ouvido, dores no corpo, sensação de queimação, formigamento, gosto estranho na boca e sensibilidade à luz. Freud descreveu esses sintomas parestésicos em 1894, no texto sobre as neuroses atuais, que deu origem às produções da psicossomática psicanalítica atual.

As sensações parestésicas causam estranheza aos pacientes, que, sem decodificá-las, as percebem como algo alheio a eles próprios. Alguns pacientes estranham mais intensamente suas sensações, facilitando o trabalho terapêutico, uma vez que desconfiam de que aquele sinal emitido pelo corpo possa significar outra coisa que não uma doença e com o tempo conseguem representá-lo psiquicamente, transformando a sensação em imagem psíquica carregada de afeto. Outros pacientes se aferram à excitação corporal da sensação, interpretando-a como sinal de uma doença física. Nesses casos, o trabalho terapêutico de construir uma história afetivamente significada para a sensação torna-se mais difícil, pois a sensação aproxima-se mais da alucinação, percepção sensorial que se dá na ausência de um estímulo externo e sobre a qual o sujeito não questiona como fruto de sua produção psíquica.

Ao vivenciarmos uma determinada experiência, somos corporalmente afetados por seus estímulos sensoriais (visual, olfativo, auditivo, tátil e gustativo), que demandarão trabalho ao psiquismo. Ocorre uma passagem da sensação propriamente dita para sua respectiva imagem psíquica, que, carregada de afeto, constitui o que chamamos de representação-coisa. O passo seguinte para a significação afetiva da experiência é poder falar sobre ela, transformando-a em representação de palavra.

Voltemos a Freud, que, em 1900, traz a ideia de um aparelho psíquico que é constantemente estimulado e que tenta se livrar desta tensão por meio da ação motora, com o objetivo de restabelecer seu equilíbrio. Freud cita o bebê com fome, que grita, tentando livrar-se do desconforto. Esta excitação só será aliviada por uma experiência de satisfação cuja imagem mnemônica permanece associada, daí por diante, ao traço de memória da excitação produzida pela necessidade. Assim, sempre que esta necessidade e sua decorrente excitação estiverem presentes, o psiquismo disporá de um impulso que irá investir a imagem mnemônica da percepção, para tentar restabelecer o estado de satisfação original. A este impulso chamamos de desejo; o reaparecimento da percepção é a realização alucinatória do desejo. O princípio de realidade – neste caso, a sensação de fome – trata de impedir que a regressão do aparelho seja completa, e, no lugar do desejo alucinatório, aparece o pensamento.

Nos pacientes somatizadores ocorre que a passagem que se realiza da sensação para a imagem psíquica muitas vezes não se dá, e o que seria apenas uma sensação, insumo para a experiência estética da vida psíquica, aparece como queixa, como uma coisa da qual se pretende livrar.

Assim, podemos afirmar que os pacientes somatizadores apresentam uma distorção da imagem corporal, uma dificuldade em discernir, nomear e representar os estímulos sensoriais emitidos no e pelo corpo. Notamos, nesses casos, aquilo que Dejours (1991) descreveu como uma prevalência do percebido sobre o representado, o que pode ser notado a partir do discurso do paciente, que descreve compulsivamente a realidade percebida, sem associações e duplos sentidos. O paciente obedece ao princípio de descarga sensório-motora. Para conter esse estado de excitação provocado pela invasão do econômico, esses pacientes procuram acontecimentos na realidade externa que os tranquilizem. Há, portanto, um sobre-investimento do sistema percepção-consciência em detrimento do sistema pré-consciente. O próprio corpo é tomado basicamente na sua dimensão concreta, o que distorce sua imagem psíquica e sua significação simbólica.

Cabe aqui uma diferenciação da psicose, dado que o sintoma isoladamente não diz sobre o funcionamento psíquico do sujeito. Segundo Roussillon (2012), na psicose o sujeito toma a sua atividade representativa por uma atividade perceptiva – o que chamamos de alucinação. Ele pensa o objeto na sua ausência, representa o objeto, mas sem saber que representa. Ele não completa a simbolização, que é uma atividade de representação que se sabe uma representação. E é justamente por não renunciar à lógica da identidade da percepção, ou seja, por não permitir o deslocamento libidinal de um objeto para o outro, que a problemática da diferença entre eu-outro fica comprometida. Já o somatizador, dirá Dejours (1988), tende a não representar e nem simbolizar. Neste sentido, as parestesias notadas por Freud (1894) ao estudar as neuroses atuais como uma "tendência a alucinações" podem ser compreendidas como um movimento do sujeito somatizador em direção a uma tentativa de simbolização, dado que a alucinação inclui o mecanismo psíquico de representação do objeto ausente.

Se a simbolização requer, primeiramente, que se represente o objeto na sua ausência, cabe questionar a função que o objeto cumpre neste processo. Estamos diante de sofrimentos narcísicos e, portanto, não podemos ficar apenas na descrição dos processos intrapsíquicos; é preciso pensar na interação destes com as respostas do ambiente, dos objetos edípicos.

Neste sentido, retomamos o conceito de objetos transicionais (Winnicott, 1971), que incidem na área intermediária da experiência, abrindo caminho para a jornada do bebê desde o puramente subjetivo até a objetividade, propiciando a diferenciação eu-não eu, ainda não realizada pelo bebê. O objeto transicional não está sob controle mágico como o objeto interno kleiniano, nem fora de controle como o objeto real. De modo que as reações do objeto, objetivamente percebido por nós, importam para a constituição psíquica do sujeito.

Tomemos como exemplo a questão da intermitência presença e ausência do objeto, que deve ser longa o suficiente para que o psiquismo represente o objeto durante sua ausência, e curta o suficiente para que o bebê possa suportá-la. Ou ainda, sobre a qualidade da presença do objeto. Ao teorizar sobre a função de espelho da mãe, Winnicott (1971) questiona o que o bebê vê ao olhar o rosto da mãe. O bebê vê a si mesmo, uma vez que a mãe o reflete em seu olhar. Mas há casos em que a mãe reflete o próprio humor ou a rigidez de suas defesas. Nesses casos, os bebês não recebem de volta o que estão dando; olham e não veem a si mesmos, e procuram meios para obter algo de si de volta do ambiente (por exemplo, adoecendo). Nesses casos, o rosto da mãe não é um espelho, e assim a percepção toma o lugar da apercepção, ação pela qual a mente amplia a consciência de seus próprios estados internos e representações.

Podemos localizar o sofrimento dos pacientes somatizadores neste momento do desenvolvimento psíquico, no qual a hiperpercepção, antes mencionada, toma conta e eles usam o adoecimento como forma de reconhecimento de si. Talvez a frequência com que solicitam exames de imagens se explique por essa busca de uma função especular. A conduta adotada pelo metaenquadre institucional no qual acontece o grupo que relatarei é de erradicar sintomas, o que impede que a alucinação encontre/crie o objeto, inviabilizando a transformação da alucinação em pensamento.

Norteados por essas concepções teóricas, adotamos como técnica terapêutica o uso de dispositivos grupais com objetos mediadores. Oferecemos aos pacientes grupos de conscientização corporal, música, cinema e fotolinguagem, técnica que aprendi com Claudine Vacheret (2013) e, pessoalmente, tenho adotado.

Apresento a seguir o caso clínico de dona Joana, de 70 anos, que frequentou o grupo de fotolinguagem[2] por cinco anos.

Em uma sessão no início do trabalho com este grupo, Joana, que estava muito agitada, disse: "Eu não durmo bem! Me mexo, aí vou no banheiro, tomo remédio para as costas e choro de dor, muita dor! Nossa! Está voltando, sinto umas agulhadas, uma dor!". E continuava falando rápido, o que tornava difícil compreender as palavras que pronunciava. Outras pacientes também falaram de suas dores.

Como em casa de enforcado não se fala de corda, pensando na agitação de Joana, sugeri ao grupo que respondesse, com uma foto, o que é controlar.

Joana disse: "Pensei que a doutora ia perguntar 'o que é dor?'". Escolheu sua foto: "Esta moça está só, acabou de perder o marido, tá com dor, triste, desolada".

Eu noto que a escolha da foto, aparentemente, não tem a ver com a pergunta feita, e comento: "Mas a pergunta não era sobre dor,

---

2 Este método foi criado em 1965 por um grupo de psicólogos e socio-psicólogos de Lyon, que trabalhavam com adolescentes com dificuldades e lhes propuseram de maneira intuitiva, a utilização de fotos para servir de apoio à palavra. Isto liberou a fala dos que encontravam dificuldades para se exprimir ou falar em grupo sobre suas experiências pessoais diversas e às vezes dolorosas. O método fotolinguagem é formado por um certo número de dossiês com 48 fotos em preto e branco, cada. Estas fotos são agrupadas por temas: Corpo e Comunicação, Das escolhas pessoais às escolhas profissionais, Saúde e Prevenção, Adolescência, Amor, Sexualidade são os dossiês mais recentes. Uma sessão de Fotolinguagem acontece em dois momentos, sendo o primeiro momento, o da escolha das fotos a partir de uma pergunta enunciada pelo analista, e o segundo momento, o das trocas em grupo, quando o terapeuta convida os participantes a partilhar grupalmente a escolha da foto. Cada um apresenta sua foto quando assim o desejar. Escutamos atentamente aquele ou aquela que apresenta sua foto e não fazemos nenhuma interpretação no sentido psicanalítico do termo, mas somos convidados, após a apresentação, a dizer o que vemos de parecido ou de diferente daquilo que o paciente viu nesta foto. (VACHERET, GIMENEZ e ABUD, 2013)

era sobre controlar. Como será que essas coisas se ligam?" Outra paciente comenta: "Ela está no hospital, internada, triste, tentou suicídio. Tanta dor que descontrolou".

Neste momento, em que a paciente costura a foto escolhida por Joana com a pergunta feita por mim, Joana arregala os olhos e sorri, como uma criança que acaba de se reconhecer no espelho e se regozija: "Deu certo a minha foto, né, doutora?".

Nota-se nesta sessão um humor depressivo no grupo, que, muito aderido à dor, resistia a entrar na brincadeira. Joana insistia em falar da dor, esperava que a pergunta fosse sobre a dor. Ao propor primeiro outra pergunta, que não era sobre a dor, e depois propor fazer uma ligação entre a foto escolhida e a pergunta, tentei promover um deslocamento libidinal da sensação de dor para a imagem da foto, que poderia então ser transformada pelo olhar dos outros integrantes do grupo. O regozijo de Joana pode ser entendido pela transformação de sua alucinação/dor no sentimento de ilusão de ter encontrado/criado a foto, que se tornou um fenômeno subjetivo, resultado de sua criatividade e seu encontro com a realidade da foto/seio materno. O grupo cumpriu a função de auxiliá-la nesta composição entre seu mundo subjetivo e a realidade material da foto, partilhando do prazer da criação. Este movimento, no qual Joana porta no grupo a dificuldade de habitar a área intermediária da criação – ela nunca sabia o que sua foto tinha a ver com a pergunta feita – repetia-se nas sessões, assim como se repetia o movimento do grupo de resgatá-la, resgatando sua própria capacidade de simbolizar a experiência. Esse reiterado movimento permitiu a constituição da ilusão grupal (Anzieu, 1993), e as pacientes deixaram de solicitar atendimentos individuais, sem fotos, para dizer que aquele grupo era uma maravilha. O humor do grupo mudou.

Em outra sessão, eu pedi às pacientes que se apresentassem às estagiárias que frequentariam o grupo naquele ano por meio de uma foto. Joana disse: "Escolhi esta foto, que tem uma mulher enfiando um funil no chão". Já entrando no jogo de Joana, uma paciente perguntou rindo: "E o que isso tem a ver com a nossa pergunta?". Ela respondeu: "Não sei, eu nunca sei o que tem a ver, escolho qualquer foto, aí as meninas me ajudam aqui no grupo e dá certo. Ela está enfiando algo no chão". As outras pacientes comentam que não é no chão, mas sim na garganta do animal.

Joana: "Na garganta? Nossa, nem tinha percebido que era um animal" (todos começam a rir). Nesse momento, Joana se queixa de pigarros na garganta e tosse. Eu pergunto: "O que será que está incomodando a senhora?".

Joana: "Estou nervosa, vou passar num novo médico. Estou com medo do que ele irá dizer, não sei se vou gostar do médico". Uma paciente comenta: "Esses médicos tratam a gente que nem esses animais, enfiam as coisas goela abaixo da gente". Joana reage: "Esse negócio de trocar de médico, eu não pedi isso". Faz uma pausa e, surpresa, constata: "Olha só, minha tosse até passou!".

Esse pequeno trecho da cadeia associativa grupal pode ser tomado para compreender algumas questões intrapsíquicas singulares de Joana. Por exemplo, na transferência com o objeto mediador, podemos hipotetizar que, na relação com os objetos primeiros, a função simbolizante falhou, uma vez que a própria criança, representada na foto pelo ganso, não era sequer percebida.

Podemos também compreender esse trecho da cadeia associativa grupal como fruto das alianças inconscientes estruturantes do grupo. Nesta fase do grupo, uma paciente revelou um abuso sexual que sofreu por parte de seu padrasto e falava muito deste assunto, o que deixava outra paciente visivelmente incomodada, a ponto de brigarem em determinada sessão, e a paciente que foi abusada nunca mais voltou. O grupo não tocou mais no assunto e acordou inconscientemente em recusar o episódio e não falar mais da briga, da paciente que se ausentou e do abuso sexual.

A foto escolhida por Joana figura uma situação de abuso em que, aparentemente, o animal é alimentado por uma mulher, mas ela o faz de forma violenta, sem respeitar sua fome e com a intenção de comer seu fígado. De certa forma, as pacientes sentem seus corpos serem abusados como nessa foto, onde sua presença não é percebida (Joana não percebe o animal na foto) e seu desejo não é reconhecido. A recusa da percepção do corpo, dos abusos sofridos e a decorrente repressão dos afetos determinam o negativo no grupo, aquilo que fica fora do campo da consciência, compondo o que Kaes (2011) chamou de pacto denegativo.

E assim, Joana segue denunciando a violência no grupo, como um porta-retratos de fotografias nas quais o corpo é tratado com negligência e abuso. Como uma determinada sessão na qual ela começou o grupo dizendo de uma sensação na perna, que esquentava e esfriava. Sugeri ao grupo que respondesse o que é esfriar e esquentar. Joana falou que aquela foto não tinha nada a ver com a pergunta, mas que a escolheu porque lembrou seu pai cuidando dos animais que tinha no sertão nordestino. Comentou que seu pai era muito amoroso, já a sua mãe era muito brava. Uma vez desobedeceu a mãe, e ela jogou um ferro quente em sua perna, e que chegou a congelar na hora. Uma paciente comentou: "Tá vendo, dona Joana, já deu certo, sua foto tem a ver com a pergunta sobre esfriar e esquentar".

Ou então outra foto que a fez lembrar de um moço que flertava com ela, bom partido e que trabalhava na Petrobrás. Mas quando a mãe descobriu que à noite ele cantava num circo, proibiu o namoro, pegou uma tesoura e enfiou na sua mão.

As imagens eram acolhidas pelo grupo, que as usava para metabolizar as próprias situações de abuso, não toleradas pela fala direta da paciente que foi excluída do grupo, mas toleradas quando apresentadas pelas imagens de Joana. Suas imagens funcionavam no grupo como a lucidez da fala delirante de um paciente

264 SIMBOLIZAÇÃO NA CLÍNICA PSICOSSOMÁTICA

psicótico, rompendo gradualmente com o pacto do qual éramos todos signatários.

Diante do aumento da possibilidade de nomear, representar e simbolizar a violência, o grupo pôde abrir mão da defesa e refazer suas alianças. Em determinada sessão, elas decidiram que ali poderiam dizer e escutar sobre aquilo que as estivesse incomodando. A ponto de a paciente – aquela que se incomodara com a fala da que relatou ter sido abusada e praticamente a expulsou do grupo – revelar ter sido abusada por seus irmãos e tios durante toda a sua infância.

Quanto a Joana, foi apresentando uma melhora e, mais recentemente, comentou a foto de uma paciente que se dizia muito preocupada. Joana disse, numa rara construção metafórica, que as nuvens na foto pareciam pesadas e lembravam a preocupação da colega, mostrando-se diferenciada o suficiente para escutar a outra paciente e colaborar na troca especular da sua foto.

Na última sessão do grupo, quando o encerrei, no final de 2017, Joana disse: "Sabe, doutora, eu aprendi nesse grupo que eu não tenho nenhuma doença, meu pensamento é que é fraco. Por exemplo, eu vou ao médico por causa de um problema que estou sentindo, mas no caminho eu logo sinto mais dois problemas, e acredito mesmo que então eu tenho três problemas. Agora eu sei que sou eu que estou pensando isso, e fico num problema só". Assim Joana nos conta que aprendeu a pensar o pensamento, apropriando-se subjetivamente do mesmo, num movimento simbólico que lhe permite diferenciar-se do outro.

Referências

Anzieu, D. (1993). *O grupo e o inconsciente*: o imaginário grupal. São Paulo: Casa do Psicólogo. p. 63-85.

Dejours, C. (1991). *Repressão e subversão em psicossomática.* Rio de Janeiro: Zahar. p. 65-67.

Dejours, C. (1988). *O corpo entre a biologia e a psicanálise.* Porto Alegre: Artes Médicas. p. 30-38.

Freud, S. (1894). Sobre os critérios para destacar da neurastenia uma síndrome particular intitulada Neurose de Angústia. *In: Edição Standard Brasileira das Obras Psicológicas Completas de Sigmund Freud.* Rio de Janeiro: Imago, 1976. Vol. III, p.103-135

Freud, S. (1900). A interpretação dos sonhos. *In: Edição Standard Brasileira das Obras Psicológicas Completas de Sigmund Freud.* Rio de Janeiro: Imago, 1976. Vol. IV, p. 131-143.

Kaes, R. (2011). *Um singular plural, a psicanálise à prova do grupo.* São Paulo: Loyola. p. 190-199.

Roussillon, R. (2012). *Teoria da simbolização:* a simbolização primária. (Versão de computador, enviada por e-mail pelo autor, como texto de referência para o evento "A psicanálise e a clínica contemporânea – Elasticidade e limite na clínica contemporânea: as relações entre psicanálise e psicoterapia", em maio de 2012.). p. 1-14.

Vacheret, C.; Gimenez, G.; Abud, C. C. (2013). Sobre a sinergia entre o grupo e o objeto mediador. *Revista Brasileira de Psicanálise,* v. 47, n. 3, p.153-173.

Winnicott, D. (1971). *O brincar e a realidade.* Rio de Janeiro: Imago. p. 13-45.

11. As neuroses atuais e a somatização na clínica da adolescência

Maria Helena Fernandes

Dois anos de pandemia. Além do cortejo de consequências nefastas para a humanidade, nos deparamos também com a intensificação da angústia, das somatizações, dos sintomas fóbicos, obsessivos e hipocondríacos; isso sem falar na compulsão alimentar e na eclosão ou no reaparecimento dos sintomas anoréxicos e bulímicos, com sua maior gravidade nesse período. A utilização da comida para se auto-acalmar ou para se confortar diante das privações impostas pelo isolamento social tem sido um recurso amplamente usado.

Se sabemos que não é de hoje que o corpo vem sendo apontado como meio de expressão privilegiado do mal-estar atual, notamos também que ele tem ocupado, cada vez mais, lugar de destaque nas manifestações do sofrimento psíquico dos adolescentes e jovens. Nas formas de expressão desse sofrimento têm sido enfatizados, além dos casos de anorexia, bulimia e obesidade, as drogadições, as depressões, as tentativas e os suicídios, as automutilações, as síndromes do pânico, as compulsões (lícitas e ilícitas) e também as somatizações, que ganharam ainda mais expressão com a pandemia. Assim, a preocupação com o corpo e a imagem, potencializada com o amplo uso das redes sociais, vem acompanhada de um desinvestimento na interioridade, parecendo denotar uma certa precariedade da atividade psíquica.

Nesse cenário, o modelo das neuroses atuais, proposto por Freud no fim do século XIX, ressurge com uma fecundidade renovada, permitindo-nos pensar a implicação do corpo nas formas de apresentação do sofrimento psíquico na clínica da adolescência, particularmente diante das somatizações. Neste artigo, partiremos de uma comparação entre o sintoma corporal na histeria e na doença somática, para problematizar a diferenciação proposta por Freud entre psiconeuroses e neuroses atuais. Sendo assim, partiremos da polaridade entre conversão e somatização para apontar uma outra polaridade, a do representável e do irrepresentável, igualmente presente na metapsicologia freudiana.[1] Será a partir desse percurso que discutiremos a incidência da somatização na clínica da adolescência. O nosso objetivo é apontar a complexidade do manejo transferencial nessa clínica a partir das funções que a somatização pode adquirir na singularidade do funcionamento psíquico adolescente.

As neuroses atuais e as psiconeuroses

A histeria, ao guiar-nos pelos primórdios do pensamento psicanalítico, coloca-nos particularmente diante do sintoma corporal, suscitando uma comparação fecunda entre o sintoma corporal na neurose e o sintoma corporal na doença somática propriamente dita. Em princípio, essa comparação põe em evidência dois fenômenos: a conversão e a somatização, cuja distinção básica gira em torno das vicissitudes da simbolização. Com isso nos deparamos com

---

1 Retomaremos adiante uma discussão que teve início com o meu livro *Corpo*, publicado em 2003a, e se desdobrou em outros artigos (Fernandes, 2006; 2011; 2014; 2016).

a distinção inaugural feita por Freud entre as neuroses atuais e as psiconeuroses. A histeria representa, nesse momento, o modelo por excelência que lhe permitiu propor a ideia de que o corpo *narra* o que *mostra*, como nas imagens visuais e no discurso do sonho.

Nas histéricas, a paralisia, a cegueira, a dor e a tosse não se originam da realidade biológica do corpo, ou seja, não existem como manifestações de um corpo doente, mas constituem o material de uma narração visual, na qual a imagem é erigida como testemunho de um sofrimento outro. Trata-se, essencialmente, diz Freud, de um sofrimento psíquico. O que Freud sugere é a ideia de um conflito inconsciente submetido ao recalcamento e, portanto, de uma significação inconsciente do sintoma corporal. O grande movimento de transformação produzido por Freud na concepção do corpo está apenas começando: o que aparece no corpo tem sua origem no psíquico. A partir desse momento, torna-se um engano acreditar que o corpo sofre apenas do que está doente nele (Fernandes, 2003a).

Os sintomas corporais das histéricas só são mantidos enquanto tais pela força do recalcamento; desaparecem, como que magicamente, no momento em que o sentido oculto se deixa desvelar pela dissolução desse mesmo recalcamento. Ora, podemos pensar que, diferentemente da histeria, na eclosão de um sintoma corporal proveniente de uma doença somática o corpo sofre daquilo que está doente nele e, neste caso, não há nenhum engano. A imagem do sintoma corporal não traduz aqui uma significação oculta, sobretudo se nos referimos a um sintoma inscrito na lógica própria do discurso médico, isto é, já enquadrado em um diagnóstico. Trata-se, é evidente, de uma distinção capital entre o sintoma corporal da doença somática e o sintoma corporal da histeria: propriamente somático, desprovido de sentido psíquico em um caso, ele aparece no outro, poderíamos dizer, enganosamente somático, produto do recalcamento e suscetível de desaparecer sob o efeito da interpretação.

Sabemos que às vezes o fato de poder diagnosticar, nomear e classificar uma doença, mesmo que ela seja incurável, devolve ao médico a tranquilidade perdida diante do "engano" da histeria. A esse respeito, devemos observar que a qualificação de "doença falsa" para a histeria denuncia o talento do corpo para enganar, sem com isso deixar de revelar também um sofrimento psíquico relegado à segundo plano. Engano que, paradoxalmente, institui o corpo da histérica como testemunho da impotência do poder médico para curá-lo. Para nos convencermos disso, basta verificar o efeito que provocam, ainda nos dias de hoje, as histéricas recebidas no pronto-socorro de um hospital universitário. Os médicos e os estudantes, embaraçados por sua presença ruidosa, ficam estupefatos, impotentes e, às vezes, até raivosos. Por outro lado, a "doença verdadeira", aquela que se origina do sofrimento físico, do corpo do "verdadeiro sintoma", aquele que não nos engana, consola o poder médico em relação à potência de seu instrumento e de seu discurso, em termos tanto de diagnóstico como de perspectivas de cura.

Retornando à primeira distinção feita entre o sintoma corporal da histeria e o da doença somática, percebe-se que essa distinção não faz nada além do que opor, em princípio, dois fenômenos, a conversão e a somatização. Isso nos remete ao fato de que Freud propôs muito cedo uma distinção entre o que ele chamou de neuroses atuais e as psiconeuroses. Segundo ele, as primeiras (a neurose de angústia, a neurastenia e também a hipocondria - esta última tendo sido incluída mais tarde no grupo das neuroses atuais) encontravam sua origem não em "acontecimentos importantes da vida passada", mas em "distúrbios da vida sexual atual".

No texto *A sexualidade na etiologia das neuroses,* aparece pela primeira vez o termo *neurose atual*. Nessa ocasião, Freud (1898/1989) está ocupado em salientar o papel central da sexualidade no aparecimento de todas as neuroses e em distinguir as neuroses atuais das psiconeuroses (histeria, neurose obsessiva e fobia). Vale salientar que nessa época já encontramos em Freud a preocupação em estabelecer diferenciações entre os modos de expressão do sofrimento neurótico com a intenção de pensar nas indicações terapêuticas. Ele afirma claramente que o modelo psicanalítico, que privilegia a investigação da sexualidade infantil, não se aplicaria às neuroses atuais.

Um pouco antes, na categoria das neuroses atuais, Freud (1894b/1989) havia criado o termo *neurose de angústia* e proposto separar esse quadro clínico da *neurastenia*, descrita pelo médico americano Georges Beard em 1869. Nessa ocasião, embora tendo proposto uma série de critérios para diferenciar uma da outra e diferenciá-las das psiconeuroses, Freud não deixa de salientar que os quadros clínicos podem aparecer sob formas mistas. Embora interessado em delimitar, da forma mais esquemática e precisa possível o campo teórico dessas formações clínicas, Freud não deixa de salientar que no campo da clínica elas podem se manifestar conjuntamente.

Assim, ao mesmo tempo que reconhece que há muitas vezes uma combinação dos dois, no *Manuscrito E*, Freud (1894a/1991) diferencia explicitamente a conversão histérica da somatização direta. Assim, ele escreve:

> *Na histeria, é uma excitação* psíquica *que se serve de uma via inadequada que leva a reações somáticas. Na neurose de angústia, ao contrário, é uma tensão física que não consegue se descarregar psiquicamente e que permanece, por isso, no domínio físico. Os dois processos muitas vezes aparecem combinados (p. 85).*

Tanto na histeria quanto na neurose de angústia parece haver um acúmulo de excitação devido à dificuldade de elaboração, porém na primeira essa dificuldade de elaboração acontece devido à existência de um conflito psíquico que acaba por descarregar a excitação no corpo por meio da conversão. Na neurose de angústia a excitação é puramente somática e permanece nesse registro, permanecendo fora do registro psíquico, o que leva, a seguir, Freud (1894b/1989) a concluir que "a neurose de angústia é, realmente, a contraparte somática da histeria" (p. 57). Podemos dizer que com as neuroses atuais entra em cena a somatização.[2]

Um grão de areia no centro da pérola

Vejamos agora como Freud continua refletindo a respeito dos modos de formação dos sintomas e sua significação nas neuroses atuais e nas psiconeuroses. Ele irá enfatizar que o sintoma corporal na neurose se constroi a partir desse substrato somático que o antecede e chamará a atenção para a ausência de sentido no sintoma corporal das neuroses atuais. Se, de um lado, o pensamento de Freud permite sustentar uma distinção entre conversão e somatização, de outro, ele irá assinalar a coexistência dos dois mecanismos no aparecimento da neurose.

Mesmo diferenciando os mecanismos que regem as neuroses atuais, de um lado, e as psiconeuroses, de outro, Freud atribui às primeiras a qualidade de núcleo do sintoma psiconeurótico. Em uma passagem em que ele insistia sobre essa distinção, Freud (1912/1995) escreve:

> *Considero ainda, como assim me parecia já há mais de quinze anos, que as duas neuroses atuais – a neurastenia*

---

2   A respeito da relação entre neuroses atuais e somatização, remeto o leitor ao artigo "Das neuroses atuais à psicossomática" de F. C. Ferraz (1997) e a discussão sobre a relação entre estresse e neuroses atuais proposta por M. A. A. C. Arantes (2002) em seu livro *Estresse*, em coautoria com M. J. F. Vieira.

*e a neurose de angústia – (talvez a verdadeira hipocondria
deva ser classificada como uma terceira neurose atual)
constituem a antecipação somática das psiconeuroses,
e fornecem o material da excitação, o qual em seguida
é psiquicamente selecionado e encoberto, apesar de que,
falando de uma forma geral, o núcleo do sintoma psiconeurótico – esse grão de areia no centro da pérola – é
formado de uma manifestação sexual somática (p. 179).*[3]

A preciosa metáfora *do grão de areia no centro da pérola* aparece nesse momento da teorização de Freud denotando o lugar de anterioridade das neuroses atuais como precursoras das psiconeuroses, isto é, as manifestações do psíquico nas psiconeuroses se formam a partir desse substrato somático que as antecede. Além disso, nessa ocasião ele admite que "um tratamento analítico possa ter também, indiretamente, uma influencia curativa sobre os sintomas atuais" (p. 181). Isto é, um processo analítico pode ter um efeito benéfico indireto sobre esses sintomas, o que, aliás, a clínica contemporânea não se cansa de constatar (Fernandes, 2002; 2014).

No que diz respeito à hipocondria, em seu texto sobre o caso do presidente Schreber, Freud (1911) já se interrogava sobre as possíveis ligações entre essa manifestação sintomática e a paranoia. Ele escreve:

*Eu não deixaria de observar aqui que não considerarei
uma teoria da paranoia digna de confiança senão se ela
tiver conseguido inserir em seu conjunto os sintomas
hipocondríacos quase regularmente concomitantes. Penso
que à hipocondria cabe a mesma posição em relação à*

---

3 Grifos meus.

paranoia que a posição que cabe a neurose de angústia em relação à histeria (p. 279).

Essa abordagem freudiana acentua, portanto, o possível destino psicótico da hipocondria, em que ela só aparece às vezes como um dos sintomas precursores.[4]

Com efeito, em seu ensaio sobre o narcisismo, Freud (1914/1995) incluiu definitivamente a hipocondria no grupo das neuroses atuais enquanto *neurose atual da psicose, isto é, da parafrenia*, colocando-a, junto com a doença somática e a vida erótica, como meios de acesso à compreensão do narcisismo, conceito que buscava introduzir na sua metapsicologia (p. 88). À luz de sua teoria da libido, e em seu ensaio sobre o narcisismo, ele considera também o auto-erotismo como prazer de órgão e estabelece uma oposição entre libido do eu, domínio da angústia hipocondríaca, e libido de objeto, domínio da angústia neurótica. Assim, Freud salienta que a hipocondria seria para a parafrenia o mesmo que as outras neuroses atuais são para a histeria e a neurose obsessiva, insistindo ainda que "não seria ir longe demais dizer que uma parcela de hipocondria participa regularmente também da formação das outras neuroses" (p. 90).

Não podemos deixar de salientar também que, nesse texto, Freud (1914/1995) opera ainda uma transformação importante quando tenta compreender a relação entre o autoerotismo, do qual já falava desde 1905 nos *Três ensaios*, e o narcisismo, que acabava de postular. Se no início ele atribuiu aos orifícios do corpo o estatuto de zonas

---

4 A respeito da hipocondria remeto o leitor ao livro de Rubens Volich, *Hipocondria: impasses da alma, desafios do corpo* (Volich, 2002/2015) e aos meus artigos: "A hipocondria do sonho e o silêncio dos órgãos: o corpo na clínica psicanalítica" (Fernandes, 2002) e "As formas corporais do sofrimento: a imagem da hipocondria na clínica psicanalítica contemporânea" (Fernandes, 2003b).

erógenas, em 1914, a erogeneidade passa a ser uma propriedade de todos os órgãos. Na medida em que a erogeneidade é um atributo do corpo como um todo, cada parte do mesmo fica também suscetível a aumentos e diminuições da excitação. Freud explicará assim a hipocondria como a modificação da erogeneidade de certos órgãos, que corresponde a uma modificação dos investimentos da libido no Eu (p. 90). Pode-se dizer que, transpondo o corpo biológico em um corpo erógeno, Freud dá continuidade a um verdadeiro movimento de transformação na concepção do corpo. Essa época de sua teorização marca apenas o começo de um percurso que funda, conforme já salientei em outras ocasiões, a noção de um corpo psicanalítico (Fernandes, 2003a; 2006; 2016).

Vejamos agora como Freud (1916-17) retorna ao tema das neuroses atuais nas suas *Conferências introdutórias sobre psicanálise*. Nessa ocasião ele explicita claramente a ausência de sentido simbólico nos sintomas das neuroses atuais em contraposição aos sintomas das psiconeuroses. Ele escreve:

> *E agora, devo chamar a atenção de vocês para a diferença fundamental que existe entre as neuroses atuais e as psiconeuroses . . . Nos dois casos, os sintomas decorrem da libido, implicando em ambos um gasto anormal desta última. Nos dois casos, encontramos satisfações substitutivas. Os sintomas das neuroses atuais, porém (cabeça pesada, sensação de dor, irritação de um órgão, enfraquecimento ou suspensão de uma função), não possuem nenhum "sentido", nenhuma significação psíquica. Esses sintomas são físicos, não apenas em suas manifestações (tal é também o caso dos sintomas histéricos, por exemplo), mas também quanto aos processos que os produzem e que se desenvolvem sem a menor participação*

de nenhum dos mecanismos psíquicos complicados que conhecemos (p. 365).[5]

Vemos que, com as neuroses atuais, Freud afirma haver todo um cortejo de sintomas somáticos passíveis de aparecerem sem estarem submetidos ao mecanismo do recalcamento, fora, portanto, do campo da representação. Esses sintomas, situados aquém da representação, sustentam a distinção entre conversão e somatização. Plenos de sentido simbólico na conversão, o sintoma corporal aparece destituído de sentido na somatização.

Continuando a se interessar mais pelas psiconeuroses do que pelas neuroses atuais, Freud (1916-1917/1961) especifica:

existe, entre os sintomas das neuroses atuais e os sintomas das psiconeuroses, uma relação interessante e que fornece uma contribuição importante para o conhecimento da formação de sintomas nestas últimas: o sintoma da neurose atual constitui muitas vezes o núcleo e a fase preliminar do sintoma psiconeurótico. *Observamos essa relação especialmente entre a neurastenia e a neurose de transferência chamada de histeria de conversão, entre a neurose de angústia e a histeria de angústia, mas também entre a hipocondria e as formas das quais falaremos mais tarde designando-as com o nome de parafrenia (demência precoce e paranoia). Tomemos como exemplo a dor de cabeça ou as dores lombares histéricas. A análise nos mostra que, por meio da condensação e do deslocamento, essas dores se tornaram uma satisfação substitutiva para toda uma série de fantasias ou lembranças libidinosas.*

---

5   Grifos meus.

Mas houve um tempo em que essas dores eram reais, quando elas eram um sintoma direto de uma intoxicação sexual, a expressão corporal de uma excitação libidinal. Não defendemos a ideia de que todos os sintomas histéricos contenham um núcleo desse tipo; mas não deixa de ser verdade que esse caso seja particularmente frequente, e que a histeria utilize de preferência, para a formação de seus sintomas, todas as influências, normais e patológicas, que a excitação libidinosa exerce sobre o corpo. Elas fazem então o papel desses grãos de areia que recobrem de camadas de madrepérola a concha que abriga o animal *(p. 368-369, grifos meus).*

Observa-se aí, claramente, como Freud tece toda uma elaboração sobre como os materiais provenientes de fontes diversas interagem para a formação dos sintomas.

Mesmo tendo insistido até o final de sua obra na compreensão das neuroses atuais como a expressão da inadequação da vida sexual atual, Freud abre, já nessa ocasião, a possibilidade de pensarmos que a formação de um sintoma corporal pode conter a mescla de dois mecanismos distintos, a somatização e a conversão, permitindo atenuar uma polaridade as vezes muito enfatizada nos textos psicanalíticos. Em todo caso, a clínica, nossa fiel parceira, nos permite observar a coexistência da somatização e da conversão ao longo de um mesmo processo analítico.

Percebe-se que Freud privilegia a metáfora do *grão de areia* para designar a relação existente entre as neuroses atuais e as psiconeuroses, mostrando assim que as neuroses se organizam em geral a partir de mecanismos mistos interligados e que, por isso, torna-se difícil, na experiência clínica, o encontro de neuroses, por assim dizer, "puras". Ao mesmo tempo que Freud se empenha em manter a distinção entre neuroses atuais e psiconeuroses, ele estabelece até o fim de sua obra uma estreita relação entre ambas, tendo chegado mesmo a ter usado a expressão – *neuroses mistas* (Freud, 1894b/1989).

A conversão e a somatização

Sendo assim, se notamos que a complexidade da clínica tende a relativizar a distinção entre neuroses atuais e psiconeuroses, esta distinção conserva, contudo, seu valor, na medida em que introduz, conforme salienta J. Laplanche (1980), "dois elementos estruturais que geralmente agem de forma complementar" (p. 45). Se as psiconeuroses evocam a conversão e as neuroses atuais a somatização precisamos agora avançar na compreensão do que diferencia o mecanismo da conversão daquele da somatização.

Conforme vimos, Freud equiparou a neurastenia e a histeria de conversão por se originarem ambas de mecanismos que utilizam o corpo como *locus* expressivo dos sintomas, mas em níveis diferentes. Na segunda, o valor simbólico dos sintomas permanece evidente, e Freud conseguiu mostrar que estes obedecem à lógica de uma anatomia puramente fantasmática. Assim, referindo-se à distinção entre as paralisias motoras orgânicas, de um lado, e as histéricas, de outro, Freud (1893/1995) escreve:

> *Eu afirmo, ao contrário, que a lesão das paralisias his-téricas deve ser totalmente independente da anatomia do sistema nervoso, visto que a histeria se comporta nessas paralisias e em outras manifestações como se a anatomia não existisse, ou como se simplesmente a desconhecesse (p. 55).*

Quando chama a atenção para o fato de o corpo das histéricas não ter nada a ver com o corpo com o qual se ocupam os anatomistas, Freud nos indica, de fato, que aquilo que as histéricas nos mostram é a existência de um corpo representado a partir da linguagem popular, e não científica. É toda a questão da representação que se coloca em cena com o corpo histérico.

Inversamente, o processo da somatização mostra-se bem diferente. Com efeito, como observa J. Laplanche (1980), "poderíamos dizer que, com relação à conversão, a somatização psicossomática segue vias muito mais fisiológicas", desembocando em certos aparelhos funcionais cujos sintomas são fixos e numeráveis, relativamente estereotipados como úlcera gástrica, asma etc. E o autor continua: "Encontramos, portanto, no processo de somatização da psicossomática, a anatomia e a fisiologia objetivas" (p. 47). Embora Laplanche se refira aos sintomas das doenças comumente vistas como psicossomáticas, utilizamos aqui o termo somatização para nos referir à produção do sintoma corporal em qualquer doença somática.[6]

A despeito da indiscutível legitimidade dessa consideração, a experiência nos ensina que, na clínica, as coisas estão longe de poder ser assim tão claramente diferenciadas. Vimos que, o próprio Freud não deixou de assinalar que era na realidade somática que o sintoma corporal da histérica encontrava sua fonte, o que lhe permitia falar, nesse caso, de uma *complacência somática*.[7] De fato, no que

---

6　Há toda uma discussão a respeito da designação de doença psicossomática apenas para alguns tipos de doença. Sobre isso remeto o leitor ao primeiro capítulo do meu livro *L'hypocondrie du rêve et le silence des organes: une clinique psychanalitique du somatique* (Fernandes, 1999).

7　Note-se que as traduções sistematicamente excluem da teoria freudiana esta participação do somático na construção do sintoma histérico. Com efeito, a expressão utilizada por Freud em alemão é *somatisches Entgegenkommen*, que literalmente significa um "vir ao encontro por parte do somático", expressão que sublinha a atividade do somático. Contrariamente, as expressões "complacência somática" em português, "complacencia somática" em espanhol, "complaisance

se refere aos sintomas corporais das doenças somáticas, podemos dizer que, se eles não possuem um sentido oculto segundo a lógica da conversão, a experiência clínica nos ensina que eles acabam por ocupar, mesmo assim, um *lugar*, um local, na economia psíquica do sujeito.

Além disso, a constatação de que as doenças somáticas fazem parte da vida de todos nós – até formam e constroem nossa história pessoal – e que é natural ao corpo adoecer, mais cedo ou mais tarde, não é suficiente para eliminar as diferenças que existem entre o sintoma corporal na histeria e na doença somática. De uma certa forma, porém, essa constatação contribui igualmente para aproximá-las, na medida em que ambas não escapam à dimensão subjetiva que historiciza e, *a posteriori*, confere sentidos a tudo que toca o corpo. É o que pretendo discutir adiante a partir da clínica da adolescência.

Contudo, nesse momento, seria útil continuarmos a nos perguntar o que, do ponto de vista do funcionamento psíquico, pode diferenciar a conversão da somatização. A primeira resposta se estrutura em torno das vicissitudes da simbolização: estas foram consideradas, desde Freud, como um elemento essencial. P. L. Assoun (1993) considera "que ao destacar o corpo histérico do corpo neurastênico, rejeitado com sua somatização difusa na classe das neuroses atuais, onde o corpo fala por si só, Freud realiza uma operação considerável: ele faz do corpo o lugar de uma simbolização" (p. 165). Ao contrário da somatização, temos na conversão um corpo simbólico, representado. São, portanto, as vicissitudes da simbolização que salientam os elementos que permitem diferenciar a conversão da somatização.

---

somatique", em francês e "somatic complacency", em inglês, utilizadas nas traduções consagradas da obra de Freud, sistematicamente sublinham a passividade do somático, forçando assim uma leitura parcial e equivocada da teoria freudiana sobre as relações entre o somático e o psíquico na subjetividade.

De fato, o corpo adquire um valor simbólico quando sua realidade biológica é colocada em um sistema significante. Segundo F. Gantheret (1971),

> só há simbolização quando ocorre um encontro entre uma série associativa e um ancoradouro numa disposição orgânica; quando o elemento de real orgânico é colocado num sistema significante; quando a série imaginária, pregando-se ao real biológico, adquire valor de signo, elemento de um sistema. É preciso então se perguntar se não é a noção de "apoio" que é representada: Anlehnung das pulsões sexuais sobre as pulsões de autoconservação, do corpo do fantasma sobre o corpo biológico, da sexualidade sobre a atividade corporal (p. 142).

Sem avançar mais na vasta questão do "apoio", podemos dizer, simplesmente, que por meio do corpo, o psíquico se exprime somaticamente da mesma maneira que o somático, a realidade biológica, marca presença nas mais diversas manifestações psíquicas e também psicopatológicas.[8] É o que a clínica da adolescência mostra de forma contundente.

A diferenciação entre conversão e somatização, que em Freud encontrava seu ponto de apoio na distinção entre psiconeuroses e neuroses atuais, será retomada mais tarde por F. Alexander na construção de sua teoria, baseada na especificidade psicodinâmica de cada afecção somática. A principal crítica deste último referia-se à ideia de que a teoria da histeria de conversão havia sido erroneamente estendida a todas as doenças somáticas nas quais os

---

8 A esse respeito remeto o leitor ao primeiro capítulo (O corpo: lugar de inscrição do psíquico e do somático) do meu livro *Corpo* (Fernandes, 2003a).

fatores psíquicos desempenhavam um papel importante. Essa crítica de Alexander dirigia-se sobretudo aos trabalhos de F. Deutsch e G. Groddeck, nomes importantes no que se refere à utilização da técnica analítica no tratamento das doenças somáticas no início do movimento psicanalítico. [9]

Groddeck, em quem Freud reprovava um certo excesso de romantismo na abordagem do inconsciente,[10] afirmava que na base da estruturação dos sintomas corporais das doenças somáticas encontravam-se os mesmos mecanismos psíquicos que operam no sonho e em outras formações do inconsciente.[11] Tal tentativa de expansão que visava incluir, dessa forma, a abordagem das doenças somáticas no campo da psicanálise será criticada e combatida no próprio interior do movimento psicanalítico, como mostra o desenvolvimento dos trabalhos da Escola de Chicago e, mais tarde, da Escola de Paris.

Os trabalhos da Escola de Chicago priorizaram sobretudo as relações entre a doença orgânica e certas características de personalidade. A Escola de Paris, rompendo com essa relação de causalidade direta, entre a eclosão de uma doença e características de personalidade, foi bem mais além, colocando em evidência o modo relacional dos pacientes somáticos e chamando a atenção para o fenômeno da dificuldade de mentalização.[12]

---

9   A esse respeito remeto o leitor ao primeiro capítulo do meu livro L'hypocondrie du rêve et le silence des organes: une clinique psychanalitique du somatique (Fernandes, 1999).

10 Sobre a relação de Groddeck com a psicanálise, remeto o leitor ao livro L'entendement freudien de P.-L. Assoun (1984) e ao livro Enfermidade e loucura de J. Birman (1980).

11 Cf. o capítulo "Travail du rêve et travail du symptôme organique" no livro La maladie, l'art et le symbole (Groddeck, 1926).

12 Sobre os trabalhos da Escola de Paris, remeto o leitor aos livros Psicossomática: de Hipócrates à psicanálise, de Rubens Marcelo Volich (2000/2022), A psicossomática do adulto, de P. Marty (1994); Mentalização e psicossomática, de P. Marty (1998) e às publicações da série Psicossoma I, II, III, IV e V organizada pelos colegas

A distinção entre conversão e somatização tem aqui um valor ilustrativo desse tipo de movimento que ocorre no próprio seio da história da psicanálise. As abordagens dessas duas Escolas não deixaram de despertar um grande interesse e de proporcionar um animado debate de cunho epistemológico visando colocar em evidência as questões referentes ao tema do corpo na psicanálise (Fernandes, 1999).

Se a conversão nos convida a evocar o modelo de um *corpo da representação*, a somatização nos sugere, por sua vez, se assim podemos dizer, o modelo do que denominei um *corpo do transbordamento* (Fernandes, 2003a). De fato, se a somatização admite a possibilidade de que nem sempre o corpo esteja vinculado a um sistema significante, há também a possibilidade de pensar o sintoma corporal como uma descarga, como um excesso, que, atravessando o aparelho psíquico, não se organiza necessariamente a partir da lógica da representação.

O corpo da representação e o corpo do transbordamento

Em meu livro que trata do lugar do corpo na metapsicologia, parti das descobertas inaugurais de Freud a respeito da histeria e do sonho, para propor que, desde o início, o corpo em Freud não se confunde com o organismo biológico, emergindo como um lugar de inscrição do psíquico e do somático. O percurso realizado pela teoria freudiana, tomando como ponto de partida o conceito de pulsão, permitiu enfatizar a primazia da erogeneidade ao supor

---

do Departamento de Psicossomática Psicanalítica do Instituto Sedes Sapientiae: (Ferraz & Volich, 1997; Volich, Ferraz & Arantes, 1998; Volich, Ferraz & Rañna, 2003; Volich, Ferraz & Rañña, 2008; Volich, Rañña & Labaki, 2014).

uma passagem do corpo auto-erótico ao corpo narcísico, conduzindo à ideia de um ego-corporal. Um pouco mais tarde, Freud vai enfatizar ainda que a absoluta impossibilidade de o bebê suprir sozinho suas necessidades de sobrevivência liga definitivamente a satisfação à presença do objeto. Isso nos remete necessariamente a tentar entender o que significa para a economia libidinal do sujeito sua dependência originária do outro maternal. Essa dependência, que remete ao desamparo constitutivo do sujeito, vem assinalar a importância da função materna na constituição desse corpo erógeno, cujo funcionamento é fruto das primeiras interações mãe-bebê. Este percurso me permitiu colocar em evidência que, para Freud, o corpo se constrói a partir da relação com o outro maternal, relação primordial e constitutiva da subjetividade.

Ao percorrer esse caminho deparei-me com o fato de que os avanços teóricos após 1920 vão progressivamente ampliar as possibilidades de compreensão do corpo para além da lógica da representação. Por sua vez, a retomada do conceito de pulsão em 1915, ao atribuir uma autonomia à força pulsional, vai se desdobrar adiante na invenção da pulsão de morte, enquanto pulsão sem representação. Além disso, a reafirmação da importância do ponto de vista econômico, salientando uma nova concepção do trauma, coloca em evidência a problemática do excesso, um impossível de ser representado, no modo de funcionamento do aparelho psíquico.

O lugar do corpo na teoria freudiana – entre dor e prazer, vida e morte – permite à metapsicologia abordar tanto um *corpo da representação* como também o que denominei, um *corpo do transbordamento*, que, situando-se aquém da simbolização, coloca em evidência esse excesso impossível de ser representado. Segundo minha hipótese, o lugar do corpo na metapsicologia reflete e preserva os traços dessa dupla incidência – a da representação e a do transbordamento – observada tanto na teoria quanto na clínica psicanalítica. Sendo assim, a meu ver, explorar as relações entre o corpo e o inconsciente implica em não restringir nossas reflexões ao registro da representação, ampliando as possibilidades de reflexão para além da lógica do recalcamento. Note-se aqui a importância de se explorar os desdobramentos teórico-clínicos ligados, por exemplo, aos mecanismos da clivagem (*Spaltung*) e da recusa (*Verleugnung*) que ganham em Freud um novo fôlego, precisamente em seus textos mais tardios (Fernandes, 2003a).

Ao longo desse percurso, busquei colocar em evidência as transformações que foram se processando na teoria freudiana, transformações teóricas radicais que nos colocam em contato com o espírito inquieto do pesquisador Freud, jamais se recusando a transformar suas hipóteses sempre que os impasses da clínica assim exigiam. Meu objetivo foi o de destacar os elementos teóricos fundamentais que permitiram circunscrever a especificidade da abordagem psicanalítica do corpo.

Esse posicionamento estratégico, por assim dizer, da alteridade na teoria freudiana do corpo e essa ampliação teórica para além da representação têm, sem dúvida, consequências clínicas. Implicam refletir, do ponto de vista metapsicológico, a respeito da natureza da eficácia da escuta analítica diante da marcante presença do corpo nas formas de expressão do sofrimento psíquico. Os impasses vividos na clínica da adolescência nos convocam, o tempo todo, a essa reflexão.

Não posso deixar de salientar aqui que a clínica psicanalítica da atualidade revela claramente que o acontecimento que toca o corpo, além de alimentar a rede de representações que servem de suporte para a angústia de castração, também remete ao caráter silencioso da pulsão de morte e aos efeitos mais ou menos duráveis e nefastos relacionados à compulsão à repetição. Sendo assim, a fecundidade dos postulados freudianos a partir dos anos 20 pode nos ajudar a compreender, particularmente, as vicissitudes da clínica com os adolescentes, mergulhados na intensidade das excitações internas e externas.

Se, facilmente, constata-se que o termo neurose atual perdeu presença nos textos de Freud, o mesmo não se pode dizer da lógica que eles colocaram em cena – uma lógica do transbordamento, conforme enfatizei, que após os anos 1920 marca definitivamente a entrada do irrepresentável na sua metapsicologia. Com efeito, costuma-se pontuar que, desde 1914, o modelo da representação começa a ser questionado no interior da teoria freudiana. No entanto, esse questionamento só irá gerar modificações teóricas decisivas a partir de 1920, com a entrada da pulsão de morte e da compulsão à repetição.

De fato, a evolução dos modelos teóricos freudianos vai enfatizar os processos de descarga da excitação, o que implica na ampliação das funções do aparelho psíquico. Será função desse aparelho lidar com os aspectos qualitativos e quantitativos da carga de estímulos que o mundo oferece, sendo capaz de adiar a busca da satisfação, o que supõe ser capaz, ainda, de tolerar uma certa dose de desprazer. Vê-se aí toda a amplitude da abertura teórica que se processou na construção freudiana.

A esse respeito A. Green (1999) salienta: "a partir do momento que Freud introduz o modelo do agir, da descarga, da repetição, o modelo do ato vai entrar na psicanálise, como ameaça para a elaboração psíquica" (p. 44). Mais adiante, Green prossegue:

> *E nós compreendemos aí também a considerável mudança que interveio no aparelho psíquico. Este não é um aparelho que simplesmente elabora, não é um aparelho que se contenta em recalcar, porque recalcar é conservar. Ele é também um aparelho que, pela recusa, pela forclusão, pela clivagem, evacua, elimina e, dessa forma, automutila-se. E se o analista não está consciente disso, ele pode passar anos e anos, na sua poltrona, a escutar*

um analisando sem se dar conta do que se passa, quer dizer, sem fazer nada (p. 44).

Observa-se, de fato, na clínica da adolescência a tendência à repetição, à desorganização do Eu e à ação, o que nos coloca, necessariamente, diante dos limites do modelo metapsicológico da representação. Insistindo em sua argumentação, nesse mesmo texto A. Green (1999) escreve:

> *Quando Freud fala do id, não é mais feita nenhuma alusão a uma atividade representativa de nenhuma espécie. Dito de um outro modo, nada no conceito de id corresponde à ideia de conteúdo... Precisamente porque a moção pulsional remete à descarga cega e irremediável com o objetivo de aliviar o aparelho psíquico, o que não se refere ao prazer, mas a salvaguardar minimamente a ligação psíquica primária (p. 52).*

E continua: "O que se vê então aparecer nessa ocasião é que a representação, contrariamente ao sistema anterior, não é mais dada como certa, ela é o resultado de um trabalho. É bem isso que nos ensina a clínica contemporânea" (p. 52). A meu ver, constatar isso exige que o analista se dedique, muitas vezes, a um trabalho de *nominação/ligação*: essa colocação em palavras que reenvia sempre a alguma outra, criando dessa forma uma cadeia associativa que visa ligar os elementos do discurso em um verdadeiro trabalho de *construção de sentidos* e não apenas de desvelamento de sentidos (Fernandes, 2003a; 2006; 2014).

O modelo das neuroses atuais, ao ser retomado na psicanálise contemporânea, sofre, obviamente uma nova elaboração. Se a ênfase na inadequação das práticas sexuais atuais não se manteve, permaneceu, entretanto, a ideia da transposição direta da excitação pulsional para o somático, sem a mediação psíquica. A pergunta que insiste é: porque a elaboração psíquica não acontece, ou acontece de forma precária? Ora, a meu ver, formular essa questão leva a uma abertura da escuta analítica, consequentemente, do campo psicanalítico. Uma vez que a elaboração psíquica, tarefa do aparelho psíquico, não é dada como certa, temos que nos ocupar do modo pelo qual o processo analítico pode atuar como favorecedor das condições que facilitem a elaboração psíquica. Claro está, conforme já assinalamos, que as dificuldades de elaboração psíquica não se restringem às somatizações.

Assim, o modelo das neuroses atuais, amplamente utilizado para compreender as somatizações, pode servir ainda para pensarmos uma série de sintomas tão comuns na clínica da adolescência, como já assinalado no começo deste artigo: as compulsões, as automutilações, os sintomas alimentares, particularmente o bulímico, pela impulsiva ingestão desmedida de alimentos e os comportamentos compensatórios. O modo como o conceito de neurose atual foi recuperado pelos trabalhos da Escola de Paris tem amplamente servido para pensar as psicopatologias da ação e do corpo, em que o funcionamento habitual do aparelho psíquico parece nocauteado pelo aspecto quantitativo da excitação. Incapaz de exercer suas funções em virtude de dificuldades mais ou menos profundas, o aparelho psíquico se vê subutilizado, duradoura ou momentaneamente, o que resulta em respostas comportamentais ou somáticas. Isto é, resultando em respostas sintomáticas que engajam o corpo e a ação.[13]

---

13 Para aprofundar a compreensão das neuroses atuais e seus desdobramentos na clínica contemporânea, remeto o leitor ao livro *Neuroses atuais e patologias da atualidade* de Paulo Ritter (2017).

Entre a ação e o corpo: a clínica da adolescência

Para dar visibilidade ao que quero salientar nesta discussão apresentarei agora dois *fragmentos* clínicos. Minha intenção é destacar o sofrimento psíquico que emerge nos relatos dessas adolescentes. São, portanto, fragmentos que evocam *cenas* da clínica psicanalítica da atualidade, que vem colocando em evidência esse protagonismo do corpo nos modos de apresentação do mal-estar na adolescência.

Isabela tem 15 anos, começou a se cortar aos 12; foi a escola quem advertiu os pais. Na nossa primeira entrevista tem muita dificuldade para falar; depois de alguns encontros diz que tem vontade de escrever. Sugiro que me traga algo escrito na sessão seguinte; ela não consegue, mas aproveita o momento da sessão para escrever ali mesmo. Assim ficamos por um bom tempo até Isabela sentir que poderia ler para mim o que escrevia. Sua escrita é como um grito de angústia que começa a se endereçar: "Minha mãe diz que me corto para chamar atenção, ela não sabe que é justamente a forma que encontrei de me manter viva!" – assim Isabela começa a falar. Com o passar do tempo, um tempo intercalado com sessões ocupadas por assuntos variados, fomos nos aproximando do que ela sentia: "Me sinto vazia, como se estivesse morta, tenho vontade de morrer! Não tenho vontade de fazer nada, me sinto sufocada e não controlo mais nada. Não sei mais quem sou, me tornei outra pessoa!"

Um tempo após o início da análise, Isabela me conta que costumava se encher de comida e, em seguida, provocar o vômito. Isso acontecia em momentos de muita excitação, antes de uma prova ou de uma festa particularmente esperada. Vê-se aí que o estado de transbordamento que antecede o sintoma bulímico, não se refere apenas ao desprazer, a algo desagradável, mas pode ser também algo muito esperado. Como disse, muitas sessões são ocupadas por assuntos anódinos, o que se passa na escola, as pequenas intrigas com o grupo de amigos, de vez em quando um mergulho rápido no que ela vive subjetivamente. Chegamos, assim, ao terceiro ano do Ensino Médio.

A pressão sentida por Isabela, que se cobra um desempenho excelente, com vistas a entrar em uma boa universidade se exacerba; é nessa ocasião que aparecem as enxaquecas. Ao mesmo tempo que me dou conta do aparecimento da somatização, ela nunca tinha tido enxaquecas antes, acabo sabendo que os episódios de se cortar já não aconteciam há um bom tempo e que o sintoma bulímico só aparecia raramente. Passamos da ação (de se cortar e de provocar o vômito) para a somatização, a dor de cabeça, proveniente de uma doença somática, a enxaqueca. O corpo é convocado em ambas, na ação de se cortar, de vomitar e na somatização, mas, contrariando uma certa ordem esperada na clínica, na qual a somatização seria a ocorrência mais grave, em Isabela, a substituição quase completa dos sintomas bulímicos e de automutilação me dava a impressão de que o processo analítico caminhava.

A mãe de Laura me telefona, quer marcar para vir com o marido me conhecer e explicar o que acontece com a filha, que tem 17 anos. Digo que seria melhor que Laura viesse me conhecer – obtenho como resposta que ela não se levanta da cama. A mãe adianta que a filha está acamada há uns 10 dias, dessa vez, mas que tudo começou há uns 11 meses atrás. Habitualmente as crises duram 7 ou 8 dias, sendo que dessa vez tem se estendido. Dias depois, Laura entra na sala sorridente e cordata, miúda, magrinha, fala fininho como criança; parece ter uns 13 anos.

– Eu tenho tido umas crises estranhas, crises de fadiga, não consigo ficar em pé, não consigo fazer nada. Não consigo ir na escola, estou no terceiro do Ensino Médio e tem o vestibular. Fico com a cabeça vazia e não compreendo direito o que escuto, também não entendo os conteúdos nem consigo fazer os exercícios de física e matemática. Para de falar, como se já tivesse dito tudo.

– E quando isso começou? Pergunto, para tentar ajudar na continuidade.

– Começou depois de uma gripe muito forte, com uma infecção intensa de garganta que tive quando estava na Escócia, visitando minha irmã com minha mãe. Na volta ao Brasil ainda estava mal, com tosse e sentia muito cansaço. Aí as crises apareceram.

Uma doença somática, a gripe, que surge em meio a um evento, uma viagem com a mãe para visitar a irmã. A gripe se arrasta até o fim da viagem e persiste. O que teria se passado? Teria a gripe surgido após algum acontecimento traumático? Ou seria a somatização o próprio acontecimento traumático? Que ligação poderíamos estabelecer entre a gripe e as crises de fadiga? Seria a gripe, a somatização, *o grão de areia no centro da pérola*? Esse grão que seria utilizado para a formação da conversão, as crises de fadiga?

Vimos que as neuroses atuais, colocando em evidência a somatização, na qual o sintoma corporal não se constitui como um retorno da sexualidade infantil recalcada, evoca a ideia de que o excesso de excitação passaria diretamente ao plano somático, evidenciando uma ausência de metabolização simbólica da excitação proveniente da pulsão. Assim, na somatização o que observamos é que não é possível a elaboração psíquica das quantidades de excitação que invadem o aparelho psíquico, venham elas do exterior (acontecimentos) ou do interior (pulsões). Estando as vias associativas obstruídas, não é possível o escoamento da excitação por meio da palavra. A descarga se dá mediante a ação ou incide no corpo; outras defesas, que não o recalcamento, entram em cena. Aqui encontramos a importância da clivagem, na qual o Eu funciona em dois registros distintos e contraditórios: a parte inconsciente do Eu e o colapso de sua função de síntese ligada a consciência.

O que vemos na somatização é a clivagem entre o somático e o psíquico, o Eu defende-se do aparecimento da angústia afastando qualquer possibilidade de percebê-la e, consequentemente, abordá-la por meio das associações e da palavra. Isso nos permite compreender as dificuldades associativas e as sessões entrecortadas de silêncios, tanto em Isabela quanto em Laura. Em ambas o desenrolar truncado do discurso nas sessões, os relatos factuais, a quase ausência de devaneios ou mesmo de temas que pudessem despertar estados subjetivos, estavam praticamente ausentes nas sessões, sobretudo no longo período inicial da análise. Predominava um discurso racional e avesso aos possíveis desdobramentos simbólicos do relato, quase como se elas buscassem se preservar de seus próprios sentimentos e desejos por serem eles, naturalmente, fonte de conflitos. Só muito tempo após o início da análise pudemos nos aproximar, embora de forma vacilante, dos conflitos que diziam respeito as relações com as figuras parentais.

Muito semelhante ao que os autores da Escola de Paris descreveram como "pensamento operatório" (Marty & M'Uzan, 1963) é o que foi descrito por Joyce McDougall (1989) como "desafetação". Para essa autora, certos pacientes expulsam violentamente da consciência as representações carregadas de afeto, isto é, não suportam conter o excesso da experiência afetiva nem conseguem refletir sobre ela. É então que as palavras deixam de poder fazer a função de ligação pulsional podendo vir a proteger o sujeito diante da excitação. É assim que o congelamento do afeto aparece como defesa contra a angústia. Essa autora supõe que nesses pacientes a angústia se encontra ligada a experiências muito precoces e traumáticas; a simples ameaça de sua emergência no nível psíquico pode por em risco a sobrevivência psíquica do sujeito.

Em nosso meio, Flávio Ferraz (1997), um dos primeiros a evocar as neuroses atuais para refletir sobre as somatizações, enfatiza o modo de utilização dessa noção pelos autores da Escola de Paris e também traz à tona a contribuição de Cristopher Dejours (1988). Este último salienta a importância da entrada da pulsão de morte para os desdobramentos que se seguiram com a noção de desamparo (*Hilflosigkeit*) e de angústia automática, para assinalar a recuperação da lógica evocada, muito antes, pelas neuroses atuais.

Ferraz (2012) continua enfatizando que, na angústia automática, o Eu é tomado de susto e falha em emitir o sinal de perigo, o que nos remete ao trauma em sua dimensão de irrepresentável, que se articula exatamente à pulsão de morte. Assim ele escreve: "Grosso modo, o sujeito da neurose atual funciona no registro da neurose traumática; responde automaticamente, passando ao largo dos processos propriamente psíquicos na sua montagem sintomática" (p. 101). De fato, é com a figura clínica das neuroses traumáticas que a importância do ponto de vista econômico retorna com força nos anos 20, conferindo espaço para se pensar as vicissitudes do excesso impossível de ser representado.[14]

De fato, tanto em Isabela quanto em Laura parecia-nos evidente a precariedade dos processos elaborativos, expondo o aparelho psíquico ao impacto da força pulsional, sem a participação da mediação simbólica. Diante da precariedade da simbolização a capacidade do aparelho psíquico de efetuar o trabalho de ligação das intensidades pulsionais com as representações parecia atingida.

Sobre o manejo transferencial e a adolescência

Sobretudo nos casos de difícil manejo clínico, tenho insistido, conforme assinalei acima, que o trabalho analítico supõe uma *escuta/ligação* que visa ligar os elementos do discurso em um verdadeiro trabalho de construção de sentidos. No entanto, com Isabela e Laura, me via diante de configurações clínicas nas quais me parecia particularmente

---

14 A respeito da relação entre neuroses traumáticas e neuroses atuais, remeto o leitor ao artigo "Das neuroses atuais às neuroses traumáticas: continuidade e ruptura" de Marta Rezende Cardoso (2011).

importante não fazer de imediato essas ligações, não me precipitar em estabelecê-las. O contato com Isabela e Laura me fazia pensar que uma intervenção prematura de minha parte facilmente poderia ser intrusiva e nesse sentido traumática, podendo acirrar as resistências e assim dificultar ainda mais o desenrolar do processo analítico. Nos movimentos transferenciais frequentemente se evidenciava a repetição da dependência das figuras parentais. Tenho notado na clínica da adolescência que essa repetição representa algo ameaçador e, por vezes, pode chegar a romper o vínculo com o analista. Um vínculo que se tenta construir, particularmente nessa clínica, com tanta delicadeza e cuidado.

Em Laura, o aparecimento da gripe e depois das crises de fadiga colocava em evidência que o excesso pulsional transbordava no corpo em razão da ausência de intermediação da simbolização. No entanto, com o desenrolar do processo analítico foi possível vislumbrar, pouco a pouco, a função que a somatização passou a ter e como pôde servir de material para a construção das crises de fadiga, que não deixavam de lembrar, em sua expressão sintomatológica, tanto a neurastenia quanto a depressão. Podemos pensar que se não chegamos a desvelar um sentido para esses sintomas, certamente eles ocupavam um *lugar* nas conflitivas vividas por Laura, colocando em evidência suas questões diante dos outros e de si mesma.

O mesmo se pode dizer a respeito dos sintomas que Isabela apresentava, não sendo fruto do recalcamento não se prestavam a deciframentos. Ao colocar em cena defesas precárias como a clivagem evidenciavam o transbordamento no corpo, que visava aliviar o aparelho psíquico de um excesso insuportável. Isso fica claro tanto nas automutilações quanto no sintoma bulímico; ambos funcionavam como vias de escoamento da excitação. Nesse sentido, por mais paradoxal que pareça, visavam à sobrevivência psíquica, portanto ocupavam um *lugar* na economia psíquica e tinham uma função de proteção, podendo vir depois, com o caminhar da análise a poder ser um suporte de ligação e de significação.

Vale ressaltar que ambas estavam no terceiro ano do Ensino médio. Sabemos o quanto o terceiro ano potencializa as crises da adolescência gerando um aumento grande de reações psicopatológicas diversas. No Ensino Médio as amizades se intensificam e os vínculos afetivos no interior do grupo de amigos se torna muito importante. O adolescente se torna, gradativamente, cada vez menos dependente da imagem de si, refletida no olhar dos pais e cada vez mais busca se ver no olhar dos outros, no mundo lá fora. Se nessa fase, no interior do quarto, o espelho é adorado e temido, lá fora o olhar do outro é espelho implacável.

Se sabemos que na adolescência há todo um trabalho psíquico para lidar com o luto do corpo infantil, ao final da adolescência há também um outro luto, o da família como modo do laço social. O que se evidencia aí é que, para o jovem, o reconhecimento real vem do outro estrangeiro, daquele que representa o não familiar. Além da pressão sentida nesse ano de conclusão do Ensino Médio, temos também, nessa ocasião, o encerramento de um ciclo. Para os jovens da classe média, a entrada na Universidade concretiza o afastamento do mundo familiar, marcando definitivamente a inserção no mundo. Para que essa passagem aconteça de modo relativamente tranquilo terá sido preciso que todo um processo de diferenciação das figuras parentais tenha, gradativamente, ocorrido, possibilitando a aquisição da autonomia.

Ao nos ocuparmos da clínica da adolescência já tivemos a ocasião de assinalar que a excessiva proximidade da mãe dificulta a experiência da ausência, fundamental para o processo de simbolização. É a mãe que, no exercício de sua função materna, permite ao bebê a construção gradativa das categorias do tempo e do espaço, a distinção entre dentro e fora, vazio e cheio. Possibilitar a experiência do vazio supõe, então, a capacidade da mãe para introduzir intervalos de tempo entre a necessidade de seu bebê e sua resposta. A sua sensibilidade em ajustar esses intervalos às condições do bebê, de suportá-los, possibilita a construção secreta e tranquila do espaço para a solidão e para o pensamento. É essa sensibilidade da mãe no ajuste dos intervalos entre presença e ausência que irá garantir o equilíbrio narcísico do sujeito, guardião da possibilidade de diferenciação e autonomia (Fernandes, 2012).

De fato, é preciso ter introjetado a *função materna* para poder lidar com o excesso pulsional e as exigências externas. Se, por qualquer motivo, a mãe falha na sua função materna de escudo protetor (de para-excitação): não consegue estar presente, acontece algo que gera uma descontinuidade, está muito fragilizada devido à alguma perda significativa, vive em uma situação de extrema vulnerabilidade ou exerce uma sedução e intrusão excessivas, vai se instalar uma fixação imaginária e a função materna encontrará dificuldade para ser introjetada, conforme salienta M. Torok (1968, p. 251). É por isso que os momentos de transição, em que novas irrupções libidinais se apresentam, torna-se um terreno predileto para os desequilíbrios que perturbam ou bloqueiam o desenvolvimento e podem chegar a dificultar a elaboração da sexualidade genital adolescente, em suas relações com a pré-genitalidade, o narcisismo e os processos identificatórios, como insiste B. Brusset (1998, p. 223). É assim que podemos também compreender que esses desequilíbrios encontram seu fundamento na relação do sujeito com o outro. O que marca a relação transferencial com o analista de uma potencia considerável.

Observamos, tanto em Isabela quanto em Laura, uma dificuldade de percepção de seu mundo interior e suas necessidades afetivas, como se estivessem privadas do seu espaço interno. Assim, na situação analítica, se apresentavam com gestos neutros e comedidos, podendo ocupar o tempo das sessões com assuntos anódinos ou com interesses culturais específicos, sem que a apreciação pessoal sobre tais assuntos ou as questões afetivas se fizessem presentes. Embora tais momentos não deixassem de evidenciar a sensibilidade delas, eles se encontravam sempre marcados pela restrição: dos assuntos, do envolvimento afetivo, do contato. O difícil na condução do processo analítico, particularmente com os adolescentes, é encontrar a justa medida, é conseguir dosar proximidade e distância, silêncio e palavra. Eles não podem ficar sem o alimento psíquico da proximidade do analista, nem toleram ficar expostos à excitação excessiva de sua presença, se ela se fizer próxima demais.

É nesse tênue fio de navalha que com Isabela e Laura o espaço e o tempo das sessões foram sendo lentamente ocupados por uma tentativa de dar palavras, tentar nomear o que é vivido ali, entre a analista e elas. Quase como um esforço para "pensar alto", "dar voz" ao que é experimentado, inicialmente por meio das descrições do que se passava no corpo, para em seguida poder abrir caminho para a passagem dos pensamentos e, só depois, dos afetos, sonhos e devaneios. Passagem lenta e delicada, em que, muitas vezes, foi necessário destrinchar as experiências subjetivas, convidando-as, pacientemente, a nos explicarem o que querem dizer, o que sentem. Muitas vezes, capturadas no imperativo ideal do que deveriam sentir ou não sentir, não conseguiam escutar a si mesmas.

Se a situação analítica funciona permitindo resgatar fragmentos, juntar pedaços, criar sentidos, inventar formas, liberando a atividade fantasmática das suas modalidades defensivas, é importante considerarmos que ela precisa funcionar também como um espaço capaz de acolher uma outra temporalidade. Acolher a possibilidade de um tempo de espera, no qual as perguntas possam ser formuladas sem a urgência da demanda de respostas, um tempo favorecedor dessa escuta de si, capaz de criar suas próprias conexões e narrativas.

Assim, conforme vimos, se na somatização, o sintoma corporal é fechado em si mesmo, ou seja, se ele não remete a uma significação oculta como no modelo da conversão histérica, a experiência clínica nos ensina que ele ocupa, não obstante, um *lugar*, um espaço na economia psíquica do sujeito. Isto é, o sintoma corporal, fruto da somatização, não escapa, *a posteriori*, à dimensão subjetiva que historiciza e confere sentidos a tudo que toca o corpo. Sendo assim, gostaríamos de concluir enfatizando que é o espaço que o sintoma corporal ocupa na economia psíquica do sujeito e o que isso nos informa sobre seu funcionamento psíquico, que deve interessar a psicanálise.

O que a clínica nos ensina é que os acontecimentos da vida podem afetar simultaneamente os dois registros, o psíquico e o somático, sem que se consiga, muitas vezes, determinar que ordem de causalidade teve a primazia. Trata-se, portanto, de processos interdependentes que agem de forma recíproca, não se confundem um com o outro, embora estejam estreitamente conectados entre si. Sendo assim, vale enfatizar que se salientamos que Freud fala das *neuroses mistas* é com o intuito de assinalar que, na clínica, o que é da ordem da representação se encontra em interação com o irrepresentável.

Não seria a clínica da adolescência emblemática para colocar em evidência que todos nós recorremos ao corpo e as ações para lidar com as vicissitudes da vida, com os traumas psíquicos, e que esse recurso não exclui outros, aos quais também recorremos?

Referências

Alexander, Franz. (1989). *Medicina psicossomática*: princípios e aplicações. Porto Alegre: Artes Médicas.

Arantes, M. A. A. C. & Vieira, M. J. F. (2002). *Estresse*. São Paulo: Casa do Psicólogo.

Assoun, P. L. (1984). *L'entendement freudien*. Paris: Gallimard.

Assoun, P.-L. (1993). Le corps: L'Autre métapsychologique. In *Introduction à la métapsychologie Freudienne* (p. 159-178). Paris: P.U.F.

Birman, J. (1980). *Enfermidade e loucura*. Rio de Janeiro: Campus.

Brusset, B. (1998). *Psychopathologie de l'anorexie mentale*. Paris: P.U.F.

Cardoso, M. R. (2011). Das neuroses atuais às neuroses traumáticas: continuidade e ruptura. *Revista Latinoamericana de Psicopatologia Fundamental*, São Paulo, 14(1), 70-82.

Dejous, C. (1988). *O corpo entre a biologia e a psicanálise*. Porto Alegre: Artes Médicas.

Fernandes, M. H. (1999). *L'hypocondrie du rêve et le silence des organes: une clinique psychanalitique du somatique*. Villeneuve d'Ascq: Presses Universitaires du Septentrion.

Fernandes, M. H. (2002). A hipocondria do sonho e o silêncio dos órgãos: o corpo na clínica psicanalítica. In M. Aisenstein, A. Fine & G. Pragier (Orgs.). *Hipocondria* (p.173-192). São Paulo: Escuta.

Fernandes, M. H. (2003a). *Corpo*. São Paulo: Casa do Psicólogo.

Fernandes, M. H. (2003b). As formas corporais do sofrimento: a imagem da hipocondria na clínica psicanalítica contemporânea. In R. M. Volich, F. C. Ferraz, & W. Ranña (Orgs.). *Psicossoma III: interfaces da psicossomática* (p. 107-129). São Paulo: Casa do Psicólogo.

Fernandes, M. H. (2006). Entre a alteridade e a ausência: o corpo em Freud e sua função na escuta do analista. In E. M. Ulhôa Cintra (Org.). *O corpo, o eu e o outro em psicanálise: ciclo de palestras na clínica dimensão* (p. 29-54). Goiânia: Dimensão.

Fernandes, M. H. (2011). As relações entre o psíquico e o somático: o corpo na clínica psicanalítica. In C. A. Garcia & M. R.

Cardoso (Orgs.). *Limites da clínica. Clínica dos limites* (p. 47-62). Rio de Janeiro: Companhia de Freud.

Fernandes, M. H. (2012). Mãe e filha... uma relação tão delicada... In E. M. Marraccini, M. H. Fernandes, & M. R. Cardoso (Orgs.). *Limites de Eros* (p. 105-145). São Paulo: Blucher, 2022.

Fernandes, M. H. (2014). O corpo doente no divã. In R. M. Volich, W. Ranña, & M. E. P. Labaki (Orgs.). *Psicossoma V: integração, desintegração e limites* (p. 107-125). São Paulo: Casa do Psicólogo.

Fernandes, M. H. (2016). Onde começa o corpo? *IDE: psicanálise e cultura/Sociedade Brasileira de Psicanálise de São Paulo*, São Paulo, 38(61), 13-26.

Ferraz, F. C. (1997). Das neuroses atuais à psicossomática. In F. C. Ferraz & R. M. Volich (Orgs.). *Psicossoma: psicossomática psicanalítica* (p. 23-38). São Paulo: Casa do Psicólogo.

Ferraz, F. C. & Volich, R. (Orgs.). (1997). *Psicossoma: psicossomática psicanalítica*. São Paulo: Casa do Psicólogo.

Ferraz, F. C. (2022). A psicossomática no espectro da psicopatologia psicanalítica. In E. M. Marraccini, M. H. Fernandes & M. R. Cardoso (Orgs.). *Limites de Eros* (p. 89-104). São Paulo: Blucher. (Trabalho original publicado em 2012).

Freud, S. (1995). Quelques considérations pour une étude comparative des paralysies motrices organiques et hystériques. In *Résultats, idées, problèmes I* (p. 45-59). Paris: P.U.F. (Trabalho original publicado em 1893).

Freud, S. (1991). Manuscrito E. In *La naissance de la psychanalyse* (p. 80-85). Paris: P.U.F. (Trabalho original publicado em 1894a).

Freud, S. (1989). Du bien-fondé à séparer de la neurasthénie un complexe de symptômes déterminé, en tant que névrose d'angoisse.

In *Oeuvres Complètes* (Vol. 3, p. 29-58). Paris: P.U.F. (Trabalho original publicado em 1894b).

Freud, S. (1989). La sexualité dans l'étiologie des névroses. In *Oeuvres Complètes* (Vol. 3, p. (215-240). Paris: P.U.F. (Trabalho original publicado em 1898).

Freud, S. (1987). *Trois essais sur la théorie sexuelle*. Paris: Gallimard. (Trabalho original publicado em 1905).

Freud, S. (1993). Remarques psychanalytiques sur un cas de paranoïa (dementia paranoides) décrit sous forme autobiographique. In *Oeuvres Complètes* (Vol. 10, p. 225-304). Paris: P.U.F. (Trabalho original publicado em 1911).

Freud, S. (1995). Pour introduire la discussion sur l'onanisme. In *Résultats, idées, problèmes I* (p. 175-186). Paris: P.U.F. (Trabalho original publicado em 1912).

Freud, S. (1995). Pour introduire le narcissisme. In *La vie sexuelle* (p. 81-105). Paris: P.U.F. (Trabalho original publicado em 1914).

Freud, S. (1961). La nervosité commune. In *Introduction à la psychanalyse* (p. 356-369). Paris: Payot. (Trabalho original publicado em 1916-1917).

Gantheret, F. (1971). Remarques sur la place et le statut du corps en psychanalyse. *Nouvelle Revue de Psychanalyse*, 3, 137-146.

Green, A. (1999). Genèse et situation des états limites. In J. André (Org.). *Les états limites* (p. 23-68). Paris: P.U.F.

Groddeck, G. (1969). Travail du rêve et travail du symptôme organique. In *La maladie, l'art et le symbole* (p. 135-143). Paris: Gallimard. (Trabalho original publicado em 1926).

Laplanche, J. (1980). *Problématiques I: l'angoisse*. Paris: P.U.F.

Marty, P. & M'Uzan. M. (1963). La pensée operatoire. *Revue Française de Psychanalyse*, Paris, 27, 345-346.

Marty, P. (1990). *La psychosomatique de l'adulte*. Paris: P.U.F..

Marty, P. (1994). *A psicossomática do adulto*. Porto Alegre: Artes Médicas.

Marty, P. (1998). *Mentalização e psicossomática*. São Paulo: Casa do Psicólogo.

McDougall, J. (1989). *Théâtres du corps*. Paris: Gallimard.

Ritter, P. (2017). *Neuroses atuais e patologias da atualidade*. São Paulo: Pearson.

Torok, M. (1987). Maladie du deuil et fantasme du cadavre exquis. In N. Abraham & M. Torok (Orgs.). *L'écorce et le noyau* (p. 229-251). Paris: Flammarion. (Trabalho original publicado em 1968).

Volich, R. M., Ferraz, F. C. & Arantes, M. A. A. C. (Orgs.). (1998). *Psicossoma II: psicossomática psicanalítica*. São Paulo: Casa do Psicólogo.

Volich, R. M. (2000). *Psicossomática: de Hipócrates à psicanálise* (Coleção Clínica Psicanalítica). São Paulo: Casa do Psicólogo. (8 ed., revista e ampliada, Blucher, 2022).

Volich, R. M. (2002). *Hipocondria, impasses da alma, desafios do corpo* (Coleção Clínica Psicanalítica). São Paulo: Casa do Psicólogo. (3 ed. Blucher, no prelo).

Volich, R. M., Ferraz, F. C. & Rañna, W. (Orgs.). (2003). *Psicossoma III: interfaces da psicossomática*. São Paulo: Casa do Psicólogo.

Volich, R. M., Ferraz, F. C. & Ranña, W. (Orgs.). (2008). *Psicossoma IV: corpo, história e pensamento*. São Paulo: Casa do Psicólogo.

Volich, R. M., Ranña, W. & Labaki, M. E. P. (Orgs.). (2014). *Psicossoma V: integração, desintegração e limites*. São Paulo: Casa do Psicólogo.

12. Dor: trincheira contra o insustentável

Susan Masijah Sendyk

Sentir dor: cuidar é curar?

Há alguns anos, trabalhei no setor de Medicina do Trabalho de um hospital particular de São Paulo, participando, na qualidade de psicóloga, de uma equipe de atendimento multidisciplinar a grupos de funcionários que apresentavam dor crônica. O diagnóstico variava entre LER/DORT, fibromialgia e dores de coluna cervical e lombar. Tratava-se de um programa de reeducação para o tratamento da dor, no qual trabalhavam médicos, fisioterapeutas e psicólogos, tendo como objetivo ampliar o campo de consciência dos fatores envolvidos no adoecimento de cada um.

Para muitos, ainda que fosse uma questão antiga, a dor não tinha historicidade: era um fenômeno que aparecia desvinculado de dificuldades de outra ordem. Do ponto de vista do participante deste programa, a relação entre a dor e a maneira como conduziam suas vidas, ou enfrentavam situações conflituosas, era tênue, quando não existente. Notava que a sensação física protagonizava seu estado e que a percepção de si, por sua vez, era empobrecida. Isso me levava a pensar no grau de exterioridade, mais do que interioridade, do fenômeno somático em relação ao próprio sujeito.

Mostravam-se interessados em participar do grupo, demonstravam preocupação com o funcionamento do corpo, mas chamava-me à atenção certa condescendência com a dor. Paradoxalmente, parecia ser difícil abrir mão dela, parecendo a dor exercer um efeito assegurador. É como se fosse um pedido para tratar a dor, mas ao mesmo tempo não podendo abdicar da mesma totalmente.

Muitas questões iam me intrigando! Poderia a dor estar a serviço de algo que não poderia ser abandonado? O que seriam eles, não fosse a dor? A dor parecia que lhes conferia alguma identidade. Que função, afinal teria a dor para estas pessoas doloridas?

Observava que o interesse recaía mais em receber os cuidados do que na cura propriamente. É interessante notar que a dor exige para o seu tratamento a participação de vários profissionais e, portanto, de várias possibilidades de cuidados. Neste sentido, parecia haver nestes participantes um padrão de comportamento marcado pela passividade e dependência para com a equipe.

Apresentavam uma sobre-reação frente às situações consideradas estressantes, em que o corpo reagia e uma intensificação da dor era sentida; demonstravam um despreparo para lidar com situações conflituosas. Parecia haver uma comunicação, não pela via da palavra que era escassa, mas por meio do fenômeno somático. Seria uma forma de comunicação primitiva e somática de um sofrimento?

No decorrer de nossos encontros percebia que começavam a identificar suas dores com situações conflituosas e a dor ia assumindo uma posição de sinal de alerta de que alguma coisa não ia bem em suas vidas. Parecia que os atendimentos psicológicos sensibilizavam essas pessoas a construir uma história de sua dor, o que parecia muito difícil, a princípio.

Os resultados, no entanto, eram efêmeros. As dores melhoravam, mas retornavam e os participantes do programa seguiam à procura de uma solução mágica e imediata, na busca de um método terapêutico que se ativesse mais às questões físicas. O efeito mais nitidamente observado era sobre a autoestima. Faziam referência a uma melhora de suas dores, associada à situação de ter um espaço onde se sentiam acolhidos, o que parecia revelar um pedido para ser olhado.

Seria a dor o correlato da angústia do bebê diante da ameaça de ausência da mãe? Ou do outro? Poderia a dor encenar no corpo a possibilidade de aproximação com a mãe? Ou de afastamento dela? Será que a dor teria como eficácia denunciar o desamparo? Isto é, a condição imposta a todos os humanos de não poder prescindir do outro?

Porte (1999) afirma que apenas recentemente psicossomatistas, como Pierre Marty, se ocuparam desta questão, articulando-a segundo um mecanismo somatopsíquico. Segundo Porte (1999), Marty distingue entre a dor que repousa em bases lesionais incontestáveis, e são desta forma desorganizadoras do aparelho psíquico quando insuportáveis, e as que, ao contrário, não se apoiam em um substrato orgânico e podem ser objeto de investigação afetiva. E também aquelas manifestações dolorosas que têm uma base orgânica incerta e deixam o observador dividido entre a ideia de uma desorganização psíquica secundária ao fenômeno doloroso e a ideia de um investimento onde ela mesma seria o objeto.

É sobre a segunda e terceira categoria, mencionada por Marty (Porte, 1999), que privilegiarei neste trabalho.

Manifestação dolorosa: estudo das articulações entre a psicanálise e a psicossomática

Os conceitos gerais de uma teoria da dor encontram-se, na obra de Freud, nos artigos *Projeto para uma psicologia científica* (1895/1980) e *Inibição, sintoma e angústia* (1926/1980). Pontalis (2005) reforça que o tema da dor também está presente, de forma implícita, em toda obra de Freud. Por exemplo, em *Narcisismo: uma introdução* (1914/1980); na noção do trauma como invasão; na definição do masoquismo primário, no que da dor se articula ao conceito de pulsão de morte; e na reação terapêutica negativa.

Segundo Pontalis (2005), no *Projeto* Freud propõe que a dor se caracteriza por um fenômeno de ruptura de barreiras que ocorre quando quantidades de energia excessivas invadem os dispositivos de proteção seguido por uma propensão à descarga. A dor é apresentada neste texto de Freud (1895) como diferente do desprazer, exigindo mecanismos particulares que evocam mais o funcionamento de um "organismo ou de uma máquina hidráulica do que uma atividade mental" (Pontalis, 2005, p. 268). Um excesso de excitação que entrava toda atividade de ligação, mesmo ao nível do processo primário: "o cheio demais cria um vazio" (Pontalis, 2005, p. 268). Freud, de fato, opõe no *Projeto* vivência de dor e vivência de satisfação. O par de opostos assim criado não seria prazer-desprazer, mas prazer--desprazer por um lado, processo que rege o curso da vivência de satisfação, e por outro, dor.

É no "Apêndice C" de *Inibição, sintoma e angústia* (Freud, 1926/1980) que encontramos a tentativa mais direta de Freud de diferenciar angústia e dor. Num primeiro tempo, angústia e dor são pensadas ambas em relação à perda do objeto: a dor seria a reação própria à perda do objeto e a angústia seria a reação ao perigo dessa perda, que é a perda de amor.

No que tange a vivência de dor, diferentemente do que acontece com a vivência de satisfação, – que separa entre o simples apazigua-mento da necessidade vital e a composição complexa da sequência fantasmática – não há metáfora, ou seja, criação de sentido. É como se, com a dor, o corpo se transformasse em psique e a psique em corpo.

Sabemos que a pulsão nasce no corpo e repercute no psíquico. Os aspectos subjetivos encontram-se, assim, apoiados sobre uma estrutura somática, sendo o somático a condição de possibilidade de existência do psíquico, que, por sua vez, tem como especificidade a proteção do soma.

A estruturação e o funcionamento do aparelho psíquico, assim como a construção do processo de representação a ele pertencente, se constituem pela e por meio da mediação da presença disponível e afetiva de um outro que ampara, dá continência e satisfaz.

A marca deixada pela experiência de satisfação cria o movimento desejante como tentativa de restabelecer o prazer que tem lugar nesta situação. Somente um desejo é capaz de por em movimento o aparelho psíquico, retirando o sujeito da exclusividade das manifestações corpóreas, produzindo assim a mobilização do sujeito para fora de si mesmo.

No bebê, a aparição da angústia é sentida nas mudanças somáticas desprazerosas e se relaciona com a pouca produção mental, sendo traumático qualquer estímulo que supere as possibilidades do aparelho psíquico de ligá-lo a representações.

Quando a função de para-excitação realizada pelo outro falha, pode provocar uma brecha por onde "escorre" uma inundação de excitação. Como sinaliza Meltzer (1995), um corpo que tenha podido vivenciar desde o início da vida mental uma experiência de *revêrie* materna, pode se articular à psique num contínuo entre corporalidade e pensamento; a psique assumindo sua função de protetora do soma. O aparelho psíquico, incapaz de controlar o excesso de excitação, deixa de exercer sua função protetora frente aos estímulos, levando o bebê a se confrontar com uma excitação traumatizante que transborda. Nesta circunstância, ficam comprometidos o mundo das representações, bem como os processos de elaboração e simbolização das experiências emocionais.

Freud (1895/1980) nomeia esta função materna como "ação específica":

*A estimulação só é capaz de ser abolida por meio de uma
intervenção que suspenda provisoriamente a descarga de
Qn no interior do corpo; e uma intervenção dessa ordem
requer uma alteração no mundo externo (fornecimento de
víveres, aproximação do objeto sexual), que, como ação
específica, só pode ser conseguida através de determinadas
maneiras. Ela se efetua por meio de assistência alheia,
quando a atenção de uma pessoa experiente é atraída
para o estado em que se encontra a criança. Essa via
de descarga adquire, assim, a importantíssima função
secundária de comunicação. Quando a pessoa prestativa
efetuou o trabalho da ação específica no mundo externo para o desamparado, este último se encontra numa
posição, por meio de dispositivos reflexos, de cumprir
imediatamente no interior de seu corpo a atividade
necessária para eliminar o estímulo endógeno (p. 422).*

Joyce McDougall (1983), ao se referir a esta questão, afirma:

*Deve ocorrer a eliminação do estado de estimulação
interna que só pode se dar através de uma ação específica
no mundo exterior, que não é alcançada pelo organismo
despreparado do bebê. O choro funciona como uma
demanda para que um organismo mais preparado re-
alize a ação pelo bebê, o que o introduz no registro da
comunicação, ou melhor, na ordem simbólica (p. 98).*

Os acontecimentos traumáticos seriam os desorganizadores
do psiquismo, determinando alterações nos processos de pensamento e na atividade fantasmática. Estes fenômenos predispõem
à criação de barreiras que bloqueiam o acesso da comunicação do

indivíduo consigo mesmo; a mente perde seu controle e aspectos emocionais mais arcaicos, ligados a sensorialidade e a corporeidade, tendem a prevalecer. Estamos aqui no terreno do trauma, condição propulsora, segundo os psicossomatistas, para a ocorrência das manifestações psicossomáticas.

Freud (1920/1980) expõe uma especificidade da dor em relação ao trauma:

> *Chamamos de traumática as excitações externas suficientemente fortes para causarem efração no pára-excitações... Um evento como o traumatismo externo provocará, certamente, uma perturbação de grande envergadura no funcionamento energético do organismo e colocará em movimento todos os meios de defesa. Já não se trata de impedir o aparelho psíquico de ser submerso por grandes somas de excitações, portanto, diferente do modelo da dor, onde se produzia, na proximidade do ponto de efração, uma espécie de guerra de trincheiras, uma barreira, aqui o conjunto da vesícula é invadido por essas quantidades de excitações (p. 45).*

O aparelho psíquico empobrecido, que não realiza o resgate da angústia para alçá-la às suas possíveis vicissitudes, deixa à excitação expressa no corpo o trabalho de realizar o movimento de uma "pseudopulsão" (Freud, 1895/1980) que consiga, por sua vez, alcançar uma função simbólica. Sendo assim, a dor traduziria uma manifestação que corresponde a uma tentativa de pulsionalização do corpo pelo psiquismo. No caso dos pacientes dolorosos, a pulsão nasce e morre no corpo, pressiona o corpo e não anima o psiquismo.

Assim, não conseguem apropriar-se da dor nem incorporá-la a suas próprias vivências, o que deixa à dor a eventualidade de viver na beira, no limite, entre o físico e o psíquico. O corpo expressaria emoções que nunca foram representadas ou aquelas que depois de representadas foram reprimidas, elididas, eliminadas; e o sujeito, em vez de experimentar e elaborar a emoção, sofre modificações no corpo. O retorno ao soma seria devido a uma falha no processo de criação das representações. Os processos representacionais associados a vivências de falta ou privação tendem a não se completar, mas a serem substituídos por reações de descarga sobre o corpo, talvez menos custosas para a economia psíquica.

Joyce McDougall (1983) aponta que

> *O aparente distanciamento, a relação deslibidinizada, operatória, e a pobreza de expressão ao captar e comunicar vivências afetivas possuem algo de positivo. Ambos atestam a existência de um arranjo protetor, no sentido de que uma organização desse tipo pode constituir uma defesa massiva contra dor mental em todos os seus aspectos: na relação com a própria imagem, frente às exigências pulsionais, e na relação com os outros. Sem dúvida, trata-se de uma defesa perigosa, na medida em que corre o risco de esbater a distinção entre interior e exterior, entre dor emocional e corporal. Os indivíduos dominados por esse tipo de arranjo da relação com eles mesmos e com o mundo externo criaram um espaço "estéril", aparentemente desprovido de afeto e de investimentos libidinais, no intuito de proteger-se contra a desarticulação do sentimento de identidade, contra o temor da frustração potencial inerente a toda relação objetal e, por fim, contra o fantasma inconsciente de ser incapaz de conter os afetos mobilizados pelo contato*

interpessoal e de resistir aos problemas, dores psíquicas, ou mesmo somáticas dos outros (p. 162).

Sabemos também que, para Marty (1998), é a boa mentalização que protege o corpo das descargas de excitação, à medida que esta encontra abrigo nas representações existentes no pré-consciente. Um grau pobre de mentalização, ao contrário, deixa o corpo desprotegido, entregue a uma linguagem primitiva basicamente somática.

O pensamento operatório pode ser entendido como uma forma resultante de diferentes graus de negatividade do funcionamento mental. Nesta perspectiva, o pensamento operatório adquire função de defesa radical com vistas a proteger o sujeito dos processos de realização alucinatória de desejo. O sobreinvestimento do factual se torna assim um contrainvestimento antitraumático.

Aisenstein e Smadja (2001) relacionam a concepção da pulsão de morte com a destruição dos processos de pensamento constatados durante os estados operatórios e em certas patologias comportamentais. Esta pulsão seria mais do tipo de um princípio de morte psíquica que, sob a forma de impulso desencarnante, ataca e mata o pensamento durante o próprio processo de pensamento.

Daí, poderíamos supor que a dor seria então uma defesa para conter essa submersão do psiquismo? Uma defesa, não no sentido de um mecanismo de defesa, até porque o funcionamento psíquico encontra-se insuficiente, mas uma defesa no corpo, a própria trincheira, contra um excesso que não consegue ser elaborado mentalmente. A dor física, neste sentido, seria uma barreira contra a dor mental? Contra o surgimento de uma dor profunda, insuportável e que cumpre assim uma função defensiva no psiquismo inundado pela excitação libidinal não elaborada? Poderíamos pensar que não deixa de ser um recurso: quando há dor, não há sofrimento psíquico.

A questão da trincheira me soa muito próxima da noção de uma proteção que precisou ser adaptada como a única possibilidade disponível contra uma exposição que poderia ser dolorosa psiquicamente. Aproximamo-nos aqui da ideia de uma função protetora da dor; a dor física viria como que para ajudar a suportar um sofrimento mental devastador e irrepresentável.

Neste sentido, Ferraz (2011) esclarece:

> *Os mecanismos de repressão a que se faz alusão na psicossomática diz respeito à barreira que se instala entre o sistema pré-consciente e o consciente. Trata-se de uma repressão psíquica no sentido da evitação de uma representação adquirida que pode se alastrar de modo a atingir mais e mais representações ligadas efetivamente às precedentes (p. 231).*

Para Marty (1998), a dor pode compensar uma perda objetal, que apareceria se a dor cedesse. A fragilidade psíquica destes pacientes, decorrente de uma situação traumática original que não pôde ser elaborada, os coloca cronicamente submetidos a vivências traumáticas, no que se refere ao desamparo gerado pela perda do objeto. Entendo então que a dor possa revelar a fragilidade de um eu cujo sentimento de perda não pode ser representado, por isso tampouco elaborado, buscando assim sua manifestação por meio do corpo.

Green (1993) explica que todos os processos que tendem a substituir o investimento do objeto, a princípio voltando-se para os investimentos narcísicos e depois os autoeróticos, e que desqualificam o objeto, mesmo quando mantêm sua existência trabalham no sentido da pulsão de morte. Cada vez que é retirada ao objeto uma parte dos investimentos que lhe são vinculados, é um pouco de vida que é retirada ao sujeito. Assim, o negativo da atividade psíquica, a exposição às manifestações somáticas, nos coloca de frente à pulsão de morte.

O que se observa nos pacientes dolorosos é um extremo desamparo, é como se a dor fosse o choro do bebê, que requer constantemente a presença do outro, cuja falta, matiz da vida psíquica, não consegue ser suportada, confirmando que na dor o objeto não pode ser reencontrado por meio da representação. Porte (1999) afirma que onde existe dor, é o objeto ausente, perdido, que está presente. Freud (1926/1980):

> A dor é assim a reação real à perda do objeto, enquanto a ansiedade é a reação ao perigo que essa perda acarreta e, por um deslocamento ulterior, uma reação ao perigo da perda do próprio objeto. Quando há dor física, ocorre um alto grau do que pode ser denominado de catexia narcísica do ponto doloroso. Essa catexia continua a aumentar e tende por assim dizer a esvaziar o ego. A transição da dor física para a mental corresponde a uma mudança da catexia narcísica para a catexia do objeto (p. 196).

A condição de inabilidade para representar ou simbolizar as próprias vivências e a questão da descarga e da falta de mediação, demarcadas como elementos nucleares dessas manifestações dolorosas, remetem-nos à noção freudiana de *neuroses atuais*.

Freud (1894/1980) aponta duas formas distintas de processar a excitação pulsional: transformando-a diretamente em angústia, a partir da qual resultariam fenômenos somáticos, ou realizando-se a mediatização simbólica, da qual podem, ou não, resultar sintomas psíquicos. A impossibilidade de elaboração psíquica fragiliza o plano somático, na medida em que deixa livre o acesso da excitação não-representável. No caso das neuroses atuais, Freud (1894/1980) destacava a existência de uma área de formação de sintoma destituído de simbolização. Freud (1916/1980) reafirma:

> *Mas os sintomas das neuroses atuais, - pressão intra-craniana, sensações de dor, estado de irritação em um órgão, enfraquecimento ou inibição de uma função- não tem sentido, nenhum significado psíquico. Não só se manifestam predominantemente no corpo como também constituem eles próprios processos inteiramente somáticos, em cuja origem estão ausentes todos os complicados mecanismos mentais que já conhecemos (p. 451).*

Para Marty (1998), a dor absorve quase todo o investimento, esvazia o mundo e leva a uma depressão essencial, caracterizada pela falta de desejos, falta de interesse na vida afetiva e social; condutas automáticas e mecânicas; ausência de simbolismo e de metáforas no discurso, com todo o perigo conhecido para a saúde.

É certo que no curso de uma depressão essencial angústias difusas – verdadeiras relíquias dos estados de desamparo do bebê – podem se apresentar, sendo estas manifestações clinicamente diferentes daquelas que provem das angústias objetais comuns.

Na dor, há algo que não pode, ou melhor, que nunca pôde ser elaborado, que é a perda traumática do outro. Da incapacidade de elaborar esta vivência surge a renúncia ao objeto, porque a libido que teria destino ao objeto é dele subtraída. Não há procura por outro objeto. A carga libidinal se concentra no ego, reconstituindo-se o primitivo estado narcisista. Por meio da redistribuição narcísica da libido, torna-se possível que tal excitação torne-se imobilizada sob a forma de dor corporal. O paciente doloroso parece encontrar-se no limite entre um investimento narcísico e a relação objetal. "A dor é a possibilidade de se alcançar uma relação objetal sem abrir mão do narcisismo" (Porte, 1999, p. 154).

Retomo uma questão colocada no início deste artigo: a menção à manifestação de duas categorias de sofrimentos: aquele que toca diretamente o corpo físico, mais evidente, mas também o que toca o psíquico. Entendo que nos pacientes dolorosos, a que me refiro neste artigo, a articulação mental-somática está bloqueada, dificultada, mas não é totalmente inexistente. Há também um uso deste fenômeno somático, numa espécie de uso histérico, porque há benefícios; é por meio de suas dores que eles são olhados, cuidados. Isto é, se a dor ocupa um lugar na relação com o outro, ela teria, portanto, uma função simbólica. Haveria algum ponto de contato entre a dimensão propriamente somática e a dimensão neurótica?

Na clínica de pacientes dolorosos, o sofrimento se manifesta essencialmente sob a forma de sintomas narcísicos, em sujeitos que apresentam dificuldades para articular as próprias histórias, vivências e dores. Apresentam uma situação de fragilidade que não lhes permite abrir mão da sensação dolorosa. Ancorados em sua dor, como forma de não sucumbirem em um vazio aterrador de desamparo.

Do ponto de vista da psicopatologia, encontramos nesses pacientes dolorosos certa organização histérica sobreposta a uma infra-estrutura psíquica frágil, que aflora em situações de maior demanda emocional. A dor, portanto, aparece ocupando uma posição mediana entre a angústia e o sofrimento do luto, mas também entre o investimento narcísico e o investimento objetal. Essa questão pode nos reconduzir à hipótese de que o fenômeno da dor, nestes pacientes, poderia ser de natureza mista, somática e neurótica, um fenômeno de neurose de mentalização incerta, em que há uma irregularidade do funcionamento mental.

Assim, é possível pensarmos na dor com tendo duas funções: uma desorganizadora, resultante do despreparo do eu, de sua fragilidade na forma de lidar com os traumas em decorrência de uma insuficiência da potência simbólica; e outra, organizadora do aparelho mental, na medida em que funciona como um anteparo à desorganização progressiva, podendo ser um alerta para o sujeito.

Minha hipótese é que os pacientes dolorosos exibem uma tentativa de vinculação psíquica da experiência traumática que passa pela mediação do outro que cuida, em direção do qual apela a dor. É por meio dela que realizam parte significativa de seus relacionamentos. De fato, a dor revela uma experiência mista: ela lembra o sujeito o tempo todo de que ele está vivo e de que não prescinde do outro destinatário de todo apelo. É sentida como manifestação de vida e fonte de subjetivação. Por tudo isso, não conseguem abrir mão dela. Ou seja, agarrar-se à dor funciona como defesa contra um processo de desorganização e seu investimento uma forma de reorganização vital. De maneira geral, arriscaria dizer que no paciente doloroso, comparado com outras afecções psicossomáticas, a repressão parece menos intensa, como se a dor intermediasse sua relação com o mundo.

O terreno que encontramos é de um sofrimento gritante por parte do paciente e uma dificuldade do analista para acessar a singularidade da dor, a mesma dificuldade que o paciente tem em associar sua dor às próprias vivências. O trabalho clínico visaria a transformar o imperativo da sensação, que impede o sujeito de apropriar-se de suas vivências subjetivas, em investimento pré-consciente, lugar de emergência das representações, na medida em que se analisa o conflito na origem da manifestação somática. Para isso, o tratamento analítico buscaria recuperar o objeto perdido pela presença e palavra do analista, proporcionando a passagem da dor corporal à dor psíquica, bem como a transformação do investimento narcísico ao objetal. Podemos supor que se o eu puder suportar a ausência do objeto e puder substituir a dor pelo sentimento de frustração, isto é, pelo afeto que caracteriza a experiência de insatisfação, o objeto poderá ser incluído no eu, submetido aos processos de pensamento e finalmente simbolizado. Para Green (1993), a ausência se evidencia pela relação simbólica. É ela que permite que o negado seja experimentado por atividade psíquica, protegendo o corpo.

Entre somatização e simbolização, a dor traduz o grito "pseudopulsional" (Freud, 1895/1980), oriundo da experiência traumática, que jamais pôde transformar-se em inscrição de falta.

Para concluir, nos pacientes dolorosos a falta é vivida como uma angústia que transborda para o corpo, porque não engancha no psíquico, e a dor ocupa o vão que se estabelece na unidade psicossomática, no limite entre corpo e mente, fronteira que demarca essa dissociação, ao mesmo tempo que tenta organizá-la.

A verdadeira doença destes pacientes é a divisão entre psiquismo e soma; é a desarticulação da unidade psicossomática construída para evitar que a dor profunda pudesse emergir.

Referências

Aisenstein, M. & Smadja C. (2001). A psicossomática como corrente essencial da psicanálise contemporânea. In Green, A. (Org.). *Psicanálise contemporânea. Revista Francesa de Psicanálise* (p. 407- 419). Rio de Janeiro: Imago.

Freud, S. (1980). Sobre os critérios para destacar da neurastenia uma síndrome intitulada "neurose de angústia". In *Edição Standard Brasileira das Obras Psicológicas Completas de Sigmund Freud* (Vol. III, p. 103-138). Rio de Janeiro: Imago. (Trabalho original publicado em 1894).

Freud, S. (1980). Projeto para uma psicologia científica. In *Edição Standard Brasileira das Obras Psicológicas Completas de Sigmund Freud* (Vol. I, p. 381-456). Rio de Janeiro: Imago. (Trabalho original publicado em 1895).

Freud, S. (1914). Sobre o narcisismo: uma introdução. Edição standard brasileira das obras psicológicas completas. Rio de Janeiro: Imago, v.14, p. 85-119, 1980.

Freud, S. (1980). O estado neurótico comum. In *Edição Standard Brasileira das Obras Psicológicas Completas de Sigmund Freud* (Vol. XVI, p. 441-456). Rio de Janeiro: Imago. (Trabalho original publicado em 1916).

Freud, S. (1980). Além do princípio do prazer. In *Edição Standard Brasileira das Obras Psicológicas Completas de Sigmund Freud* (Vol. XVIII, p. 17-85). Rio de Janeiro: Imago. (Trabalho original publicado em 1920).

Freud, S. (1980). Inibições, sintomas e ansiedade. In *Edição Standard Brasileira das Obras Psicológicas Completas de Sigmund Freud* (Vol. XX, p. 95-201). Rio de Janeiro: Imago. (Trabalho original publicado em 1926).

Ferraz, F. C. (2011). Das neuroses atuais à psicossomática. In *Ensaios psicanalíticos* (p. 215-234). São Paulo: Casa do Psicólogo.

Green, A. (1993). *El trabajo de lo negativo*. Buenos Aires: Amorrortu.

Mcdougall, J. (1983). *Em defesa de uma certa normalidade: teoria e clínica psicanalítica*. Porto Alegre: Artes Médicas.

Marty, P. (1998). *Mentalização e psicossomática*. São Paulo: Casa do Psicólogo.

Meltzer, D. (1995). Ausência de mente: falha e reversão da função alfa como modelo para relacionar psicossomática, hiperatividade e alucinose. In D. Meltzer & M. H. Harris (Orgs.). *A apreensão do belo* (p. 228-242). Rio de Janeiro: Imago.

Pontalis, J.-B. (2005). *Entre o sonho e a dor*. Aparecida: Ideias & Letras.

Porte, J. M. (1999). La douleur: concept limite de la psychanalyse. *Revue Française de Psychosomatique*, Paris, 15, 149-166.

13. Hipocondria na pandemia: atualização do desamparo?

Patrícia Paraboni

A hipocondria tem origem na medicina hipocrática, na qual era considerada uma patologia que atingia a região do hipocôndrio, sendo acompanhada de tristeza. De acordo com Rolland (2013), é caracterizada por preocupações excessivas a propósito da saúde e é imanente à condição humana, pois coloca em questão uma angústia existencial que diz respeito ao destino do homem diante da doença e da morte. Tal aspecto também é ressaltado por Wintrebert (2008), o qual afirma que a hipocondria questiona a todos sobre sua relação com o corpo e com o fato de ser mortal. Combe (2010) destaca que essa atitude hipocondríaca participa de nossa humanidade, aquela de nos fazer saber mortais, isto é, estamos vivos em um corpo vulnerável.

A dúvida hipocondríaca evidencia a presença da sensibilidade à vulnerabilidade humana. O estado de vulnerabilidade faz com que o ser se defronte com a mortalidade. E isso o hipocondríaco sabe bem: "atenção: mortalidade no horizonte" (Combe, 2010, p. 63, tradução nossa). A partir dessas breves considerações sobre a hipocondria, já é possível lançar luz sobre sua presença no contexto da pandemia do novo coronavírus, a qual atinge o mundo desde 2020 e até o momento (agosto de 2021) causou a morte de pelo menos 4,4 milhões de pessoas. No Brasil, dados revelam a perda de 574.209 brasileiros, vítimas da Covid-19 (WHO, 2021).[1]

No início da pandemia, as informações sobre o vírus eram incipientes no que se refere a sua transmissão e efeitos, entretanto, foi possível observar de forma muito rápida seu potencial de letalidade. Nesse sentido, o sentimento de segurança das pessoas no mundo, nos outros e em seu próprio corpo sofreu significativo abalo. As pessoas passaram a observar se desenvolviam tosse e quais suas características, como estava sua respiração, a temperatura corporal, dores corporais, cansaço. Além da atenção e escuta atenta do próprio corpo, as outras pessoas tornaram-se "perigosas" no sentido da transmissão do vírus e, portanto, da morte. Desde 2020, está sendo recomendado o distanciamento social. É preciso evitar o contato corpo a corpo para não se contaminar, pois qualquer pessoa pode estar com o novo coronavírus, tendo ou não sintomas. Vale lembrar que vários desses aspectos foram indicados como preventivos pela comunidade científica.

Quando as primeiras notícias sobre o coronavírus começaram a chegar, assim como informações sobre sua possível expansão para outros países, fui surpreendida por pacientes que, muito atentos a isso, já haviam comprado litros de álcool em gel, caixas de luvas e de máscaras. Houve uma tentativa de preparação para o que poderia advir como um mal devastador. Na clínica, foi possível observar em alguns sujeitos a intensificação de sua hipocondria, assim como o surgimento de manifestações hipocondríacas, as quais foram acompanhadas de "rituais obsessivos" de verificação dos estados do corpo, limpeza e assepsia. Além disso, está sendo necessário o uso de máscaras, mas algumas pessoas acrescentavam a esse cuidado roupas

---

1 Informações disponíveis na tabela do boletim semanal da ONU (Organização das Nações Unidas) sobre COVID-19 de 17 de agosto de 2021, disponível no link: https://covid19.who.int/table.

que cobrem o máximo possível o corpo, luvas como formas de se proteger do coronavírus. Assim que os testes foram disponibilizados, ao menor sinal de alteração corporal identificado, muitas pessoas procuram uma forma de testagem para saber se estão contaminadas com o vírus.

A pandemia trouxe uma mobilização intensa no mundo, mas algumas pessoas, diante desse cenário de instabilidade e insegurança, têm desenvolvido manifestações hipocondríacas. Vale ressaltar que essas manifestações foram disparadas pelo risco real de ser atingido pela Covid-19, entretanto, o que configura um fenômeno hipocondríaco é sentir os sintomas sem, no entanto, estar doente no sentido orgânico/físico. De modo a compreender melhor essa temática, inicialmente serão abordados alguns aspectos relativos à hipocondria, depois uma apreciação da ampliação da concepção de neurose atual e de como a pandemia pode ter atualizado a vivência de desamparo e a emergência de manifestações hipocondríacas.

Antes de iniciar o percurso no desenvolvimento dessas ideias, é importante ressaltar que a pandemia não acabou e, portanto, a escrita desse texto ocorre durante sua vivência e não *a posteriori*. Assim, é uma escrita que se dá no tempo do atual, da atualização do desamparo, da hipocondria e isso certamente não é sem consequências. Nesse sentido, trata-se de um ensaio para tentar compreender melhor o que vivemos em tempos de pandemia e suas possíveis respostas diante do desamparo, tendo a hipocondria como figura de análise.

Hipocondria: a ruptura da confiança no próprio corpo

Conforme mencionado acima, a hipocondria se caracteriza por preocupações exacerbadas com relação à saúde do corpo. Deste modo, toda a atenção do sujeito se volta para a escuta atenta e auto-observação constante do próprio corpo. Qualquer alteração, mesmo ínfima, gera estado de inquietação. O hipocondríaco considera que é atingido por algum mal/doença, geralmente de caráter grave ou mortal. Tais sujeitos empreendem grandes esforços na tentativa de descrever e interpretar suas sensações corporais e explicá-las para outras pessoas, no entanto, tem a impressão de que não foram compreendidos. Nesses casos, há procura frequente por serviços de saúde, por consultas médicas, eles se mostram muito colaborativos com as investigações sobre o mal que acreditam sofrer. Para auxiliar na procura pelo diagnóstico, fazem diversos exames e, muitas vezes, de forma repetida, caso os anteriores não tenham detectado nenhuma alteração. Com isso, seguem uma incessante busca, inclusive desacreditando do saber da medicina, que não encontra o mal de que eles sofrem. É corrente nos hipocondríacos o uso de automedicação. Eles geralmente se sentem mais médicos do que todos os outros. Ressalta Fédida (2009) que o hipocondríaco seria o médico imaginário por excelência, sempre disposto a se ocupar de si.

Muitos sujeitos hipocondríacos sentem seu corpo se modificando/transformando pela "doença imaginária". É como se partes de seu corpo/órgãos não lhes pertencessem mais, como se tivessem perdido o domínio sobre seu corpo. Assim, sentem-se inquietos e perseguidos por um corpo que não funciona bem, como se algo de mau tivesse dele se apossado, causando-lhe sofrimento. Em sua crença, tratar-se-ia de um germe, um vírus, um tumor, um invasor externo que teria se infiltrado em seu corpo e o transformasse de dentro. O mundo e as pessoas são perigosos, potencialmente vetores de alguma doença, muitos se isolam como medida de segurança. A partir dessas preocupações e práticas protetivas, entende-se que tais sujeitos têm percepção apurada sobre a vulnerabilidade humana.

Para entender tais aspectos, é preciso partir de uma breve incursão ao texto freudiano. As primeiras elaborações de Freud sobre a hipocondria datam de 1890 quando de seus estudos sobre a neurastenia e a neurose de angústia. Ele considera que na neurastenia havia uma origem sexual e destaca desta patologia uma síndrome específica que nomeia de neurose de angústia, na qual ele passa a incluir a hipocondria, concebida como uma angústia relacionada com o corpo. Na neurose de angústia haveria um acúmulo de excitações, de tensão sexual física, que não encontra conexão psíquica suficiente. Assim, a tensão sexual física que não é ligada psiquicamente seria transformada em angústia. Essa tensão faz um movimento deflexivo em relação à área somática. Há insuficiência psíquica para manejar a excitação sexual, podendo resultar em uma expectativa angustiada que se relaciona com a saúde do sujeito – hipocondria (Freud, 1894/1996; 1950[1887-1902]/1996; 1895[1894]/1996).

Freud se encontra em um impasse quanto à classificação nosográfica de manifestações patológicas que se expressam no âmbito corporal. Diante disso, ele propõe dois grandes quadros clínicos: neuroses atuais e psiconeuroses. Das neuroses atuais fazem parte a neurastenia e a neurose de angústia. Inicialmente, a hipocondria seria uma modalidade de neurose de angústia. No quadro das psiconeuroses se situa a histeria, neurose obsessiva e fobia. Ambas as categorias têm relação etiológica com o sexual, com a diferença que nas neuroses atuais os fatores etiológicos pertencem ao momento atual, após a maturidade sexual. No caso das psiconeuroses a etiologia tem relação com a infância, ao passado (Freud, 1898/1996).

Após um período de latência nos estudos sobre a hipocondria, as questões relacionadas à psicose e ao narcisismo, possibilitam novo entendimento daquele fenômeno, relacionado à ampliação da concepção de sexualidade. Freud (1912/1996; 1914/1996) adiciona a hipocondria como a terceira neurose atual e, além disso, considera que "no caso das outras neuroses, uma pequena dose de hipocondria também se forma regularmente ao mesmo tempo" (Freud, 1914/1996, p. 90). E acrescenta: "um sintoma de uma neurose 'atual' é frequentemente o núcleo e o primeiro estádio de um sintoma psiconeurótico . . . Em tais casos, desempenham o papel do grão de areia que um molusco cobre de camadas de madrepérola" (Freud, 1916-1917/1996, p. 391).

Nesse sentido a hipocondria pode ser acionada em qualquer quadro psicopatológico. Tal aspecto está a serviço da regulação dos investimentos narcísicos e objetais. Freud (1914/1996) esclarece que na hipocondria haveria retorno da libido narcísica para o eu. Com isso ocorre um acúmulo e um represamento da libido do eu que estaria na base das inquietantes sensações de que se queixa o hipocondríaco.

Esse retorno e represamento da libido também sustentam o olhar e a escuta atenta do corpo, a auto-observação constante, tentativas de teorizar sobre o que lhes acomete corporalmente. Toda a atenção do sujeito se volta para seu corpo ou partes dele. A concentração de libido sobre o órgão é compreendida a partir do autoerotismo. Há uma dimensão autoerótica na hipocondria, uma vez que há aumento de erogeneidade sobre o(s) órgão(s) de que se ocupa(m) esses sujeitos. Brokmann (2013) questiona: como passamos da retração libidinal à erogeneidade de um órgão? Por falha de investimentos nos objetos, incluso o eu – investimento narcísico. O autor considera que o acúmulo de tensão pulsional ameaça tanto a organização narcísica quanto a subsistência da vida psíquica. O trabalho psíquico se encontra diante de um paradoxo de uma soma de excitações que não pode nem ser investida em direção ao objeto, nem utilizada no próprio trabalho do eu em ligar essas excitações a representações psíquicas, uma vez que o eu é desinvestido enquanto objeto. É a solução hipocondríaca que permite sair desse impasse.

Freud (1914/1996) esclarece que essa soma/acúmulo de excitações é devido à falha no domínio psíquico da libido, cuja consequência poderia ser a hipocondria. A questão da falha no domínio de excitações pelo psiquismo é melhor desenvolvida quando Freud

(1920/1996) descreve o traumático. Este é compreendido a partir do fator surpresa, do susto, do terror. Tais estados resultam da confrontação com um perigo sem estar preparado para ele. Isso se dá quando excitações vindas de fora e/ou do próprio pulsional excedem a capacidade de domínio e ligação psíquica a representações. Nesse sentido, o aparelho psíquico é assolado pelo excesso de excitações não ligado.

Para Gibeault (2002), o trauma pode questionar, a qualquer momento, um funcionamento neurótico ou psicótico e provocar somatização. No que toca a temática desse artigo, considera-se que o traumático poderia provocar como resposta manifestações hipocondríacas, já que um núcleo de neurose atual seria subjacente a qualquer organização psíquica (Paraboni, 2019).

A situação traumática desencadeia o que Freud (1926[1925]/1996) nomeia de angústia automática. Para Rocha (2000), ao abordar a angústia automática, Freud enfatiza o estado de desamparo e de vulnerabilidade do sujeito em situações traumáticas. Como protótipo desses estados, lança mão da vivência de desamparo do recém-nascido. Para Freud (1926/1996), o eu encontra-se em estado de desamparo diante de excitações excessivas, como aquelas da situação do nascimento. Nesta, a imaturidade biológica e psíquica do recém-nascido faria com que a angústia vivida por ele no ato do nascimento não pudesse ser integrada como uma experiência de vida, assumindo, portanto, caráter traumático. O bebê está em uma situação de total dependência e passividade em relação ao outro, resultando em ameaça de aniquilamento. Como não dispõe de recursos para representar essa situação, ele a vivencia no imediato do corpo, como angústia de morte e destruição (Rocha, 2000).

Sobre o desamparo e sua relação com o trauma do nascimento, é possível articular com o que Combe (2010) afirma de que a sensação de morte parece ser um reencontro com o mundo assustador quando da saída do corpo materno. O hipocondríaco sofre de um saber de uma perda de segurança e continuidade já experienciada, fazendo retorno ao encontro do desconhecido e seu efeito de ruptura. De acordo com a autora, o temor de sentir desaparecer a força protetora do corpo que se encontra em boa saúde, desativa o desaparecimento da força protetora do corpo materno. A hipocondria seria a sensação da morte ou da mortalidade experimentada anteriormente no primeiro encontro com o mundo. Ela exprime o medo do desconhecido que está por vir e a morte do que é conhecido.

Nessas breves considerações, apontamos a presença da hipocondria no âmbito das neuroses atuais e a compreensão dessas manifestações como resposta ao traumático, no qual a angústia é vivida como ameaça de morte, desencadeando uma situação de desamparo, assim como atualização do infantil/do arcaico nesse fenômeno. Tendo isso em conta, no que segue será resgatada a noção de neurose atual, a partir de uma leitura ampliada, para melhor explicitar de que modo esses estados de vulnerabilidade e desamparo podem se atualizar ao longo da vida, inclusive na pandemia que estamos vivendo, desencadeando preocupações intensas com relação à saúde.

A atualização do traumático e do desamparo

Ferraz (1996) considera que Freud se deu conta da importância do fator atual nas neuroses atuais, entretanto, sua concepção ficou atrelada mais explicitamente à insatisfação da libido na maturidade sexual, ou seja, após a puberdade. Na tentativa de ampliar a compreensão dessas manifestações clínicas, autores contemporâneos colocaram em relevo o infantil, aspecto fundamental para pensar a hipocondria. Nesse sentido, serão apresentadas considerações sobre uma possível ampliação da concepção de atual, em sua articulação com o infantil.

No entender de Laplanche (1987/1993), a ideia de neurose atual fundamentada numa causa "atual", tem duplo sentido de presente: no tempo e em ato, atualizada. Nesse sentido, o atual envolve a dimensão de "presentificação" e de "atualização". Trata-se de atualizar/presentificar algo que não pôde se tornar passado, historicizado. Tanto na neurose atual, quanto na psiconeurose, sempre haverá um elemento atual em sua deflagração, portanto, o que deve ser considerado é se o impacto desse evento atual encontrará ou não ressonância imediata no nível simbolizado. Isto vai depender da capacidade de representação do psiquismo de cada sujeito.

Afirma o autor que, no caso da deflagração da neurose atual, uma frustração só terá impacto se encontrar ressonância com uma problemática relacionada ao infantil. Portanto, a frustração externa deve estar em consonância com uma frustração interna, relacionada ao represamento da libido. Tal compreensão poderia levar a um apagamento da distinção entre neurose atual e psiconeurose, entretanto, vale ressaltar que nas neuroses atuais há dificuldade de elaboração mental. Na falta de recursos necessários para que se constitua uma psiconeurose, a energia não elaborada tende a se dirigir ao registro do corpo.

Assim, para além da compreensão do "atual" atrelado à causalidade de um evento atual, é preciso atentar para sua dimensão temporal, no sentido da presentificação e atualização de algo não elaborado pelo psiquismo e que tem relação com elementos arcaicos da história psíquica. Cardoso (2011), propõe uma releitura da dimensão de "atual" a partir da dimensão traumática e do fenômeno de compulsão à repetição, com a postulação da pulsão de morte. No novo modelo presente em Freud na virada dos anos 20, o trauma seria justamente o arrombamento decorrente da ação da força de um pulsional que transgride os limites egoicos. O acontecimento traumático seria uma espécie de elemento desencadeador, no espaço interno, da irrupção de um pulsional des-ligado, sem representação ou recalcamento possível, configurando um estado de desestruturação narcísica. Trata-se de uma experiência de passividade, de desamparo a qual seria própria, em última instância, à constituição traumática da subjetividade.

Para Cardoso (2011) o que falta na neurose atual, de acordo com Freud, é libido psíquica, ou melhor, a elaboração psíquica da excitação. O trabalho psíquico consiste no processo de ligação da energia fazendo com que deixe de fluir livremente, mantendo-se ligada a certos conteúdos. A autora relaciona a dimensão de atualidade ao caráter permanente e insistente da angústia nos casos de neurose de angústia, o que parece ser retranscrito por Freud, de alguma maneira, à ação da compulsão à repetição. Nesse sentido questiona se a compulsão à repetição não corresponderia a uma retomada, na teoria freudiana, do registro do *atual* (Cardoso, 2011).

> *A questão do "atual", ao ser situada no cerne da compulsão à repetição, passa a se referir àqueles elementos, impressões que não conseguem se tornar passado. A violência do traumático concerne à impossibilidade de historicização; por conta disso a resposta egoica dá-se pela via do ato, resposta fixada, portanto, no registro do "atual" posto que repetidamente presentificada (Cardoso, 2011, p. 75).*

A compulsão à repetição implica uma insistência compulsiva em "presentificar", em "apresentar" o elemento traumático não representado. A não historicização pressupõe impossibilidade de interiorização, conduzindo à tendência de permanente exteriorização, seja por meio do ato ou do corpo como forma de expressão do traumático.

Em consonância com essas elaborações, Ritter (2013) destaca a polissemia do termo "atual", indicando-o como operador para se vislumbrar o enlaçamento da dimensão temporal com a de ato, o que seria próprio das neuroses atuais e, igualmente, das patologias contemporâneas, marcadas pela convocação do corpo e do ato. Em seu entender, o "atual" nas neuroses atuais e nas patologias da atualidade diria respeito a um fundo traumático, resistente ao processo de historicização, ao ingresso no campo da representação. Tratar-se-ia da face mais arcaica e elementar da vida psíquica, fundo traumático de toda subjetividade, o que nos leva à situação de desamparo.

Desde 1895, Freud sublinhara a condição de desamparo inicial dos seres humanos e a necessidade da ajuda do outro para suprir as demandas, físicas e psíquicas. A pessoa que ajuda é o outro "semelhante", o qual, alertado pelas modificações internas da criança desamparada, realiza a ação específica propiciadora de apaziguamento.

A situação originária de desamparo é designada por Freud como uma experiência de *Hilflosigkeit* (desamparo). Rocha (1999) esclarece que essa palavra significa uma experiência na qual o sujeito se encontra sem ajuda, sem recursos, sem proteção ou amparo. O desamparo se refere ao estado do recém-nascido, que não tem condições de ajudar-se a si mesmo devido à sua imaturidade motora e psíquica, portanto, precisa da ajuda de um outro. "A situação originária de desamparo é o modelo (*Vorbild*) de inúmeras outras situações de desamparo com as quais necessariamente o homem se confronta no decorrer da existência" (Rocha, 1999, p. 336). Trata-se de uma vivência arquetípica e se repete (ou podemos entender que se atualiza) nas vivências e situações posteriores ao longo da vida, que nunca termina de ser feita, e somente *a posteriori* poderá adquirir um sentido e ser integrada como verdadeira experiência, pois para isso é preciso de um ego/eu constituído.

No desamparo o homem penetra na intimidade de sua singularidade e, na solidão descobre a contingência e a finitude de sua existência. Nessa situação sente a solidão como o náufrago perdido no mar. A essência do desamparo é o sentimento de solidão e de impotência, pois sozinho o sujeito está impossibilitado de encontrar a saída para sua situação. Entretanto, o desamparo faz lançar um grito de ajuda que é endereçado ao outro (Rocha, 1999).

Menezes (2005) diferencia a condição de desamparo – constitutiva e estruturante do psiquismo – de uma situação de desamparo que seria a concretização dessa condição instalada diante do traumático. Em sua leitura, a autora situa o pânico como expressão clínica da angústia despertada pelo desabamento da ilusão de um ideal protetor onipotente, que garantia a estabilidade do mundo psíquico organizado longe de incertezas, da falta de garantias e de indefinições. O pânico seria uma forma de enfrentamento da condição de desamparo e, ao mesmo tempo, a indicação de que o sujeito não conseguiu subjetivá-la. Embora a autora esteja voltada para a questão do pânico, é possível estender essa compreensão, pelo menos sob os aspectos abordados aqui, para as manifestações hipocondríacas. Nesse sentido, apoiada em Freud (1927/1996; 1930/1996), a autora sublinha que o desamparo se dá diante da falta de garantias do sujeito sobre seu existir e seu futuro. Tal aspecto parece particularmente presente para muitas pessoas no contexto da pandemia.

No entender de Freud (1927/1996; 1930/1996), para fazer frente ao desamparo, o ser humano construiu as crenças religiosas e a civilização. Ele indica três fontes do sofrimento humano e que podem desencadear o desamparo: o poder superior da natureza, a fragilidade de nossos corpos e a inadequação das regras que procuram ajustar os relacionamentos dos seres humanos na família, no Estado e na sociedade. Esses três aspectos parecem presentes no contexto da pandemia e seus efeitos para o sujeito, seja em sua corporeidade, seja no suporte que o Estado poderia lhe oferecer. No que segue serão abordados esses aspectos e de como a hipocondria poderia se constituir como resposta diante dessas situações.

Hipocondria na pandemia: resposta e tentativa de domínio do traumático e do desamparo

A Covid-19 chegou com um impacto aterrorizador sobre o mundo. Foi uma surpresa, algo inesperado, não teve preparação, gerou susto, angústia, desespero, pânico nas pessoas e na sociedade em geral. Apesar de historicamente o mundo ter vivido outras pandemias, não parecia possível que atualmente um fenômeno de tal monta atingisse o mundo dessa forma. Nesse sentido, parece que para a maioria das pessoas a ilusão narcísica que sustenta a segurança, a confiança e a tranquilidade necessárias para estar no mundo, convivendo com as pessoas, consigo e com o seu corpo estava operante. Entretanto, com a pandemia, com o vírus e seu potencial de morte, essa tranquilidade foi abalada ou perdida.

As informações vagas sobre o vírus, a impossibilidade para o meio científico dar respostas que pudessem conter a pandemia em curto prazo ou de forma imediata, gerou ainda mais insegurança. Havia e ainda há incertezas e imprecisões sobre o vírus mesmo no meio científico. Ao longo do tempo, surgiram uma série de variantes do vírus que trazem novos impasses e desafios para os cientistas e sociedade em geral.

No campo político, familiar e social, a presença de posicionamentos distintos incrementa a insegurança. A pandemia teve e tem tido impacto em diversas áreas da vida: no campo econômico, profissional, relacional, perdas de diversas ordens se fizeram presentes. Em uma crise sanitária dessas proporções, a sociedade parece estar em meio a uma "confusão de línguas" (Ferenczi, 1933/2011). Essa confusão e incerteza geram desamparo, instabilidade, insegurança, abalo na capacidade de confiança no mundo, nos outros e em si, no seu próprio corpo. Alguns questionamentos se impõem: "Será que meu corpo vai dar conta do coronavírus? Será que vou sobreviver?".

A possibilidade da morte se apresenta no horizonte, num futuro talvez bem próximo.

A necessidade de distanciamento, isolamento social trouxe uma outra realidade para o cotidiano das pessoas. Em casa, nesse ambiente mais restrito, as pessoas passaram a acessar, talvez com maior intensidade, os meios de comunicação, redes sociais e outros recursos para obter informações que lhes ofertassem um pouco de domínio sobre a situação para que conseguissem voltar a ter o sentimento de confiança e segurança que foi abalado com essa situação de urgência.

Informações consistentes que poderiam restabelecer o sentimento de segurança ainda são insuficientes, embora com o passar do tempo, a vida também se impôs e, de certa forma, foi necessário encontrar estratégias para sobreviver apesar da presença do coronavírus e seus efeitos. Desde o início da pandemia, uma onda de notícias falsas tem provocado ainda mais ansiedade, angústia, incertezas. Além disso, se faz presente um discurso negacionista, de desmentido (Ferenczi, 1933/2011) que faz vacilar nossa confiança na capacidade de perceber o mundo, a realidade. A confusão e a insegurança só aumentam. E quem não pôde ficar em casa? Como conviver com o medo e com o risco?

Acompanhamos as notícias, quais os sintomas, passamos a verificar o corpo o tempo todo. Para além da realidade do vírus e seu potencial prejuízo à saúde das pessoas assim como de letalidade, muitos sujeitos, por conta da ansiedade ou da angústia, acabaram sentindo no corpo os sintomas do coronavírus, mas um novo golpe adveio, não havia testes, nem medicação específica, era recomendado ficar em casa (exceto em emergências), houve uma corrida para equipar UTI's com respiradores, faltava oxigênio nos hospitais e o desespero é intensificado.

Muitas pessoas passaram a desenvolver rituais de verificação dos estados do corpo, da respiração, se alimentam para saber se seu paladar está intacto, passaram a ingerir uma série de vitaminas e medicamentos que alguém, em algum lugar, sugeria, mesmo sem a menor comprovação científica de sua eficácia. Com isso houve uma corrida às farmácias. Tal comportamento se situa num tempo de urgência, de desespero, no qual não há tempo para investigar as fontes e a fidedignidade dessas recomendações.

Diante desse cenário, a resposta hipocondríaca poderia funcionar como modo de experiência, de elaboração e domínio das quantidades de excitação, pois o corpo, pro meio da sensorialidade, da percepção e de suas marcas, é o lugar da experiência do mundo e do semelhante, de encontro com o outro e da constituição do eu/ego. No entender de Volich (2002) as sensações hipocondríacas podem vir a preencher essa necessidade imperativa de ligação da excitação. Elas se configuram como tentativa de ligação da excitação e da angústia segundo um nível mais arcaico de funcionamento que é a partir da experiência corporal. Afinal, "o ego é, primeiro e acima de tudo, um ego corporal" (Freud, 1923/1996, p. 39).

O corpo é o primeiro mediador da relação objetal a partir da qual tem-se a formação do si próprio. Como foi abordado acima, diante da situação de imaturidade do bebê e de seu desamparo, ele necessita da ajuda de um outro semelhante que, inclusive, vai lhe garantir a sobrevivência. O papel desse outro, dentre várias funções, é proporcionar um apaziguamento em relação às excitações que o bebê experimenta em seu corpo, inclusive aquelas despertadas pelo próprio outro – no sentido da sedução generalizada proposta por Laplanche (1988).

Primeiramente é construída no bebê uma imagem do ambiente tranquilizador, depois a sua representação mental, capaz de acalmar as tempestades afetivas e a modificação de seu sofrimento, sem se opor à sua autonomia corporal e psíquica. A representação mental da mãe no psiquismo da criança permite a esta, assumir por si mesma essas funções introjetadas. Ressalta McDougall (1989/2000) que se esse processo fracassar a capacidade da criança em integrar e reconhecer como seus o seu corpo, seus pensamentos e afetos, poderá ser comprometida. A representação psíquica da mãe está ligada à sua capacidade de modificar o sofrimento físico e psíquico do(a) filho(a), funcionando como um escudo protetor para a criança. A representação de um ambiente maternante que permite a tranquilização básica favorece a constituição do "silêncio do corpo".

De acordo com Fain (1990/2010) a qualidade da presença da mãe propicia à criança a experiência de silêncio do corpo, constituído por uma percepção contínua de impressões tranquilizadoras. O silêncio do corpo é o herdeiro direto de um quadro suficientemente bom da infância que, em silêncio e ternura, assegura bem-estar, sem prejuízo de sua potencialidade de desenvolvimento. Esse silêncio resulta da introjeção da capacidade de apaziguamento materna por meio da constituição do objeto interno, atuando como paraexcitação, filtrando as excitações que chegam até o psiquismo.

No início da vida, a experiência corporal se confunde com a relação com o outro, pois tudo que é sentido passa pelo corpo, inclusive, a experiência estabelecida com o mundo circundante. É o corpo que guarda as marcas dessas relações, o que inaugura outra dimensão corporal. O corpo é o "mediador e aposta relacional (*enjeu*) entre duas psiques e entre a psique e o mundo" (Aulagnier, 1999, p. 11).

Essas vivências arcaicas podem se atualizar ao longo da vida e o corpo se colocando nessa posição de mediador, assim como aquele que expressa o traumático, a vulnerabilidade e o desamparo experienciados em diversas situações. As modificações no estado do corpo são mensagens a serem tratadas psiquicamente, ou seja, traduzidas. Quando essa tradução tem lugar, sentimo-nos bem de saúde, tem-se o silêncio do corpo – sensação tranquilizadora que está relacionada com o sentimento de integridade do ego. Porém, quando o tratamento psíquico dessas mensagens está impedido, o sujeito experimenta um vivido de "inquietante estranheza" em seu corpo. Esta seria a fonte da preocupação hipocondríaca, em sua incessante busca de tradução. O hipocondríaco se escuta, se observa, amplificando essa auto-observação, tentando dar sentido e coerência a essas sensações.

O rompimento no silêncio do corpo na hipocondria está relacionado com um rompimento na unidade narcísica, nessa "coerência" ilusória do sentido de si a qual permitiria o sentimento de estar saudável. As sensações hipocondríacas atestam a presença de uma ferida narcísica e consiste, ao mesmo tempo, numa tentativa-limite de trabalho psíquico, de "interpretação-representação" para as sensações corporais.

A fragilidade do corpo e o perigo que o meio externo impõe ao sujeito hipocondríaco demandam todo um sistema de cuidados, permanente exame e verificação da saúde corporal. O exame, a verificação típica e a racionalização tendem a assegurar ao hipocondríaco um suposto controle sobre o que o ameaça a partir de seu espaço corporal.

Nesse sentido, a "transparência do corpo na consciência", conforme refere Fédida (2009), permite o conhecimento radical de seu estado somático, o que parece dar ao hipocondríaco uma segurança ilusória de controle de seu desamparo. A transparência triunfante do corpo na consciência, própria do "médico hipocondríaco", é uma espécie de defesa contra as angústias de aniquilamento, de morte. No hipocondríaco a sensação corporal é atualizada a todo instante como garantia da existência (Paraboni, 2019).

Combe (2010) destaca a força da vida que se situa em momentos de ruptura de continuidade. Diante do imprevisto e do imprevisível, há na intensidade da hipocondria, em sua intranquilidade, uma garantia. A fonte da hipocondria talvez estaria na marca originária de experiências de imprevisibilidade e da luta defensiva, resiliente contra essa imprevisibilidade.

Tais aspectos marcam essa situação de pandemia, na qual o vírus, desconhecido, imprevisível, gera tamanha intranquilidade que, em muitas situações, se manifesta na corporeidade dos sujeitos, desencadeando a hipocondria. A ciência, o Estado, governantes, talvez representantes de um ambiente protetor-maternante, os quais poderiam dar garantias ao sujeito, não conseguem cumprir esse papel, seja porque também não dispõe de recursos suficientes para dar conta dessa situação, seja por uma dimensão negacionista e/ou outros aspectos, deixando muitos sujeitos à mercê de sua vulnerabilidade e desamparo. Sem recursos internos para dar conta de tamanha ameaça à sua sobrevivência, a "solução hipocondríaca", seria uma tentativa de lidar com o traumático.

Além dessa dimensão, Freud (1914/1996) destaca que a hipocondria poderia ter a função de tentativa de restauração do investimento objetal. A concentração da libido no eu constitui um meio necessário e, em muitas situações, passageiro para reinvestir nos objetos do mundo exterior. Nesse sentido, a hipocondria pode ser entendida como uma espécie de autotratamento, passagem necessária para que o sujeito possa se interessar novamente pelo mundo exterior (Stathopoulos, 2012).

De acordo com Volich (2002) apesar da dimensão narcísica presente na hipocondria, sua dinâmica é uma experiência que implica o outro. Esses sujeitos recorrem a imagens corporais e sua queixa como forma de fazer apelo ao outro para garantir sua sobrevivência, uma vez que não dispõe de recursos suficientes para proteger sua existência ameaçada.

Na hipocondria, há convocação do outro, um grito desesperado por auxílio, como aquele do bebê desamparado. Não à toa, muitos sujeitos passaram a frequentar emergências de forma mais intensa, fazendo apelo aos profissionais de saúde, solicitando um cuidado. A relação com esses profissionais parece se aproximar daquela dos cuidados maternos de outrora, em que recebe da mãe, assim como do médico, o toque, o consolo, a representação ou o sentido para o que está se passando em seu corpo, e o alívio. Contuodo, diante da comprovação negativa da presença do coronavírus, o saber médico parece não poder dar conta da demanda feita por esses sujeitos.

Frente ao exposto, é possível vislumbrar a complexidade da hipocondria e sua presença no contexto da pandemia, como atualização de uma situação arcaica de desamparo, no qual, apesar da resposta e tentativa de domínio do traumático pela convocação do corpo, há também convocação do outro. Nesse sentido, é preciso desenvolver uma escuta sensível, empática com esses sujeitos, respeitando, testemunhando e acolhendo o seu sofrimento. Enfim, sendo o outro semelhante que pode lhes auxiliar a entender de que mal eles sofrem.

Considerações finais

Esse texto, conforme foi anunciado anteriormente, consiste em um ensaio, uma tentativa de compreender as manifestações hipocondríacas que surgiram no contexto da pandemia ou mesmo aquelas que já estavam presentes nos sujeitos, mas que se intensificaram nessa situação. Cabe ressaltar que há várias figuras da hipocondria: desde as crônicas, configurações leves, transitórias, que se dão na vida de vigília ou na vida onírica (Fine, 2002). Nessa perspectiva, há sujeitos que desenvolveram manifestações hipocondríacas que são passageiras na pandemia ou em outro tempo. Inclusive, podemos pensar que a hipocondria faz parte da vida cotidiana no sentido de que é fundamental possuirmos certo grau de olhar e escuta sobre o corpo, que isso tem caráter autoconservativo.

Esse texto também se apresenta como um convite a um olhar e escuta sensível para esses sujeitos, que sofrem de tamanha inquietação com relação a sua saúde e que, apesar de seus esforços, sentem-se sempre incompreendidos. Há muito ainda a se pensar sobre esse fenômeno, especialmente em suas diversas facetas e conforme cada contexto social e histórico em que se apresenta, inclusive em tempos de pandemia.

Referências

Aulagnier, P. (1999). Nascimento de um corpo, origem de uma história. *Revista Latinoamericana de Psicopatologia Fundamental*, São Paulo, 2(3), 9-45.

Brokmann, P. (2013). La dépersonnalisation, une singulière hypocondrie. Psychique? *Revue Française de Psychanalyse*, Paris, 77(4), 1114-1127.

Cardoso, M. R. (2011). Das neuroses atuais às neuroses traumáticas: continuidade e ruptura. *Revista Latinoamericana de Psicopatologia Fundamental*, São Paulo, 14(1), 70-82.

Combe, C. (2010). *Corps, mémoire, hypocondrie*. Paris: Dunod.

Fain, M. (2010). À propos de l'hypocondrie. *Revue Française de Psychosomatique* - Michel Fain, Paris, 37, 177-184. (Trabalho original publicado em 1990).

Fédida, P. (2009). L'hypocondrie de l'expérience du corps. In C. Chabert (Org.). *Traité de psychopathologie de l'adulte. Psychopathologie des limites* (p. 89-141). Paris: Dunod.

Ferenczi, S. (2011). Confusão de língua entre os adultos e a criança. In *Obras completas – Psicanálise IV* (p. 111-121). São Paulo: Martins Fontes. (Trabalho original publicado em 1933).

Ferraz, F. (1996). Das neuroses atuais à psicossomática. *Percurso*, 16(1), 35-42.

Fine, A. (2002). Figuras psicanalíticas da hipocondria. Um ensaio de revisão. In M. Aisenstein, A. Fine & G. Pragier (Orgs.). *Hipocondria* (p. 57-81). São Paulo: Escuta.

Freud, S. (1996). Sobre os fundamentos para destacar da neurastenia uma síndrome específica denominada "neurose de angústia". In *Edição Standard Brasileira das Obras Psicológicas Completas de Sigmund Freud* (Vol. III, p. 91-115). Rio de Janeiro: Imago. (Trabalho original publicado em 1895[1894]).

Freud, S. (1996). A sexualidade na etiologia das neuroses. In *Edição Standard Brasileira das Obras Psicológicas Completas de Sigmund Freud* (Vol. III, p. 249-270). Rio de Janeiro: Imago. (Trabalho original publicado em 1898).

Freud, S. (1996). Contribuições a um debate sobre a masturbação. In *Edição Standard Brasileira das Obras Psicológicas Completas de Sigmund Freud* (Vol. XII, p. 259-272). Rio de Janeiro: Imago. (Trabalho original publicado em 1912).

Freud, S. (1996). Sobre o narcisismo: uma introdução. In *Edição Standard Brasileira das Obras Psicológicas Completas de Sigmund Freud* (Vol. XIV, p. 77-108). Rio de Janeiro: Imago. (Trabalho original publicado em 1914).

Freud, S. (1996). Conferência XXIV: O estado neurótico comum. In *Edição Standard Brasileira das Obras Psicológicas Completas de Sigmund Freud* (Vol. XVI, p. 379-392). Rio de Janeiro: Imago. (Trabalho original publicado em 1917[1916-1917]).

Freud, S. (1996). Além do princípio de prazer. In *Edição Standard Brasileira das Obras Psicológicas Completas de Sigmund Freud* (Vol. XVIII, p. 13-75). Rio de Janeiro: Imago. (Trabalho original publicado em 1920).

Freud, S. (1996). O ego e o id. In *Edição Standard Brasileira das Obras Psicológicas Completas de Sigmund Freud* (Vol. XIX, p. 15-80). Rio de Janeiro: Imago. (Trabalho original publicado em 1923).

Freud, S. (1996). Inibições, sintomas e ansiedade. In *Edição Standard Brasileira das Obras Psicológicas Completas de Sigmund Freud* (Vol. XX, p. 81-170). Rio de Janeiro: Imago. (Trabalho original publicado em 1926[1925]).

Freud, S. (1996). O futuro de uma ilusão. In *Edição Standard Brasileira das Obras Psicológicas Completas de Sigmund Freud* (Vol. XXI, p. 13-63). Rio de Janeiro: Imago. (Trabalho original publicado em 1927).

Freud, S. (1996). O mal-estar na civilização. In *Edição Standard Brasileira das Obras Psicológicas Completas de Sigmund Freud* (Vol. XXI, p. 67-148). Rio de Janeiro: Imago. (Trabalho original publicado em 1930[1929]).

Freud, S. (1996). Extratos dos documentos dirigidos a Fliess. In *Edição Standard Brasileira das Obras Psicológicas Completas de Sigmund Freud* (Vol. I, p. 219-334). Rio de Janeiro: Imago. (Trabalho original publicado em 1950[1887-1902]).

Freud, S. (1996). Rascunho E. In *Edição Standard Brasileira das Obras Psicológicas Completas de Sigmund Freud* (Vol. I, p. 235-241). Rio de Janeiro: Imago. (Trabalho original publicado em 1894).

Freud, S. (1996). Projeto para uma psicologia científica. In *Edição Standard Brasileira das Obras Psicológicas Completas de Sigmund Freud* (Vol. I, p. 335-454). Rio de Janeiro: Imago. (Trabalho original publicado em 1895).

Gibeault, A. (2002). A solução hipocondríaca. In M. Aisenstein, A. Fine & G. Pragier (Orgs.). *Hipocondria* (p. 113-127). São Paulo: Escuta.

Laplanche, J. (1993). *Problemáticas I: a angústia*. São Paulo: Martins Fontes. (Trabalho original publicado em 1987).

Laplanche, J. (1988). *Novos fundamentos para a psicanálise*. São Paulo: Martins Fontes.

Mcdougall, J. (2000). *Teatros do corpo: o psicossoma em psicanálise*. São Paulo: Martins Fontes. (Trabalho original publicado em 1989).

Menezes, L. S. (2005). Pânico e desamparo na atualidade. *Ágora*, Vitória, 8(2), 193-206.

Paraboni, P. (2019). *Hipocondria: dimensão persecutória, angústia de morte, tempo do desespero*. Curitiba: Appris.

Ritter, P. G. G. (2013). *Confluências entre as neuroses atuais e as patologias da atualidade* (Dissertação de Mestrado). Instituto de Psicologia, Univerisdade Federal do Rio de Janeiro, Rio de Janeiro.

Rocha, Z. (1999). Desamparo e metapsicologia. *Síntese*, Belo Horizonte, 26(86), 331-346.

Rocha, Z. (2000). *Os destinos da angústia na psicanálise freudiana*. São Paulo: Escuta.

Rolland, J. (2013). Expérience du corps et lieux de la douleur. *Libres Cahiers pour la psychanlyse*, Paris, 2(28), p. 77-96.

Stathopoulos, G. (2012). L'hypocondrie, les destins pulsionnels et la quête en soi de L'objet des soins primaires. *Revue Française de Psychanalyse*, Paris, 2(76), 555-571.

World Health Organization (WHO). (2021). *COVID-19 Weekly Epidemiological Update- Dashboard* – 17 August 2021. Recuperado de https://covid19.who.int/table

Wintrebert, D. (2009). L'hypocondrie entre croyance et certitude. *Revue L'information psychiatrique*, l'Ile-de France, 85(1), 43-49.

Volich, R. M. (2000). *Psicossomática: de Hipócrates à psicanálise* (Coleção Clínica Psicanalítica). São Paulo: Casa do Psicólogo. (8 edição, revista e ampliada, Blucher, 2022).

Parte V
Adictos e toxicômanos

14. Neuroses atuais e adicções: psicossoma, hábito e neo-pulsões[1]

Decio Gurfinkel

> *A psicanálise é um verdadeiro combate contra os hábitos*
>
> (Ferenczi, 1925/1993, p. 350).

O psicanalista que, hoje, negligencia o *atual*, está perdendo o bonde da história. Escutar o eco do anacrônico atual na psicanálise "contemporânea" me parece uma tarefa fundamental.

Penso que, para se abordar a questão do atual em psicanálise, é recomendável fazê-lo de modo crítico e amplo, considerando tanto sua dimensão psicopatológica quanto o âmbito histórico e o metapsicológico, pois, curiosamente, se o "atual" nos remete à noção freudiana de "neurose atual", ele também se faz presente no "fator atual" da série etiológica das formas clínicas e, ainda, em certas caracterizações da clínica praticada no tempo presente – a chamada "psicanálise contemporânea".

---

1 Publicado originalmente, em versão integral, sob o título "Neuroses atuais e adicções: hábito, psicossoma e técnica ativa", em *Trama – Revista de Psicossomática Psicanalítica* (on-line), ano IV, n. 4, 2022. Disponível em: http://www.sedes.org.br/Departamentos/Revistas/psicossomatica_psicanalitica/index.php?apg=home.

Neste trabalho, dedicado ao estudo da relação entre as neuroses atuais e as adicções, o tema do *atual* irá comparecer sob estes diversos pontos de vista. Partindo de uma revisão crítica da clínica das adicções – muitas vezes tomada como um quadro típico da psicanálise contemporânea –, faremos uma escavação regressiva em busca das origens da metapsicologia do atual nos primeiros trabalhos de Freud – em particular em suas formulações sobre a neurose atual, mas também, indo ainda mais atrás, em trabalhos do período pré-psicanalítico da hipnose. Recortaremos deste material a hipótese da masturbação como o "vício primário", a discussão a respeito da toxicidade da libido, (repensando, a partir dela, o químico, o sexual e a experiência de prazer), e algumas considerações a respeito da teoria das neuroses atuais como precursora da chamada psicossomática psicanalítica – assim como, também, de uma psicanálise das adicções.

Com este material em mãos, tomaremos como foco seguinte do nosso estudo o tema do *hábito*, sugerindo que neste encontra-se uma fonte fundamental para compreendermos a articulação entre neuroses atuais e adicções. Para tanto – e dando um pequeno salto para outra camada no tempo da história da psicanálise -, examinaremos o engenhoso trabalho de Ferenczi dedicado ao tema, que se articula de modo estreito, por sua vez, com sua polêmica, mas fundamental pesquisa sobre a chamada "técnica ativa". Não devemos nos esquecer, no entanto, que o espírito e as origens de tal proposição se deram em um diálogo fundamental entre Freud e Ferenczi – que iremos aqui retomar brevemente –, no qual a questão da *abstinência* encontra-se no centro da discussão. Ora, é justamente na metapsicologia do hábito proposta por Ferenczi que reencontraremos questões fundamentais do campo das adicções, dentre as quais se destaca o que aqui escolhemos denominar "neo-pulsões". Em seguida, e considerando as adicções como parte do leque psicopatológico mais amplo compreendido por uma "clínica do agir", proporemos considerar a problemática do *caráter* como precursora de tais formas clínicas, o que nos leva a compreender o quanto uma técnica ativa pode ser reconhecida como modeladora dos enormes desafios envolvidos no manejo de pacientes adictos, assim como no âmbito mais amplo de uma clínica do agir. A problemática da abstinência e a proposição de uma "cura de abstinência" será para onde, por fim, a discussão da técnica finalmente nos conduzirá; aqui nos encontraremos com um significativo paralelo entre *inatual* e *atual* e *técnica clássica* e *técnica ativa*.

A aproximação aqui proposta entre neuroses atuais e adicções tem como pano de fundo – e fundamento metodológico – o conceito de "matriz clínica". Com este termo entendemos uma estrutura complexa de construções teórico-clínicas que tem com centro e como referência última uma determinada forma psicopatológica; as diversas matrizes clínicas que podemos reconhecer e descrever compõem, em seu conjunto, o alicerce a partir do qual se deu os desenvolvimentos da psicanálise. Tal concepção foi desenvolvida em profundidade por Renato Mezan (2014), que descreveu quatro grandes matrizes clínicas na obra de Freud – a da histeria, a da neurose obsessiva, a da melancolia e da psicose. Em meu próprio trabalho (Gurfinkel, 2001; 2017), tenho adotado tal modelo epistemológico, e propus alguns complementos: sugeri acrescentarmos a estas quatro matrizes clínicas outra duas, as matrizes do *fetichismo* e das *neuroses atuais*. No entanto, cabe a ressalva de que estas não tiveram a mesma centralidade e o mesmo desenvolvimento na obra de Freud, mas podem ser reconhecidas como ponto de partida marcante de certos troncos psicopatológicos que se estabeleceram e fortaleceram no campo pós–freudiano.[2] Hoje eu acrescentaria ainda as *neuroses*

---

2 Ao comentar minha sugestão de acrescentar duas matrizes clínicas às quatro por ele mesmo propostas, Mezan (2017) sugeriu uma retificação: o fetichismo e as neuroses atuais deveriam ser consideradas matrizes clínicas "genuinamente pós–freudianas", já que elas não teriam representado, *para Freud*, "matrizes clínicas no sentido estrito: não chegaram a constituir prismas através dos quais tenha considerado o conjunto dos processos psíquicos".

narcísicas como uma outra matriz clínica significativa, cuja origem deve sem dúvida ser reconhecida no pensamento freudiano, das quais tantos derivados importantes reencontramos na chamada psicanálise contemporânea.

Contudo, é fundamental sublinhar que as neuroses atuais não são a única matriz clínica que proporcionou os alicerces para se erigir uma psicanálise das adicções. As adicções constituem uma forma clínica de tal forma complexa e multifacetada que merece, a meu ver, que concebamos seu estatuto psicopatológico sob o *paradoxo da unidade na diversidade.*[3] Por um lado, reconhecemos uma *unidade* que compõe a adicção, unidade esta constituída por um conjunto de parâmetros fenomenológicos, psicodinâmicos e de modos de funcionamento psíquico singulares que justificam considerá-la uma categoria própria dentro de uma psicopatologia propriamente psicanalítica; mas, por outro, é evidente que existem diversos tipos ou grupos de adictos, e que neles reconhecemos interfaces diversas com as estruturas clínicas classicamente descritas, como a perversão e o fetichismo, as neuroses narcísicas e mesmo as neuroses e as psicoses – assim como, também, com os casos fronteiriços, com os pacientes ditos psicossomáticos e normopatas, e com as neuroses atuais! Assim, é fundamental termos em conta que no presente estudo elegi como foco *um dos ângulos psicopatológicos* pertinentes a uma abordagem das adicções. Trata-se, sem dúvida, de um ponto de vista pouco explorado, mas que acabou por se mostrar igualmente importante e esclarecedor para a compreensão de suas dinâmicas.

Ora, é inegável que a clínica das adicções, junto aos outros tantos quadros, recoloca em cena a importância do "fator atual", o que nos convida a redesenhar com mais nitidez, na teoria e na prática da

---

3 Apresento esta proposição em "O conceito psicanalítico de adicção" (Gurfinkel, 2011).

psicanálise, o que poderíamos denominar uma *dialética entre o inatual e o atual*. O *inatual*, enquanto foco incialmente privilegiado na história da psicanálise, faz referência direta a uma "clínica do recalcamento"; já a consideração pelo fator *atual* nos leva a uma ampliação considerável de tal modelo. No que se refere às adicções, tal ampliação pôs em relevo temas como a articulação psicossomática e o quimismo do sexual, e retomou com ênfase particular uma dimensão dos processos psíquicos que voltou a ganhar um relevo insuspeitado: o econômico, o quantitativo e o aspecto energético do impulso pulsional.[4]

Pois bem: para abrir a discussão sobre o atual – em seu complexo entrecruzamento entre psicopatologia, metapsicologia e clínica –, elegi como ponto de partida a questão das chamadas "novas adicções".

O "atual" e as "novas adicções": psicopatoloiga contemporânea?[5]

Em se tratando das ditas "novas adicções", a realidade social e realidade clínica falam por si mesmas, pois hoje se observa em abundância vícios pela internet, pelo trabalho, por comida, pelo sexo, pela relação amorosa e afetiva com o outro, por fazer compras, pelo uso do celular, pelos jogos eletrônicos, pela pornografia digital e todos a gama de entretenimentos via rede – ao lado dos "velhos" vícios por álcool e substâncias psicoativas, pelo jogo, pela televisão, por livros etc. A partir desta constatação gritante e inequívoca – ainda que sujeita a uma revisão crítica –, por vezes se tem chegado à ideia das "novas adicções".

---

4 Ver, por exemplo, o trabalho de Bergeret (1981) sobre os aspectos econômicos das adicções.

5 A sessão que se segue baseia-se em material retirado do meu livro *Adicções: paixão e vício* (Gurfinkel, 2011), reelaborado, atualizado e acrescido de novos desenvolvimentos para a presente publicação.

Há alguns anos já encontramos uma literatura sobre o assunto. Um bom exemplo é o livro de Guerreschi (2007).[6] O autor aborda tais quadros segundo a distinção entre *uso* e *abuso* – ou entre "normalidade e patologia" –, e parte, por exemplo, de uma breve história da internet e se apoia em diversas pesquisas, muitas delas quantitativas. Ele discute a questão diagnóstica e faz uma tentativa de definição, seguindo os modelos do DSM-IV das classificações de dependência química ou jogo patológico: os "sintomas" são detalhados, seja em termos de "tolerância" e "reação à abstinência", seja em termos de suas características e efeitos (preocupação excessiva com internet e empobrecimento social e de trabalho). Com as definições surgem, naturalmente, as siglas, como a PIU –(uso problemático da internet), assim como a discussão da co-morbidade, na qual se destaca a significativa aproximação com a depressão. O tema é, então, desenvolvido e desdobrado em diversas direções: as consequências físicas deste tipo de adicção (transtorno do sono, fadiga, baixa imunitária, alimentação irregular etc.), as consequências familiares, os problemas no trabalho e na escola e até os problemas financeiros dela decorrentes; o abuso da internet no local de trabalho; a adicção ao sexo virtual, bastante frequente, que é discutida em detalhes em termos de sua aproximação com as perversões e de seu impacto na família e na relação com filhos; a adicção a relacionamentos virtuais; os adolescentes e universitários como grupos de risco; e a "sobrecarga cognitiva" relacionada à adicção da internet, à maneira de um "*fast food*" de informações.

Bem, a abordagem do autor apoia-se em uma combinação entre os modelos sistêmico-relacional e cognitivo-comportamental, distanciando-se da abordagem psicanalítica por nós adotada. Causa-nos

---

6 Fundador e presidente da Sociedade Italiana para a Intervenção em Patologias Compulsivas, dedica-se especificamente ao estudo e ao tratamento de diversas formas de adicção (como o alcoolismo e o jogo patológico), assim como à divulgação e ao debate da temática no âmbito social.

especial estranheza, entre diversos aspectos, a aproximação proposta por Guerreschi entre as "novas adicções" e o chamado "transtorno obsessivo-compulsivo" (TOC), justificando um modelo de tratamento comum. A confusão entre dois tipos de quadros ou de funcionamento psíquico tão diferentes – e até opostos, em certos aspectos – é hoje frequente na psiquiatria descritiva, que desconhece os aspectos psicodinâmicos das formas psicopatológicas.[7] Entretanto, apesar das divergências significativas de ponto de vista, muitas observações convergem, e um intercâmbio de ideias pode e deve ser mantido. Assim, evitando compreender a toxicomania unilateralmente, seja em termos das características da substância química, seja pela postulação de uma "personalidade dependente", o autor propõe que focalizemos a atenção na *relação* que se instaura entre o sujeito e o objeto como um processo único e particular. Ao definir a adicção no entrecruzamento entre o poder da substância e o poder que lhe é atribuído pelo sujeito, Guerreschi, assim como outros diversos autores, considera que sua etiologia não segue uma estrutura unicausal e linear, e sim que a "dependência" se constroi em uma circularidade de necessidades e significados. A própria experiência de uso do objeto retroalimenta as causas, reestruturando a vivência e a autopercepção; assim, um sujeito com suas necessidades vive, no *encontro com o objeto*, uma experiência particular de reestruturação de si mesmo. A partir deste ponto, surge uma certeza individual de haver encontrado "exclusivamente em um lugar a resposta fundamental a necessidades próprias e desejos essenciais, que não podem ser satisfeitos de outra maneira" (Rigliano *apud* Guerreschi, p. 16).

Note-se como as teses sistêmicas que subjazem a esta definição se aproximam de diversas formulações psicanalíticas – especialmente aquelas derivadas de um pensamento das relações de objeto –, e que a ideia do "encontro com a droga" engendrando de uma experiência

---

7   Sobre esta distinção, ver "A clínica do agir" (Gurfinkel, 2008).

única e originária pode ser reconhecido tanto em Olievenstein (1990) quanto em Radó (1926; 1933), autor clássico da psicanálise das adicções para quem a farmacotimia nasce do encontro de um indivíduo com a droga a partir de uma estado de "depressão tensa" bastante particular. Isto nos faz ver a relevância do "fator atual" na etiologia das adicções, temática discutida por Freud no início de sua obra, em seus estudos sobre as neuroses atuais. O que observamos é que a conduta adictiva constitui, em si mesma, **um fator atual** que interfere de tal forma na vida psíquica e no destino do sujeito, que ela quase que subverte e reconfigura a sua estrutura clínica pregressa. Ora, a "atualidade" das adicções se torna uma problemática relevante quando compreendemos que elas ganham novas configurações conforme os objetos oferecidos e visados pelas necessidades e desejos dos homens se modificam de tempos em tempos.

Bem, considerando-se a força indutora de processos psíquicos do caldo cultural "atual" em que estamos imersos, surge uma indagação: novos tempos implicam em novas patologias?

É indubitável que as mudanças sociais alteram as experiências subjetivas individuais e proporcionam elementos novos que, por sua vez, passam a integrar as formações psicopatológicas. Assim, o advento da informática, da comunicação digital e da internet proporcionou novos e poderosos meios de engendramento de realidades virtuais, o que repercutiu na vida psíquica de maneiras que ainda mal compreendemos. Mas, nota-se, que esses novos instrumentos são também veículo de velhas experiências psíquicas, sob novas roupagens: o espaço virtual da internet é propício para diversas formas adictivas já conhecidas, como os jogos (do tipo *Second life*), o sexo, os relacionamentos e as compras. A adicção à internet é, sem dúvida, uma nova forma de adicção, e comporta especificidades e desafios específicos a serem considerados; mas, por outro lado, ela recoloca em cena a dimensão adictiva tão frequente na vida psíquica dos homens. Neste contexto, os meios de comunicação digital, com o mundo virtual por ele fomentado e a invenção internet, podem ser entendidos como um instrumento, uma ocasião e um cenário privilegiado para colocar em ação e potencializar as diversas formas adictivas, articulando os velhos vícios em um novo e poderoso meio. Contudo, será que este "novo meio" reinventa ou reconfigura a própria natureza das adicções em algum aspecto significativo? Estaríamos, aqui, em um novo patamar na história dos vícios? Como compreender este entrecruzamento do velho e do novo?

Do meu ponto de vista, as chamadas "novas adicções" constituem, certamente, um campo fundamental a ser urgentemente explorado pelos pesquisadores e clínicos, mas sem perder de vista o elo que as une ao universo das adicções, à psicopatologia geral e a natureza da vida psíquica individual e coletiva.

Ora, esta discussão se insere em um círculo mais amplo: o estudo das chamadas "novas patologias", "patologias atuais" ou "patologias da época". Ao longo da história da psicopatologia – seja ela psicanalítica ou não – observamos mudanças significativas no quadro geral das patologias descritas. Diversas categorias novas são propostas, outras caem em desuso, e outras ainda são assimiladas, incorporadas ou fundidas a outras formas clínicas; compreender estes movimentos de maneira crítica é de fundamental importância.

Tomemos o exemplo da histeria. Se o diagnóstico de histeria entrou em declínio ao longo do século XX de modo evidente na psiquiatria, nos causa espanto observar um certo esquecimento da mesma no interior da própria psicanálise. Hoje sabemos que a histeria assume roupagens variadas nas diversas épocas – como a figura da bruxa da Idade Média, ou a da grande exibidora de sintomas exóticos para capturar a atenção dos médicos do século XIX –, e que em muitas das chamadas "novas patologias" podemos encontrar traços inequívocos da velha histeria, como na anorexia, na síndrome do pânico, na fibromialgia e em diversas formas de depressão –

e em diversos quadros adictivos. Há também que se considerar a sensibilidade dos histéricos aos movimentos de massa, e a facilidade com que a influência sugestiva molda sua conduta. Assim, um bombardeio de notícias na mídia sobre um novo tipo de doença pode contribuir com a ampliação exponencial de uma epidemia, em um processo complexo de realimentação contínua; conforme este processo avança, aí sim temos uma grande notícia![8]

A formação de "grupos de ajuda mútua" para tipos de patologia, assim como de centros de tratamento especializados, pode também contribuir com este processo de produção e reprodução de novas patologias. Bollas (2000) chegou a propor que isto se dá também com os grupos de adictos; tal qual as "comunidades de distúrbios alimentares", há o

> *mundo dos jogadores, dos beberrões, dos fornicadores e dos viciados pelo trabalho, que se esfacelam em novos gêneros de perturbação, com novas equipes de médicos e terapeutas florescendo diante de si, tal como as cidades que germinavam ao longo das recém-construídas linhas de trem do século XIX (p. 159-160).*

Segundo Bollas, este fenômeno psicossocial reflete e reforça um processo tipicamente histérico, o "desmantelamento do *self* adulto": uma tendência a reduzir os recursos mais maduros da personalidade do indivíduo em troca de uma infantilização empobrecedora, na qual passa a reinar o "bom menino" que satisfaz a equipe de profissionais. Esta tendência é um dos fatores mais sutis e desafiadores de resistência ao avanço de um processo analítico, contribuindo para a perpetuação de uma "adicção de transferência". Bem, estas

---

8 Para uma excelente apresentação desta discussão, consultar o livro *Histeria*, de Silvia Alonso e Mario Fuks (2004).

observações levantam uma questão importante a respeito de uma aproximação possível entre adicções e histeria.

Assim como no caso dos processos histéricos, devemos superar uma visão ingênua da autonomia do quadro clínico em relação ao contexto social. Há uma grande determinação recíproca entre estas duas esferas, e as adicções mantêm uma relação muito íntima com a cultura do consumo em que vivemos. Em outro lugar,[9] propus que a produção e a reprodução da máquina de consumo hoje dominante têm como engrenagem principal o engendramento de uma espécie de "objeto-totem", que guarda em si o segredo da felicidade; o conceito de fetichismo, seja em sua dimensão clínica e psicanalítica, seja em sua dimensão social e marxista, nos permite avançar na compreensão deste paralelo, aprofundando a dimensão psicossocial da alienação em causa. Não se pode esquecer que a toxicomania se tornou um problema social em grande escala a partir do século XX, o que em si mesmo é muito significativo.,[10][11]

Bem, se, por um lado, é recomendável uma cautela nas conclusões apressadas sobre as "novas patologias", faz-se necessário, por outro, considerar o desenvolvimento histórico das formas clínicas, pois são nítidas, na história da psicanálise, as transformações que a prática clínica, os modelos teóricos e, por decorrência, a psicopatologia,

---

9 "Sujeito quase", in Gurfinkel (2001).

10 Para mais detalhes, ver "Drogas, adicções e toxicomania", in Gurfinkel (1996).

11 Pedro Santi (2011) estudou detidamente o *consumo* à luz de conceitos derivados da clínica das adicções, e distinguiu duas modalidades de relação com o consumo: uma, legítima para a formação de uma subjetividade singular, estaria sob a égide do desejo, enquanto a outra seguiria uma lógica adictiva, na qual se verifica um "movimento compulsivo que visa preencher um vazio subjetivo fundamental" (p.139). Para Santi, esta modalidade é predominante na contemporaneidade, que estimula modos adictivos de comportamento e de consumo. Ao lado dos referenciais psicanalíticos, o autor se apoia também em trabalhos oriundos das ciências sociais e da filosofia, e discute ainda as implicações éticas para o campo da propaganda e *marketing*.

sofreram ao longo do tempo. Uma vez que a matriz clínica original da psicanálise foi a psiconeurose, a sua construção conceitual foi marcada por aquilo que neste campo clínico se revelava: a divisão do aparelho psíquico entre instâncias, o conflito com a sexualidade, o mecanismo *princeps* do recalcamento, o trabalho da memória segundo uma articulação contínua entre o infantil e o atual etc. Foi principalmente na era pós-freudiana que os psicanalistas enfrentaram o desafio de ampliar o escopo do tratamento psicanalítico para outras formas clínicas, o que transformou significativamente o esquema conceitual e operativo. Assim, fortaleceu-se a pesquisa clínica com os casos ditos difíceis, com os pacientes fronteiriços, com as patologias narcisistas, as adicções, os transtornos psicossomáticos etc., ao mesmo tempo que surgiram ou foram mais bem explorados conceitos como o de falso *self*, dissociação, mentalização, psicose branca, depressões esquizoide e depressão essencial, mãe morta etc. Neste sentido, é importante compreendermos como a adicção surge, no quadro da psicopatologia psicanalítica, neste segundo tempo da história da disciplina, sendo, por isto, muitas vezes incluída no rol das "novas patologias";[12] ainda assim, é digno de nota que houveram trabalhos de peso sobre toxicomania já na década de 1930 – em particular, os de Radó, Glover e Wulff –, e que, ainda antes disto,

---

12 Assim, por exemplo, a revista argentina *Psicoanálisis y el hospital* dedicou um número especial (nº 24, novembro de 2003) ao tema "Patologias da época?", nesta forma interrogativa, a fim de pôr em questão o que seria um "mal da época", ou a "nervosidade pós-moderna"; os principais quadros ali enfocados são a toxicomania e o alcoolismo, os transtornos alimentares e as patologias do agir. De modo semelhante, no Departamento de Psicanálise do Instituto Sedes Sapientiae existe um grupo de trabalho dedicado há vários anos ao estudo desta questão e, no Curso sobre Psicopatologia Contemporânea que tal equipe desenvolve, aborda-se especificamente as depressões, os transtornos alimentares, os transtornos do sono e a toxicomania; dentre os diversos trabalhos publicados por este grupo, ver artigo de Mario Fuks (2000), que oferece um bom panorama sobre o assunto.

encontramos as primeiras indicações sobre o tema nas obras de Freud, Abraham e Ferenczi.

O "fator atual" e o resgate da perspectiva histórica

Ora, falar em termos de "novas adicções" ou "patologias da época" ganha um novo relevo quando compreendemos a relevância do fator *atual*; eis aqui a verdadeira "atualidade" do tema.

Mas o que a psicanálise tem a dizer sobre o *fator atual*?

Há um mal-entendido segundo o qual a psicanálise, em um suposto determinismo estrito, ignoraria o valor do presente, e atribuiria todo o peso exclusivamente ao passado. Mas no pensamento freudiano há um lugar muito particular para o atual, em uma articulação sutil e complexa com o *inatual*. O inatual se refere à bagagem psíquica que carregamos conosco e que se constituiu ao longo das experiências de vida, com um peso especial para aquelas dos primeiros anos, sempre experimentadas e significadas de acordo com a fantasia e a vida pulsional do momento, e com o ponto de vista predominante na época. O viver é o entretecimento contínuo entre este inatual – por vezes denominado "o infantil" – e aquilo que se apresenta no momento atual, em uma dialética entre repetição e abertura potencial para uma reodenação transformadora advinda do experienciar.

Assim, na teoria das neuroses, Freud propôs uma série complementar para explicar sua etiologia, tendo de um lado o fator constitucional – composto, por sua vez, pelo hereditário e o conjunto das experiências sexuais infantis – e o atual; para ele, cada neurose tem sua história, na qual os fatores desencadeantes – atuais – são parte integrante. A teoria do sonho comporta, também, uma dialética entre o atual e o inatual, ou entre o desejo infantil e recalcado e aquilo que é cotidianamente retirado da vida de vigília (os restos diurnos); segundo a célebre metáfora proposta por Freud (1900/1981), para se produzir um sonho é condição necessária o estabelecimento de uma sociedade entre o "empresário" (detentor dos meios de produção ou dos meios de expressão do psíquico, na forma dos processos psíquicos pré-conscientes) e o "capitalista" (detentor da energia necessária para a produção: o capital-desejo e o infantil inatual). É segundo este mesmo processo - interjogo dialético entre atual e inatual – que a memória do homem se constrói e se reconstrói ao longo de toda a vida.

Na era pós-freudiana, uma nova ênfase no atual tem surgido, pois, de fato, o trabalho clínico com as neuroses fez a pesquisa psicanalítica se concentrar predominantemente no poder do infantil, mas o trabalho com casos mais complexos exigiu um redirecionamento da atenção para o atual – o factual, o traumático, a ambiência, o relacional, o estresse etc. Uma simples constatação de nossas experiências cotidianas nos faz ver que, sob a tensão do estresse que tão frequentemente acomete as pessoas em nossa vida urbana hiperativa, não é possível pensar, nem reconhecer-se o que foi assimilado da experiência, observar seus efeitos, agir de modo adequado, fazer escolhas etc. Este movimento levou diversos analistas a re-valorizarem as intuições iniciais de Freud sobre as "neuroses atuais", relativamente eclipsadas em favor da teoria das neuroses que ficou mais consagrada.

Ora, na clínica das adicções, o fator atual não pode ser negligenciado. O poder determinante do *encontro com o objeto* na história da "doença" é indubitável, mesmo que se possa considerar – corretamente, sem dúvida – o peso de uma personalidade pré-mórbida, descrita por alguns como "personalidade dependente", ou simplesmente na forma de uma fragilidade egoica. A memória do encontro com o objeto – a droga, o jogo etc. – e do júbilo aí vivido ganha o *status* psíquico de um fator constitucional, tal qual a experiência originária de satisfação do bebê. Se trata de uma espécie de gozo inaugural que engendra uma *neo-necessidade*, cujo poder fundador não pode ser negligenciado. Nesta clínica, é possível buscar o sexual infantil, segundo o modelo da psiconeurose, e negligenciar o poder da droga em dominar o sujeito e transformá-lo ao ponto deste mesmo "sexual infantil" se tornar inacessível, desprezado e aparentemente irrelevante? Bem, daí decorre implicações importantes para as estratégias elegidas no *atual* do tempo do tratamento, dos esforços preventivos no campo da saúde mental, das políticas públicas adotadas, da vida familiar de indivíduos adictos etc.

Em suma: a *atualidade do tema* é inquestionável, mas precisa, ela mesma, ser pensada com olhos críticos. A presença no cotidiano da sociedade de condutas adictivas e seus efeitos deletérios para os indivíduos, famílias, grupos e instituições é gritante, justificando qualquer esforço de pesquisa científica – teórica e aplicada – sobre o tema. O debate deve ser estimulado e as diversas visões e iniciativas devem ser valorizadas; há lugar para todos, e a extensão do desconhecimento e dos desafios é assustadora. A psicanálise pode e deve comparecer com sua parte, mas precisa rever, ela mesma, suas teorias e métodos diante dos desafios que a clínica das adicções coloca; se permanecer rígida e inflexível, ela simplesmente perderá o bonde da história, e não cumprirá com o seu imperativo ético e sua missão de contribuir com a compreensão da vida psíquica humana e de desenvolver instrumentos práticos, a fim de nela operar para buscar construir um melhor viver. Se a mídia nos traz com vivacidade a força dos desafios da atualidade, a psicanálise deve comparecer, de modo complementar, aprofundando a discussão em direção a suas raízes históricas, investigando os processos inconscientes subjacentes, e alertando sobre os processos sutis de alienação e engodo próprios dos movimentos de massa.

Assim, a "atualidade" do tema pede, como que em um contraponto, um resgate da perspectiva histórica; retrocedamos um pouco, pois, aos inícios – e, até, à pré-história da psicanálise.

O "vício primário": origem da metapsicologia do atual

A base de uma psicanálise das adicções se encontra, historicamente, na teoria da sexualidade.[13] Mas se, usualmente, partimos da teoria da sexualidade apresentada por Freud (1905/1981) nos *Três ensaios sobre a sexualidade*, pode ser também bastante interessante retomar algumas formulações que antecederam e prepararam esta obra seminal. Na última década do século XIX, Freud explorava, em paralelo ao seu trabalho com a histeria, uma outra vizinhança do campo das "doenças nervosas": a neurastenia e a neurose de angústia. O protótipo das "neuroses atuais" foi uma das primeiras referências psicopatológicas para pensar as adicções, e contém ressonâncias que se estendem até nossos dias.

> *Comecei a compreender que a masturbação é o primeiro e o único dos grandes hábitos, o "vício primário", e que todas as demais adicções, como a adicção ao álcool, à morfina, ao tabaco etc., só surgem ao longo da vida como seus substitutos e deslocamentos. A importância que esta adicção tem na histeria é imensa, e talvez se encontre aqui, no todo ou em parte, o meu grande obstáculo, que ainda não pude esclarecer. Naturalmente surge, por decorrência, a dúvida sobre se tal adicção é curável ou se a análise e a terapia devem se deter aqui, conformando-se em converter a histeria em neurastenia (Freud, 1897/1981, p. 3594).*

---

13 Apresento de maneira mais extensa a história da psicanálise das adicções em *Adicções: paixão e vício* (Gurfinkel, 2011).

Estes comentários de Freud, em uma carta a Fliess, merecem uma análise cuidadosa.

Antes de tudo, deve-se observar como aqui a sexualidade é colocada em um plano fundamental: pois é em uma das formas de sua expressão – a masturbação – que se encontra o *protótipo* de todas adicções. Se antes Freud já notara um *tipo* de adicção ligado ao sexual – que ele denominara vagamente como "aberrações sexuais",[14] e que hoje preferimos pensar como "sexualidades adictivas" – agora se trata do vício *primário*. Ora, sabemos como a busca pelo primário sempre esteve no modo de pensar freudiano: a defesa primária, o processo primário, o recalcamento primário, o narcisismo primário... O *primário* é sempre pensado em contraste com um *secundário*, constituindo um tempo anterior ao mesmo tempo lógico e cronológico, e uma dimensão fundante e originária dos fenômenos psíquicos. O primário relaciona-se, ainda, com as noções de *primitivo* e de *originário*.

Mas a masturbação é uma adicção? Será que Freud se refere aqui a certas situações em que a masturbação ganha, de fato, um caráter compulsivo e irrefreável, *tornando-se* um vício? Ou será que ela é, em si, "viciante"?

É necessário examinarmos o estatuto que tinha a masturbação para Freud, especificamente em relação ao eixo universal / patológico. Freud (1912a/1981) mostrou-se muito cuidadoso ao abordar o tema, como vemos em seus comentários no simpósio sobre a masturbação. Ele reafirmou suas proposições dos *Três ensaios sobre a sexualidade* sobre a presença regular e pouco reconhecida da masturbação na vida

---

14 Refiro-me aqui ao artigo de Freud *Psicoterapia: tratamento pelo espírito*, de 1890 - período de suas pesquisas com a hipnose. Nele Freud menciona também a questão das adicções, levantando, ainda, de maneira pioneira e visionária, a problemática ética e técnica tão importante da adicção de transferência. Sobre isto, ver capítulo "Vício e hipnose", do meu livro sobre adicções (Gurfinkel, 2011).

infantil e sobre a existência de três etapas da masturbação de acordo com a idade: a masturbação do lactante, da infância e da puberdade. Em seguida, atacou a questão: a masturbação é prejudicial? A sua resposta é complexa e, ao observar que nas neuroses esta prática em alguns casos se torna prejudicial, distingue três modalidades de *dano*. Em primeiro lugar, há um dano orgânico, ligado à frequência exagerada e à satisfação insuficiente; este aspecto refere-se à etiologia da neurose atual. Em segundo, há um dano ligado ao estabelecimento de um *protótipo psíquico* segundo o qual a satisfação se obtém sem necessidade de uma modificação no mundo exterior. E, em terceiro, em casos em que a masturbação se prolonga da adolescência à vida adulta, observa-se um "infantilismo psíquico", ou seja: a fixação nos fins sexuais infantis. Estes dois últimos fatores referem-se ao campo da psiconeurose.

"A masturbação é a executora da fantasia" (Freud, 1912a/1981, p. 1707). Ao ressaltar a importância das fantasias que tão frequentemente acompanham ou substituem o ato masturbatório – "este reino intermediário entre a vida ajustada ao princípio do prazer e a governada pelo princípio da realidade" (ibid) –, Freud opina que os desenvolvimentos e sublimações sexuais da fantasia não representam progressos e que, apesar de eventualmente proteger o sujeito de uma queda na perversão e dos malefícios da abstinência sexual, se trata de uma evitação do crescimento proporcionado pelo trabalho psíquico com os objetos da realidade. Neste sentido, a nocividade da masturbação enquanto atividade *primária* se deve à facilitação que proporciona para a perpetuação de uma vida de fantasia, em detrimento do investimento objetal que deve advir *secundariamente* ao auto-erotismo. Esta inflação da fantasia é o caldo de cultura para a psiconeurose.

Nota-se como a segunda modalidade de dano indica como a prática onanista pode instaurar um protótipo psíquico de auto-satisfação patológica, prenunciando aqui a questão do *narcisismo*.

Neste aspecto, podemos entrever no trecho da carta uma questão uma questão que Freud perseguiu ao longo de praticamente sua obra e que, de certa maneira, também o perseguiu sem descanso: aquilo que aqui denominou "meu grande obstáculo". Se ele buscava, por um lado, chegar a uma "grande descoberta", acabava sempre se deparando com "um grande obstáculo". Tanto no campo teórico da "solução" do enigma da neurose, quanto no campo clínico de seu tratamento, tais obstáculos ganharam várias versões: as "mentiras" e seduções das histéricas, o investimento narcisista do Eu que retira a libido do objeto e acaba com a transferência na psicose, a compulsão à repetição, a reação terapêutica negativa e o sentimento inconsciente de culpa (com a pulsão de morte à espreita), e a rocha da castração – obstáculos que indicam ou procuram explicar os limites do analisável. Seria o "vício primário" uma resposta ainda hoje plausível para o inanalisável?

Outro aspecto a ser ressaltado quanto à proposição da masturbação como o vício primário refere-se à questão do *objeto* da adicção. Pois este protótipo primário não envolve um objeto (a droga, a bebida, o jogo etc.) como outras formas de adicção, o que nos sugere que uma das dimensões distintivas da adicção é a ação compulsiva, e menos o objeto da adicção. Ora, a atividade masturbatória considerada como um *agir* prenuncia futuros desenvolvimentos da investigação psicanalítica.[15]

O modelo da neurose atual e a toxicidade da libido

O "dano orgânico" atribuído à masturbação – o primeiro fator destacado por Freud – é, em geral, o menos reconhecido pelos psicanalistas. Para compreendê-lo, é necessário retomarmos a teoria da

---

15 C.f. "Clínica do agir" (Gurfinkel, 2008).

neurose atual. Esta foi construída em meados da década de 1890 e, apesar de pouco consagrada, foi reafirmada enfaticamente por Freud quinze anos depois no simpósio sobre a masturbação e vinte anos depois, em 1917, nas *Conferências introdutórias à psicanálise*.

A oposição entre psiconeurose e neurose atual constituiu uma das primeiras grandes divisões psicopatológicas propostas por Freud. Se, por um lado, ambas guardam uma etiologia sexual, o "sexual" das primeiras é *psíquico e infantil*, enquanto nas outras ele é *somático e atual*. As psiconeuroses são resultantes de uma tentativa de se *defender* da reativação das marcas mnêmicas da sexualidade infantil recalcada, que retornam devido certas circunstâncias desencadeantes; elas são, neste sentido, "neuropsicoses de defesa" – sendo a noção de "defesa" o princípio conceitual que preparou o terreno para a teoria do recalcamento, pilar fundamental da teoria psicanalítica das neuroses. As neuroses atuais, em contraste, resultam de certas práticas sexuais que implicam em uma satisfação inadequada; nelas, um excesso ou mau escoamento da libido produz uma formação neurótica comum e ordinária, em geral caracterizada por um estado de angústia simples e / ou por diversos distúrbios funcionais somáticos.

"A constipação, a cefaleia e a fadiga dos chamados neurastênicos não podem ser referidos histórica ou simbolicamente a vivências efetivas" (Freud, 1912a/1981, p. 1705), como nas psiconeuroses. Tais sintomas "carecem de 'sentido', isto é, de significação psíquica . . . constituindo processos exclusivamente somáticos" (Freud, 1917/1981, p. 2364). Freud nos lembra que a função sexual *não é nem puramente psíquica e nem puramente somática*, e que exerce sua influência tanto no campo da vida psíquica quanto na "vida corporal". Esta dupla face do sexual – que posteriormente será atribuída à pulsão, conceito-limite entre o somático e o psíquico – é muitas vezes negligenciada.

Para Freud, a gênese dos sintomas das neuroses atuais só pode ser qualificada de *tóxica*. Ou seja: há uma toxicidade da dimensão somática da libido que está ligada a um regime econômico do *atual*, determinando variações em termos de saúde ou de um estado neurótico ordinário. Freud foi ainda mais longe em suas especulações, e supôs a existência de substâncias químicas no organismo de natureza libidinal. Daí a crença popular nos "filtros do amor", e a ideia de que a paixão é uma forma de embriaguez. Ora, *a hipótese de um quimismo do sexual possibilita uma aproximação entre sexualidade e adicções.*

> *As neuroses atuais apresentam, em todos os detalhes de sua sintomatologia e em sua peculiar qualidade de influir sobre todos os sistemas orgânicos e sobre todas as funções, uma analogia incontestável com os estados patológicos ocasionados pela ação crônica de substâncias tóxicas exteriores ou pela supressão brusca das mesmas, isto é, com as intoxicações e com os estados de abstinência (Freud, 1917/1981, p. 2364).*

A neurose atual é, pois, uma espécie de intoxicação libidinal

A "analogia incontestável" entre o mecanismo das neuroses atuais e a intoxicação não é meramente alegórica, como se vê no artigo *A sexualidade na etiologia das neuroses*. É justamente neste trabalho de 1898 que encontramos a primeira menção de Freud às adicções em um artigo científico, desde o trabalho sobre a hipnose em 1890, trazendo à público as ideias que só havia até então compartilhado com Fliess. Freud dirige-se aqui aos médicos a fim de convencê-los da importância central do fator sexual na etiologia das neuroses e para alertá-los quanto à necessidade de alterar os seus métodos terapêuticos em função desta descoberta. Ele enfatiza a necessidade de uma clareza diagnóstica das formas de neurose para orientar as indicações terapêuticas, e concentra-se no diagnóstico diferencial entre psiconeurose e neurose atual.

Após uma descrição detalhada dos problemas clínicos ligados à neurastenia e de uma avaliação crítica dos tratamentos realizados em balneários na época, Freud aborda o tema da masturbação e dos "hábitos sexuais". Para ele, a masturbação é a causa de muitos casos de neurastenia, e o fato dos médicos não querem reconhecê-lo torna a vida dos pacientes muito mais difícil: pois eles travam uma luta contra a masturbação muito difícil de vencer por si só. Freud (1898/1981) propõe, nestes casos, uma "cura de abstinência" – um processo de quebra do hábito do onanismo que deve contar com a colaboração e com "contínua vigilância do terapeuta" (p. 324). Há aqui um grande desafio, pois "abandonado a si mesmo, o masturba-dor recorre à cômoda satisfação habitual sempre que experimenta alguma contrariedade" (*ibid*). É por extensão à cura de abstinência da neurastenia que Freud retorna ao tema das adicções:

> *Esta observação pode ser aplicada também às demais curas de abstinência, cujos resultados positivos continu-arão sendo aparentes e efêmeros enquanto o médico se limitar a tirar do doente o narcótico, sem preocupar-se com a fonte da qual surge a necessidade imperativa do mesmo. O "hábito" não é nada mais do que uma expres-são descritiva, sem valor explicativo algum. Nem todos os indivíduos que tiveram ocasião de tomar durante algum tempo morfina, cocaína etc., contraem a toxicomania correspondente. Uma minuciosa investigação nos revela, em geral, que estes narcóticos buscam compensar – direta ou indiretamente – a falta de prazeres sexuais, e naqueles casos em que não for possível restabelecer uma vida sexual normal, pode esperar-se com certeza uma recaída (Freud, 1898/1981, p.324).*

Aqui temos, mais uma vez, uma breve e discreta menção de Freud à questão das adicções. Mas ela revela uma compreensão da dimensão clínica em jogo, e uma percepção aguda quanto à necessidade de construção de uma *concepção* sobre as adicções. Não basta uma visão que descreva o fenômeno do vício, ou uma visão equivocada que atribua a causa da toxicomania às propriedades do objeto-droga; pois grande parte dos usuários de drogas não se tornam toxicômanos! Faz-se necessário compreendermos a *fonte* de onde surge o impulso irrefreável ao objeto – e Freud encontra a resposta no fator sexual.

Neste artigo, Freud não articula direta e *especificamente* as adicções à masturbação; ele propõe que a força do impulso adictivo se origina em uma insatisfação sexual, cuja compensação é buscada no objeto-droga. Mas a teoria da neurose atual está aqui subjacente: Freud supõe que o restabelecimento de uma "vida sexual normal" seria o tratamento mais indicado para as adicções, já que, ao contrário de medidas paliativas (por exemplo, internação em balneários), este caminho atingiria a raiz do problema. À maneira das neuroses atuais, o tratamento das adicções seria uma "cura de abstinência", e exigiria, portanto, uma "terapêutica atual"...

Ao aproximar adicções e neuroses atuais, Freud aponta uma direção para o pensamento teórico-clínico significativo: é um equívoco buscar entender o sintoma adictivo segundo o modelo da psiconeurose. Esta proposição, ainda que genérica, é bastante procedente; de fato, pouco se pode esperar de uma terapêutica que vise interpretar o ato adictivo como uma formação do inconsciente, supondo aí um sentido ou um simbolismo geralmente inexistente. Esta desadaptação das adicções à teoria da psiconeurose é, provavelmente, um dos motivos de sua baixa popularidade entre os psicanalistas, pelo menos até uma certa época.

A teoria da neurose atual não ganhou o mesmo desenvolvimento que a teoria das psiconeuroses por diversos motivos, sendo o mais óbvio o fato deste tipo de afecção não se prestar, em princípio, ao tratamento psicanalítico. Freud foi claro, tanto no artigo de 1898 quanto nos trabalhos subsequentes: tal tratamento é indicado para as psiconeuroses, ao passo que as neuroses atuais necessitam de uma abordagem médico--educativa. Tal abordagem consistiria – ao que tudo indica – em uma espécie de "orientação" que busca implementar um regime de hábitos sexuais saudáveis, em substituição aos "maus" hábitos adquiridos. No lugar da interpretação dos fenômenos inconscientes, a prescrição de um regime sexual; naturalmente, conta-se com o poder sugestivo da palavra do médico para que a prescrição possa ser adotada e mantida. Assim como a terapêutica, também a pesquisa psicanalítica seria alheia ao tema: "os problemas relacionados às neuroses atuais, cujos sintomas são, provavelmente, consequência de lesões tóxicas diretas, não se prestam ao estudo psicanalítico; este não pode proporcionar esclarecimento algum sobre eles, e deve, portanto, entregar este trabalho para a investigação médico-biológica" (1917/1981, p. 2365).

É bem verdade que este estado de coisas é um pouco mais complexo, pois são muito frequentes os casos de "neuroses mistas": uma mescla de psiconeurose e neurose atual. Os fatores etiológicos se combinam, e as duas dimensões interagem reciprocamente. Esta observação clínica sofreu, com o tempo, uma elaboração metapsicológica; assim, Freud veio a postular que "o sintoma da neurose atual constitui com frequência o nódulo e a fase preliminar do sintoma psiconeurótico" (1917/1981, p. 2366). Pois, se toda psiconeurose tem uma história e um momento de emergência no qual fatores desencadeantes determinam a sua eclosão, dentre tais fatores pode-se certamente incluir um estado neurótico comum. Nestes casos, a neurose atual entra na série etiológica como um "fator debilitante", e "a etiologia auxiliar que ainda faltava para a emergência da psiconeurose é proporcionada pela etiologia atual da neurose de angústia" (1898/1981, p. 326). Freud já havia ressaltado como uma "facilitação orgânica" co-determina certas conversões histéricas, e reiterou anos depois que uma alteração somática patológica (por inflamação ou lesão) pode despertar a elaboração de sintomas, "convertendo o sintoma proporcionado pela realidade em representante de todas as fantasias inconscientes que estavam à espreita, aguardando a primeira oportunidade de manifestar-se" (1917/1981, p. 2366). Nestes casos, diz Freud, pode-se seguir duas estratégias terapêuticas: abordar psicanaliticamente a neurose ou adotar um tratamento somático; o acerto da escolha só poderá ser avaliado por seus efeitos, já que "é muito difícil estabelecer regras gerais para estes casos mistos" (*ibid*).

No simpósio sobre a masturbação, Freud também dera a entender que a exclusão das neuroses atuais da terapêutica psicanalítica talvez não devesse ser tão taxativa, revendo sua posição anterior sobre este ponto: "hoje eu reconheço - no que antes não acreditava - que um tratamento analítico pode ter também uma influência terapêutica indireta sobre os sintomas atuais, uma vez que coloque o indivíduo doente em uma situação de abandonar a nocividade atual, modificando seu regime sexual. Encontramos aqui, evidentemente, uma perspectiva promissora para nosso afã terapêutico" (Freud, 1912a/1981, p. 1706). Sim, pois, de fato, a superação das inibições neuróticas derivadas do recalcamento coloca o sujeito em melhores condições quanto ao seu "regime atual"; também a recíproca é verdadeira: a psiconeurose – em suas repetições sintomáticas – não favorece em nada o estabelecimento de um regime sexual saudável.

O químico, o sexual e a experiência de prazer

O parentesco entre adicções e neuroses atuais recoloca em pauta uma questão controvertida: o quimismo do sexual.

Ferenczi (1911/1991) propôs que, no estado maníaco, se dá uma "produção endógena de euforia" que é análoga ao efeito de intoxicação por drogas psicoativas (ele se apoia em trabalho anterior de Gross). Também Freud (1930/1981), em seu conhecido comentário sobre o uso de drogas em *O mal-estar na cultura*, abordou o paralelo entre a intoxicação química e os processos psiconeurológicos de prazer / desprazer:

> em nosso próprio quimismo devem existir, da mesma maneira, substâncias que cumprem uma finalidade análoga [análoga às substâncias psicoativas que, ingeridas, provocam sensações de prazer e anulam sensações desagradáveis], pois conhecemos pelo menos um estado patológico – a mania – no qual se produz uma conduta similar à embriaguez, sem incorporação de droga alguma. Também em nossa vida psíquica normal a descarga de prazer oscila entre a facilitação e a coerção, diminuindo ou aumentando a receptividade para o desprazer. É bastante lamentável que esta raiz tóxica dos processos mentais tenha ficado obscura até agora para a investigação científica (p. 3026).

O quimismo da intoxicação exógena pode ser aproximado, assim, de um quimismo endógeno: o quimismo do sexual e o quimismo do prazer, ambos interligados no pensamento freudiano. Mesmo que a teoria da psicossexualidade tenha revelado uma independência da sexualidade humana em relação aos processos biológicos e às determinações somáticas, a correlação entre somático e psíquico nunca foi negligenciada por Freud – ainda que algumas leituras unilaterais de sua obra tenham tentado expurgar o biológico e o somático da psicanálise. Muito ao contrário, vemos Freud até o fim lamentando a falta de conhecimento psiconeurológicos, e desejando uma complementação da investigação psicanalítica com aquela derivada deste campo científico vizinho. A proposição da pulsão como um conceito-limite entre o somático e o psíquico e a teoria das neuroses atuais são exemplos desta preocupação de Freud, às quais podemos acrescentar, certamente, a psicanálise das adicções.

Ora, as intuições de Freud anteciparam muitas das descobertas ulteriores da neurologia e da farmacologia, e abriram caminho para o trabalho de diversos psicanalistas criativos. Nesta direção, Byck (1974) assinalou o pioneirismo de Freud para campo da farmacologia, já no período da cocaína. Couvreur (1991), por sua vez, nos lembra de uma descoberta recente que é, também, sugestiva: em casos de transtornos do comportamento alimentar, se verificou a produção intracerebral de substâncias opioides de efeito morfínico ameno, confirmando o paralelismo entre quimismo exógeno e quimismo endógeno, assim como o parentesco entre as toxicomanias e outras adicções sem drogas. Ao mesmo tempo, a correspondência entre o efeito euforígeno de certas drogas e o estado maníaco tem se consolidado, também, como uma espécie de exemplo-modelo deste paralelismo.

Alguns autores veem na suposição de Freud sobre a existência de substâncias químicas de natureza libidinal no organismo, uma antecipação da descoberta dos hormônios sexuais. Em suas especulações, Freud manifestou uma dúvida sobre se se trataria de duas substâncias diferentes – uma masculina e outra feminina – ou uma única. De fato, as pesquisas posteriores revelaram uma situação complexa: os hormônios da hipófise (FSH e LH) atuam em ambos os gêneros, enquanto a testosterona, produzida nos testículos, está associada aos caracteres masculinos, e os estrogênios e a progesterona, secretados pelos ovários, atuam no sistema feminino. Os estrogênios são responsáveis pela formação das características primárias e secundárias femininas, e a progesterona está relacionada à preparação do útero e das mamas para o processo reprodutivo, ou seja: mais ligada à maternidade. Em suas incursões especulativas na interface somatopsíquica, Freud antecipou, também, a estrutura do neurônio (no *Projeto de uma psicologia para neurologistas*), assim como a heterogeneidade fundamental da qualidade do funcionamento cerebral entre os estados de sono sem sonho e os períodos de sonho (sono REM).

Radó (1926, 1933/1997) trabalhou com a hipótese de um "orgasmo farmacológico" análogo a um suposto "orgasmo alimentar", aproximando, assim, o quimismo endógeno do toxicômano com a economia libidinal e com um suposto quimismo endógeno da mesma. Este modelo condensa vários elementos: ele atrela intrinsecamente o prazer e a sexualidade na figura do orgasmo, aproxima o circuito alimentar, o erotismo oral e o circuito genital, e se permite, sobretudo, uma circulação bastante livre entre as dimensões somáticas e psíquica de tais experiências humanas. Wulff (1932) fez, também, uma curiosa observação concernente à fronteira psico-soma para o campo das adicções. Segundo ele, muitos neuróticos se tornam toxicômanos devido ao sono / sonho artificial que a droga lhes proporciona, dando livre acesso às delícias da satisfação pulsional inconsciente. Esta ideia parece muito simples, mas se torna bastante sugestiva quando Wulff nos mostra que, em alguns casos de histeria, a atuação adictiva surge como um substituto perfeito dos ataques histéricos. Tais ataques se situam, por si mesmos, no limite entre o somático e psíquico, pois são ao mesmo tempo a derivação catártica e direta, em ato, do sexual, e a representação simbólica, de forma encenada, de certos enredos ligados à história psicossexual pregressa; mas ao se transformarem em um sintoma propriamente toxicomaníaco, eles radicalizam a queda em direção ao somático própria das neuroses atuais.

Em seu cuidadoso estudo sobre a adicção bulímica, Brusset (1991) ressaltou alguns destes aspectos, sublinhando o interesse de uma "biologia do prazer".

> *A existência de endorfinas como substâncias opioides produzidas no cérebro em certos comportamentos abre*

o caminho da biologia do prazer e do gozo (e correlati-
vamente o da dor). As endorfinas proporcionam euforia
e apaziguam (a serotonina intracerebral parece desem-
penhar um papel de pára-excitação). Novos modelos
permitirão talvez proporcionar uma teoria renovada
das relações da representação psíquica em suas fontes
somáticas, bem como explicar os efeitos da atividade
representativa no corpo na dupla perspectiva da patologia
psicossomática e do gozo (p. 159).

Vê-se como aqui se descortina um projeto de pesquisa científica bastante ambicioso, e que, necessariamente, recoloca as questões sobre a correspondência, o paralelismo, a determinação e a derivação recíproca entre o somático e o psíquico, à maneira do espírito mais aberto de Freud. Sem cair no organicismo, os psicanalistas podem reconhecer que

a anorexia mental, a bulimia e a toxicomanias implicam
processos fisiológicos que não são apenas consequências,
mas também causas: a causalidade, implicando a recur-
sividade em todos os níveis, vai, assim, do psíquico ao
somático e ao comportamento, do comportamento ao
somático e do somático ao psíquico" (ibid).

Neuroses atuais, psicossomática e adicções

Apesar do declínio da investigação e da terapêutica da neurose atual pela psicanálise – "lebre levantada" e parcialmente enterrada pelo próprio Freud – a temática voltou a fazer história e passou a ser resgatada no campo pós-freudiano, especialmente no estudo dos fenômenos psicossomáticos. Observou-se que diversos sintomas e afecções psicossomáticas também não apresentavam o sentido simbólico dos sintomas psiconeuróticos, constituindo – tal qual nas neuroses atuais – "processos exclusivamente somáticos", ainda que co-relacionados com eventos emocionais e tensões da vida pulsional do paciente. A tensão pulsional não chega a transpor-se para um plano simbólico e representativo e não é objeto da "elaboração psíquica", que é a marca da psiconeurose. Tais sintomas foram designado *somatizações*, a fim de distingui-los das *conversões* histéricas. Esta discussão foi inicialmente promovida pela Escola Psicossomática de Paris, sendo Pierre Marty uma de suas figuras pioneiras e, ao longo dos anos, observamos que tal "espírito teórico-clínico" tem se espalhado e tem sido absorvido por diversos psicanalistas, ainda que a origem histórica nem sempre seja totalmente reconhecida.[16]

O resgate do modelo da neurose atual foi importante, mas é claro que este modelo serviu como inspiração, e sofreu uma ree-laboração significativa. A ênfase nas práticas sexuais *estritu sensu* não se manteve, ainda que o modelo da derivação direta da tensão pulsional para o soma, sem mediações psíquicas, perdurou. Tais tensões já não são mais consideradas exclusivamente do plano sexual; as moções agressivas passam a cumprir um papel proeminente nestas afecções. E, mais do que tudo, agora as atenções se dirigem para a estruturação do aparelho psíquico em si mesmo: afinal, por que a esperada elaboração psíquica dos estímulos somáticos *não* se dá – ou se dá de modo incompleto e deficiente? Esta é a questão que impulsionou uma nova direção da investigação psicanalítica. E, sobretudo, à medida que uma elaboração teórica foi surgindo para responder a esta questão, compreendeu-se que havia sim um importante campo de atuação terapêutica para o psicanalista nestes

---

16 Para uma melhor apreciação do papel do modelo da neurose atual para a psi-cossomática psicanalítica, consultar Laplanche (1998), Ferraz (1997) e M'Uzan (2001).

casos clínicos. Uma nova meta do tratamento surgiu: fomentar as condições de elaboração psíquica do sujeito, ou buscar converter uma neurose atual em psiconeurose, no sentido inverso que Freud previra na carta a Fliess... Bem, e as ferramentas de trabalho para tanto não serão mais apenas a interpretação, mas também aquilo que Winnicott designou "manejo" e Lacan chamou de "ato analítico".

Ora, a problemática da deficiência de elaboração psíquica não se restringe aos pacientes psicossomáticos. Outras formas clínicas mostraram-se, neste aspecto, afins ao modelo da neurose atual, como certas estruturas caracteriológicas e narcisistas, os casos limite, certas depressões de natureza esquizoide, certas personalidades impulsivas - e, é claro, as adicções.[17] Alguns autores da psicossomática psicanalítica têm desenvolvido uma rica linha de pesquisa sobre o tema. Baseados no parentesco entre adicções e neuroses atuais, eles têm assinalado a precariedade da organização psíquica dos adictos, assim como a pertinência de tais quadros a uma "clínica do agir". Assim, Fain (1981) propôs uma aproximação metapsicológica da toxicomania e, posteriormente (Fain, 1993), na companhia de Donabedian (1993), Smajda (1993) e Szwec (1993), desenvolveu uma teorização sobre os chamados "procedimentos alto-calmantes" que têm nas adicções um dos seus *modos operandi*.

Assim, creio que a aproximação entre adicção e neurose atual é, de fato, bastante pertinente.[18] Enquanto modelo psicopatológico, a

---

17 Em trabalho anterior, abordei o paralelo clínico entre as adicções e os fenômenos psicossomáticos sob este prisma, propondo a expressão "colapso do sonhar" para melhor precisar a natureza da falha de elaboração psíquica aqui referida (cf. Gurfinkel, 2001).

18 Sylvie Le Poulichet assinalou que a inclusão das intoxicações no quadro das neuroses atuais "pode sem dúvida parecer disparatada, mas os avanços freudianos concernentes às neuroses atuais são de fato ricos em paradoxos e devem ser confrontados com a clínica" (1993/1996, p. 543). E ainda: "me parece extremamente notável que Freud tenha situado os processos tóxicos fora da dimensão do sentido, mesmo que não tenha extraído disto tudo o que poderia" (1987/2005, p. 98).

teoria das neuroses atuais nos faz levar em conta a falha da elaboração a psíquica e a predominância de um circuito econômico-quantitativo sobre o representativo-qualitativo. A falha da função onírica é um bom protótipo de tal situação. O sexual e o pulsional não deixam de estar em jogo, mas predominantemente na sua faceta atual de uma derivação direta ao corpo, tanto no âmbito de seu funcionamento somático, quanto na esfera da ação. Ou seja: o corporal serve como receptáculo e destino da descarga energética da tensão pulsional, e a pulsão conta muito mais por sua "pressão" (*Drang*) – um dos seus quatro atributos fundamentais, segundo Freud.

O modelo da dualidade neurose atual / psiconeurose nos possibilita colocar em pauta a questão da articulação psique-soma. A temática estava presente desde o período da cocaína, quando Freud buscava uma droga mágica que, por influência direta sobre o sistema nervoso, pudesse minorar os sofrimentos da alma – projeto de uma terapêutica farmacológica –, e prosseguiu no período da hipnose, a partir da qual Freud vislumbrou o poder mágico da palavra para influenciar tanto o psíquico quanto o somático, e formalizou o tratamento *pelo* psíquico. As observações de Freud (1890/1981) quanto a tal articulação, no texto *Psicoterapia*, são notáveis e ousadas, adiantando hipóteses controvertidas até para a investigação psicossomática atual.

Neste artigo, Freud (1890/1981) partiu da interação recíproca entre o somático e o psíquico, e descreveu uma série de situações em que o psíquico influencia o somático. Baseando-se em suas observações clínicas das doenças nervosas (neurastenia e histeria), ele postulou que a causa de todos os transtornos corporais que se apresentam encontra-se no psiquismo – tratando-se, portanto, de "padecimentos meramente funcionais do sistema nervoso" (p. 1016). Em seguida, ele estendeu suas observações, como é de praxe, do campo do patológico para uma "psicopatologia da vida cotidiana". Freud apontou que toda expressão de emoções é sempre acompanhada de mudanças corporais concomitantes: "tensões e relaxamentos da musculatura facial, direcionamento dos olhos, ingurgitação da pele, atividade do aparelho vocal e atitude dos membros, sobretudo as mãos" (p. 1016); no caso dos afetos de medo, ira, dor psíquica e êxtase sexual, as manifestações são ainda mais evidentes (alterações da circulação sanguínea, das secreções e da musculatura voluntária). Contudo, mesmo os processos mais intelectuais – como o pensamento em repouso, que é constituído basicamente por "representações" – também são de certo modo "afetivos", "e a nenhum falta a expressão somática e a capacidade de alterar processos corporais" (p. 1017).

Freud assinalou, em seguida, que os estados depressivos se refletem em alterações da nutrição e no envelhecimento precoce, enquanto, nas situações em que predomina uma excitação prazerosa ligada ao sentimento de felicidade, o organismo floresce e recupera algumas manifestações da juventude. Os afetos influenciam, também, na resistência do organismo a doenças infecciosas: a depressão é muitas vezes causa direta de doenças, e os "afetos tumultuosos" agravam doenças já presentes. Ora, *mesmo a duração da vida* é influenciada por tais fatores: ela pode ser abreviada por afetos depressivos, ou ser repentinamente interrompida devido a um susto violento, uma ofensa, uma injúria ou mesmo uma alegria inesperada. Também a *vontade* e a *atenção* influem profundamente os processos corporais – a dor é um ótimo exemplo –, e desempenham um papel importante como estimulantes e inibidores de doenças orgânicas: "é bem possível que o propósito de sarar e a vontade de morrer não carecem de importância para o desenlace de algumas enfermidades, ainda que graves e de caráter duvidoso" (p. 1018). As *expectativas* cumprem também um importante papel: se o medo e a "expectativa ansiosa" podem facilitar o adoecimento, "a *expectativa confiante* ou esperançosa é uma força curativa com a qual na realidade temos que contar em todos nossos esforços terapêuticos ou curativos" (p. 1018).

Assim, Freud vai bastante longe em sua crença no poder do psíquico. Se mesmo os processos mais intelectuais e representacionais são *afetivos* e, portanto – na acepção própria da palavra –, afetam o corporal; e se até o medo de ser contaminado predispõe um sujeito, no caso de uma epidemia, a se contaminar mais facilmente – e este exemplo é dado por Freud –, não estaríamos diante da fantasia de onipotência do pensamento, típica do obsessivo e do homem primitivo? Não é esta dimensão primitiva da magia que Freud (1913/1981) veio a identificar no homem primitivo e no neurótico? Será que o poder mágico e curativo das drogas (refiro-me ao período da pesquisa de Freud sobre a cocaína) migrou agora para o psíquico e para a palavra, a ponto da "expectativa confiante" (desejo?) ser tida como uma "força curativa" tão poderosa?

Podemos supor que estas observações sobre a influência do psíquico no somático correspondem, no fundo, a uma "amplificação hipocondríaca" da fantasia deslocada para o corporal, criando "doenças imaginárias" e "curas mágicas"? Bem, o próprio Freud ressaltou que não se deve menosprezar as "dores imaginárias", já que, "qualquer que seja a causa da dor, mesmo que se trate da imaginação, as dores nem por isto são menos reais e menos violentas" (1890/1981, p. 1018). Vemos aqui surgindo *o valor e a verdade* do psíquico, postulado fundamental para a criação da psicanálise. Trata-se do mesmo princípio que se desdobrará no valor atribuído ao sonho – visto não apenas como "vã espuma" – e na metamorfose da teoria da sedução em teoria da fantasia inconsciente. O valor e a verdade do psíquico culminarão no conceito de uma *realidade psíquica* referida ao inconsciente, "o psíquico verdadeiramente real".

Ora, se há aqui algum "exagero juvenil e ingênuo" de Freud, não creio que devamos jogar fora o bebê com a água suja, pois muitas de suas observações estão na ordem do dia da pesquisa em psicossomática psicanalítica. O postulado pelo qual Marty reabriu o campo das doenças somáticas para a investigação psicanalítica foi o de que a economia psicossomática do indivíduo influencia de modo inequívoco a aquisição e evolução de praticamente todos os processos de adoecimentos. Este postulado é tomado em sua radicalidade, e posto à prova na teoria e na clínica; hoje podemos reconhecer nas formulações contribuições da Escola Psicossomática de Paris uma das grandes contribuições para a psicanálise na segunda metade do século XX.

Marty defendeu, na verdade, uma concepção *monista*[19] do psique-soma: "nossa linha abandona abertamente o princípio do dualismo psique-soma, cujo valor se dilui e desaparece na prática" (Marty, 1984, p. 10). A "influência" do psíquico sobre o somático, especialmente em termos de seus reflexos sobre os processos de adoecimento, é compreendida, sobretudo, a partir do conceito de *mentalização*,[20] herdeiro da ideia de elaboração psíquica das excitações que, para Freud, diferencia as psiconeuroses das neuroses atuais. Ali onde a mentalização falha, sobrevêm uma espécie de "intoxicação do somático", sobrecarga que abre as portas para as disfunções do soma. Nestas, incluem-se tanto doenças leves e de remissão espontânea, que cumprem, muitas vezes, a função paradoxal de estancar um processo de desorganização por meio de uma doença (as "regressões reorganizativas"), até processos violentos de adoecimento grave e progressivo. Para Marty, muitos processos de adoecimento que culminam na morte são marcadamente co-determinadas por um desequilíbrio na economia psicossomática, em um indivíduo com uma estrutura particularmente vulnerável (má mentalização). As condições psíquicas do sujeito são, assim, determinantes de sua saúde ou doença somáticas, "condições" que incluem a estrutura psíquica (fator constitucional) e as circunstâncias atuais (traumatismos, perdas, conjuntura relacional). É notável que,

---

19 Uma concepção monista do psicossoma pode ser claramente reconhecida, também, tanto em Ferenczi quanto em Winnicott, assim como em outros autores.
20 Cf. Marty, 1998.

dentre as manifestações visíveis da uma deterioração do psíquico e da vitalidade do sujeito que abre caminho para somatizações graves, Marty destacou os estados depressivos, e mais particularmente uma forma de depressão que qualificou de *essencial*.

Vemos, assim, como as observações de Freud, formuladas em um período pré-psicanalítico e que se atém ao plano descritivo e fenomenológico, sem alcançar ainda uma teoria mais elaborada sobre os meios de influência do psíquico no somático, convergem de maneira surpreendente com a psicossomática psicanalítica que nasceu depois de sua morte. Ora, a crença na onipotência mágica do psíquico e no poder curativo da palavra do médico talvez constitua um pano de fundo de toda investigação psicossomática...

Bem, no que se refere às adicções, percebemos que os breves e esparsos comentários de Freud sobre o tema das adicções deste "período pré-psicanalítico", quando compreendidas sob o pano de fundo da teoria das neuroses atuais, nos permitem reconhecer aqui uma espécie de gênese do *estudo das adicções sob a ótica da articulação psicossomática*.

Assim, em *Psicoterapia*, Freud (1890/1981) lembrou a interferência das drogas psicotrópicas no circuito psique-soma, assinalando que a introdução de tóxicos no cérebro perturba as funções psíquicas e pode "despertar determinados estados patológicos" (p. 1015). As drogas, portanto, ao agirem no aparelho somático, produzem efeitos no psíquico, "despertando", inclusive, sua dimensão patológica. É claro que esta simples descrição não abarca o enigma central: o que faz um indivíduo sucumbir à compulsão ao objeto? Mas, ainda assim, ela é importante por conter uma intuição sobre uma das dimensões fundamentais do problema: as toxicomanias implicam em um apelo a um circuito direto – um "curto circuito", uma "ligação direta" – do soma à psique, que só é passível de ser atingido por uma intoxicação química. Esta ação única e específica é possibilitada, como indicam as pesquisas, por uma espécie de mimetização da ação de substâncias existentes no próprio sistema nervoso. Ao produzir efeitos psíquicos pela ação direta no somático, o *curto circuito desta ligação direta* tem como corolário a atrofia progressiva e sistemática da elaboração psíquica das excitações, em uma espécie de ataque ao trabalho do pensamento.[21]

Neste sentido, o toxicômano obriga o psicanalista a recolocar na ordem do dia a dupla face – somática e psíquica – dos caminhos da libido, e resgatar a hipótese um pouco empoeirada do quimismo do sexual e da toxicidade da libido.[22] *O apelo ao somático não pode mais ser ignorado.*

Como temos ressaltado, a aproximação entre adicções e neurose atual nos leva a olhar com desconfiança para todo esforço de compreender o "sentido do sintoma" adictivo. Ela nos leva, também, a ratificar e, ao mesmo tempo, a retificar a crítica que tem sido feita nos últimos anos sobre o "esquecimento", no interior da própria psicanálise, do papel da sexualidade na etiologia das neuroses e na constituição psíquica do homem. Trata-se de reafirmar o papel importante deste fator, mas também de ressaltar que um certo tipo de apagamento do sexual se deu, sobretudo, em relação à etiologia atual e ao *somático* da libido. Os modelos biológicos – como aquele utilizado por Freud em *Além do princípio do prazer*, ou a "metabiologia" de Ferenczi – são em geral tomados como alegorias metafóricas do psíquico, e um pensamento sobre a face somática *strictu sensu*

---

21 Esta afirmação é abusiva em sua generalização, mas nos serve aqui, por hora, em função da discussão em questão.

22 Deve-se notar que o modelo da neurose atual, ao colocar o assento no quimismo do sexual e na toxicidade da libido, adequa-se mais à *toxicomania* – portanto, a *uma das formas* de adicção. À medida que avançamos, na história das idéias, para o modelo da relação de objeto – seja em Freud ou depois dele – notamos que tal modelo nos permite compreender melhor as adicções *de modo mais geral*, mesmo que nele se conserve o fundo sexual e pulsional do investimento objetal.

ficou obscurecido. Ora, uma abordagem psicanalítica das adicções que leve em conta a dupla face psique-soma em jogo contribui certamente para resgatar estes valores. Afinal, qualquer um que queira se aproximar da clínica das adicções não pode negligenciar o poder químico do tóxico em atacar diretamente a articulação somato-psíquica, e talvez se sinta impelido a re-visitar a dimensão da teoria freudiana que concebe o somático e o químico imbricados no psíquico e no sexual.

Das neuroses atuais à "técnica ativa": rumo à uma terapêutica das adicções

É de grande valor e atualidade resgatarmos também algumas lições e indagações, oriundas deste período da história da psicanálise, relacionadas à técnica no tratamento psicanalítico, e que são bastante pertinentes à *terapêutica* da adicções.

Freud já havia defendido, em 1890, o tratamento *psicoterápico* das adicções. Este deveria se assentar no poder sugestivo da palavra do médico, e compreenderia sempre o risco dos efeitos colaterais: a dependência em relação a ele. Neste aspecto, a hipnose é, segundo Freud, "uma faca de dois gumes". Em 1898, Freud enfatizou que as "curas de abstinência" só serão bem-sucedidas se partirem de uma compreensão de sua etiologia sexual e se, portanto, aplicarem uma terapêutica que se dirija a este fator. A cura continua sendo "psicoterápica" – e dependente do poder mágico da palavra do médico –, mas toma a forma de uma prescrição educativa sobre os hábitos sexuais. Pelo fato das adicções serem assimiladas ao modelo das neuroses atuais, a indicação da forma de abordagem terapêutica seria, pois, médico-psicoterápica, e não psicanalítica (Freud não falava mais, neste momento, no uso de meios químicos, abandonados com o declínio do projeto cocaína).[23] A terapêutica psicanalítica *strictu sensu*, concebida então exclusivamente como um trabalho de desvendamento de sentidos simbólicos ocultos do sexual *psíquico*, não se prestaria ao tratamento das neuroses atuais e, por dedução, das adicções.

Ora, estas proposições nos fornecem, por um lado, uma direção inicial para a compreensão e para a terapêutica da adicções, mas representam também um freio na investigação psicanalítica das adicções. Pode-se compreender o relativo desinteresse sobre o tema que perdurou por muito tempo; além das enormes dificuldades enfrentadas pelo clínico que se propõe a tratar de pacientes adictos, esta concepção de adicção aparentada às neuroses atuais contribuiu para uma certa proscrição do tema. Com o passar do tempo, conforme o valor do "fator atual" foi sendo resgatado e a concepção da terapêutica psicanalítica ampliada para abarcar modos de funcionamento psíquico não psiconeuróticos, este estado de coisas pôde se alterar.

Algumas noções fundamentais deste período inicial podem, porém, ser resgatadas hoje de modo proveitoso, ganhando, *a posteriori*, uma significação mais clara. Nesta retomada, temos um ponto de partida relativamente sedimentado: deve-se cuidar de não aplicar o modelo do sentido sintoma psiconeurótico para o sintoma adictivo; o fator atual e o curto circuito da ligação direta psique-soma parecem cumprir nestes casos, em contraste, um papel proeminente, exigindo consideráveis reelaborações metapsicológicas e técnicas.

Ora, nos surpreendemos aqui em encontrar na noção de *hábito* uma espécie de "elo perdido" entre o modelo das neuroses atuais e a terapêutica das adicções. Esta trilha foi aberta por Ferenczi (1925/1993) que, mais de duas décadas depois destes trabalhos

---

23 Sobre o período de Freud com a cocaína e sua relação com a psicanálise das adicções, consultar "O jovem Freud, a cocaína e as adicções" (in Gurfinkel, 2011).

iniciais de Freud, nos brindou com um surpreendente estudo sobre a "metapsicologia do hábito", justamente – e não por acaso - no ápice de suas pesquisas sobre a "técnica ativa". As decorrências de sua proposta para uma possível terapêutica das adicções é notável: certos "maus hábitos", conforme se cristalizam, podem exigir do analista uma "técnica ativa" que almeje, por meio de proibições e injunções, liberar a libido estancada e indisponibilizada para servir ao trabalho de análise. É curioso notar que, se a "mudança de hábito" era buscada, logo no início, pela influência hipnótica, esta mesma meta foi, em certo momento, abraçada pela "técnica ativa". No lugar da hipnose – e nos momentos em que a associação livre parece mostrar-se impotente – surge a intervenção "ativa" do analista, indicando que uma vez mais o poder mágico da palavra do médico precisa ser invocado ali onde o trabalho de interpretação é ineficaz.

A proposição da técnica ativa por Ferenczi, desenvolvida e apresentada em uma série de artigos publicados entre 1919 e 1926, nasceu de uma parceria inicial com Freud, que acabou adotando uma posição de maior distância em relação a este polêmico projeto. Este parece constituir-se mais um lance significativo da complexa relação Freud-Ferenczi, plena de trocas, admiração e afetos recíprocos, mas também de diferenças, conflitos e ambivalência crescentes, culminando no afastamento mais marcado dos últimos anos, já bastante conhecido e debatido.[24] Assim como neste período final da obra de Ferenczi, o eixo fundamental da polêmica se concentrava em questões da técnica psicanalítica, mas - é preciso sempre ressaltar - envolvia necessariamente uma série de problemáticas metapsicológicas e concepções mais de fundo. Talvez não por acaso, o pontapé inicial dado por Freud[25] no "projeto técnica ativa" se deu em Budapeste, em

---

24 Sobre as controvérsias Freud-Ferenczi, em *Relações de objeto* (Gurfinkel, 2017), os capítulos dedicados a Ferenczi e a Balint.

25 É bom frisar, no entanto, conforme nos informa Jones (1955/1989, p. 243), que Freud já conhecia o primeiro artigo de Ferenczi sobre o assunto – publicado

um Congresso de Psicanálise – portanto, no território de Ferenczi –, em um dramático momento histórico de pós-guerra.

Freud (1918/1981) inicia sua conferência propondo-se a revisar o estado da terapêutica psicanalítica então, e sugerir novas direções que poderiam vir a ser adotadas. Após retomar o papel central da *resistência* no tratamento e de propor uma interessante discussão sobre o conceito de *análise*, com implicações tanto éticas quanto técnicas – o analista não deve se ocupar de uma "psico-síntese" – esta cabe unicamente ao analisando –, ele se dedica à questão da *atividade* no trabalho do analista. Trazer o recalcado à consciência e revelar as resistências já constitui em si uma atitude ativa por parte do analista; mas Freud indaga: a sua atividade deve parar por aí? Ora – responde –, uma atividade que dê um *suporte* ao analisando para vencer as resistências e que, para tanto, intervenha, eventualmente, em circunstâncias exteriores de sua vida que contribuam com os processos patológicos, está plenamente justificada.

Bem, em seguida, Freud introduz, de forma engenhosa, a dimensão metapsicológica de fundo que está implícita na atividade do analista – e que é, aliás, tão central na clínica das adicções –: a questão da *abstinência*, considerada em termos da dinâmica da aquisição das neuroses e de seu tratamento. Quanto a tal dinâmica, Freud nos lembra que o surgimento de uma neurose tem como fator desencadeante uma *privação*. Tal aspecto havia sido desenvolvido longamente em artigo dedicado ao tema (Freud, 1912b/1981), no qual o papel da *frustração* é discutido em detalhe e em toda sua complexidade. Pois a frustração pode ser tanto "externa" quanto "interna", ou mesmo "relativa" – provocada, por exemplo, por um incremento libidinal circunstancial. O que está aqui em jogo é o *fator quantitativo*, assim como as características do conflito entre o Eu

---

em 1919 – quando proferiu sua conferência em Budapeste, e que concordava com suas sugestões técnicas e o apreciava muito.

e a libido. Ora, assim como na etiologia das neuroses, também na situação de tratamento a relevância do fator quantitativo se reapresenta: pois, em diversas circunstâncias, pode se dar uma espécie de "escape" da energia necessária para o prosseguimento do trabalho analítico, chegando a retardá-lo ou mesmo inviabilizá-lo. As duas principais formas de escape desta energia durante a análise são a criação precipitada de vias de satisfação substitutivas na vida real do paciente e a cronificação destas vias de satisfação na transferência com o analista. É precisamente diante destes riscos que o analista deve ficar atento, e buscar a dita "abstinência"; nota-se, aqui, como tal abstinência se refere tanto às possíveis satisfações substitutivas na transferência – e neste caso cabe também *ao analista* "abster-se" – quanto aos escapes na vida "real" do paciente fora do *setting* analítico, frente aos quais pode ser necessária uma intervenção mais ativa por parte do analista.

Ora, se a atividade do analista é uma decorrência do princípio de abstinência, encontramo-nos aqui no fio da navalha entre as condições técnicas para o avanço do trabalho analítico e as condições éticas implicadas em não assumir uma função "sintetizadora" anti-analítica. Freud reafirma que não se deve estruturar o destino ou impor nossos ideais aos pacientes, nem tão pouco oferecer-lhes uma "visão de mundo" à qual deveriam aderir; por outro lado, faz-se necessário, por vezes, intervirmos a fim de propiciar a evolução o do processo de tratamento. Nesta conferência, Freud é breve, mas contundente em suas proposições, e antecipa grande parte dos problemas que surgirão nas controvérsias ulteriores sobre o assunto. Ele deixa claro o princípio subjacente a uma técnica ativa, e toda a problemática técnica e ética nela implicada; e, para não deixar dúvidas quanto ao que está propondo, apresenta duas situações clínicas nas quais tal procedimento seria indicado: sugerir a um paciente fóbico que saia à rua e enfrente sua angústia, e "atacar" a obsessão sem fim dos neuróticos obsessivos conforme ela se instale no próprio processo analítico.

Porém, como bem sabemos, será Ferenczi quem desenvolverá à exaustão, baseado exatamente nos princípios assentados por Freud, tais proposições. Não nos dedicaremos aqui a retomar seus trabalhos sobre a técnica ativa,[26] mas tomaremos como foco sua original concepção sobre o *hábito*, que serve de grande inspiração para a clínica das adições.

Hábito e neo-pulsões

Em seu artigo sobre tal tema, Ferenczi dedica-se a abordar a questão dos hábitos sexuais de forma direta, tanto em relação à sua compreensão quanto em relação ao seu manejo no trabalho clínico.

Ferenczi parte da combinação de duas sugestões de Freud relativas à abstinência. A primeira delas, extraída da conferência de 1918 em Budapeste, refere-se a uma advertência e uma limitação colocada por Freud no uso deste princípio técnico, que Ferenczi amplia de forma ousada: caberia ao analista "propor", em alguma medida ou em algum contexto específico, uma abstinência sexual de seu paciente durante a análise? Ferenczi sustenta, neste momento, que sim. A segunda sugestão de Freud, oriunda de *Psicologia das massas*, é que a não-satisfação libidinal fortalece o vínculo entre os indivíduos e o líder; desta observação pode-se depreender que, em contraste, os vínculos sofrem um enfraquecimento devido às satisfações libidinais constantes, e isto se dá em vários campos: na educação de uma criança, no relacionamento amoroso ou na transferência. Assim, "se, durante a análise, deixa-se a tensão sexual descarregar-se constantemente pela satisfação, ficará impossível realizar as condições que criam a situação psicológica necessária à transferência"

---

26 Desenvolvo em detalhes esta temática em "Hábito e técnica ativa em Ferenczi: a terapêutica nas adicções, no caráter e no atual" (Gurfinkel, 2022).

(p. 338). Tal proposição é bastante contundente, e o são mais ainda as consequências técnicas que dela se pode depreender; penso que uma reação imediata de rejeição a elas que surge naturalmente aos analistas merece ser refreada, abrindo lugar para uma leitura e um exame mais cuidado do assunto.

Antes de tudo, deve-se observar como, nos diversos exemplos relatados por Ferenczi, a "anagogia sexual" por ele proposta é situacional e dirigida a hábitos sexuais que, segundo sua ótica, aprisionam os pacientes em diversas formas crônicas de sofrimento: insatisfação sexual, estados neuróticos com sintomas de disfunção sexual, fixação a relacionamentos infelizes[27] etc. E isto vale tanto para sujeitos que têm uma parceria amorosa-sexual estável quanto para os que não têm. O inventário clínico das formas de sofrimento nesta área realizado por Ferenczi é notável: a manutenção de encontros eróticos movidos por uma dependência afetiva em um relacionamento infeliz, a hiperatividade sexual-genital como compensação do sentimento de fraqueza, como dissimulação do ódio latente e movida pela angústia de castração e – como não podia deixar de ser – os casos de neuroses atuais, descritas por Freud. Mas, ao contrário dele, Ferenczi posiciona-se de forma inequivocamente favorável a colocá-las no rol das indicações para o tratamento psicanalítico. Ora, a re-visitação deste artigo de Ferenczi deixa muito claro o quanto a tratamentos psicanalítico das neuroses atuais (ou das formas "comuns" de neurose, como Freud se referiu na conferência de 1917) fazia parte do "hábito" e do cotidiano clínico de Ferenczi, e também o quanto que, como ele mesmo testemunha, a observação e a cura de tais problemáticas vinham sendo "até agora bastante negligenciadas pelos psicanalistas" (Ferenczi, 1925/1993, p. 340). E aqui Ferenczi se aproxima, curiosamente, das pesquisas então

---

27 Hoje poderíamos considerá-los como modalidades de "relacionamentos adictivos" (cf. Gurfinkel, 2011).

realizadas por Reich, com quem diz "compartilhar inteiramente" da opinião de que "todos os casos de neurose, e não apenas aqueles de impotência manifesta, são acompanhados de distúrbios mais ou menos importantes da genitalidade" (p. 331).

Ferenczi apoia-se nos princípios básicos propostos por Freud em sua teoria das neuroses atuais, mas acrescenta a ela diversos elementos, e articula-a a uma quadro teórico-clínico amplo e de grande interesse. Assim, se a "descarga inadequada" é o fator etiológico da neurastenia, tal forma de sofrimento pode ser redescrita como "um protesto angustiado por parte do Eu corporal e psíquico contra a exploração libidinal" (Ferenczi, 1925/1993, p. 340), levando a uma espécie de "angústia hipocondríaca do Eu". Ora, se pensarmos que este Eu que reage à exploração libidinal com um protesto é ainda fraco para fazer frente a ela, e que devido a isto fica aprisionado em um ciclo vicioso de compulsão à repetição, parece em tese plausível que o analista entre em cena com seu Eu "auxiliar", emprestando sua força, sua atitude, e sua capacidade de se posicionar e de interditar – em suma, sua *atividade* – para pôr em marcha em processo estagnado. O orgasmo do neurastênico é atingido às custas das funções do Eu,[28] "arrancando-lhes por assim dizer um fruto ainda não maduro", e tendo como consequência um estado crônico de "remorso físico" (p. 341). É de grande interesse notar como iremos reencontrar esta metáfora do fruto arrancado prematuramente no último Ferenczi, ao descrever o "bebê sábio" que resulta das formas dissociativas organizadas em situações traumáticas, que conduzem a sentimento de culpa devidos à identificação como o agressor – mais uma volta na espiral do processo de construção do pensamento! Bem, em contraponto à neurastenia, na neurose de angústia, nos

---

28 Esta importante observação pode ser aproximada a um aspecto que será ulteriormente desenvolvido por Winnicott (1958/1990) quanto à relação entre o Eu e o risco de uma "exploração" libidinal: "um impulso do Isso pode ser tanto disruptivo para um Eu fraco quanto fortalecedor para um Eu forte" (p. 33).

diz Ferenczi, tal *angustia* que dá nome ao quadro provém de uma libido objetal represada. Vemos aqui como Ferenczi assimila à sua maneira o acréscimo proposto por Freud à teoria das neuroses atuais em *Introdução ao narcisismo*, considerando a angústia do Eu neurastênico como de natureza hipocondríaca, em contraste como a angústia da neurose de angustia – e aqui seguindo a primeira teoria da angústia de Freud - como referida à libido *de objeto*. Bem, mas Ferenczi mantém, também no caso do tratamento da neurose de angústia, o mesmo princípio técnico "radical": ainda que tal angústia seja resultante de uma abstinência sexual, deve-se paradoxalmente "reforçar a regra da abstinência apesar da angústia" (p.342), e dar prosseguimento, em paralelo, à investigação analítica.

Em resumo: para Ferenczi, a utilização do princípio de abstinência no tratamento analítico tem dois principais efeitos *esperados* (além de possíveis efeitos colaterais indesejados, que não devem ser esquecidos ou negligenciados!). São eles: disponibilizar a libido aprisionada devido a "maus" hábitos para uma experiência sexual mais satisfatória e desenterrar importante material inconsciente que se mantivera até então escondido. Como seria de se esperar, os pacientes apresentam reações a estas medidas técnicas, sendo a mais óbvia um incremento de angústia; mas observa-se, também, as não menos importantes reações de cólera e vingança, inclusive na transferência. Por fim, deve-se ressaltar que, conforme Ferenczi (1925/1993) sempre nos lembra, tais medidas e a mobilização que elas suscitam são insuficientes para restabelecer a capacidade de gozo do sujeito: "sabemos, desde os trabalhos de Freud, que a ascese e a abstinência absoluta são, tanto uma quanto a outra, impotentes para curar uma neurose na ausência de uma resolução analítica dos conflitos internos" (p. 343).

Chegamos, por fim, à questão de fundo: como se forma um hábito? E quais sãos os meios, as possibilidades e o sentido de buscar transformá-lo?

A busca desta resposta levou Ferenczi a inserir a questão do hábito, de modo consistente e inequívoco, no rol de temáticas essenciais para se compreender a natureza do funcionamento do psíquico e, por consequência, a colocá-la na caixa de ferramentas do analista como um instrumento indispensável no seu trabalho cotidiano. A partir das *ampliações* sucessivas do seu tema da pesquisa – da análise dos hábitos sexuais pré-genitais e genitais e da fantasia inconsciente sádica na atividade sexual ao paralelo entre hábito e sintoma, estudando os hábitos motores e o hábito de pensar –, Ferenczi passa a abordar os *hábitos em geral*. Mas, ao fazê-lo, nosso autor lança mão de fundamentos da metapsicologia freudiana – tanto de sua teoria pulsional como de seu modelo da tópica psíquica, especialmente aqueles recém propostos então, a partir da chamada virada de 1920 – para daí formular uma verdadeira *metapsicologia do hábito*. Trata-se de uma articulação sem dúvida genial e engenhosa, plena de ressonâncias e bastante promissora em termos das perspectivas futuras para a psicanálise – mesmo que, do meu ponto de vista, ainda não tenha sido devidamente explorada.

Acompanhando as formulações de Freud (1920/1981) de *Além do princípio do prazer*, Ferenczi propõe que consideremos o hábito uma forma de compulsão à repetição. Esta sugestão, aparentemente simples, me parece muito acertada, correspondendo bastante bem ao que observamos na vida cotidiana e na clínica. Aqui vemos como Ferenczi capta muito bem o espírito do que Freud nos traz sobre a radicalidade de um princípio da repetição na vida psíquica, estendendo a situações e exemplos que o próprio Freud não chegou a explorar.[29] Para compreender o hábito, Ferenczi destaca

---

29 Em trabalhos anteriores, tenho adotado a compulsão à repetição como o protótipo de uma *série de fenômenos e formações mais ou menos sintomáticas* regidos por um princípio de repetição, nos quais o grau de conpulsividade é variável e gradativo, como: os rituais (mais ou menos obsessivos), os traços de caráter, os hábitos e, em um plano um pouco mais distante das matrizes psicopatológicas,

da teoria pulsional as dimensões de *descarga* e de um *princípio regressivo* próprios da compulsão à repetição. Com a virada de 1920, a repetição passou a ser cada vez mais considerada como uma tendência em si mesma, não mais a serviço do princípio do prazer ou dos processos de defesa do Eu – e, portanto, oriunda de fontes pulsionais primárias do Isso. Enquanto tal, e ainda que inconscientes, elas diferem substancialmente do material recalcado pois, ao contrário destes últimos, não dispõe de meios expressivos por meio de um trabalho de representabilidade – trabalho realizado pelo Pré-Consciente, que permite tornar consciente o inconsciente, ou trazer para os domínios do Eu certas porções do Isso. Ora, se o único meio de derivação destes impulsos é a descarga da excitação e forma direta, e a única maneira de tornar tal material acessível ao trabalho analítico – nos diz Ferenczi – é bloqueando tal tendência à descarga por meio de uma técnica ativa.

Mas é recorrendo ao modelo da segunda tópica, articulado à teoria da compulsão à repetição, que Ferenczi encontra seu *insight* mais preciso. Em uma fórmula simples, ele propõe que se a formação de um hábito é a transformação de ações voluntárias em automatismos, o "lugar" onde se instalam os hábitos é justamente o Isso; desta forma, os hábitos passam a funcionar de modo análogo às pulsões. É notável a semelhança entre tal analogia e uma hipótese teórico-clínica que veio a ganhar força no campo da psicanálise das adicções: a proposição das *neo-necessidades*.[30] Uma neo-necessidade

---

simplesmente "os modos de ser" de cada um (cf. "O conceito psicanalítico de adicção", in Gurfinkel, 2011). Propus então considerarmos a adição como uma das formas mais exemplares da compulsão à repetição – bem mais característica, aliás, do que o jogo infantil do carretel (*Fort-Da*) proposto por Freud, no qual criança parece estar muito mais, sob o regime do princípio do prazer, "brincando" como seu objeto transicional.

30 O termo, cunhado por Denise Braunschweig e Michel Fain (1975), analistas ligados à chamada Escola Psicossomática de Paris, em clássico e cuidadoso estudo sobre o funcionamento mental, foi retomado, nos anos posteriores,

é uma "falsa" necessidade criada artificialmente que gera, segundo Braunschweig e Fain (1975), um curto-circuito na via erótica e um desvio da angústia de castração, pervertendo regressivamente formas desejantes ao reduzi-las ao *status* da necessidade próprio das funções de auto-conservação. Seguindo Ferenczi, podemos acrescentar aqui que *os hábitos são uma espécie de neo-pulsões, material de experiência do Eu que regride à forma primitivas dos impulsos pulsionais.*

Bem, se os hábitos se instalam como neo-pulsões no Isso e lá se acomodam, cabe ao trabalho do Eu buscar atacar os hábitos, em um esforço de... recuperar um certo livre arbítrio! Utopia ferencziana?

> *Adquirir um hábito significa, portanto, entregar ao Id um antigo ato (de adaptação) do Ego, enquanto, inversamente, eliminar um hábito implica que o ego consciente se apoderou de um modo de descarga antes automático (no Id) em vista de um novo uso (Ferenczi, 1925/1993, p. 350).*

Note-se que, uma vez que o trabalho do Eu tem uma vocação adaptativa, ele opera em uma direção progressiva e em aliança com o princípio de realidade, investindo a percepção, a atenção, a consciência, o discernimento e as diversas funções psíquicas correlatas, enquanto o hábito, à maneira de como Freud havia redefinido o *status* das pulsões no texto de 1920, tem um caráter eminentemente *conservador e regressivo*. E, como já deve estar bem evidente, o

---

em trabalhos que vieram a aprofundar o estudo das adicções de maneira mais específica. Após uma abordagem metapsicológica da toxicomania realizada pelo próprio Fain (1981), merece destaque o desenvolvimento e difusão destas proposições realizadas por Joyce McDougall (1986/1987 e 1995/1997); em meu próprio trabalho de pesquisa tenho recorrido a tais construções em diversas ocasiões, procurando retomá-las, discuti-las e desenvolvê-las em contextos variados (Gurfinkel, 1996; 2001; 2011).

trabalho da análise é aqui aproximado, por Ferenczi, a este trabalho do Eu, pois ele visa "substituir esses métodos habituais e inadequados para resolver conflitos a que chamamos de sintomas para uma nova e real adaptação" (*ibid*), fazendo com que – segundo a célebre e controvertida fórmula de Freud – onde havia Isso uma porção de Eu possa advir. Portanto, neste sentido, *a psicanálise mesma pode ser entendida como um verdadeiro combate contra os hábitos.*

Esta é, pois, a leitura da articulação entre teoria das pulsões e teoria da tópica que permitiu a Ferenczi, ainda que suscintamente, assentar as bases para uma metapsicologia dos hábitos.

A relevância da temática dos hábitos para a compreensão da vida psíquica, tanto em sua dimensão mais geral quanto no que diz respeito ao âmbito da clínica, me parece de grande relevância, com muito ainda a ser explorado. Pois uma observação atenta e cuidadosa nos faz reconhecer o quanto os hábitos estão onipresentes na nossa vida cotidiana, constituindo uma das dimensões mais características do humano, em um leque que vai de formas mais patológicas e estereotipadas até as formas mais sutis, simples e supostamente benignas. O trabalho e Ferenczi foi, neste campo assim como em diversos outros, pioneiro e inaugural, e constitui um ponto de partida e uma referência básica a ser resgatada e retrabalhada. Seguindo suas proposições, começamos a compreender o quanto os hábitos, ao abrirem trilhas que automatizam e "pulsionalizam" experiências subjetivas, são uma faca e dois gumes. Pois, se por um lado se dá aqui uma economia de energia e de espaço para o Eu trabalhar de maneira menos sufocado pelas exigências, menos sobrecarregado e mais "relaxado", por outro, criam-se, nesta estratégia de acomodação perfeitamente compreensível, neo-necessidades que se impõe de modo automático e compulsivo e geram um curto-circuito do psíquico que pode se tornar consideravelmente nocivo, já que, nas descargas automáticas e recorrentes – que podem se tornar crônicas e até violentamente compulsivas, como no caso das adicções –, carrega-se junto, como em uma enxurrada, porções significativas de material psíquico, constituindo caminhos de escape recorrentes e cronificados. À medida que abrimos mão do "trabalho do Eu", trabalho que implica sempre um custo em termos de sustentação de uma tensão constante e de um gasto de energia – ao trocarmos o esforço de adaptação pela acomodação nas vias de descarga da repetição, de caráter regressivo – temos um outro preço a pagar: no limite, corremos o risco, maior ou menor, de ficamos submetidos a uma compulsividade que nos domina. Tal submetimento, assim como no estado de escravização do adicto, implica uma restrição bastante mutiladora do pequeno "espaço de liberdade" que nos resta, e que nos seria possível habitar.

A perspectiva que aqui se abre para a pesquisa psicanalítica é de grande envergadura, e me restrinjo a enunciar alguma de suas linhas possíveis.

Em primeiro lugar, cabe descrever e desenvolver a diversas modalidade de hábito observáveis, que cobrem uma enorme extensão situações e fenômenos. Assim, podemos estudar os hábitos em uma espécie de psicopatologia da vida cotidiana, e analisar os processos de aquisição e quebra dos hábitos e seus efeitos; apenas um exemplo: quais são os efeitos e como é vivido o processo de alguém que decide parar de fumar? Mas o hábito pode também ser compreendido como a construção cotidiana de modo de ser/estar, de uma referência estabilizadora de um Eu, ou até de uma espécie de forma expressiva do *self*; abrase-se aqui outras perspectivas, já desvinculadas de referências patologizantes implícitas quando tomamos o hábito como um sintoma.

Outra linha de pesquisa fundamental concerne à necessidade de distinguirmos com mais nitidez – tanto em termos descritivos quanto conceituais, considerando-se possíveis diferença de mecanismos e dinamismos psíquicos – as diversas modalidades de repetição já mencionadas: os vícios, os hábitos, os rituais, os traços de caráter, os modos de ser etc. Trata-se de diferenças quantitativas ou qualitativas? Quando e como um hábito se torna um vício? Quando se instala uma verdadeira e "diabólica" compulsão à repetição? Qual é relação destas diferenças com a estrutura e a constituição psíquica do sujeito, ou como suas vulnerabilidades idiossincráticas? Em um plano mais conceitual e geral, pode-se também caminhar na pesquisa: como avançar em uma metapsicologia do hábito e na psicanálise das adicções, estudando-os, por exemplo, a partir da formulação das "neo-pulsões" aqui esboçada?

Um último tema de pesquisa que quero apenas mencionar, e que me parece de grande relevância, refere-se a um olhar reflexivo à própria experiência da análise a partir dos processos de habitualização, sobre os quais Ferenczi nos alertou tão bem. A seção final de seu artigo de 1925 se dedica exatamente a isto, abordando a questão da *desabituação da análise*. Como sabemos, as pesquisas sobre a técnica ativa, desde sua "largada" iniciada por Freud, tinham como uma de suas preocupações a estagnação do processo analítico em uma espécie de análise sem fim, e a eventual proposição de um limite temporal para o encerramento desta passou a ser uma das medidas cogitadas então. Ora, qualquer análise está sujeita a tal habitualização alienante e perniciosa, e aqui uma psicanálise do enquadramento psicanalítico se torna particularmente necessária. A dissolução da transferência, a conquista da autonomia possível dentro de um horizonte de interdependência humana e os possíveis vícios da psicanálise são temáticas que estão na ordem do dia, para os quais uma psicanálise dos hábitos muito pode contribuir.[31]

---

31 Sobre este tema, Bollas (2000) discutiu com acuidade o problema dos "adictos em transferência" no âmbito da clínica da histeria; em "A adicção de transferência e os vícios da psicanálise" (in Gurfinkel, 2011), procurei retomar a discussão sob o ângulo de uma psicanálise das adições. Adotando esta perspectiva, nos encontramos diante de um paralelo bastante sugestivo entre o funcionamento

Percorrer e revistar este caminho histórico conceitual, explorando a aproximação entre neuroses atuais e adicções, nos possibilita, creio, um avanço considerável nas pesquisas psicanalíticas. Se, em seu artigo de 1925, Ferenczi realizou ampliações sucessivas do seu objeto de investigação – dos hábitos sexuais aos hábitos sintomáticos em geral (sejam eles motores, discursivos ou mesmo aqueles fomentados pela própria cultura psicanalítica), e daí para uma metapsicologia dos hábitos –, proponho aqui – como já deve estar claro - um novo passo na pesquisa: caminharmos da metapsicologia dos hábitos para uma psicanálise das adicções, e vice-e-versa.

A *clínica do agir e a "cura de abstinência"*

No que diz respeito à técnica e ao manejo clínico no trabalho com as adicções, penso que a aproximação entre hábito e adicções é particularmente frutífera.

Em primeiro lugar, creio ser bastante oportuno referimo-nos à problemática do caráter. Tal problemática – correlacionada, por sua vez, com a questão do hábito – pode ser também tomada como um modelo e matriz clínica para o estudo das patologias do agir e, no campo mais específico que aqui recortamos, para a terapêutica das adicções.[32] Pois o que está em causa nestas últimas é uma redução significativa e crônica – um curto-circuito – dos processos de representação. A impulsividade típica destas formações psicopatológicas

---

adictivo e a questão da transferência: em ambos os casos, estamos lidando com a problemática da dependência-independência, seus extravios e paradoxos. Sobre este último ponto, ver também "A insustentável dependência do Ser" (Gurfinkel, 2019).

32 Observação semelhante foi realizada por Sabourin (1982) que, ao examinar as reelaborações técnicas de Ferenczi de seu último período, notou como a técnica ativa foi se assentando então como orientada para o trabalho terapêutico com as neuroses de caráter.

está correlacionada à hipertrofia da esfera do agir em detrimento do trabalho de simbolização do psíquico; trata-se de neo-pulsões que, enquanto tal – e seguindo as proposições de Freud retomadas por Ferenczi – carecem de meios de expressão por intermédio de cadeias associativas de representações pré-conscientes, irrompem de modo abrupto na forma de ações cruas, que carecem de sentido simbólico e expressivo. Tais eclosões do agir são o avesso do gesto. Elas parecem responder muito pouco às intervenções clássicas do psicanalista centradas na interpretação, justamente por passarem ao largo dos processos de representação; neste sentido, podemos pensar que elas "pedem" algum outro tipo de intervenção. O espírito da técnica ativa se adequa aqui muito bem, pois se trata de buscar estancar a sangria desatada das neo-pulsões por meio de estratégias de contenção e, com isto, redirecionar e mobilizar as energias em direção da elaboração psíquica. Trata-se de uma estratégia de risco, sempre na corda bamba entre acionar o gatilho das atuações mais brutas ou abrir o espaço possível para o pensar em lugar do agir de descarga.[33]

Assim, creio que a técnica ativa tem uma *vocação particular* para ser utilizada nos quadros clínicos compreendidos no âmbito de uma "clínica do agir" (Gurfinkel, 2008), nos quais a função primordial de mediação realizada pelos processos de simbolização está significativamente comprometida, e as moções pulsionais tendem a derivar, de modo mais regular e sistemático, para uma ação de descarga. Ali onde a mediação do trabalho de representação está precarizada e o potencial de mudança psíquica está entrincheirado na estruturação do Eu narcisista, o trabalho de interpretação e de perlaboração perde grande parte de sua eficácia; a fim de dar condição para um crescimento psíquico, faz-se necessário estancar tal escape, ainda

---

33 Ver "O tratamento psicanalítico do caráter", de Ferenczi (1930/1992).

que ao preço de um aumento de tensão e do desprazer, e correndo-se o risco de provocar novos escapes.

Uma ampla discussão aqui se abre para a teoria da técnica;[34] mas, dado o recorte temático que ora nos ocupa, gostaria de me deter em um de seus aspectos: a questão da *abstinência*, dimensão central da técnica psicanalítica que toca, de modo bastante instigante, em aspectos fundamentais do tratamento das adicções.

Como temos visto, a aproximação entre técnica ativa e adicções procede em vários sentidos; mas há ainda um outro elo fundamental a ser considerado, e que nos remete ao nódulo mesmo da problemática adictiva: a questão da *abstinência*. A técnica ativa procura instaurar uma abstinência para pôr em movimento uma análise estagnada; mas, e quando a impossibilidade de abstinência é o cerne do problema e a alma do sintoma, como nas adicções? O tratamento das adicções instaura necessariamente *uma crise do dispositivo psicanalítico da cura pela fala*, o que nos obriga a apelar a outras forças de influên-cia "direta" do terapeuta. Afinal: a abordagem psicanalítica pode fazer frente ao apelo da ligação direta do somático ao psíquico, ou deveríamos decretar mais uma inanalisibilidade? Recordemos que, sobre isto, Freud escreveu a Ferenczi que os viciados não são muito adequados para o tratamento psicanalítico, pois qualquer dificuldade na análise leva-os a recorrer novamente à droga.[35]

A instauração de um princípio de abstinência no tratamento analítico visa, em última instância, propiciar o desenvolvimento psíquico. A suposição implícita aqui é derivada do modelo freudiano dos dois princípios do funcionamento mental, no qual o desenvolvi-mento é compreendido como a passagem paulatina do princípio do prazer para o princípio da realidade. Assim, a tolerância ao desprazer e à frustração, a possibilidade de sustentar a tensão inerente a esta

---

34 Cf Gurfinkel (2022).
35 Carta de 1.º.06.1916, *apud* Jones (1955, p.196).

situação e de esperar até a ocasião propícia e mais favorável a uma experiência de satisfação, é o que possibilita tal desenvolvimento. Ora, esta articulação entre o modelo dos dois princípios do funcionamento mental e a técnica psicanalítica não cessará de absorver os esforços elaborativo de Ferenczi, desde seu artigo de 1909 sobre introjeção, passando pelo estudo de 1913 sobre o sentido de realidade e a série de estudos sobre atividade na técnica, até o denso e engenhoso *O problema da afirmação do desprazer*, de 1926.

Ora, com a metapsicologia do hábito, Ferenczi pôde articular tais considerações, de ordem predominantemente econômica e pulsional, com o modelo tópico, e com a máxima "onde havia Isso, o Eu advirá"; trata-se, em última instância, de recolocar os desafios do desenvolvimento psíquico sob uma outra perspectiva. Pode-se compreender como a instauração de neo-pulsões – e aqui podemos nos referir aos hábitos, às estruturas caractereológicas e às adicções – coloca novos e maiores desafios para a construção do sentido de realidade, uma vez aqui há uma lacuna estrutural do trabalho de simbolização realizado no Pré-consciente, ou por intermédio do Eu.

No manejo clínico de pacientes adictos, o analista se vê cons-tantemente diante do desafio de se equilibrar entre os princípios de abstinência e de tolerância. Se, por um lado, faz-se necessário, por meios mais ativos do que de hábito, buscar estancar a sangria desatada dos escapes das neo-pulsões que limitam ou até inviabilizam qualquer trabalho de elaboração, é igualmente necessário conside-rar as limitações ou até impossibilidades do paciente em tolerar e sustentar a abstinência – e isto em diversos âmbitos. Os difíceis e, por vezes, dramáticos esforços terapêuticos dos profissionais da área da saúde mental dedicados a este campo têm levado à conclusão de que impor a abstinência a qualquer preço pode conduzir a situa-ções absurdas e improdutivas, assim como a impasses éticos muito agudos. A necessidades de desenvolver um espírito de tolerância ao agir de descarga, envolvendo uma revisão contundente da atitude do analista, foi se impondo; assim, flexibilização, disponibilidade, exercício de limites, "buscas ativas", e tantos outros recursos têm sido adotados, e têm levado o analista, por vezes, à uma espécie de "exaustão na contratransferência".

É digno de nota o quanto tais considerações, oriundas da teoria da técnica em psicanálise, encontram um parentesco e uma afinidade com o pensamento da chamada "redução de danos", política na abordagem questão de álcool e drogas, de caráter interdisciplinar e bastante mais amplo. O reconhecimento dos limites de possiblidade de uma política de abstinência estrita, da sua ineficácia e mesmo dos efeitos danosos e perversos a que conduz em seus extremos mais violentos e cegos, tem norteado um real amadurecimento na abordagem da problemática clínica e social e da toxicomania nas últimas décadas. Faz-se necessário ressaltar que a política de redução de danos não significa uma omissão aos riscos e sofrimentos inerentes à questão, e muito menos uma negação da importância da abstinência no tratamento das adições; a abstinência enquanto um horizonte e um instrumento terapêutico continua na ordem do dia para qualquer profissional envolvido neste campo. Mas faz-se necessário, ao mesmo tempo, compreender os limites e impasses da adoção de uma imposição de abstinência como medida em si mesma, sem se considerar a complexidade e os enormes desafios implicados nestas estruturas clínicas. A busca de um *equilíbrio entre abstinência e tolerância* parece ser a orientação que melhor se coaduna com os desafios envolvidos, o que coloca o trabalho terapêutico em um fio da navalha sempre instável e difícil.

O que pensar, pois, de uma "cura de abstinência"? Qual é seu lugar e alcance, e qual é sua relação com a ética e a técnica da psicanálise?

Estamos aqui em um campo bem mais complexo do que pareceria à primeira vista. Vimos como, desde o período da hipnose, Freud já tinha em mente tal problemática. Podemos supor, portanto, que a questão já estivesse presente nas preocupações da psiquiatria da época, já que casos da adicção se apresentavam na prática clínica. A posição de Freud, então, era que empreendimentos terapêuticos meramente comportamentais que ignorassem o fundamento sexual do impulso adictivo estariam seriamente limitados em seu alcance terapêutico. O estudo dos hábitos sexuais dos anos seguintes, oriundo do trabalho com as neuroses atuais, levou-o a sugerir uma abordagem médico-educativa que buscasse estabelecer ou recuperar um regime "saudável" na vida sexual, prática que não corresponderia ao método da psicoterapia psicanalítica. A cura de abstinência estaria, pois, fora de suas indicações e propósitos. Anos depois, com o estabelecimento da psicanálise enquanto ramo do saber, o tema da abstinência ressurge, curiosamente, no horizonte, mas em outro contexto. Tratava-se de um princípio técnico que visava proporcionar e manter as condições adequadas para o tratamento psicanalítico, procurando refrear vias de escape que poderia esvaziar a energia e a motivação necessária para o prosseguimento do trabalho de vencer as resistências. Podemos pensar que retorna, na história da psicanálise, a pertinência de se considera o valor e a importância de uma cura de abstinência? Ou melhor: de uma cura *em* abstinência – *por meio da*, ou *sob* abstinência?

Esta curiosa coincidência semântica no uso do termo *abstinência* em dois contextos históricos e clínicos diversos é, para nós, de maior interesse, já que toca no núcleo mesmo da problemática adictiva.

É fundamental atentarmos ao fato de que uma abordagem médico-educativa das neuroses atuais pode ser um tanto perigosa, uma vez que corre o risco de adotar de modo acrítico um ideal higienista e normativo sobre as práticas sexuais, com bem nos alertou Foucault em sua *História da sexualidade*. Estes mesmos ideais podem, como bem sabemos, se estender para os mais diversos campos, inclusive para aquele ligado às práticas supostamente "transgressivas" de uso de substâncias psicoativas. A política proibicionista que adota um princípio estrito de abstinência parece abraçar, justamente, tais ideais, com todos os problemas éticos e humanos que lhe são inerentes. Um princípio cego de abstinência, isolado de seu contexto e de uma leitura metapsicológica bem fundamentada, tenderá sempre a cair nesse mesmo descaminho.

Por outro lado, um princípio de abstinência considerado em outro contexto ganha um sentido completamente diferente. Pois interferir no curto-circuito da compulsão à repetição a fim de abrir caminho para um trabalho de elaboração e de apropriação das neo-pulsões que escravizam o sujeito comporta, justamente, uma posição profundamente ética, em contraste com uma posição meramente "passiva" que, por isso mesmo, mostra-se seriamente omissa. Deste outro ponto de visa, compreendemos que o que se visa na análise dos hábitos é a busca de um equilíbrio psicossomático; há, sim, um conceito de saúde aqui implícito, mas também uma observação clínica da maior relevância: ali onde o sujeito fica impotente diante de sua própria compulsividade, faz-se necessário buscar formas de manejo que auxiliem no reestabelecimento das condições mínimas propiciadoras da retomada do processo de amadurecimento psíquico estagnado. Aplicando-se o espírito de "redução de danos" para vastos setores da clínica, considerar como uma orientação geral da técnica a busca de um equilíbrio entre abstinência e tolerância. Não se trata aqui de adotar o viés moral de uma abordagem proibicionista, e sim uma perspectiva eminentemente ética, política e técnica: não deixar de reconhecer as limitações impostas pela compulsão à repetição em um trabalho interpretativo estrito, e não se omitir diante de uma co-responsabilização necessária no sentido de fazer frente à sangria psíquica desatada que muitas vezes toma conta do quadro. Creio que a técnica ativa, conforme foi praticada, desenvolvida e pensada por Ferenczi, segue estes mesmos princípios.

Penso que a busca do equilíbrio psicossomático, nos termos aqui desenhados, pode ser aproximada de uma busca por *sustentabilidade*.

Conforme sugeri em outro lugar (Gurfinkel, 2019), a construção da sustentabilidade pode ser entendida como o avesso do extravio do processo de desenvolvimento em direção a uma interdependência horizontalizada que caracteriza a vida adulta, extravio que é próprio das adições. O trabalho de sustentabilidade é o investimento cotidiano em uma auto-higiene que é a um só tempo psíquica, psicossomática e relacional, e compreende uma infinidade de aspectos e dimensões do viver do sujeito. Desde os trabalhos de Ferenczi, com seu engajamento clínico e ético tão singular, os analistas têm sido convidados a participar "ativamente" deste processo de construção de seus pacientes.

A perspectiva histórica que aqui adotamos nos auxilia a compreender como a chamada técnica no trabalho terapêutico evoluiu, de uma posição inicial de Freud que opunha tratamento psicanalítico – indicado para as psiconeuroses – e abordagem médico-educativa – indicada para as neuroses atuais e estruturas afins –, para uma abordagem que poderia ser qualificada de "mista". Lembremos que, desde o início, como que em um contraponto, o mesmo Freud reconheceu a quantidade enorme de casos mistos de combinação entre psiconeurose e neuroses atuais, assim como, em uma visão um tanto mais complexa, assinalou um entremeado entre estas duas formas clínicas, já que o sintoma da neurose atual constitui com frequência o nódulo e a fase preliminar do sintoma psiconeurótico. Entretanto, uma parte considerável do campo psicanalítico pós-freudiano avançou – de modo consciente ou não – para um trabalho terapêutico que incorpora, de maneira bastante orgânica, o *fator atual*; o surgimento de uma "técnica ativa" emergiu como uma resposta a esta demanda dos desenvolvimentos da técnica analítica, buscando adaptar-se e melhor responder aos impasses e dificuldades, tão desafiadoras quanto paralisantes, que se apresentavam na prática diária dos clínicos. Ali onde a compulsão à repetição se apoderava dos processos psíquicos, resultando – como bem assinalou

Ferenczi – na rigidez do hábito e das formações caracterológicas, faz-se necessário uma revisão da atitude "supostamente passiva" e exclusivamente interpretativa do analista. O espírito que regeu tal revisão da técnica pode ser reconhecido nas considerações e propostas desenvolvida por diversos autores, oriundos aliás de tradições e linhagens tão diversas, como Marty e o grupo do IPSO – Instituto de Psicossomática de Paris, Kernberg e Olievenstein, mas também Winnicott e Balint, e tantos outros.

Assim, ao final deste percurso, creio que temos material para esboçar algumas orientações gerais, do ponto de vista da técnica, para o tratamento das adicções. Vale ressaltar que tais orientações se aplicam a um leque significativo de formas clínicas, que podemos reunir sob a rubrica de uma "clínica do agir". Aqui se incluem as neuroses de caráter e uma parcela dos casos fronteiriços – formas que se distanciam de clássica "clínica do recalcamento" –, e tangenciam também as estruturas somatizantes, como as chamadas "neuroses de comportamento", e também a normopatia.

Apoiados na tradição de pesquisa de Ferenczi com a técnica ativa e inspirados nas problemáticas que emergem da clínica das neuroses atuais, podemos considerar que a abordagem terapêutica deve se assentar em uma *combinação entre trabalho clássico e técnica ativa*. Ferenczi denominou a primeira – uma técnica "puramente passiva" que aguarda e acompanha a emergência e o fluxo das associações – de "análise por baixo", pois ela parte de uma dada superfície psíquica e busca o investimento pré-consciente do material das representações inconscientes. Em contraste, uma "análise pelo alto", sob o signo da atividade, visa "criar um obstáculo às reações de descarga (abstinência, privação, interdição de atividades agradáveis, imposição de atividades desagradáveis), aumenta as tensões ligadas às necessidades internas e traz para a consciência o desprazer até então inconsciente" (Ferenczi, 1925/1993, p. 351) – um "complemento necessário" da técnica clássica.

Desta forma, chegamos a uma visão do trabalho analítico que, segundo penso, corresponde em grande parte ao que observamos na prática cotidiana dos clínicos de hoje. Ao sintetizar este trabalho duplo por meio da bela metáfora do processo de perfuração de um túnel, ele nos lembra das vantagens e conveniência que pode haver em fazê-lo a partir de seus dois lados, em movimentos que podem ser alternados ou simultâneos, criando uma complementariedade sinergética.

Análise por baixo e *análise pelo alto*: pois bem, podemos considerar esta duplicidade de estratégias como uma alternância entre um foco prioritário *ora no inatual, ora no atual*. É não é esta a dança que tanto testemunhamos no trabalho – tão "atual" quanto inatual - dos psicanalistas de hoje?

Referências

Alonso, S. L. & Fuks, M. P. (2004). *Histeria*. São Paulo: Casa do Psicólogo.

Bergeret, J. (1981). Aspects économiques du comportement d'addic--tion. In M. Bandelier (Org.). *Le psychanalyste à l'écoute du toxicomane: réflexion autour de J. Bergeret – M. Fain* (p. 9-25). Paris: Dunod.

Bollas, C. (2000). *Hysteria*. São Paulo: Escuta.

Braunschweig, D. & Fain, M. (2001). *La noche, el día: ensayo psicoanalítico sobre el funcionamiento mental*. Buenos Aires: Amorrortu. (Trabalho original publicado em 1975).

Brusset, B. (2003). Psicopatologia e metapsicologia da adicção bulímica. In B. Brusset, C. Couvreur & A. Fine (Orgs.). *A bulimia* (p. 137-172). São Paulo: Escuta. (Trabalho original publicado em 1991).

Byck, R. (1975). Sigmund Freud and cocaine. In *Cocaine papers by Sigmund Freud* (p. xvii-xxxix). New York: Meridian. (Trabalho original publicado em 1974).

Couvreur, C. (2003). Fontes históricas e perspectivas contemporâneas. In B. Brusset, C. Couvreur & A. Fine (Orgs.). *A bulimia* (p. 15-58). São Paulo: Escuta. (Trabalho original publicado em 1991).

Donabedian, D. (1993). Procédé autocalmant, état oniroïde, décherge? *Revue Française de Psychosomatique*, Paris, 4, 117-127.

Fain, M. (1981). Approuche métapsychologique du toxicomane. In M. Bandelier (Org.). *Le psychanalyste à l'écoute du toxicomane: réflexion autour de J. Bergeret – M. Fain* (p. 27-36). Paris: Dunod.

Fain, M. (1993). Spéculations métapsychologiques hasardeuses à partir de l'étude de prócedés autocalmants. *Revue Française de Psychosomatique*, Paris, 4, 58-67.

Ferenczi, S. (1991). O álcool e as neuroses. In *Obras Completas* (Vol. 1, p. 173-178). São Paulo: Martins Fontes. (Trabalho original publicado em 1911).

Ferenczi, S. (1992). O tratamento psicanalítico do caráter. In *Obras Completas* (Vol. 4, p. 215-222). São Paulo: Martins Fontes. (Trabalho original publicado em 1930).

Ferenczi, S. (1993). Psicanálise dos hábitos sexuais. In *Obras Completas* (Vol. 3, p. 327-360). São Paulo: Martins Fontes. (Trabalho original publicado em 1925).

Ferenczi, S. (1993). O problema da afirmação do desprazer. In *Obras Completas* (Vol. 3, p. 393-404). São Paulo: Martins Fontes. (Trabalho original publicado em 1926).

Ferraz, F. C. (1997). Das neuroses atuas à psicossomática. In F. C. Ferraz & R. M. Volich (Orgs.) *Psicossoma: psicossomática psicanalítica* (p. 25-40). São Paulo: Casa do Psicólogo.

Freud, S. (1981). Psicoterapia (tratamiento por el espiritu). In *Obras Completas de Sigmund Freud* (Vol. 1, p.1014-1027). Madrid: Blibioteca Nueva. (Trabalho original publicado em 1890).

Freud, S. (1981). Carta 79 a Fliess de 22.12.1897. In *Obras Completas de Sigmund Freud* (Vol. 3, p. 3594-3595). Madrid: Blibioteca Nueva. (Trabalho original publicado em 1897).

Freud, S. (1981). La sexualidad en la etiologia de las neurosis. In *Obras Completas de Sigmund Freud* (Vol. 1, p. 317-329). Madrid: Blibioteca Nueva. (Trabalho original publicado em 1898).

Freud, S. (1981). La interpretación de los sueños. In *Obras Completas de Sigmund Freud* (Vol. 1, p. 343-720). Madrid: Blibioteca Nueva. (Trabalho original publicado em 1900).

Freud, S. (1981). Tres ensayos para una teoría sexual. In *Obras Completas de Sigmund Freud* (Vol. 2, p. 1169-1237). Madrid: Blibioteca Nueva. (Trabalho original publicado em 1905).

Freud, S. (1981). Contribuiciones al simposio sobre la masturbacion. In *Obras Completas de Sigmund Freud* (Vol. 2, p. 1702-1709). Madrid: Blibioteca Nueva. (Trabalho original publicado em 1912a).

Freud, S. (1981). Sobre las causas ocasionales de las neurosis. In *Obras Completas de Sigmund Freud* (Vol. 2, p. 1718-1722). Madrid: Blibioteca Nueva. (Trabalho original publicado em 1912b).

Freud, S. (1981). Totem e tabu. In *Obras Completas de Sigmund Freud* (Vol. 2, p. 1745-1850). Madrid: Blibioteca Nueva. (Trabalho original publicado em 1913).

Freud, S. (1981). Lecciones introductorias al psicoanálissis (Leccion XXIV). In *Obras Completas de Sigmund Freud* (Vol. 2,

p. 2123-2412). Madrid: Blibioteca Nueva. (Trabalho original publicado em 1917).

Freud, S. (1981). Los caminos de la terapia psicoanalítica. In *Obras Completas de Sigmund Freud* (Vol. 3, p. 2457-2462). Madrid: Blibioteca Nueva. (Trabalho original publicado em 1918).

Freud, S. (1981). Mas alla del principio del placer. In *Obras Completas de Sigmund Freud* (Vol. 3, p. 2507-2541). Madrid: Blibioteca Nueva. (Trabalho original publicado em 1920).

Freud, S. (1981). Psicología de las masas y análisis del yo. In Obras Completas de Sigmund Freud (Vol. 3, p. 2563-2610). Madrid: Biblioteca Nueva. (Trabalho original publicado em 1921).

Freud, S. (1981). El malestar en la cultura. In *Obras Completas de Sigmund Freud* (Vol. 3, p. 3017-3067). Madrid: Blibioteca Nueva. (Trabalho original publicado em 1930).

Fuks, M. (2000). Questões teóricas na psicopatologia contemporânea. In L. B. Fuks & F. C. Ferraz (Orgs.). *A clínica conta histórias* (p. 201-216). São Paulo: Escuta. Guerreschi, C. (2007). *Las nuevas adicciones*. Buenos Aires: Lumen.

Gurfinkel, D. (1996). *A pulsão e seu objeto-droga: estudo psicanalítico sobre a toxicomania*. Petrópolis: Vozes.

Gurfinkel, D. (2001). *Do sonho ao trauma: psicossoma e adicções*. São Paulo: Casa do Psicólogo.

Gurfinkel, D. (2008). A clínica do agir. In R. M. Volich, F. C. Ferraz & W. Ranña (Orgs.). *Psicossoma IV: corpo, história, pensamento*. São Paulo: Casa do Psicólogo.

Gurfinkel, D. (2011). *Adicções: paixão e vício*. São Paulo: Casa do Psicólogo.

Gurfinkel, D. (2017). *Relações de objeto*. São Paulo: Blucher.

Gurfinkel, D. (2019). A insustentável dependência do Ser. In *Psychoanalysis Today* (revista on-line), 9. Recuperado de http://psychoanalysis.today/pt-PT/PT-Articles/Gurfinkel169952/The-unbearable-(unsustainable)-dependence-of-being.aspx

Gurfinkel, D. (2022). *Hábito e técnica ativa em Ferenczi: a terapêutica nas adicções, no caráter e no atual.* No prelo.

Jones, E. (1989). *A vida e a obre de Sigmund Freud* (Vol. 2). Rio de Janeiro: Imago. (Trabalho original publicado em 1955).

Kernberg, O. et al. (1989). *Psicoterapia psicodinâmica de pacientes borderline.* São Paulo: Artmed.

Kernberg, O. (2006). Psychotherapy for borderline personality – focusing on object relations. Washington/London: American Psychiatric Publishing.

Laplanche, J. (1998). *A angústia – problemáticas I.* São Paulo: Martins Fontes.

Le Poulichet, S. (2005). *Toxicomanias y psicoanálisis: la narcosis del deseo.* Buenos Aires: Amorrortu. (Trabalho original publicado em 1987).

Le Poulichet, S. (1996). Toxicomanias. In P. Kaufmann (Ed.). *Dicionário enciclopédico de psicanálise: o legado de Freud e Lacan* (p. 541-547). Rio de Janeiro: Jorge Zahar. (Trabalho original publicado em 1993).

Marty, P. (1984). *Los movimentos individuales de vida y de muerte.* Barcelona: Toray. Marty, P. (1998). *Mentalização e psicossomática.* São Paulo: Casa do Psicólogo.

McDougall, J. (1987). Identificações, neo-necessidades e neo-sexualidades. In *Conferências Brasileiras* (p. 53-80). Rio de Janeiro: Xenon. (Trabalho original publicado em 1986).

McDougall, J. (1997). *As múltiplas faces de Eros: uma exploração psicanalítica da sexualidade humana*. São Paulo: Martins Fontes. (Trabalho original publicado em 1995).

Mezan, R. (2014). *O tronco e os ramos: estudos de história da psicanálise*. São Paulo: Companhia das Letras.

Mezan, R. (2017). Manter teso o arco da conversa. In D. Gurfinkel. *Relações de objeto* [prefácio do livro]. São Paulo: Blucher.

M'uzan, M. (2003) No horizonte: "o fator atual". In A. Green (Org.). *Psicanálise contemporânea* (p. 397-406). Rio de Janeiro: Imago. (Trabalho original publicado em 2001).

Olievenstein, C. et al. (1990). *A clínica do toxicômano: a falta da falta*. Porto Alegre: Artes Médicas.

Radó, S. (1926). The psychic effects of intoxicants: attempts at a psycho-analytic theory of drug addiction. *Int. J. Psyco-Anal*, Londres, 7, 396-413.

Radó, S. (1933). The psychoanalysis of pharmacothymia. *Psychoanalytic Quarterly*, Nova York, 2, 1-23.

Sabourin, P. (1992). Vizir secreto e cabeça de turco. In *Obras Completas de Ferenczi* (Prefácio, Vol. 4, p. VII-XV). São Paulo: Martins Fontes. (Trabalho original publicado em 1982).

Santi, P. L. R. (2011). *Desejo e adição nas relações de consumo*. São Paulo: Zagodoni. Smajda, C. (1993). A propos des procédés autocalmants du moi. *Revue Française de Psychosomatique*, Paris, 4, 9-26.

Szwec, G. (1993). Les prócedés autocalments par la recherche de l'excitacion. Les galériens voluntaires. *Revue Française de Psychosomatique*, Paris, 4, 27-51.

Winnicott, D. W. (1954) Metapsychological and clinical aspects of regression within the psycho-analytical set-up. In Through paediatrics to psychoanalysis: collected papers. London, Karnac, 1992.

Winnicott, D. W. (1990). The capacity to be alone. In *The maturational processes and the facilitating environment* (p. 29-36). London: Karnac. (Trabalho original publicado em 1958).

Wulff, M. (2003). Sobre um interessante complexo sintomático oral e sua relação com a adicção. In B. Brusset, C. Couvreur & A. Fine (Orgs.) *A bulimia* (p. 59-80). São Paulo: Escuta. (Trabalho original publicado em 1932).

15. Patologias atuais e o fenômeno das toxicomanias

Clara Inem

> *Le toxicomane n'existe pas, ou encore, d'um point de vue métapsychologique: la structure ou la personalité toxicomaniaque n'existe pas. Le coorrélat de cet énoncé consiste à envisager la consommation des drogues comme um symptôme, dont la place dans l'économie libidinale est à delinéer par l'analyse*
>
> (Zafiropoulos, 1988, p. 8)

Este artigo é um esboço preliminar que pretende demonstrar o rigor da hipótese do inconsciente descoberto por Freud no saber textual e na diversidade da clínica.

O termo "neuroses atuais" remonta a uma clínica de outra época, precisamente os anos 1890, quando Freud preparava sua contribuição aos *Estudos sobre a Histeria* e havia afastado seu foco de interesse da neurologia e se voltado para "os problemas das neuroses". Esses problemas se dividiam em "neuroses atuais" e "psiconeuroses".

As primeiras contribuições de Freud sobre as neuropsicoses de defesa lançam luz sobre algumas noções teóricas fundamentais nas quais se baseou seu trabalho posterior. É a partir desse contexto que começam a surgir diversas inferências clínicas e hipóteses acerca de suas concepções e descobertas teóricas.

Entretanto, à época, Freud ainda não adotara a hipótese da existência de processos mentais inconscientes, o que fará só mais adiante, mas ele já trabalha com a concepção de libido como algo potencialmente inconsciente: "A angústia neurótica é a libido sexual transformada" (Freud, 1895[1894]/1969, 92).

A mais notável mudança introduzida por Freud foi destacar da neurastenia a síndrome intitulada "neurose de angústia". Ele observa que a sintomatologia clínica da neurose de angústia pode se apresentar isoladamente ou combinada com outras neuroses.

Os avanços freudianos concernentes às neuroses atuais são, de fato, ricos em paradoxos e devem ser confrontados com a clínica. No presente artigo vamos enfocar mais precisamente o fenômeno da toxicomania.

O enfoque psicanalítico da relação que o sujeito estabelece com o objeto droga levanta uma série de impasses conceituais e suscita um debate sobre a especificidade acerca dessa clínica. Sabe-se que para psicanálise o abuso de drogas não equivale ao sintoma conversivo, o pensamento obsessivo compulsivo ou a ideia delirante persecutória. Em outras palavras, não se insere nas estruturas freudianas clássicas, a saber: histeria, neurose obsessiva e paranoia.

É preciso, portanto, esclarecer que não se trata na toxicomania de um conceito, ou seja, a psicanálise não se propõe a fundamentar em que categoria se insere a "toxicomania". A teoria psicanalítica aborda unicamente realidades singulares atravessadas pela droga.

A "montagem" da pulsão ou o curto-circuito pulsional promovido pela ingestão de uma substância para fazer o corpo gozar leva-nos a situar essa modalidade de gozo no quadro dos "superinvestimentos narcísicos", que possibilitam ligar as quantidades de excitação. Freud nos indica que essa orientação da libido neutraliza – momentaneamente – o sofrimento neurótico e os sintomas melancólicos.

A experiência clínica com esses pacientes nos leva a concluir que, em muitos casos, a angústia e as formações de sintoma desaparecem quando o fenômeno toxicomaníaco prevalece, ressurgindo assim que o sujeito interrompe o uso da droga. Dessa forma, há uma espécie de suspensão temporária da angústia, podendo se constituir como "suplência narcísica", no caso de uma estrutura neurótica. Em alguns casos, o fenômeno toxicomaníaco pode ser uma tentativa de auto conservação paradoxal num corpo ameaçado de invasão. Ou seja, uma tentativa de estabilização, mesmo que precária, do eu.

É preciso destacar que "Freud incluía as intoxicações no quadro das 'neuroses atuais', isto é, manifestações que não podem se deixar decompor analiticamente como formações do inconsciente, porque nelas o sexual se encontra reduzido a um tóxico ou se comporta como puro tóxico" (Kaufmann, 1993, p. 543).

Para Freud, a prática drogadictiva é considerada uma "construção auxiliar" [*Hilfskonstruktionen*], na medida em que ajuda o sujeito a suportar as adversidades. Segundo esse ponto de vista, a droga alcança a importância de uma "técnica vital" [*Lebenstechnik*], a qual o sujeito recorre quando malogra a satisfação substitutiva (Freud, 1930/ano, p. 93).

Como dissemos, na experiência clínica verifica-se que, em muitos casos, a angústia e as formações de sintoma desparecem quando o fenômeno toxicomaníaco prevalece, ressurgindo assim que o sujeito interrompe o uso da droga. Dessa forma, a toxicomania propicia uma espécie de suspensão temporária da angústia, podendo se constituir como suplência narcísica no caso de uma estrutura neurótica. Evidentemente o fenômeno toxicomaníaco opera nas diferentes estruturas clínicas, sendo, portanto, de suma importância o diagnóstico diferencial.

Se para psicanálise não existe clínica sem ética, esta se julga pelo modo como se aceita uma demanda de tratamento. A psicanálise postula um desejo inconsciente e uma ética; nesse sentido, o simples enunciado "eu sou toxicômano" não é suficiente, pois é na recusa de simplesmente aceitar o rótulo de "drogado" que pode ser criado um espaço para o sujeito passar do fazer ao dizer.

A partir das demandas singulares que lhe são dirigidas, o psicanalista é levado a construir a relação analítica como o lugar onde se decompõe o estereótipo de "drogado", enquanto dúvidas, questões e novos dizeres abrem um outro lugar para o sujeito. No espaço analítico, uma toxicomania é estruturada como uma resposta que varia segundo a questão que lhe é endereçada.

Na clínica com usuários de drogas, a sustentação do desejo do analista é testada na sua radicalidade, pois é precisamente a "abstinência" do analista que opera antes da abstinência da substância. É a abstinência e o desejo do analista que fundam a possibilidade de um espaço de fala, impedindo que o analista se constitua como destinatário dessa prática. Um dos impasses dessa clínica é levar o sujeito a elaborar uma nova queixa, uma fonte enigmática de sofrimento que seria precisamente a sua, não a do "toxicômano". É essencial a desconstrução da categoria "toxicômano", possibilitando desvelar as questões fundamentais do sujeito até então veladas pela droga. É precisamente o enigma do desejo do Outro que deve ser despertado, colocando o sujeito para falar e retomar suas questões, enigma esse que parecia obturado por uma prática toxicomaníaca a evocar sempre a mesma monótona resposta do corpo.

Em síntese, é preciso que o sujeito possa se confrontar com o questionamento fundamental: "que quer o Outro de mim?" ou "quem sou para o Outro?" (Le Poulichet, 1987). O surgimento dessa questão fundamental provoca a formação de sintomas, ainda que inicialmente, sob a forma de uma queixa. É exatamente essa nova configuração que faz surgir a demanda de análise.

Se a função do psicanalista é possibilitar a emergência de uma palavra pela qual o sujeito possa reconhecer sua verdade, e dar conta dela, é preciso escutar no entrelaçamento do discurso sua singularidade e os significantes mestres que norteiam a cadeia significante. Assim, o psicanalista tem que lidar com o sintoma e com a parte do sujeito que não consegue se uniformizar, que resiste ao "mercado comum".

Os "toxicômanos", graças aos meios do nosso tempo, podem ser considerados paradigmáticos do sujeito contemporâneo, um sujeito dividido, habitado pela falta e que se encontra diretamente confrontado com os objetos/*gadjets* que prometem restaurar essa falta. A esses sujeitos, certamente, temos que escutar no um-a-um. Ao contrário do discurso capitalista, o discurso analítico se propõe manter o sujeito na via do desejo. Este é o princípio da psicanálise (Soler, 1998).

A partir do ensino de Lacan – o inconsciente estruturado como uma linguagem –, uma série de retificações foram feitas na teoria psicanalítica. Estas propiciam um novo espaço de pesquisa acerca dos fenômenos toxicomaníacos. Nesse sentido, nosso interesse consiste em articular, via teoria lacaniana do gozo, em que classe de gozo se classifica as toxicomanias e a correlação com os avanços freudianos concernentes às neuroses atuais.

Lacan, no seminário de 1960, livro VII, *A Ética da Psicanálise*, estabelece que o gozo é afetado por um paradoxo (Lacan, 1959-1969/1988, p. 254). Avançando nesse raciocínio, no seminário de 1973, livro XX, *Mais Ainda*, ele acrescenta que o gozo do corpo tem o privilégio de estar especificado num impasse e esse impasse é exatamente a existência dos dois sexos. O sujeito pode transitar pelo corpo do outro, mas não é possível gozar senão de uma parte desse corpo (Lacan,1972-1973/1993, p. 13). O paradoxo do gozo é a maneira contraditória como a satisfação pulsional se coloca para cada sujeito.

Quando propõe a questão do gozo, em 1960, no seminário VII, estabelece inicialmente o gozo como transgressor, sendo o gozo definido como satisfação da pulsão na dimensão do real, diferenciando da dimensão imaginária e da simbólica. Existe para Lacan uma correlação entre os conceitos de gozo, corpo e pulsão.

Em sua trilha de retorno ao texto de Freud, *Projeto para uma psicologia científica* (Freud, 1895[1894]/1969), Lacan pinça o conceito de *das Ding*, a Coisa, o objeto desde sempre perdido, para erigir um dos mais importantes de seus construtos: o *objeto a*. Ele vai considerar o objeto inapreensível, inominável, o objeto causa de desejo.

A satisfação pulsional que, de modo paradoxal, se processa para cada sujeito, pelo próprio paradoxo, é nomeada de gozo. Para Lacan, a sede do campo do gozo é o corpo, ou seja, tudo que diz respeito à distribuição do prazer no corpo. Nesse sentido, a toxicomania se constitui como uma modalidade de gozo, o sujeito ingerindo uma substância para a fazer o corpo gozar.

A partir do *Projeto para uma psicologia científica* (1895[1894]/1969), Lacan discerne o limite que marcava o intolerável do vazio central, da Coisa assexuada (*das Ding*), vacúolo de gozo. O fato desse vacúolo ser uma borda "*êxtima*" torna possível que um gozo de borda seja equivalente ao gozo sexual, borda dos orifícios que cercam o *objeto a*, que a pulsão, em sua montagem, contorna. Sua máxima "não há relação sexual" funcionará, a partir de 1969, como uma chamada à permanente ausência do significante sexual. A partir daí, as relações do gozo, do Outro e do *objeto a*, serão reelaboradas.

Uma vez que não há significante do gozo sexual, deduz-se que o gozo é fálico. Ele é o gozo do que vem no lugar, do que substitui: gozo da fala, fora do corpo. No nível desse gozo não há saber no Outro, mas, ao contrário, uma impossibilidade de atingir o saber desse gozo, já que não se poderia saber senão do lugar dessa falha. Deduz-se que esse saber que não se sabe, que está no Real, pode, no entanto, resultar desse traço escrito e, por meio disso, ter acesso a uma possibilidade de objetivação.

Essa é a aposta de Lacan na escrita topológica da nodalidade. É ele quem propõe um retorno à leitura de Freud para resgatar seus conceitos fundamentais e restaurar a importância fundadora da palavra tanto na condução da cura – "a psicanálise só tem um meio: a palavra do paciente" –, quanto na destinação da ascese subjetiva do enunciado à enunciação: "o mais além ao qual somos reenviados é sempre outra palavra, mais profunda . . . é ao ato mesmo da palavra enquanto tal, que somos reenviados" (Lacan, 1953/1998, p. 247).

O fenômeno toxicomaníaco rechaça a importância fundadora da palavra. Trata-se do "fazer" em detrimento do "dizer", obscurecendo a questão diagnóstica, visto que o sujeito se coloca como um "ser puro de gozo"; trata-se do gozar, em detrimento do pensar: "não penso, logo sou", ou seja, a clínica do excesso, do transbordamento de gozo.

Quando falamos hoje de fenômeno toxicomaníaco, falamos num contexto inteiramente novo, seja no que diz respeito a inserção do tóxico nas leis do mercado, seja nas reflexões que nos ocupam acerca do estatuto da droga e de sua função na economia libidinal do sujeito. Na atualidade, existem diversas publicações dedicadas a explicar a "toxicomania", a concluir o que é o toxicômano e a diagnosticá-lo como uma síndrome ou transtorno. Podemos nos arriscar a dizer que se trata de uma "neurose atual", pois as condições da transferência são abolidas, delegando-se a um Outro uma demanda imperativa.

Seguindo esse raciocínio, a toxicomania se insere no amplo campo de perturbações que apresentam dificuldades particulares no estabelecimento da relação transferencial; os pacientes chegam ao analista em posição de objeto (Rabinovich, 2004, p. 18).

A ingestão de uma substância indica uma certa satisfação pulsional e uma "solução eficaz" para apaziguar a angústia, criando obstáculo para o trabalho analítico, inibindo o desdobramento do desejo e da transferência. O fenômeno toxicomaníaco insere-se no campo de perturbações que apresentam particularidades no estabelecimento da relação analítica, da transferência, o que se pode nomear de "perturbações da demanda" (*ibid.*).

A partir de Lacan, podemos deduzir que se trata de psicopatologias, que não são estruturas clínicas. Mas o que caracterizaria essas psicopatologias? O que se pode observar nesses pacientes?

Há uma satisfação pulsional à qual não querem renunciar, por isso mesmo são chamadas "patologias do ato", já que aparecem vinculadas ao ato nas suas diversas matizes: passagem ao ato, ato e *acting-out*. Os sujeitos que se apresentam desse modo nos confrontam com certas dificuldades no que diz respeito à entrada em análise e demandam um longo trabalho prévio que podemos considerar um tratamento da demanda. É fundamental que esses pacientes possam ser tratados em função de sua estrutura clínica e não fenomenológica.

Na atualidade, a ciência proporciona uma gama de possibilidades masturbatórias na medida que possibilita um certo tipo de gozo autoerótico, autosuficiente; o sujeito pode prescindir do corpo do outro, mas não consegue desprender-se. A característica dos *gadgets* é precisamente a adesividade da libido, a massificação, ou seja, esses objetos tendem a isolar o sujeito, produzindo um gozo autoerótico e/ou autista.

Freud, numa carta a Fliess (Carta 79), nos sinaliza o que testemunhamos na atualidade: todas as modalidades de adição, jogo, bulimia, drogas etc. são substitutos do autoerotismo.

O retorno de Lacan a Freud articula-se em torno do objeto perdido freudiano e é o que motiva uma repetição (*automaton e tyché*) e impulsiona o sujeito para a busca desse objeto que nuca se teve. Esse objeto perdido que organiza a busca e a realidade, complemento impossível de encontrar, o toxicômano acredita que seja a droga. A droga adquire uma consistência imaginária como se fosse o objeto capaz de satisfazer a pulsão e tamponar a falta.

No caso do fenômeno toxicomaníaco, trata-se de um sujeito que se nos apresenta unificado por um modo de gozo e que parece não dividido por um conflito entre os ideais do eu e as exigências pulsionais.

Freud nos indica que a intoxicação neutraliza momentaneamente os sofrimentos neuróticos e a dor de existir inerente a todo sujeito desejante. Essa prática de ingerir uma substância para fazer o corpo gozar funciona como uma anestesia do corpo, um tratamento da falta, uma narcose do desejo. Decerto se realiza uma forma de suspensão dos conflitos psíquicos e da realidade psíquica no contexto de uma estrutura neurótica.

O fenômeno toxicomaníaco pode, em alguns casos, funcionar como uma suplência narcísica ou mesmo uma "auto conservação paradoxal", dependendo da estrutura do sujeito.

Escrito por Freud em 1938, *A divisão do eu no processo de defesa* trata basicamente do modo como o eu se comporta frente a uma exigência pulsional e do lugar no qual surge um conflito devido à proibição frente à realidade: ou o eu reconhece o perigo real e renuncia à satisfação pulsional ou rejeita a realidade, conservando a satisfação.

Diante do conflito, com auxílio de certos mecanismos, o sujeito responde com reações contrárias e simultâneas: rejeita a realidade recusando qualquer proibição e, ao mesmo tempo, "reconhece o perigo da realidade e assume o medo desse perigo com um sintoma patológico" (Freud, 1940[1938]/1969, p. 293).

Freud mostra-se surpreso por tratar-se de um afastamento da realidade – procedimento antes reservado para os casos de psicose. Anteriormente, em 1924, no artigo *Perda da realidade na neurose e na psicose*, admitira que "toda neurose perturba de algum modo a relação do paciente com a realidade, servindo-lhe de meio de se afastar da realidade e que, em suas formas mais graves, significa concretamente uma fuga do real" (Freud, 1924/1969, p. 205).

O preço a ser pago é o sintoma, o surgimento de uma fenda no eu, a qual nunca se cura, mas aumenta à medida que o tempo passa. Freud nos diz: "em todo vaivém entre rejeição e reconhecimento, fosse, todavia, a castração que encontrasse a expressão mais clara . . . as duas reações contrárias ao conflito persistem como ponto central de uma divisão (*Spaltung*) do eu" (Freud,1940[1938]/1969, p. 294).

No caso do fenômeno toxicomaníaco, o sujeito busca um suplemento que lhe dê a ilusão de completude, evitando entrar em contato com a fenda que, segundo Freud, nunca se cura, porém, aumenta à medida que o tempo passa.

Para concluir, lançamos duas questões. Se a droga permite a ruptura do sujeito com o gozo regulado pela instância fálica, de que maneira ela o faz? Sendo o fenômeno toxicomaníaco um modo de estabilização que não produz uma verdadeira sutura na estrutura, uma vez que o que sutura é o significante, como pode operar o psicanalista diante dessa solução encontrada pelo sujeito para eliminar do campo semântico o inconsciente, substituindo-o por um objeto?

Interrogar-nos acerca das particularidades e efeitos dessa ruptura nas diferentes estruturas clínica implica em repensar o fenômeno toxicomaníaco e as patologias atuais. São precisamente essas formas do mal-estar do desejo que nos interrogam e apresentam desafios para nós, psicanalistas.

Referências

Freud, S. (1969). Projeto para uma psicologia científica. In *Edição Standard Brasileira das Obras Psicológicas Completas de Sigmund Freud* (Vol. I, p. 385-517). Rio de Janeiro: Imago. (Trabalho original publicado em 1895[1894]).

Freud, S. (1969). A perda da realidade na neurose e na psicose. In *Edição Standard Brasileira das Obras Psicológicas Completas de Sigmund Freud* (Vol. XIX, p. 229-234. Rio de Janeiro: Imago. (Trabalho original publicado em 1924).

Freud, S. (1930). O mal-estar na civilização. Vol. XXI.

Freud, S. (1969). A divisão do eu no processo de defesa. In *Edição Standard Brasileira das Obras Psicológicas Completas de Sigmund Freud* (Vol. XXIII, p. 309-312). Rio de Janeiro: Imago. (Trabalho original publicado em 1940[1938]).

Freud, S. (1969). Extratos dos documentos dirigidos a Fliess. In *Edição Standard Brasileira das Obras Psicológicas Completas de Sigmund Freud* (Vol. I, p. 247-386). Rio de Janeiro: Imago. (Trabalho original publicado em 1950[1892-1899)]).

Lacan, J. (1998). Função e campo da fala e da linguagem em psicanálise. In *Escritos* (p. 238-324). Rio de Janeiro: Jorge Zahar. (Trabalho original publicado em 1953).

Lacan, J. (1988). *O Seminário, livro 7: A ética da psicanálise*. Rio de Janeiro: Jorge Zahar. (Trabalho original publicado em 1959-1960).

Lacan, J. (1998). *Seminário, livro 20: Mais ainda*. Rio de Janeiro: Jorge Zahar. (Trabalho original publicado em 1959-1960).

Le Poulichet, S. (1987). *Toxicomanies et psychanalyse*. Paris: Presses Universitaires de France.

Rabinovich, D. (2004). *Clínica da Pulsão – As impulsões*. Rio de Janeiro: Companhia de Freud.

Soler, C. (1998). O sintoma na civilização. *Revista Coringa – EBP-MG,* Minas Gerais, 11.

Kaufmann, P. (1996). *O Legado de Freud e Lacan.* Rio de Janeiro: Jorge Zahar.

Zafiropoulos, M. (1984). *Le toxicomane n'existe pas.* Paris: Navarin.

Parte VI
Para finalizar...

16. Algumas considerações sobre trauma e despertar em psicanálise

Sérgio Neves

Além da moral vitoriana

Muito precocemente, em seus trabalhos de juventude, Freud já demonstrava profundo interesse pelos sintomas psíquicos. Seus primeiros trabalhos expunham a importância que ele dava a esse tema pela dedicação em desvendar as afecções psíquicas que acometiam a população de Viena do final do século XIX.

No desenvolvimento de seus estudos, chamou essas doenças que afloravam nas ruas de neuroses atuais, numa tentativa de as diferenciar daquelas derivadas da sexualidade infantil, elaborando um modelo descritivo que seria uma tentativa de explicar a defesa contra a angústia, sem deixar de lado as relações que esses sintomas mantinham com a sexualidade. Sua conclusão é de que a sexualidade sofreria um processo de repressão por parte da sociedade, resultando no empobrecimento nas relações com o prazer e, dessa forma, manifestando tipos de sofrimentos derivados da pressão exercida pela moral da época. O motivo proposto seria o desligamento da libido da representação psíquica, que se alojaria no corpo, gerando afetos de angústia e diversas somatizações. Porém, nessa descrição encontramos uma diferença no processo de adoecimento, que estaria localizado na sexualidade atual, isto é, naquela que corresponde à do adulto que, por não poder encontrar livre expressão, acabaria buscando vias inadequadas para a satisfação, gerando dessa forma sintomas e sofrimento. Esse adulto, subjugado pelas pressões sociais e submetido à moral da sociedade vitoriana, faria um uso muito restrito dos prazeres, uma limitação que acabaria provocando uma desregulação das sensações corporais. Assim, a neurastenia seria compreendida por uma constante sensação de fraqueza e uma frequente percepção de baixa em sua energia vital, permanecendo a perda da vitalidade e a impotência; a hipocondria, por seu lado, se explicaria pela percepção de mal funcionamento dos órgãos, apesar de nenhum fator objetivo ter sido detectado, culminando numa constante sensação de adoecimento; e, por fim, na neurose de angústia, que se manifestaria pelo surgimento repentino de sintomas corporais extremamente desprazerosos, seguidos de sensação iminente de morte ou da perda de controle de seu corpo, uma abrupta ausência de sentido invadindo a realidade vivida, ganhando um significado ameaçador para o paciente.

O interessante é que esses sintomas, descritos por Freud no final do século XIX e início do XX, são os mesmos encontrados nos dias atuais, mas agora adquirindo subdivisões com outros nomes, como transtornos de somatização, transtornos depressivos, transtornos de estresse, síndrome do pânico etc. Esses conjuntos de sintomas que se correlacionam a modos de sofrimento serão posteriormente explicados pela psicanálise pelos novos elementos teóricos incorporados, como a dificuldade em fantasiar e sustentar o desejo. São posições teóricas que, ao longo de sua trajetória, Freud vai reformulando e reelaborando, sendo gradativamente reagrupadas em formações maiores chamadas de estruturas clínicas – estruturas que envolvem a relação da libido com a angústia.

Essa relação entre uma clínica em desenvolvimento e os estudos em diversos campos do saber faz parte do trabalho do psicanalista, sendo um método que frequentemente encontramos nos artigos de Freud, que não recuou na elaboração de seu pensamento ao incorporar elementos de diversas disciplinas do conhecimento, tratando de assuntos que vão sendo desenvolvidos de forma recorrente até o final de sua vida. São temas que constatamos em um texto tardio de Freud (1926) intitulado *Inibição sintoma e angústia*, bastante conhecido dos psicanalistas, no qual mais uma vez ele buscou repensar suas aquisições agora à luz da segunda tópica e do novo dualismo pulsional, que no princípio descrevia que o eu como responsável pelo surgimento da angústia, angústia essa relacionada com o recalque. Nesse mesmo texto aparece algo novo, e que se refere à definição da angústia até aquele momento era ignorada, uma angústia mais primária, e que não está relacionada às defesas do eu contra o aumento da tensão interna. Uma angústia ligada ao trauma que obriga Freud a retornar sobre seus primeiros estudos, basicamente sobre a origem do funcionamento psíquico, buscando uma explicação que tinha sido desvalorizada e que retoma para esclarecer as resistências e repetições que contradizem o princípio do prazer. Assim, Freud passa a reformular as estruturas clínicas, definindo a histeria pela concentração da libido em alguma parte do corpo, a neurose obsessiva pela erotização do pensamento e de suas defesas secundárias, e a fobia por uma relação problemática com o objeto fóbico, como uma tentativa de localizar e circunscrever a angústia. Freud observa que esses sintomas derivam do tratamento dispensado à angústia, gerando formas específicas de sofrimento neurótico por meio de uma correlação entre libido narcísica e libido objetal.

Entretanto, essas descobertas só foram possíveis por causa do interesse manifestado por Freud nos aspectos sociais; aspectos que deslocam a observação para um espaço cada vez maior da relação entre indivíduo e sociedade, entre a sexualidade e a moral, que nos primeiros trabalhos apareciam muito secundariamente. Claro que temos o texto, de 1908, *A moral sexual e a doença nervosa moderna*, mas nesse texto a questão dos efeitos que a sociedade produz nos seus integrantes aparece como uma força externa ao problema da subjetividade. Um cenário que irá mudar substancialmente com a virada para a segunda tópica e o surgimento da pulsão de morte, efetuando um rearranjo na teoria e na clínica psicanalítica.

O desmoronamento do mundo civilizado e o desencantamento com a cultura

A primeira concepção da angústia imputava ao eu a responsabilidade em lançar mão de estratégias para lidar com a pressão exercida pela pulsão, buscando, por meio da angústia, uma forma de defesa frente a demanda pulsional, um estado de alerta para o aumento de tensão interna, pela geração de um contra investimento capaz de fazer frente a pressão que ameaça romper as barreiras e, dessa forma, chegar às vias de descarga. Mas como dissemos, também existe uma outra forma de angústia, essa mais primitiva e que não guarda relação com o eu, que irrompe de forma abrupta sem sinais de alerta, escapando dos mecanismos defensivos.

A seguir, vamos abordar parte do desenvolvimento que produziu transformações tanto teóricas quanto clínicas que se seguiram logo após o armistício celebrando o fim dos conflitos entre as potências europeias, marcando o término do que foi chamado de a Primeira Grande Guerra.

Freud passa a se interessar pelas transformações que vem acontecendo na sociedade, e que são encontradas não só na clínica, pela ampliação da clientela que aflora os consultórios, mas também na forma como a sociedade lida com os conflitos que irrompem constantemente e que produzem modificações importantes no laço social, refletindo nas mudanças que a inserção da psicanálise estavam produzindo na comunidade, obrigada a reformular muitas de suas posições, e que repercutiam não só no campo da ética, mas também na política, uma área que até então parecia irrelevante e que posteriormente mostrou ser de grande importância para a compreensão das relações entre os sintomas que emergiam logo após o fim dos conflitos e as transformações sociais que emergiram naquele momento. O surgimento de novas formas de sofrimento significava um desafio para essa nova ciência que buscava, por meio da criação sólida de conceitos teóricos e dos dispositivos de observação clínica, repensar a ligação íntima entre os sujeitos e a sociedade, tendo como pano de fundo que um mesmo fundamento perpassa o surgimento da comunidade e do indivíduo, tornando necessário o desenvolvimento de uma economia libidinal que possa responder tanto os efeitos da massa sobre o indivíduo quanto deste sobre as massas. Passam a ganhar relevância nessa época conceitos metapsicológicos como identificação, regressão, eu ideal, ideal de eu, supereu, que complementam aqueles derivados da primeira tópica, tornando-se cada vez mais importantes, estabelecendo relações com uma tênue linha que reúne e separa o sujeito do laço social. As frequentes reuniões dos membros da sociedade psicanalítica de Viena, bem como a modificação e ampliação da clientela, que agora passava a abarcar não só aqueles oriundos do meio burguês, mas também das classes trabalhadoras, resultado do aumento no atendimento por meio de consultórios populares e da colheita numerosa de casos, possibilitou uma profunda modificação tanto na clínica quanto na teoria.

A época de ouro da interpretação, com seus efeitos imediatos de redução dos sintomas e do sofrimento vai sendo deixada para trás. O otimismo dos primeiros anos cede lugar à moderação.

A psicanálise passa a questionar seus poderes, porque novas resistências se fazem sentir, principalmente pelo surgimento em primeiro plano de uma repetição resiliente que parece não provir do recalcado, mas que guarda íntima relação com algo mais profundo e primitivo. Observamos, paralelamente, a construção de uma renovada maneira de exposição do caso clínico, conjugando uma narrativa romanceada complementada por elementos vindos da cultura, da religião, da política, mas agora apresentados principalmente sob a forma do fragmento, inserindo reflexões sobre o impacto das teorias psicanalíticas da violência, da morte, da submissão, e sobre a fragilidade que sustentava o laço social, questões que correm paralelamente a uma crítica voltada aos critérios de formação do analista, uma reflexão sobre a prática de supervisão de casos, e a obrigatoriedade de uma análise pessoal para tornar-se analista.

Esses são pontos que foram posteriormente muito explorados e exaustivamente trabalhados por Jacques Lacan a partir do método estruturalista, que tinha na linguística de Saussure, na antropologia estrutural de Lévi-Strauss, e na matemática seu fundamento. No entanto, Lacan não parou nessas disciplinas e sempre buscou o auxílio de outros saberes que foram surgindo ao longo de seu ensino, ressaltando a importância dada ao simbólico na constituição do sujeito e na formação do laço social, e de como uma modificação nessa relação pode afetar a apresentação formal dos sintomas na clínica. O que vemos surgir em primeiro plano é a forma de afetação à qual está submetido o sujeito e a ampliação da dimensão ética e política no esforço de renovação da clínica e da teoria. "Ao contrário, a economia psíquica – cuja moeda é a libido, e cujo lastro é a pulsão – não é sem relação com as estruturas normativas da sociedade, da cultura, e da religião".[1]

---

1 Apresentação de *O mal-estar na cultura* de Sigmund Freud, página 11. Belo Horizonte: Autêntica. Texto escrito por Gilson Iannini e Pedro Heliodoro Tavares.

Essa importância dada aos fenômenos que passam a compor a cena cotidiana da sociedade é o resultado das transformações que a sociedade vem passando somado à série de reflexões que são impostas ao saber psicanalítico e que se encontram principalmente no período que vai do final do século XIX até a segunda década do século XX, que podemos resumir no abalo produzido pela derrocada dos antigos impérios europeus, na transformação nos costumes e na moral da sociedade, mas também pela desilusão nas promessas da ciência e da cultura. Tudo se passa como se a cadeia de transmissão de experiências estivesse sido rompida por um imenso abalo que deixou marcar traumáticas permanentes, um acontecimento descrito por Walter Benjamin em seu celebre ensaio *Experiência e pobreza*.[2] Nesse texto, encontramos uma passagem muito conhecida: os soldados que retornavam dos campos de batalha permaneciam mudos sobre os acontecimentos por eles vivenciados, como se a dimensão do horror ao qual foram expostos tivesse sobrepujado a capacidade de partilhar experiências. Esse mundo que emergia a partir das premissas edificadas pelo Iluminismo não trazia as esperanças prometidas. A pretendida vitória da razão sobre as trevas não trouxe para o mundo humano a felicidade prometida. Pelo contrário, o poder de destruição que a ciência proporcionava se tornava cada vez maior, e a crença na superioridade da civilização europeia apenas servia de motivação para a propagação da cultura da morte, deixando marcas permanentes na sociedade. Havia claramente um sinal de que o limite que até então sustentava a forma de convívio havia sido ultrapassado, e a trama simbólica produtora de sentido compartilhado fora rompida, resultando em um empobrecimento na capacidade de construir e elaborar coletivamente histórias. Algo havia se perdido, sobrepujado pela carnificina e pela desvalorização dos antigos fatores vinculados a tradição, que até então garantiam o lugar de cada um no tecido social. São situações derivadas da

---

2   *O anjo da história*. Belo Horizonte: Autêntica, 2012.

exposição desmedida à violência das máquinas de guerra, que agora faziam da morte um fato impessoal, acelerando a coisificação e instrumentalização do homem.

Esse homem que emerge no final da segunda década do século XX passa a ser percebido como apenas mais um elemento, mais um instrumento utilizado no conflito para se alcançar a vitória, reduzindo-se assim a um mero objeto a serviço da instrumentalização, perdendo assim o sentido que poderia trazer as palavras comumente partilhadas, sentido que fazia do sacrifício da vida pela comunidade um ato altamente reconhecido, e que agora é tomada como uma perspectiva banal. São temas que permanecem extremamente atuais e que se repetiram na Segunda Guerra de maneira mais aguda, radicalizando os sentimentos de perda da experiência de um destino comum, e que ressoam nossa época marcada pelo avanço das técnicas, da universalização dos meios de comunicação e da exploração desmedida do semelhante. Portanto, longe de ser indiferente às vicissitudes da sociedade, a psicanálise se encontra afetada pelos acontecimentos, e, longe de ser uma estrutura fechada, ela se transforma para além do horizonte dos casos particulares.

Podemos usar uma frase dita por Lacan para exemplificar quão importantes são esses movimentos: "que antes renuncie a isso [à prática psicanalítica], portanto, quem não conseguir alcançar em seu horizonte a subjetividade de sua época" (Lacan, 1953/1998, p. 322). Trata-se de um verdadeiro chamado aos psicanalistas para dedicarem atenção ao presente, aos acontecimentos que cotidianamente se manifestam em nossas vidas, numa dupla via, deixando-se afetar e sendo afetado, um desafio de levar adiante a tarefa de transmitir a psicanálise. Lacan utiliza a figura topológica da banda de Moebius para explicar como isso é possível, uma figura que tem a propriedade de passar do lado de dentro para o lado de fora sem solução de continuidade. Isso pode ser provado ao percorremos a banda com um dedo, pois ela é unilateral, só possui uma face, e nesse sentido o dentro e o fora se conectam automaticamente, servindo dessa forma para ilustrar a relação do sujeito com a realidade externa, e dessa forma ilustrando aquilo que escreve Freud no início de seu artigo *Psicologia das massas e análise do eu*, que a psicologia individual é também psicologia social, escrito resultante da investigação de Freud sobre os adensamentos humanos e da constatação de que os laços comunitários são sempre propensos a funcionar segundo a lógica que comanda esses grupos.

O mais importante para a compreensão do funcionamento dessas formações não é o número de pessoas em jogo, mas a lógica que comando seu comportamento, o que possibilita a Freud propor uma massa composta de dois elementos, bastando que um dos elementos ocupe o lugar do ideal do eu do sujeito, que dessa forma se comporta exatamente como alguém apaixonado ou hipnotizado pelo agente que ocupa a posição de amado, um processo muito semelhante ao amor, com todas as consequências que resultam no rebaixamento do pensamento, na identificação regressiva, na perda da individualidade, e na conduta orientada pela emoção. Essa situação à qual todos estão expostos quando abdicam de sua posição crítica serve também de alerta para os riscos que a psicanálise corre ao indexar sem críticas os valores e normas de um determinado grupo ou de determinada época, estabelecendo uma relação de submissão, de identificação por amor idealizado, abandonando sua posição atópica e crítica dos valores sociais.

Nesse incessante repensar sobre a psicanálise, um outro elemento metapsicológico será afetado pelas novas aquisições conceituais: o de inconsciente, que passa a ser situado como uma fenda entre o sujeito e o outro; outro aqui designado como uma alteridade à qual o sujeito se dirige, podendo ser representada pelas figuras paternas, pela linguagem, mas também por uma série de enunciados que circulam numa determinada comunidade. É a partir da alteridade constitutiva do outro, que deixa marcas na subjetividade por meio das histórias, de fantasias transgeracionais, narrativas familiares, que o sujeito encontra seu lugar no mundo e que o inconsciente vai se estabelecer. Essa é uma das maneiras que podemos entender a afirmação de Lacan de que o inconsciente é a política, um inconsciente que seria atravessado pelos acontecimentos tanto individuais quanto coletivos e que encontra respaldo também na afirmação de que o inconsciente é o discurso do Outro, marcando a permanente dependência do sujeito em relação à linguagem. Entramos assim na problemática do que constitui o laço social, nessa dupla via em que o sujeito tanto afeta quanto é afetado, sempre necessitando de arranjos tácitos para se sustentar, uma tese que para ser compreendida demanda o exaustivo desenvolvimento de temas relacionados a constituição, ao objeto perdido e ao aparecimento do desejo a partir dessa perda radical, questões que ultrapassam o escopo deste artigo. A relação entre homem e sociedade é permanentemente geradora de conflitos em decorrência do fato, relevante e acentuado por Freud, de que a vida em sociedade impõe uma renúncia que cobrará permanentemente seu preço. Essa é uma das grandes descobertas pela psicanálise, que confirma o caráter paradoxal da relação do homem com os outros semelhantes, sendo ao mesmo tempo o lugar para onde ele se dirige no intuito de obter a satisfação de suas demandas requerida e o lugar de impedimento de satisfação plena, gerando o efeito de um sentimento de insatisfação permanente, sendo essa insatisfação o responsável pelo mal estar crônico de viver em sociedade, e pela eterna ameaça de ruptura do tecido social, uma relação ambígua de solução impossível.

O paradoxo do despertar em psicanálise

Inicialmente tendemos a pensar que os acontecimentos que promovem as experiências significativas em nossa vida se encontram em sua excepcionalidade. No entanto, frequentemente encontramos na clínica sujeitos atormentados por marcas permanentes que são extremamente relevantes para sua existência, e que chamam a atenção pela banalidade. Trata-se de algo muito acessível ao homem, por fazer parte de sua vida cotidiana, revelando que, na origem, nos encontramos expostos a uma experiência de natureza traumática, que surgem abruptamente, de forma inesperada, por meio da realidade cotidiana, tomando o sentido de encontro, percebido como um mal encontro.

É dessa maneira que somos introduzidos na natureza do trauma, que passa a ser revalorizado pela teoria psicanalítica. Freud se volta novamente para pensar a teoria traumática do psiquismo muito influenciado pelos efeitos da guerra sobre os soldados. Seu interesse é concomitante com a descrição de uma nova teoria das pulsões, introduzindo a pulsão de morte e a repetição no coração do psíquico. Em seu artigo "Além do princípio do prazer" (Freud, 1920/2020), ele inicia com uma longa discursão sobre o princípio do prazer, seu funcionamento, e seus limites, passando para o estudo da reação anímica aos perigos externos, concluindo que o trauma está na origem do psiquismo. A seguir ele descreve um jogo banal realizado por seu neto, que consiste em arremessar um carretel preso a um fio para longe e puxá-lo de volta, emitindo um par de sons diferentes ao jogar e ao puxar, marcando, dessa forma, a originalidade da alternância significante e a entrada na linguagem a partir do jogo. Uma brincadeira que abre uma via para lidar com a angústia causada pelo desaparecimento de sua mãe. Trata-se de uma forma de relação com a situação traumática por meio dessa brincadeira, que se repetirá numa tensão entre a necessidade e a impossibilidade, marcando a repetição de um acontecimento que transborda as formas de traduzir e transmitir seu significado. Feud explica que nossa capacidade de nos preparar para lidar com o trauma surge tarde demais, atrasada em relação ao excesso que esse evento produz, marcando o limite daquilo que podemos representar. Ora, a repetição desse acontecimento nos intima de alguma forma a uma necessidade de fazê-lo passar para a linguagem, pois exige a integração da cena de modo articulado, uma tentativa de reconstrução que nos remete ao osso do fantasma fundamental, do qual só temos acesso a partir dos fragmentos narrativos desdobrados por uma análise.

Essa posição freudiana é compartilhada por Lacan pois, para ele, o encontro com o real é sempre traumático, sempre perdido porque acontece cedo demais em nossas vidas, num momento que não estamos preparados. Essa é uma concepção de que o real é sempre mal vindo, pois disruptivo, uma ideia prenhe de consequências. Uma dessas consequências é que o simbólico nasce do trauma, nasce de um mal encontro, como uma forma de elaboração daquilo que está além do princípio do prazer, mais primitivo e independente dele. Dessa forma, Freud revela uma função mais primordial do psíquico que é a função de ligar o excesso que o invade. Somente após a ligação da energia livre é que o domínio do princípio do prazer se instala. Questionando sua afirmação primordial em relação ao sonho de que ele é a realização do desejo, ele afirma que esta função só pode ser estabelecida após a ligação dos estímulos e seu posterior domínio pelo princípio do prazer.

> *Se os sonhos dos neuróticos acidentários reconduzem os doentes tão regularmente de volta à situação do acidente, eles certamente não estão a serviço da realização do desejo, cuja produção alucinatória tornou-se a função dos sonhos sob o domínio do princípio do prazer (Freud, 1920/2020, p. 119).*

Esses sonhos só puderam dominar os estímulos pelo desenvolvimento da angústia é a conclusão que ele chega após uma longa reflexão sobre as funções do Eu, do recalque, e das condições de desenvolvimento de uma "neurose de guerra".

O testemunho como fundamento ético da experiência

É a partir de uma impossibilidade em transformar o acontecimento em narrativa, uma narrativa que guarde relação de coerência, de sentido entre suas partes e descreve o fato de forma linear, que emerge uma nova figura do testemunho, mas um testemunho de uma experiência que se encontra em seu limite, tornando-se uma modalidade essencial de relação. Testemunhar aquilo que excede nossas capacidades narrativas nos abre para um espaço que se situa fora do campo epistêmico, isto é, fora do saber conceitual, nos impondo um problema de ordem ética, manifestando a urgência do testemunho e da transmissão nesse mesmo plano. Esse questionamento ético suspende aquilo que entendemos por realidade, uma realidade a qual só temos acesso por meio da fantasia. A fantasia se apresenta como a possibilidade de tornar a realidade apta para submeter-se ao princípio do prazer e, consequentemente, uma parte da realidade passa a ser simplesmente ignorada pelo sujeito cognoscente, implicando uma concepção de realidade que é a consequência de que desde sua origem o sujeito se encontra separado de uma parte de si, dividido, projetando para o mundo exterior aquilo que não pode ser integrado ao princípio do prazer. Uma das conclusões a que Freud chega é que a consciência não serve de guia para se orientar frente às demandas desse mundo que surge, já que a apreensão da realidade em sua totalidade se torna impossível, e que só nos é permitido ter acesso a uma realidade parcializada, escotomizada da parte desprazerosa que compõe essa mesma realidade. Uma realidade próxima daquilo que Lacan chamou de real, que não pode ser percebido, mas que se manifesta pelo sentimento de angústia, a mesma que encontramos nos pesadelos, nos encontros traumáticos, uma presença manifesta pela sensação de um mal encontro.

Essa situação é muito frequentemente vivenciada na fronteira entre o sono e a vigília, produzindo uma interrogação naquele que está vivenciando essa experiência de uma indeterminação entre despertar e dormir. Essas sensações se estendem para além daquilo que a consciência pode compreender e permanece incidindo de forma repetitiva, principalmente nos sonhos e pensamentos. Para exemplificar, partiremos do sonho descrito por Freud em *A interpretação dos sonhos*. Trata-se do caso de um pai que sonha com seu filho após a sua morte. Esse sonho é retomado por Jacques Lacan no seminário XI (1964/1985 p. 59), e longamente comentado, mas a partir de outra perspectiva, não do significado de dormir, mas do despertar. Freud utiliza esse sonho para explicar a incidência do desejo de dormir no sonho como uma defesa contra a realidade externa trazida pela morte do filho – nesse ponto procuro me guiar pelas considerações de Cathy Caruth,[3] que apontam para uma importante questão que é de grande interesse para a psicanálise; trata-se da noção de repetição traumática e sua relação com a transmissão. Todos podem se reportar a esse sonho que se encontra nas primeiras páginas da *Interpretação dos sonhos*, que vincula a realização do desejo com os acontecimentos provenientes da realidade externa, uma realidade catastrófica relacionada à perda de um filho. O que chama a atenção nesse sonho não é sua relação com o desejo, mas sua relação direta com a realidade catastrófica vinda de fora do sonho. Para Freud a postergação do despertar é a comprovação de que o sonho é o guardião do sono. Esse sonho coloca a questão de porque sonhar em vez de acordar, face a uma realidade tão violenta? Se o pai sonha em vez de acordar é por não conseguir encarar a realidade da morte de seu filho enquanto está acordado.

Freud poderia ter parado por aí, mas volta a se referir a este sonho no final de seu livro, como se não estivesse satisfeito com sua explicação. Assim, passa a descrevê-lo como uma exposição mais geral

---

3 "Modalidades do despertar traumático", *Catástrofe e representação*, Escuta, 2000, p. 119 a 130.

sobre o funcionamento da consciência frente a um acontecimento traumático, um desejo da consciência em permanecer dormindo mesmo em situações de extrema urgência, uma forma de negar a realidade insuportável para continuar vivendo. Podemos inferir um modo mais profundo do funcionamento da consciência a partir desse sonho. Trata-se do modo pelo qual a consciência na impossibilidade de encarar a morte prefere negar sua realidade para prosseguir, como se o acontecimento traumático tivesse o poder de produzir um corte na realidade que passa a recusar a representação desprazerosa. Percebemos que aqui também vai uma crítica da fenomenologia que centra o conhecimento no sujeito da consciência em contato com uma realidade totalmente transparente ao seu olhar, e incapaz de abordar esse lugar do real que, nas palavras de Lacan, vai do trauma à fantasia (Lacan, 1964/1985, p. 61). Esse modo de funcionamento nos leva a concluir que a negação de uma parte da realidade ligada ao desprazer se torna um mecanismo geral que desde o início está presente no aparelho psíquico, como Freud o demonstra em seu artigo *A negativa*, de 1925.

Porém, isso não responde à questão do despertar. "A questão que surge e que, de fato, todas as indicações prévias de Freud nos permitem levantar aqui é: o que é que acorda aquele que dorme? Não seria, no sonho, uma outra realidade?" (Lacan, 1964/1985, p. 59), e o despertar não seria, afinal de contas, o acordar da consciência do sujeito na representação do que se passou, isto é, o retorno dessa realidade compartilhada e a retomada do controle do pelo sujeito da consciência. Se a consciência deseja dormir, o acordar coloca em conflito o próprio desejo da consciência. De forma paradoxal, o acordar como consequência das palavras proferidas pelo filho morto "pai não vês que estou queimando", se coloca contra o desejo da consciência, contradizendo a função do sonho como guardião do sono, estabelecendo uma outra questão, essa mais essencial sobre a função do despertar, que posiciona a relação do sujeito com a morte. Esse acordar é uma resposta paradoxal frente a necessidade e impossibilidade de se confrontar com a morte. Acordando para ver, o pai descobre que ele viu tarde demais. Acordar aqui representaria a repetição de uma falha temporal, que impede que o sujeito possa ver a tempo. Lacan conclui, portanto, que "acordar é em si mesmo o lugar do trauma, do trauma provocado pela necessidade e pela impossibilidade de responder à morte de um outro" (Caruth, 2000, p. 120), o que implica na possibilidade de abordar esse tema somente por meio de uma dimensão ética, dado que o trauma resiste a simbolização e não pode ser situado por nenhuma teoria do conhecimento.

Dessa maneira, o que os sonhos que despertam encenam é muito mais do que um encontro perdido, um encontro sempre faltoso. Trata-se mais do destino que irá tomar aquele que sobreviveu ao acontecimento de um encontro que não pôde acontecer, porque somente seria possível numa outra realidade, esta habitada por uma temporalidade paradoxal que poria em conexão a realidade do morto com a do sobrevivente. É essa maneira radical de transmissão que irá comandar uma espécie de responsabilidade a ser transmitida: a responsabilidade do sobrevivente que deve ser passada adiante pelos fragmentos retidos na memória dessa experiência. Lacan com a história do despertar coloca em íntima conexão a existência de um pai como resposta a um encontro traumático. É por esses caminhos que ele elabora o conceito de nome-do-pai como amarração das instâncias do real, do simbólico e do imaginário, desenvolvida em seus últimos seminários (Lacan, 2007/1975), e, ao aproximar a sobrevivência do pai com a morte da criança, revela esta conexão como uma resposta a ser dada ao real, vinculando a constituição do aparelho psíquico com uma posição intimamente ligada ao plano da ética. Esse encontro com o real acontece em algum lugar situado entre o dentro e o fora e não em um espaço determinado. É então na fresta aberta entre a realidade e o sonho que o apelo feito pelos significantes do filho introduz o real na cena. A presença do real tem por efeito desarrumar as coordenadas narcísicas que sustentam o funcionamento do princípio do prazer, um momento atravessado pela impossibilidade imanente de um encontro entre um ver dentro do sonho e um ver fora na realidade externa. Essa perspectiva, em vez de ligar o trauma a própria morte do sujeito, o liga à morte de um outro, fazendo dessa forma uma íntima ligação entre o eu e o outro, ambos afetados por alguma coisa que não se deixa ver. Acordar se torna então um ato que conforme a definição lacaniana de ato, é o que retira da angústia sua certeza. Essa certeza não está construída por um saber adquirido, mas na constatação de sua transmissão. A transmissão de um acordar para os outros, um encontro com o *traumatismo* (um neologismo criado por Lacan para designar o buraco traumático que caracteriza o real), de onde por vezes saem palavras e por vezes as faz desaparecer. São esses significantes que surgem a partir do real que devem ser recolhidos e transmitidos para um terceiro.

A transmissão da psicanálise é um imperativo para acordar, que se coloca pela via de uma responsabilidade ética, um fardo que os psicanalistas carregam em função desse mandamento de fazer os outros despertarem. Uma pergunta aqui se faz urgente: será que esse despertar ainda pode acontecer?

A transmissão no limite da experiência

Da mesma forma que Freud escreveu que o artista é aquele que chegou antes do psicanalista, gostaria de abordar o efeito produzido na literatura a partir do tremendo horror produzido pela Segunda Guerra – uma guerra ainda mais monstruosa do que a primeira e que deixou profundas transformações na cultura europeia. Como a arte pode emergir dos escombros da destruição provocada pelo regime nazista, e se tornar a ponta de inspiração para as elaborações que se sucederam. Na psicanálise, vemos principalmente pela concepção lacaniana do dispositivo passe, concretizado ao final de seu ensino, a possibilidade de reunião num testemunho que deve ser realizado pela forma de acolhimento dos fragmentos de uma análise (o passe é uma invenção lacaniana que possibilita escutar e transmitir esses testemunhos devido à própria impossibilidade da transmissão integral de uma experiência), e que são enlaçados com a existência de uma escola de psicanálise sustentada nos relatos dos passantes (nome dado àqueles que se dispõem a relatar em uma comunidade seu final de análise, e que se tornam dessa forma o fundamento da escola). Aqueles que querem se aprofundar nessas questões podem consultar uma abundante literatura sobre os testemunhos de passe nas diversas escolas de psicanálise lacaniana.

Eu gostaria de usar aqui o exemplo de um poeta que apresenta sua escrita numa forma de narrar que, no meu entender, é a única possível de transmitir o que se passou não só com o sujeito, mas com o laço social, irremediavelmente afetado pelos acontecimentos. Somente o poema emerge do horror, somente ele tem a capacidade de sobreviver, e circular, mesmo de forma estrita e ao preço da própria vida do poeta. A emergência desse poema de alguma forma nega as palavras de Theodor Adorno ao afirmar que depois de Auschwitz não é mais possível escrever poemas. De certa forma, Adorno tem razão, pois não é mais possível prosseguir com aquele ideal romântico propalado por Goethe, não é mais possível escrever poesia da mesma forma. Agora emerge uma solidão brutal, irrespirável, por meio da radicalização poética de Paul Celan. A poesia de Paul Celan nos convoca a reaprender a ler poesia. Precisamos recuar um pouco mais e ver o que aconteceu com a arte após Auschwitz. Se a arte deve viver após Auschwitz, assim o faz ao preço de destruir o projeto estético que vigorava até então no ocidente com seu otimismo cego pela ciência, seu elogio a bela forma e a cultura ilustrada. Outro escritor que pode nos servir de referência nesse caminho, Primo Levi, nos diz que, se não fosse sua passagem pelos campos de concentração, jamais teria se tornado escritor, porque essa experiência exigia dele um testemunho escrito para que a vida fosse possível. Trata-se aqui de extrair uma forma de transmissão por meio do poema, mas um poema que traz a marca da desolação, do abandono, do desamparo que deixa a todos sem recursos frente à presença radical de um mundo sem Deus. Em termos freudianos, o surgimento, frente ao desamparo, de um dizer poético, como único recurso que aqueles que atravessaram essa experiência têm de descrever os acontecimentos pelos quais passaram, testemunham uma verdade que de certa forma é inacessível ao orador, que somente pode ser transmitida de forma poética, pois a linguagem conceitual não se mostra capaz de fazer passar adiante uma memória constituída por fragmentos. Mas uma poesia que traz a marca do desamparo como experiência radical da ausência do Outro resulta que própria linguagem foi mortalmente atingida, e tenta de alguma forma expressar essa implosão de suas palavras, que somente pode se dar em completa solidão. Encontramos em "salmo" (Celan, 1999, p. 95) o resultado de um poema que se dirige ao vazio, numa forma de apelo desesperado, na busca de alguém que possa responder, mas a pouca esperança da resposta cria uma atmosfera de desolação. Uma prece ao nada, a ninguém, ao vazio deixado por Deus em sua absoluta ausência. "Ninguém nos molda de novo com terra e barro, / ninguém evoca o nosso pó. / Ninguém". E logo abaixo uma estrofe resume seu apelo inútil: "Um nada / éramos nós, somos, continuaremos / sendo, florescendo: / a rosa de nada, / a rosa de ninguém."

A constante radicalização de sua poesia resulta numa implosão da palavra. Seu estilo se torna menos explícito, menos melodioso e mais elíptico, um dizer que não poetisa, não figura, mas se encaminha numa direção que termina com o silêncio, em direção ao abismo da ausência, da inexistência do Outro: "MAIS NENHUMA ARTE DE AREIA, nenhum livro de areia, / nenhum mestre... Tua pergunta-tua resposta. / Teu canto, o que sabe ele?/fundonaneve/udonaeve,/ U-a-e" (*ibid.*, p. 50). Por meio dessa quebra, os sons testemunham um endereçamento a um Outro que pode advir, mas que ainda permanece no silêncio, não um mestre, não um senhor, porque foi o senhor o responsável pela catástrofe. Nenhum mestre poderá responder, porque foi essa experiência de mestria que aniquilou a possibilidade de acolhimento, mas o outro estrangeiro que abrigue a solidão do poeta. Um Tu, porque ninguém se dirige ao senhor por um tu, o senhor exige que se lhe preste o devido respeito e distância, aquilo que o poeta deseja abolir para se aproximar da estranheza que o outro porta; "e como que tornado Tu pela nomeação, traz consigo o seu Ser-Outro" (*ibid.*, p. 179).

Creio que o lugar do analista implica esse direcionamento ao estrangeiro, e ao apelo de um Tu no horizonte da enunciação. A queda do objeto em suas vestes narcísicas promove um acordar os outros para a inefável presença do não-ser.

Referências

Badiou, Alan & Roudinesco, Elizabeth. (2012). Jacques Lacan, passado presente. Rio de Janeiro: Difel.

Benjamin, W. (2012). Experiência e pobreza. In *Obras Escolhidas* (Vol 1, p. 114-119). São Paulo: Brasiliense.

Caruth, C. (2000). Modalidades do despertar traumático. In A. Nestrovski & M. Seligmann-Silva (Orgs). *Catástrofe e representação* (p. 119-130). São Paulo: Escuta.

Celan, P. (1999). *Cristal*. São Paulo: Iluminuras.

Costa, Ana & Rinaldi, Doris. (Orgs). (2012). A escrita como experiência de passagem. Rio de Janeiro: Cia de Freud.

Freud, S. (1908). "Moral sexual 'civilizada' e doença nervosa moderna". Vol. IX, p. 187-208. In *Edição Standard Brasileira das Obras Psicológicas Completas de Sigmund Freud (E.S.B.).* Rio de Janeiro: Imago, 1976.

Freud, S. (1976). Psicologia de grupo e análise do ego. Vol. XVIII, p. 91-179. In *Edição Standard Brasileira das Obras Psicológicas Completas de Sigmund Freud (E.S.B.).* Rio de Janeiro: Imago. (Trabalho original publicado em 1921).

Freud, S. (1926). "Inibições, sintomas e ansiedade". Vol. XX, p. 107-198. *Edição Standard Brasileira das Obras Psicológicas Completas de Sigmund Freud (E.S.B.),* Rio de Janeiro: Imago, 1976.

Freud, S. (2020). *Além do princípio do prazer.* Belo Horizonte: Autêntica. (Obras incompletas de Sigmund Freud). (Trabalho original publicado em 1920).

Freud, S. (2020). *O mal-estar na cultura e outros escritos.* Belo Horizonte: Autêntica. (Obras incompletas de Sigmund Freud). (Trabalho original publicado em 1930).

Lacan, J. (1953). Função e campo da fala e da linguagem em psicanálise. In: J. Lacan. *Escritos.* Rio de Janeiro: Jorge Zahar, 1998. (p. 238-324)

Lacan, J. (1985). *O seminário, livro 11: os quatro conceitos fundamentais da psicanálise.* Rio de Janeiro, Jorge Zahar. (Trabalho original publicado em 1964).

Lacan, J. (2007). *O seminário, livro 23: o sinthoma.* Rio de Janeiro: Jorge Zahar. (Trabalho original publicado em 1975).

Nestrovski, Athur & Seligmann-Silva, Marcio (orgs). (2000). *Catástrofe e representação.* São Paulo: Escuta.

Sobre os autores

Ana Luíza Scholz é psicóloga e mestre em Teoria Psicanalítica pela Universidade Federal do Rio de Janeiro (UFRJ). É especialista em Clínica Psicanalítica pela Universidade Luterana do Brasil (ULBRA).

Clara Inem é membro da Escola de Psicanálise dos Fóruns do Campo Lacaniano (RJ) e mestre em Teoria e Clínica Psicanalítica peal Universidade Estadual do Rio de Janeiro (UERJ). É coorganizadora dos livros *Toxicomanias: uma abordagem clínica* (Sette Letras, 1997), *Toxicomanias: uma abordagem multidisciplinar* (Sette Letras, 1997) e *Drogas: uma visão contemporânea* (Imago, 1993).

Cristiane Curi Abud é psicanalista, professora e membro do Departamento de Psicossomática Psicanalítica e membro do Departamento de Psicanálise do Instituto Sedes Sapientiae. Mestre em Psicologia Clínica pela Pontifícia Universidade Católica de São Paulo (PUC-SP) e Doutora em Administração de Empresas pela Fundação Getúlio Vargas (FGV-SP). Escreveu o livro *Dores e odores, distúrbios e destinos do olfato*, São Paulo, Via Lettera, 2009. É coautora do livro *Psicologia médica – Abordagem integral do processo*

452 SOBRE OS AUTORES

saúde-doença, Porto Alegre, Artmed, 2012, e organizadora dos livros *A subjetividade nos grupos e instituições*, Lisboa, Chiado, 2015, e *O racismo e o negro no Brasil: questões para a psicanálise*, São Paulo, Perspectiva, 2017.

Decio Gurfinkel é membro dos Departamentos de Psicanálise e de Psicossomática Psicanalítica do Instituto Sedes Sapientiae (São Paulo) e doutor em Psicologia pelo Instituto de Psicologia da Universidade de São Paulo (USP), com pós-doutorado pela Pontifícia Universidade de São Paulo (PUC-SP). É autor dos livros, como *Relações de objeto* (Blucher, 2017), *Adicções: paixão e vício* (Casa do Psicólogo, 2011), *Sonhar, dormir e psicanalisar: viagens ao informe* (Escuta, 2008), *Do sonho ao trauma: psicossoma e adicções* (Casa do Psicólogo, 2001) e *A pulsão e seu objeto-droga: estudo psicanalítico sobre a toxicomania* (Vozes, 1996).

Flávio Ferraz é livre-docente pelo Instituto de Psicologia da Universidade de São Paulo (USP), membro dos Departamentos de Psicanálise e de Psicossomática Psicanalítica do Instituto Sedes Sapientiae (São Paulo) e professor do Curso de Psicanálise deste mesmo instituto. É membro da Associação Universitária de Pesquisa em Psicopatologia Fundamental (AUPPF) e autor dos livros *A eternidade da maçã: Freud e a ética* (Escuta, 1994), *Andarilhos da imaginação: um estudo sobre os loucos de rua* (Casa do Psicólogo, 2000), *Perversão* (Casa do Psicólogo, 2000), *Normopatia: sobreadaptação e pseudonormalidade* (Casa do Psicólogo, 2002), *Tempo e ato na perversão* (Casa do Psicólogo, 2005), *Ensaios psicanalíticos* (Casa do Psicólogo, 2011) e *Cidade e subjetividade: memória e imaginário em torno do Teatro Amazonas* (Casa do Psicólogo, 2015), além de coorganizador de diversas coletâneas.

Isabel Fortes é membro do Espaço Brasileiro de Estudos Psicanalíticos (RJ) e professora do Programa de Pós-Graduação em Psicologia Clínica e do Departamento de Psicologia da Pontifícia

Universidade Católica do Rio de Janeiro (PUC-RJ). É autora do livro *A dor psíquica* (Companhia de Freud, 2012).

Letícia Fanti Pedreira Da Silva é psicóloga pela Universidade Federal de São Paulo (Unifesp), com especialização em Saúde e Trabalho pela Escola de Educação Permanente do Hospital das Clínicas da Faculdade de Medicina da Universidade de São Paulo (HC-FMUSP).

Luciana Cartocci é membro do Departamento de Psicanálise do Instituto Sedes Sapientiae (São Paulo) e ex-professora do Curso de Psicopatologia Psicanalítica e Clínica Contemporânea deste mesmo instituto. É membro do Conselho Editorial da Revista *Percurso* e coorganizadora do livro *Corpos, sexualidade, diversidade* (Escuta, 2016).

Maria Helena Fernandes é doutora em Psicanálise e Psicopatologia pela Universidade de Paris VII, com pós-doutoramento pelo Departamento de Psiquiatria da Universidade Federal de São Paulo (Unifesp); é membro dos Departamentos de Psicanálise e de Psicossomática Psicanalítica do Instituto Sedes Sapientiae (São Paulo) e professora do Curso de Psicanálise deste mesmo instituto. É autora dos livros *L'hypocondrie du rêve et le silence des organes: une clinique psychanalytique du somatique* (Presses Universitaires du Septentrion, 1999), *Corpo* (Casa do Psicólogo, 2003) e *Transtornos Alimentares: anorexia e bulimia* (Casa do Psicólogo, 2006).

Marina Gonçalves Gonzaga dos Santos é psicóloga pela Universidade Federal de São Paulo (Unifesp) e mestranda em Psicologia Clínica pela Universidade de São Paulo (USP).

Marta Rezende Cardoso é doutora em Psicanálise e Psicopatologia Fundamental pela Universidade de Paris, Professora Titular do Instituto de Psicologia da Universidade Federal do Rio de Janeiro (UFRJ), membro da Associação Universitária de Pesquisa em

Psicopatologia Fundamental (AUPPF) e pesquisadora do Conselho Nacional de Pesquisa (CNPq). É autora do livro *Superego* (Escuta, 2002), coautora de *Entre o eu e o outro: espaços fronteiriços* (Juruá, 2010) e *Por que Laplanche* (Zagodoni, 2017), organizadora de *Limites* (Escuta, 2004; 2011), *Adolescentes* (Escuta, 2006) e *Excesso e trauma em Freud: algumas figura* (Appris, 2016) e coorganizadora de *Destinos da adolescência* (7 Letras/Faperj, 2008), *Limites da clínica-Clínica dos limites* (Companhia de Freud / Faperj, 2011) e *Diferença e segregação* (Appris, 2018).

Patrícia Paraboni é doutora em Teoria Psicanalítica pela Universidade Federal do Rio de Janeiro (UFRJ). É autora do livro *Hipocondria: dimensão persecutória, angústia de morte, tempo do desespero* (Appris, 2019).

Paulo Jeronymo Pessoa de Carvalho é psicólogo pelo Instituto de Psicologia da Universidade de São Paulo (USP); é membro do Departamento de Psicanálise do Instituto Sedes Sapientiae (São Paulo) e professor do Curso de Psicanálise desse mesmo Departamento, onde também é articulador do Grupo de Trabalho e Pesquisa em Psicanálise com Crianças e Adolescentes e do Grupo de Trabalho e Pesquisa em Dinâmicas Grupais e Institucionais.

Paulo Ritter é mestre em Teoria Psicanalítica pela Universidade Federal do Rio de Janeiro (UFRJ) e professor da Universidade Veiga de Almeida (RJ). É autor do livro *Neuroses atuais e patologias da atualidade* (Pearson Clinical Brasil, 2017).

Rubens Marcelo Volich é doutor pela Universidade de Paris VII – Denis Diderot, membro do Departamento de Psicossomática Psicanalítica do Instituto Sedes Sapientiae (São Paulo) e professor do curso de Especialização em Psicossomática deste instituto. É autor dos livros *Tempos de encontro: escrita, escuta, psicanálise* (Blucher, 2021); *Hipocondria: impasses da alma, desafios do corpo* (Casa do Psicólogo, 2002. 3a edição, Blucher, no prelo); *Psicossomática: de*

Hipócrates à psicanálise (Casa do Psicólogo, 2000. 8a edição, revista e ampliada, Blucher, 2022); coautor de *Segredos de mulher: diálogos entre um ginecologista e um psicanalista* (Atheneu, 2010; e coorganizador da série *Psicossoma* (Casa do Psicólogo).

Sérgio Neves é membro do Fórum do Campo Lacaniano (RJ) e doutor em Saúde Coletiva pelo Instituto de Medicina Social da Universidade Estadual do Rio de Janeiro (UERJ).

Sidnei José Casetto é professor da Universidade Federal de São Paulo (Unifesp), membro do Laboratório de Psicanálise do campus Baixada Santista da mesma universidade e do Departamento de Psicossomática Psicanalítica do Instituto Sedes Sapientiae (São Paulo). É autor do livro *A constituição do inconsciente em práticas clínicas na França do Século XIX* (FAPESP/Escuta, 2001).

Sonia Leite é membro do Colegiado e Coordenadora de Ensino do Corpo Freudiano Escola de Psicanálise (RJ). É doutora em Psicologia Clínica pela Pontifícia Universidade Católica do Rio de Janeiro (PUC-RJ), editora da Revista Latinoamericana de Psicopatologia Fundamental e membro da Associação Universitária de Pesquisa em Psicopatologia Fundamental (AUPPF). É autora do livro *Angústia* (Jorge Zahar, 2011) e coorganizadora do livro *Letras do sintoma* (Contracapa, 2016).

Susan Masijah Sendyk é membro dos Departamentos de Psicanálise e de Psicossomática Psicanalítica do Instituto Sedes Sapientiae (São Paulo) e especialista em Psicologia Clínica Hospitalar pelo Instituto do Coração do Hospital das Clínicas da Faculdade de Medicina da Universidade de São Paulo (Incor – HC-FMUSP).

Série Psicanálise Contemporânea

Adoecimentos psíquicos e estratégias de cura: matrizes e modelos em psicanálise, de Luís Claudio Figueiredo e Nelson Ernesto Coelho Junior

O brincar na clínica psicanalítica de crianças com autismo, de Talita Arruda Tavares

Budapeste, Viena e Wiesbaden: o percurso do pensamento clínico-teórico de Sándor Ferenczi, de Gustavo Dean-Gomes

Clínica da excitação: psicossomática e traumatismo, de Diana Tabacof

Do pensamento clínico ao paradigma contemporâneo: diálogos, de André Green e Fernando Urribarri

Do povo do nevoeiro: psicanálise dos casos difíceis, de Fátima Flórido Cesar

Escola, espaço de subjetivação: de Freud a Morin, de Esméria Rovai e Alcimar Lima

Expressão e linguagem: aspectos da teoria freudiana, de Janaina Namba

Fernando Pessoa e Freud: diálogos inquietantes, de Nelson da Silva Junior

Heranças invisíveis do abandono afetivo: um estudo psicanalítico sobre as dimensões da experiência traumática, de Daniel Schor

Histórias recobridoras: quando o vivido não se transforma em experiência, de Tatiana Inglez-Mazzarella

A indisponibilidade sexual da mulher como queixa conjugal: a psicanálise de casal, o sexual e o intersubjetivo, de Sonia Thorstensen

Interculturalidade e vínculos familiares, de Lisette Weissmann

Janelas da psicanálise: transmissão, clínica, paternidade, mitos, arte, de Fernando Rocha

O grão de areia no centro da pérola: sobre as neuroses atuais, de Paulo Ritter e Flávio Ferraz

O lugar do gênero na psicanálise: metapsicologia, identidade, novas formas de subjetivação, de Felippe Lattanzio

Os lugares da psicanálise na clínica e na cultura, de Wilson Franco

Metapsicologia dos limites, de Camila Junqueira

Os muitos nomes de Silvana: contribuições clínico-políticas da psicanálise sobre mulheres negras, de Ana Paula Musatti-Braga

Nem sapo, nem princesa: terror e fascínio pelo feminino, de Cassandra Pereira França

Neurose e não neurose, 2. ed., de Marion Minerbo

A perlaboração da contratransferência: a alucinação do psicanalista como recurso das construções em análise, de Lizana Dallazen

Psicanálise e ciência: um debate necessário, de Paulo Beer

Psicossomática e teoria do corpo, de Christophe Dejours

Relações de objeto, de Decio Gurfinkel

Sabina Spielrein: uma pioneira da psicanálise – Obras Completas, volume 1, 2. ed., com organização, textos e notas de Renata Udler Cromberg

Sabina Spielrein: uma pioneira da psicanálise – Obras Completas, volume 2, com organização, textos e notas de Renata Udler Cromberg

O tempo e os medos: a parábola das estátuas pensantes, de Maria Silvia de Mesquita Bolguese

Tempos de encontro: escrita, escuta, psicanálise, de Rubens M. Volich

Transferência e contratransferência, 2. ed., de Marion Minerbo

GRÁFICA PAYM
Tel. [11] 4392-3344
paym@graficapaym.com.br